U0366785

东 亚 学

（第三辑）

主　编　江　静

执行主编　张明杰

上海交通大学出版社

SHANGHAI JIAO TONG UNIVERSITY PRESS

内容提要

　　《东亚学》是浙江工商大学东亚研究院编辑的学术论文集。其宗旨在于以东亚整体为研究对象,兼具全球视野,从原典出发,倚重文本细读,借助学理性的个案分析对东亚进行综合研究,探究东亚有别于它范围内的某一国或世界其他区域的区别性特征。

　　第三辑共收录论文 21 篇,分"思想·理论""历史·文献""文学·艺术""语言·文化""硕博论坛""书评"等板块,从哲学思想、民俗、文学艺术、语言文字等多个角度对东亚历史发展和文化交流进行研究。

图书在版编目(CIP)数据

　　东亚学. 第三辑/ 江静主编. —上海: 上海交通
大学出版社,2022.12
　　ISBN　978-7-313-28193-7

　　Ⅰ. ①东…　Ⅱ. ①江…　Ⅲ. ①东亚-研究-文集
Ⅳ. ①K31-53

　　中国版本图书馆 CIP 数据核字(2022)第 239498 号

东亚学(第三辑)

DONGYA XUE (DI-SAN JI)

主　　编: 江　静
出版发行: 上海交通大学出版社　　　　　地　　址: 上海市番禺路 951 号
邮政编码: 200030　　　　　　　　　　电　　话: 021-64071208
印　　制: 苏州市古得堡数码印刷有限公司　经　　销: 全国新华书店
开　　本: 787 mm×1092 mm　1/16　　印　　张: 17.5
字　　数: 359 千字
版　　次: 2022 年 12 月第 1 版　　　　印　　次: 2022 年 12 月第 1 次印刷
书　　号: ISBN 978-7-313-28193-7
定　　价: 88.00 元

《东亚学》编辑委员会

目　录

思想·理论

东亚学（第三辑）

井上哲次郎的哲学、宗教、伦理学

——与"人文知"的背驰

［日］加藤恒男　著

（原至学馆大学教授、日本哲学会会员）

吴光辉　译

（厦门大学外文学院）

李彩华　　熊　娟　校

（日本名古屋经济大学　　厦门理工学院外国语学院）

引言

《教育敕语》（1890 年）正式颁布 41 年之后的 1931 年，日本以"满洲事变"，即九一八事变开始了侵略中国的步伐。6 年之后的 1937 年，日本发动全面侵华战争。过去我们一直认为所谓明治国家就是以侵略亚洲与统治世界为目的来改革国家体制，尤其是通过甲午战争、日俄战争、吞并朝鲜、侵占台湾等一系列行动，日本成为彻底的侵略国家、战争国家。明治末期的 1910 年，日本发生"大逆事件"①，即国家策划了"谋反罪"——桂内阁的阴谋，采取无证人、无辩护律师记录的"黑暗审判"的方式判处无辜人士死刑 25 名、有期徒刑 2 名。尽管 1 周之后天皇颁布"恩赦"，改为只处罚 12 人，但是日本以此为开端而开启了依据《治安维持法》（1925 年）来践踏法律、实施恐怖的事态，不仅激起日本国内反政府的浪潮，也导致整个国际社会对日本的严正批判。

就在这一冲击性的历史事件爆发的同年，日本国内的警视厅设立了特别高等科，准备进一步侵略海外。1932 年，日本在中国扶持设立傀儡政权——伪满洲国。就在这一时期，日本进行体制改革，并在之后就国民的精神统治采取了一系列行动。本文就以这一系列行动的当事人，一直活跃于国家中枢周边的哲学家井上哲次郎（1855—1944 年）的哲学为对象，来展开主题阐述与翔实探索。

---

① 参考盐田庄兵衛『秘録大逆事件』上下、春秋社、1959 年；神崎清『大逆事件　幸徳秋水と明治天皇』1—4 卷、步出版、1976—1977 年；高澤秀次『文学者たちの大逆事件と韓国併合』、平凡社、2010 年。

一、明治时代的国家体制与国民的精神统治

首先我们必须确认一点，即井上哲次郎矢志不渝效忠服务的"明治国家"带有一种"反人民"的本质。明治政府在取得倒幕运动的胜利之后得以建立起来，开始提倡"王政复古"，宣扬"祭政一致"，在《五条御誓文》的规范下推动国家体制改革，并为了彻底推行"神道国教化"而采取神佛分离、废佛毁释（《神佛判然令》，1868 年）以谋求神导的"近代化"。在这之后，日本设置大教院（通过教导职来进行神道、佛教的合同布教），要求改信皇室神道，设立神社，制定以伊势神宫为最高机构的各级神社，统一全国的神道仪式，继而采取皇室补助神社财政（供进料）的政策，而后再废止教导职（1884 年）。就这样，神道的"近代化"通过这样的一系列行动而得以确立。"神社合祭（合并）"在一开始就得以推动，而后进一步继续下去。由此，日本政府的宗教政策得以确立，神社（"国家神道"）被视为内务省管辖下的非宗教的存在，教派神道乃至其他诸个宗教则被置于文部省管辖之下。①

自由民权运动在经历了弹压、怀柔的政策之后，日本制定了《大日本帝国宪法》（1889年）、《教育敕语》（1890 年），伴随着太政官废止、内阁制度的产生，1890 年日本也进行了行政改革。与《军人敕谕》（1882 年）合并，日本完成了统治与支配国民精神道德的准备。《军人敕谕》强调，日本国军队处于天皇统率之下，神武天皇讨伐不服从者，长期统治天下，即在于觉悟到"死或轻于鸿毛"，故而强调"忠节、武勇、礼仪、信义、质素"。②《大日本帝国宪法》规定："大日本帝国由万世一系天皇统治之，天皇神圣不可侵犯。"③《教育敕语》也提到，"朕惟我皇祖皇宗，肇国宏远，树德深厚"，"一旦缓急，义勇奉公，可以扶翼天壤无穷之皇运矣"，"斯道实我皇祖皇宗之遗训，而子孙臣民所当俱遵守焉。通之古今而不谬，施之中外而不悖"。在此，《教育敕语》所谓的"斯道"，完全无缘于人的教育、市民道德，而是为了追求以国家神道（宗教）为基础的臣民的服从、精神的动员，乃至统治广阔无边的世界。

不仅如此，《教育敕语》被深刻地贯彻、渗透到日本各级教育的学生之中。这样的渗透依存于这样一种处理方式，即教育敕语"焕发"（颁布）之后，采取"下赐"文部大臣的方式；敕语的复写本与天皇、皇后的"御照"一道被分发给官办学校，次年再分发给全国各个小学，进而推行按照《教育敕语》而制定的、以修身为核心的各个学科。《教育敕语》的原件被保存在"奉安殿"（校园内的高台上建立的神社式的保管仓库，被视为神圣的所在），由校长

---

① 参考村上重良『国家神道』、岩波新书、1970 年；羽賀祥二『明治維新と宗教』、筑摩書房、1994 年。坂本是丸『国家神道成立過程の研究』、岩波書店、1994 年；国学院大学日本文化研究所編『神道事典』、弘文堂、1994 年；平凡社編『神道大辞典』、臨川書店、1974 年。

② 清水多吉『西周兵馬の権はいずこにありや』、密涅瓦書房、2010 年；菅原光『西周の政治思想規律・功利・信』、塙鴛社、2009 年。

③ 稲田正次『明治憲法成立史の研究』上下、有斐閣、1960、1962 年。

面对所有教职员工，率领全校学生进行"奉读"，还强制要求背诵、举行日常式的奉安殿礼拜。《教育敕语》拥有超越法律的巨大威力，《大日本帝国宪法》规定的义务也通过《教育敕语》得到进一步加强，所规定的权利也可以被《教育敕语》所否定。对此，正如井上毅（1844—1895 年）后来指出的，制定《教育敕语》的目的就在于战争。[①]

何谓"明治国家"，就此而言，应该说就是向天皇制国家的神话寻求存在依据，延续古代天皇制国家的武士统治经验，将忠君爱国的精神动员融入体制之中，以一种近代的方式进行改造与整备的绝对主义天皇制国家。作为绝对的存在，天皇掌控一切权力与权威，基本人权被剥夺了，欠缺普遍的正义、人间的友爱、人道主义的精神。不过，日本却通过宪法、帝国议会、总选举而成为缺乏民主主义的实质，只是名义上的立宪政体的"国民国家"。军队直属于天皇，配备了独立于政府之外的参谋本部。究其根本，就是以神话与敕语为基础，以天皇统治整个世界为目标的"战争国家"。[②]

《教育敕语》与井上哲次郎提倡的所谓"国民道德论"，二者之间究竟存在着什么样的关联？就此而言，"《教育敕语》是自上而下地强制国民遵守作为日本臣民应该遵守的、国家公开认可的道德。'国民道德论'则是将《教育敕语》视为绝对的前提，以维护日本独特的、神圣不可侵犯的'国体'为目的，由此而树立起以忠孝一致的国民道德为基础的道德论。由此一来，基于普遍原理的市民性的近代伦理学的正常发展也就遭遇到阻碍，且一直备受压制。犹如木下尚江（1869—1937 年）所指出的：'《教育敕语》一出，日本的伦理学为之豹变。'在日本近代学问的演绎之中，尤其是'伦理学'占据了一个极为特殊的地位。"[③]

值得注意的一点，就是"国民道德"——未构成普遍性的道德的本体——极为明确地、也是被强制地规范为国民应该遵守的最高价值。国民道德依存于《教育敕语》，作为祖神的"天照大神"的神敕则凌驾于其上。也就是说，日本以所谓的"国民道德"之名，整体贯彻"国教"（国家神道）的统治方式。由此，不只是伦理学，以哲学为首的各个学科被歪曲、压制也就成为必然。明治国家之所以形成这样一种意识形态，江户时代的水户学的影响可谓尤为巨大而显著。[④] 不过，这一问题的关键，即在于这一段历史乃是日本的自由、民主主义和权力被压制的一段历史。这一体制本身就是不容批判的体制。在这样的体制下，

---

① 《教育敕语》的真正目标是什么？在甲午战争开始不久的 1894 年 8 月 27 日，井上毅确立了制定敕语的构想，并起草了提案。在井上晚年担任文部大臣，因病而不得不辞职之际，围绕教育问题曾向穗积八束讲述了这样一段话："故而必须培养善良勇武，笃厚爱国之国民。吾人读书一卷、握笔一根，或者手工科目课程把握锯子一把，也是爱国心之发动。若是称谓之，则可谓是从事国民教育之教育之热心。除却今日，则难以考虑迂远之事"，"教育绝不是为了和平之物，即与陆海军一样，乃是处在以富强为目的的汽车之两轮。若是懈怠于此，则尽管也是为了教育之目的，但反过来却或许招致文运衰弱之结果"。参考稻田正次『教育勅語成立過程の研究』、講談社、1971 年。

② 遠山茂樹編『近代天皇制の成立　近代天皇制の研究 1』、岩波書店、1987 年。大久保利謙『明治憲法のできるまで』、至文堂、1966 年；稻田正次『教育勅語成立過程の研究』、講談社、1971 年；家永三郎『明治国家の法と思想』、御茶水書房、1966 年；稻田正次編『明治国家成立過程の研究』、御茶水書房、1996 年；大江志乃夫『明治国家の成立 天皇制成立史研究』、密涅瓦書房、1998 年。

③ 堀孝彦『日本における近代倫理の屈折』、未来社、2002 年、第 67 頁。该处引用的木下的文章出自『朝憲紊乱とは何ぞ』、『平民新聞』、1905 年；『平民新聞論説集』、岩波文庫、1982 年。

④ 『水戸学』、『日本思想大系』56、岩波書店、1973 年。

不可以进行"作为一切批判的前提"①的"宗教式批判",否则违反了"人创造了宗教,而不是宗教创造了人"的真理。② 与国家混同在一起的"宗教"曾在历史上成为长期统治日本人的工具,而近代却是一个"国家神道"的时代。井上哲次郎就是处在这样一个"动态"的中心的人物。

二、井上哲次郎的哲学

(一) 井上的前期思想

哲学自输入日本以来,依照西周(1829—1897 年)的定义,就是"征之于心理,究明天道、人道、兼立教导之方法,故而将 Philosophy 翻译为哲学,西洋自古即有之论"③,由此而获得普及。即便是成立不久的大学(1877 年东京大学成立——译者注)也设置了哲学科,从而与过去的"官学",也就是朱子学一样获得了体制的护持。就在明治国家体制得以确立的过程中,井上哲次郎构筑起自身的哲学。井上哲次郎 1855 年生于福冈县太宰府,传闻曾学习儒学,而后到长崎学习英语,进而进入东京开成学校,两年后开成学校改制,进入改制之后的东京大学。东京大学毕业之后,井上一度在文部省担任编辑工作,而后成为东京大学副教授,著述《伦理新说》(秩山堂,1883 年)。井上哲次郎的精英意识极为强烈,故而也极度轻视市井之人,视"士、农、工、商、车夫、马夫"之人为"丑陋",自诩为"哲学士"而从事学术研究。通过美国学者费诺罗萨(E.F.Fenollosa,1853—1908 年)的课程讲义,井上哲次郎获得了不可知论与社会进化论的知识。

井上哲次郎的最初著作《伦理新说》的内容大致如下:井上没有将"伦理"把握为应该遵守之规则,而是视为天地间的现象。基于这一立场,井上认为"伦理之大本"在于通过不可知论的社会进化论而构筑起"万有形成"。顺应着支配森罗万象的"势力"之趋势,宇宙不断"化醇"(进化),"万有形成"得以实现。就这样,井上将"伦理"把握为天地间的现象,以实现达尔文、斯宾塞(井上未区别二者)倡导的进化论法则下的"完整领域"为道德的基础。即便是宗教,井上也认为是一种进化之物,并预想了与现存宗教完全不同的新人类的"普通(遍)宗教"。针对"神道",井上认为尽管它缺乏"教法",但是也具备了与其他宗教同

---

① カール・マルクス『ヘーゲル法哲学批判序説』,『マルクスエンゲルス全集』,大月书店、1966 年第 6 版、第415 页。Max Karl, "Zur Kritik der Hegelschen Rechtsphilosophie, Einleitung", *Marx Engels Werke*, Dietz Verl., 1956, Bd. 1, S. 378. 作者在翻译之际进行了适当修改。接下来,马克思指出,在宗教批判走向了终结的德意志,"天上的批判……转为了地上的批判,宗教的批判转为了法的批判,神学的批判转为了政治的批判"。(同书,第 417 页)。Ebd., S.316)。

② 在此引用的马克思与恩格斯的著作或者思想大概不可能在同一个时代传播到日本,考虑到这一时期的日本现实也是令人难以想象的。而且,日本的岩仓使节团一行在与路易・阿道夫・梯也尔(Louis Adolphe Thiers)——该人曾在担任行政官期间镇压了"巴黎公社"——会见之际,尽管明确记载在他们的报告书中,即久米邦武的《美欧回览实记》第 3 卷第 63—64 页,但是书中却丝毫没有提到拥护巴黎公社并撰述之的马克思著作。

③ 西周『百一新論』,『西周全集』第 1 卷、宗高书房、1970 年、第 289 页。

等的特征,还私下提示了"神道"进化的思想。

依照井上的阐释,"实体"存在于森罗万象的物体或者现象的背后,我们不可把握,我们所了解的不过只是物体的"形色与性质"。但是,若是将之假定为客观,站在主观的一侧来认识的话,这一切不过只是感觉而已,而感觉则是心,也就是"实体"(实体为客观,位于主观两侧)的发动而已。"实体幽奥,常在现象反面,我们不具备可把握之官能。"①基于此,只有回归到人的知识所无法把握的"万有形成"的立场,我们才可以阐述实体。在井上的眼中,实体不是一个,而是被加以各种各样的解读。孔子的"太极"、老聃的"无名"、释迦的"如来藏"、阿那克萨戈拉的"万有睿智"(理性)、康德的"实体"、塞林格的"绝对"、斯宾塞的"不可知的"、哈特曼的"不觉神"(理想本质),皆是这样一个范畴。

依照井上的阐述,"一切具有生命的存在,日月化醇(进化),而未及纯然之域者"可谓是绝无,故而人类相信"万有形成",依循进化法则,发挥势力趋向,以之为善,以之为"理想"。"一切人,无不持有理想。理想就是较之当下的存在样态,而善于顺应势力之趋向者也。"②就此而言,井上提示了"适种生存",也就是优胜劣汰的原理,并就竞争性的现实社会予以肯定。井上亦在追求自己的理想,将成为"圣人"作为目标。在这之后的《西洋哲学讲义》(古代西方哲学史)中,井上撰写了《绪言》,提到自身"企图提倡东洋哲学"。但是,井上不曾展现出自身提示这一"企图"的根据乃至未来走向。

(二) 执笔《敕语衍义》的意义

经历了 6 年零 8 个月的德国留学③,井上哲次郎于 1890 年回到日本,而后在文部大臣芳川显正的要求下,撰写了《敕语衍义》(文部省检定,师范学校中学校教科用书、井上苏吉、井上弘太郎发行,1891 年)。该书就是以上述《伦理新说》为出发点,构筑起井上哲学的核心——伦理学(道德论)。井上在《敕语衍义》之中宣扬国民/臣民的道德,阐述天皇制国家范畴下的伦理学。据传,井上曾严厉拒绝了敕语的起草者——井上毅所作的《敕语衍义》的草稿,将之斥为"完全缺乏精神的跃动"。④ 文部大臣芳川显正对此亦持同一态度,故而《敕语衍义》刊载了芳川的"叙"和"训示"。接下来,本文将对《敕语衍义》进行阐述,并且尤为关注井上执笔撰写该书的象征意义。

井上哲次郎在自序中提到,该书的目的在于"结合民心"⑤,在于"精神的改良"⑥,故而

① 井上哲次郎『論理新説』、秩山堂、1883 年、第 21—28 頁。
② 井上哲次郎『論理新説』、第 58 頁。
③ 井上留学德国的时间是 1884 年 2 月 16 日—1890 年 10 月 13 日,但是整体评价极为低下。大岛康正指出:"只是努力学习语言,购买书籍,与名士相会,乃是处在发现问题、考虑解决问题、哲学研究以前。"参考大島康正『日本の思想家』中、朝日新聞社、1975 年、第 61 頁。但是,大岛也属于"京都学派","二战"后由于牵涉助力于教育反动化的事实而被问责。
④ 稲田正次『教育勅語成立過程の研究』、講談社、1971 年、第 339 頁。
⑤ 井上哲次郎『勅語衍義』序、井上蘇吉[ほか]、1891 年、第 2 頁。
⑥ 井上哲次郎『勅語衍義』序、第 7 頁。

强调要以《教育敕语》未曾展现的"孝悌忠信""共同爱国"两大观念为要点。与井上毅一样，井上哲次郎认为这也是为了"以备不虑之变（战争）"①。那么，井上为什么要突出这样的"两大观念"？

首先，针对"孝悌忠信"，井上指出："古来和汉学者，依照既定的规则来宣扬孝悌忠信之不可不为。我如今则要证明孝悌忠信何以是德义之大要。"②井上不曾言及为什么要提到"孝悌忠信"这样的观念，不过，"尊王爱国"乃至"共同爱国"这样会令人联想到近代民族主义的、自由民权运动的表述并不符合《教育敕语》的基调。顺便提一下，不管是"孝悌"还是"忠信"，皆来自《论语》，除了西周的翻译之外，自由民权派则大多使用之，且在《宪法发布敕语》中也出现了"臣民忠实勇武而爱国殉公"的文字。因此，井上强调指出，欧美诸国的建国思想极为强烈，而亚洲唯有日本才可以与之抗衡。"共同爱国之要，虽东洋之固有，而古来阐明者极少，故而我如今要阐明共同爱国与孝悌忠信一样，亦为德义之大要也。"③

不过，这一阐述与《教育敕语》的本质略有不同。《教育敕语》突出"公"的范畴，却没有提到"国家"。正是考虑到此，井上才特别强调了这一点。尽管在自由民权运动被镇压之后日本颁布了宪法，但是还难以明说政府就做好了准备。为了让所有日本人的精神保持一致，因此政府采取欺瞒手段，在"忠信"之前设定了"孝悌"的观念。而且，正如井上所言，"就规范人类相互间关系的孝悌忠信、共同爱国的主义而言，可谓是古今不变"④，将之视为"古今不变"的理念。尽管井上最终将《教育敕语》的主导思想归纳为"忠君爱国"，但是应该说并没有将之始终贯穿下来。就此而言，《敕语衍义》作为民族主义的"国民道德"可谓处在一个未完成的阶段。⑤

其次，需要提示一个事件，即在 1890 年 12 月，一封《教育报知》的读者来信，对井上的"无故侮慢主君，若是构成伤害，则为颠覆上下秩序之根源，谁人不惧之乎"⑥这一段文字进行了猛烈批判。对此，井上与该报刊约定予以改正。1893 年，井上提出删除"无故"的改订版，向读者即内藤耻叟与水户派表示屈服。⑦ 一言蔽之，在引用《教育敕语》的文字而进行诠释的《敕语衍义》的正文中，井上的思想完全依循《教育敕语》，并与之形成一体化。因此，尽管是《教育敕语》的"衍义"（就广义的范畴而言），但是《敕语衍义》与《教育敕语》一样，几乎未提到一句教育之事，只是讲述"教育的渊源"所在。

围绕"皇祖皇宗"，井上自琼杵尊的神话开始，借助"国家有机体说"来解释国家与国

---

① 井上哲次郎『勅語衍義』序，第 3 页。
② 井上哲次郎『勅語衍義』序，第 4 页。
③ 井上哲次郎『勅語衍義』序，第 7 页。
④ 井上哲次郎『勅語衍義』序，第 8 页。
⑤ 堀孝彦『日本における近代倫理の屈折』，未来社，2002 年、第 74 页。
⑥ 井上哲次郎『勅語衍義』序，第 6 页。
⑦ 稲田正次『教育勅語成立過程の研究』，講談社，1971 年、第 339、344 页。不过，令人奇怪的是，1891 年 12 月，内藤的来信被《教育报知》报道，但是在这之前，即 9 月 2 日的出版付梓之后不久，就在同月 28 日的《印刷再版》的说明中，将引用文一开始的"故なく（无故）"的字眼删除；而且，中途还变更为"するが如きは、国の秩序を紊乱するものに"。到了改订版（1899 年）末尾的《出版概要》中，"再版"的日期改为 1892 年 4 月 25 日，令人匪夷所思。

民、家族，引导出"皇统连绵，实二千五百五十余年"①，"国君爱抚……臣民"②，"臣民忠孝于君父"③。这样的叙述展现出井上对于神话的信奉态度，完全缺乏一名作为学者的主体性，一点也没有认识到他自己是在无视事实，轻视真理，否定学问。而且这一段文字之中出现了"奴婢"一语，一下子让人感到一种腐朽的味道，"士农工商"的身份制度被描绘为犹如现实存在的一般，直白露骨的女性歧视的表述，提到天皇制则一概表述为"近代天皇制"。这样过于陈腐的表述确实会令人产生一种时代错位的感觉，因此才会被井上毅加以改正。④ 井上哲次郎尽管有德国留学的经历，但几乎没有从西方近代民主主义革命，从西方人权思想中学到任何思想。不仅如此，井上还一味地否定西方文明，宣扬犹如古代神话一般的日本。井上的理想就是要成为"圣人"，就是纯粹地梦想日本的繁荣。

《敕语衍义》与《教育敕语》带有一样的问题，就是要求人民为天皇制国家灭私奉公，尤其是要牺牲生命。井上指出，"为了国家，将生命轻如草芥，奋勇前进，不可不持有抛弃生命的公仪心"⑤，"关乎国家安危休戚，欣然而抛弃生命，为了公众不可无所图"⑥，"抛弃一己之自利心，为了国家而服务，即为爱国之心，须人人自当养成也"⑦，"夫谁人不死一遭，若其不死于应死之时，则会忧其有生也"⑧，"然当赴国家危急之时，当下奋起，不可无殉难之勇气"，"男子须进而以身体为牺牲，不可无谋划国家福祉之虑念，盖真正之男子，应无以为国而死而觉愉快之事也"⑨。这样将死亡视为最大的愉快之事，也就是将"死亡"加以美化的"死亡美学"。不仅如此，这样的宣扬会让人感觉不到"生的意义"在哪里。若是少年时期就时不时地被灌输这样的思想，那么结果将会如何？第二次世界大战期间，军人或从军护士的志愿者不断增加，神风特攻队的志愿者也不断涌现，无谋无益的突击或者"玉碎"（战死）或者集团式自杀更是不断发生，这样的现象逐渐扩展到民间，而后就是喧嚣国民殉国"一亿玉碎"，尤其是到了"二战"末期、战败之后，还包括"从军慰安妇"的问题，日本不知发生了多少人间悲剧。

应该说，《敕语衍义》中没有过多地使用"哲学用语"，井上依据伦理学（道德之书）的方式而讲述的，不是什么"生存方式"，而是"死亡方式"，是与"生存方式"截然相反的思想观念。更为广义地说，就是讲述"战争的哲学""战死的哲学"。就整体而言，《敕语衍义》并不是为了阐述井上个人的伦理观念，而是为了体现天皇或者国家的意志，向日本青年讲述天

---

① 井上哲次郎『勅語衍義』上，第 2 頁。
② 井上哲次郎『勅語衍義』序，第 8 頁。
③ 井上哲次郎『勅語衍義』序，第 9 頁。
④ 参考稻田正次『教育勅語成立過程の研究』，第 356—357 頁。到了 1893 年，井上一担任文部大臣，即判定『教育衍義』难以作为寻常小学校的教科书。
⑤ 井上哲次郎『勅語衍義』序，第 3 頁。
⑥ 井上哲次郎『勅語衍義』序，第 2 頁。
⑦ 井上哲次郎『勅語衍義』序，第 35 頁。
⑧ 井上哲次郎『勅語衍義』下，第 38 頁。
⑨ 井上哲次郎『勅語衍義』下，第 39 頁。

皇或者国家所期望的道德伦理之"正道"。① 井上与《教育敕语》走向一体化,对之进行"衍义"与引导,井上是代替天皇或者国家而执笔撰写了衍义书。这就相当于井上失去了作为一个伦理学者、哲学者的"个体"。正如三宅雄二郎(1860—1945年)所批判的,在这一现象中潜藏着关乎学者"身份认同"的重大问题。②

不过,不管如何赞美"死亡"或者劝诱"死亡",若是不以"生"为前提,那么"死亡"在逻辑上就难以成立,所谓"死亡伦理学"也就不会成立。伦理学原本需要的不是死亡,而是要肯定"生"、赞美"生",探究作为人的真正的生存方式,探究人生的意义,也就是必须让世人考虑如何生存下去。伦理学由此就会成为"希望的哲学",成为真正的学术研究。但是,井上通过"死亡伦理学",不仅否定了伦理学,也否定了哲学。

井上提到"国家存在缓急的时刻"③。所谓"一旦缓急",也就是假定日本遭受别国的侵略。这样的假定应该说与之后出现的以甲午战争、日俄战争、干涉俄国革命的战争为代表的日本所进行的历次战争存在一定的差异。在此,井上只是将日本假定为会成为被侵略的国家,故而需要教育被压迫的人民,通过精神动员使他们走向战争。

井上提到,"必须追求自己的自由,谋求国家的独立,而遭受别国之羁绊,以隶属别国为耻辱,必须千方百计地避免之"。在这一段文字中,井上隐瞒了人民的自由与权利被明治国家所篡夺的事实,强调人民作为必须接受作为压迫者的天皇制国家的羁绊,必须接受隶属于天皇制国家的耻辱。

通过这样的推导即可以确认一点,也就是《敕语衍义》与《教育敕语》一样,是在所谓"伦理道德"的名义下强迫性地让国民成为精神性的从属、隶属于天皇制国家体制下的存在,成为被加以精神动员而走向战争的工具。可以说正是通过执笔《教育衍义》,井上确立了自身在明治国家不可动摇的地位。

(三)现象即实在论

承前所述,井上哲次郎突出强调了伦理学说。以《伦理新说》为出发点,井上构筑起肯定现状的哲学,即"现象即实在论"。与之前提到的《敕语衍义》所规范的一样,这一学说在内容上也对天皇制国家持以赞美的态度。井上哲次郎的这一"现象即实在论",是通过两篇学术论文——《我的世界观的一尘》④与《现象即实在论(的要领)》⑤而发表出来,但二者皆未完成,而后在《认识与实在的关系》⑥才得以完成。我曾对此进行整体性的概述,本文

---

① 井上哲次郎『勅語衍義・序』、第5页。
② "代天子而言之乎? 若非如此,则必枉己意。井上君若不是忘却了臣民之义,则必然是忘却了学者的本分。"参考三枝博音『解説』、『日本哲学思想全書』第3卷、1936年、第268页。
③ 井上哲次郎『勅語衍義』下、第37页。
④ 『哲学雑誌』第9卷第89号、1894年。
⑤ 『哲学雑誌』第9卷第123号、1897年。
⑥ 『撰軒論文集』第2卷、集文閣、1901年。

就以《认识与实在的关系》为对象来简要阐述。

事先必须说明一点，即井上哲次郎在叙述哲学概念之际，会时不时地添加外语。"现象即实在论，即圆融实在论（Identitätsrealismus）"①，"实在"在此则没有附加外语。"即"就是"Identität（同一）"，"现象"就是"Erscheinung"。通常我们在表述客观实在的时候，"实在"即为"Realität"。不过井上将"现象"与"实在"把握为"同体不离，二元一致"②的关系。在此，所谓"实在"也就是"本体、本质的存在"，即"Wesen"。不管如何，井上在此显然是以康德哲学认识论的现象界、本体界为基础，将"本体"置换为"实在"。

井上的这篇论文是为了"构筑实在论"③，那么在该论文中，井上哲次郎究竟是如何把握"实在"的？

1. 实在论的意义

井上哲次郎在进行简略阐述"认识论"的时候，提示了康德（内外区别与"物自身"）、费希特（否定"物自身"与纯粹的"主我唯心论"）、谢林（"客观唯心论"，就在绝对之中调和主观与客观这一点而言，可谓与"实在论"相类似。不过谢林主张"绝对＝自我"，故而还是存在差异），并以一种尝试超越的架构对"实在论"进行了定位，④也就是暗示自身的哲学立场处在一个"顶点"的地位。不过针对黑格尔，井上则是提到既然黑格尔与谢林极为相似，故而无法将黑格尔的哲学确立为"顶点"。

那么，井上是如何把握"认识"这一范畴的？依照井上哲次郎的阐述，所谓"认识"就是"主观把握特殊对象，将之与其他的对象加以区别开来"⑤，故而它不存在于"无差别平等的境界（实在界）"，而只是存在于"具有差别的现象（界）"。不仅如此，井上还认为，不管是"主观"还是"客观"，皆是迥异的存在，"认识"就是主观与客观之间所引发的"事实"。⑥这时候，"以主观客观的对立为开端，一切的差别皆不过是逻辑的抽象 Logische Abstraktion 所引发的"。以此为基础，主观与客观皆是"依照逻辑的抽象才被裁断出来的差别"，主观与客观的差异性就是一个"必然的结果"。就表面而言，主观与客观是"相对性的概念"，尽管名称上互为因果，但是二者的差异性在现象界是不可动摇的，故而通过这样的主观、客观是难以推导出所谓的"认识"，二者"必须融合调和在根本的实在之中"。⑦那么，这样的"融合调和"究竟如何才能成为可能？接下来我们就论述这一点。

2. 主观、客观的融合调和

依照井上哲次郎的阐述，"认识"经过了"不少的阶段"，也就是经历了"感觉"（通过"自

---

① 『哲学雑誌』第 9 巻第 123、379 号。

② 『哲学雑誌』第 9 巻第 89、493 号。

③ 井上哲次郎「認識と実在との関係」、三枝博音編『日本哲学全書』第 6 巻、第一書房、1936 年、第 318 頁。

④ 井上指出："谢林的客观唯心论在绝对之中调和客观与主观，故而虽与现象即实在论极为类似，但是谢林却是继承了费希特的思想，以实体归于我，进行了唯心论的考察。"（「認識と実在との関係」、『日本哲学全書』第 6 巻、第 317 頁）

⑤ 井上哲次郎「認識と実在との関係」、『日本哲学全書』第 6 巻、第 323 頁。

⑥ 井上哲次郎「認識と実在との関係」、『日本哲学全書』第 6 巻、第 324 頁。

⑦ 井上哲次郎「認識と実在との関係」、『日本哲学全書』第 6 巻、第 325 頁。

发的活动""自然的冲动 Trieb"①而产生出来的"感性的印象 Sinneseindruck")和"知觉"，才会成为"表象 Vorstellung"②，也就是"认识"。但是，井上在此没有就"感觉、知觉、表象"的三阶段展开更多的阐述。

接下来，井上哲次郎以自身的阐述为前提，指出在探究认识、意识之际，不管是主观的立场还是客观的立场，皆是谬误。也就是说，作为第一的"主观的认识论"③，也就是站在"意识唯心论"④的立场，将所有的现象皆把握为主观的存在，将"精神作用的最初发端的状态"视为"世界最终的实在"，作为第二的"客观的发展论"则是站在发展史的立场来展开研究。这样一来，也就是"与主观截然不同的对象潜存在非我的境界下"，对认识者的意识加以"启发展舒"。

既然如此，那么依照井上自身的"实在论"究竟如何？在此，井上强调了必须回到本论的开始，皆必须在"认识"的状态下区分主观与客观。所谓"认识"就是"辨别作用"⑤，主观与客观皆是"逻辑的抽象"，二者的区别在一开始并不存在，而是作为"主观的作用的结果"。因此，在本来的状态下，二者是一体，是"先天性的一元性的状态"。井上将之称为"常识"，并把握为哲学的出发点。不过，井上没有就此进行更多的阐释。尽管井上在此承认"实在的触发"⑥而构筑起主观与客观，却认为二者的区别始终是不存在的。

那么，主观与客观的"融合调和"这一当初的课题要如何实现？对此，井上首先提到了"行动"，认为它是超越心的作用，是共通于主观与客观的存在。依照井上的诠释，"行动"既不是主观也不是客观，而是"包容了主观客观，使之转变为一元性的存在"。所谓"行动"，"既可以由外界引发，亦可以由内界引发"，二者相互影响。因此，就"行动"这一点而言，"主观客观是毫无意义的存在"，"行动"是"超越主观客观的存在。世界就是一大行动"。在此，井上列举了天体、原子、物理现象、心理现象，但是或许是由于不认为它们具备行动意义，故而将之改称为"活动"，认为它不限于主观客观，也不会成为认识的对象。观察"活动"极为困难，尤其是"活动本身"⑦不会成为认识的对象。究其原因，即在于"活动是认识形成的根源"之所在，与此同时，也不存在什么不活动的状态，而是始终保持着"活动"。通过这样一堆意义含糊的文辞操作之后，井上指出，只要看破主观客观不过是"差异性的观念而已"，就可以找到解决的方法。不过在此，井上尽管提到了"内面的直观""综合的断定"一类的范畴，但没有进行任何说明，而这一类范畴是来自康德的。

---

① 井上哲次郎「認識と実在との関係」，『日本哲学全書』第 6 巻、第 326 頁。
② 井上哲次郎「認識と実在との関係」，『日本哲学全書』第 6 巻、第 318 頁。
③ 井上哲次郎「認識と実在との関係」，『日本哲学全書』第 6 巻、第 335 頁。
④ 井上哲次郎「認識と実在との関係」，『日本哲学全書』第 6 巻、第 336 頁。
⑤ 井上哲次郎「認識と実在との関係」，『日本哲学全書』第 6 巻、第 337 頁。
⑥ 井上哲次郎「認識と実在との関係」，『日本哲学全書』第 6 巻、第 338 頁。
⑦ 井上哲次郎「認識と実在との関係」，『日本哲学全書』第 6 巻、第 339 頁。

若是要一元性地把握世界，主观客观就绝非其否定之所在。就认识的方面而言，既存在主观也存在客观，但是二者不过只是差异性的观念而已。若是单纯地将之看破为不过是差异性的观念，或者自内面的直观 innere Anschauung，或者是自综合的断定 Synthetisches Urteil，认为这样可以实现无差别的、平等的观念的话，也就会脱离主观、客观的立场，也就不会出现所谓实在，以占据第三者 Tertium Quid 的地位。换言之，失去了主观、客观的差异性，才会形成实在 Wesen。以差别性来对立地把握同一体，就会出现主观、客观的立场。将主观、客观加以融合还原，就会形成实在的立场。正可谓一即是三，三即是一。

就这样，依照井上自身的诠释，将主观、客观加以"融合调和"，"实在"即可得以实现。不过，不管井上如何强调主观、客观、实在的"三位一体"，我们也难以获得真正的"认识"。井上所谓的无差别的、平等的"实在"也不会被一般人所理解与把握。

井上提示了主观、客观的融合调和论，仿佛问题就此解决。但是，井上还针对"主观、客观二元论"进行了一个简短的说明。这个说明较之"三位一体"的融合调和论更为令人费解，在此姑且引用之。

若是主观、客观是完全不同的存在，那么也不应该认为二者之间存在着交互关系。因此也就不得不再去怀疑认识的事实。主观与客观的差别不过只是认识形成之际的差别，未曾经过逻辑的抽象故而为同一体，即便是经历了逻辑的抽象，事实上也不会存在着什么辨别之处，故而认识不会在两个完全不同的二者之间得以形成。正因为认识形成于作为同一体的实在之中，故而在一开始就可以轻而易举地避免仿佛必然呈现的、二元性的 Notwendige Dualität 的难题。①

由此，井上认为，"认识"的形成所必需的，不是作为"逻辑的抽象"的主观或者客观，而是要在主观与客观作为同一体而存在的"实在"之中来展开认识活动，由此"认识"才会成为可能。但是，井上对此没有进行任何阐释。换言之，唯有井上本人才"看破"这一点。

3. 认识的界限——实在的无限

前一节就主观与客观的融合调和论进行了阐述。令人感到惊奇的是，井上还提到了"认识的界限是否在彼端？"（第三章的标题）这样的问题。该章的一开始，井上写道："我们人类的认识是彻头彻尾的相对的 Relativ，也就是关乎差别的存在。"不过在此，井上讲述的乃是与我们人类毫无关联的自我认识。换言之，现象界以差别为特征，而"认识"被视为区别对象、与"辨别作用"保持同一的存在，也就是与"无差别、平等"的"实在"相对比才能

① 井上哲次郎「認識と実在との関係」，『日本哲学全書』第 6 卷、第 339—340 頁。

具有的一种内涵，说到底也不过是井上哲学内部的思想而已。

"认识唯有就差别而言才有之。"①认识论就是以这样的辨别为己事，认识论存在着界限即可由此一目了然，哪怕是井上不承认这一点。进而，井上提到"若是就此阐述平等即无限，应该也不可能存在什么样的认识"，也就是将主观与客观所构成的"认识"限定在唯有现象界才能得以实行，而不是存在于"无差别、平等"的实在界。因此，认识论存在界限也是必然的。井上不过是进行了一番装模作样的阐述而已。

但是，井上认可存在着"关乎实在的观念或者表象"，故而指出要将之与"实在"的认识区别开来。"这样的观念与特殊的形象之中的认识绝不可以等同视之。第一，现象尽管需要辨别区分彼此，但是实在却是平等的，不应该构成任何辨别。第二，就现象而言，尽管我们应该捕捉它的积极的特质，但是就实在而言，却不存在着什么特质可以被捕捉。因此，关乎实在的观念或者表象一类的存在，我们不能将之称之为认识。"

井上到底在思索什么？针对这样的阐述，井上就将现象与"实在"进行了严格区分，并予以注解，指出："应该辨别实在与现象，这样的辨别是假设性的。不管怎么说，二者毕竟是一体性的存在。"就此而言，井上的所谓"辨别"并不是首尾一致的，所谓"现象即实在论"在此露出了一大破绽。

所谓"认识的界限"，乃是辨别现象的差异性之际所产生的问题。既然井上设定了"实在"与现象，故而也就不可避免这一问题。不管井上如何进行辨别，要将二者区别开来这一事态始终不会改变，而井上不过是在同一个地方绕圈子而已。在该节之后，井上提到这么一段话："平等与差别合则有之。因此，所谓认识的界限，其界限到了终极之处，则不过是由逻辑的抽象所构成的概念而已。因此，这样的界限不应该考虑为客观存在。一旦要去认识它，就必然会形成辨别作用，故而也就不会存在于真实的世界的界限之中。"②（真实的世界即"实在界"——引用者）

或许是认识到这样的解释存在一点问题，故而井上在下一节阐述了如何区别性把握真实的世界与实在界的"认识"方法。

> 平等的世界（实在）应该唯有在内部才能直观之，也就是康德所谓的可想象的Intelligibilis（知性的）存在。这样的依靠认识而不可考量之物，就是世界的实在。因此，认识的界限会止步于现象的范围，这一定不容怀疑。然而，古今多少哲学者皆未能理解认识的界限，故而也引发了极大的思想混乱。一方面，正如过去的讲授本体学Ontologie的人，他们将实在理解为犹如现象界的存在，直接地将之把握为认识的对象。但是，经康德一度论证其难以成为科学之后，才逐渐销声匿迹。③

---

① 井上哲次郎「認識と実在との関係」、『日本哲学全書』第6卷、第340頁。
② 井上哲次郎「認識と実在との関係」、『日本哲学全書』第6卷、第342頁。
③ 井上哲次郎「認識と実在との関係」、『日本哲学全書』第6卷、第343頁。

井上没有阐述康德的哲学研究，尤其是认识论的成果，而是继承了康德设定的"物自体"（本体，井上所谓的实在）范畴——康德认为它是不可知的，对这一概念的探究持以保留的态度。同时也继承了"知的直观"这一概念，设定了现象与实在（本体）。但是，在康德之后的德国古典哲学（观念论）的发展过程中，将世界一分为二的"物自体"范畴被加以否定，继之的是道德的自由，进而哲学家的关心点转向了自我、实体，最终是黑格尔将"绝对知"的认识界定为可能，通过把握（概念）而构筑起学术体系，这一点尤为重要。不过，黑格尔将现象、本质存在、现实性三个概念视为同一性的存在，而井上不曾接触到这一点。（参考《大逻辑学》《本质存在论》）

不管如何，井上认为唯有直观才能把握"实在"，将"实在"理解为"不可形容"的存在。而后，基于"实在"不可区别，是无差异、平等的存在这一点，井上进而模仿老子，将实在界定为"无名"，将现象称之为"有名"，再针对即便是不可区分的"实在"，在阐述这一观念之际也需要一个名称，由此来诠释老庄思想与佛教（大乘起信论）思想，以所谓"近似"之名列举了佛教的"真如""实相"、康德的"物如"（Ding an sich）、斯宾塞的"不可知的"（Uknowable）等一系列范畴。就这样，井上在阐述认识的界限的问题之际将之转换为阐明"实在是什么"的问题，也就将之始终留驻在自身哲学的内部。如果要把握"实在"，唯有通过"直观"。这一点井上曾予以阐明，因此尽管完全不必再进行长篇累牍的讲述，但是井上依旧锲而不舍地进行着、改换着诠释。

4. 客观实在

"实在"唯有通过"直观"才可以把握。就此而言，井上论述所谓"客观实在的证明"（第四章）这一点会令人感到难以名状。不过，正如该章一开始所讲述的，客观实在的"实在"乃是 Realität，是与真正的"实在"Wesen 截然不同的现象界的存在。这一点尽管可以证明，但是井上一点也不曾提及。之所以如此，是因为这一问题涉及"现象即实在论"的根本问题。就这一点而论之，井上哲学可谓是到了崩溃的地步。依照井上的解释，客观实在与客观现象毫无二致。

"我们平生描述客观世界的现象，也就是如实的客观实在。客观实在……是与客观现象合而为一的存在。"[1]在此，井上未曾言明"客观实在"属于现象界。事实上，井上应该在一开始就提示这一点，而且就一直以长期留学德国而自夸的井上而言，在阐述其他范畴的时候皆附上德语原文，但对这样一个占据井上哲学重要地位的概念却没有进行任何德语标注，亦未进行任何说明，井上的态度实在是过于敷衍。接下来，井上为了论证"客观实在是什么"而耗费了不少笔墨，但是这样的"论证"确实无比稚拙，令人难以想象是出自一位德国哲学的研究者。

由此可见，井上尽管认为陷入"主观主义"的立场极为麻烦，不过为了回避这一立场，

---

[1] 井上哲次郎「認識と実在との関係」、『日本哲学全書』第 6 巻、第 345 頁。

就要依赖于常识,故而把握到了折中主义的实在论。尽管这样一番论证经过曲折而走向成功,但即便是井上自身也认为这样论证的意义接近于零。之所以如此,就在于站在现象界的立场,真正的"实在"是永远无法把握的。

"证明只是单纯地推导出认识的对象,只是就现象界的事实而言,但并不是就无差别的、平等的实在而言。"①这是一个最初的前提,但是,若是就此认为这样的论证也毫无意义,井上认为并非如此,并宣称"它指明了抵达实在观念的路径与门户"。②

究竟应该如何才能实现这一点?对此,井上指出:"不外乎是依循直观。依循直观所获得的观念乃是作为真理的存在,不应该与认识的结果具有同等的价值。"③由此可见,所谓论证,依旧不过是徒劳的功夫而已。至此,井上为了在读者眼前自圆其说而一味地展开阐述,但是到了下一章节就不得不直言"围绕实在进行论证进行实验,无非就是一种要求者的谬误而已"④,"围绕客观实在,应该无法获得间接的证明"⑤。针对"实在"的论证问题,他在此进行了补充。由此可见,井上不过只是就这样的破绽百出的问题进行一层伪装而已,在此不复赘言。

5. 一如实在

井上的理论阐述至此终于到了一个终点,也就是超越客观实在与主观实在的"一如实在"的立场。过去的阐述不过是"为了获得一如实在这一观念的预备"⑥而已,"以一如实在来作为世界的根本主义,就可以获得足以疏通一切难点的一元世界观"。尽管这不过是井上的豪言壮语而已,但是"就迄今为止的井上的理论阐述而言,针对实在的不可转换的诠释可谓是至此也就接近了尾声"。⑦

依照井上的诠释,"现象即实在论"就是否定任何二元论的一元论,是一如实在,是无差别、平等的实在。——由此也就成为唯有实在、无名的、没有哲学的世界。井上所谓的"实在"在历史上不曾出现过,也没有任何存在之所,却是唯一的存在。井上在一开始就将"实在"把握为"心的实在"。概言之,"实在"没有主观、客观的区别,没有空间、时间的制约,它是"超越了一切是等,无处不在"⑧的存在。"作为实在的个人,超越了时间空间,乃至因果的规定,直接通向了世界的实在"⑨,"世界的实在就在自我之中"⑩。就这样,井上将哲学、宗教皆把握为关乎"实在"的学问。而且,不管是哲学还是宗教也是适合于"实在"的学问,也就是"现象即实在论"。"若是将世界的实在人格化的话,其考察的结果就不免

---

① 井上哲次郎「認識と実在との関係」、『日本哲学全書』第6卷、第353頁。
② 井上哲次郎「認識と実在との関係」、『日本哲学全書』第6卷、第353頁。
③ 井上哲次郎「認識と実在との関係」、『日本哲学全書』第6卷、第354頁。
④ 井上哲次郎「認識と実在との関係」、『日本哲学全書』第6卷、第356頁。
⑤ 井上哲次郎「認識と実在との関係」、『日本哲学全書』第6卷、第356頁。
⑥ 井上哲次郎「認識と実在との関係」、『日本哲学全書』第6卷、第367頁。
⑦ 井上哲次郎「認識と実在との関係」、『日本哲学全書』第6卷、第367頁。
⑧ 井上哲次郎「認識と実在との関係」、『日本哲学全書』第6卷、第373頁。
⑨ 井上哲次郎「認識と実在との関係」、『日本哲学全書』第6卷、第382—383頁。
⑩ 井上哲次郎「認識と実在との関係」、『日本哲学全書』第6卷、第383頁。

与宗教的教旨合而为一。不管是哲学还是宗教,均为关乎实在的学问。"①这不是一种普遍的论断,而是那一时刻"大日本帝国"的忠臣——井上哲次郎的独有思想。而且事实上,既没有哲学与宗教的合一,也没有所谓的物心合一,这一类的论述实质上与"实在"没有任何关系。"实在"就是永远的持续。"实在的观念若是无法抵达物心融合的一如状态的话,那么也就不应该说是达到了极致。"②——若是说这一立场就是"现状肯定"的哲学的话,那么也就相当于在宣扬"大日本帝国"乃是永远地存在。"(实在)无可说之言,无可名之文字。"也就是无法利用语言来表述,没有名称的存在,乃是不言而知。换言之,也就是"神""绝对者""幽冥"或者"万世一系的国体""唯一的存在""天皇""现人神""上一人"这样的称谓。井上曾在《伦理新说》之中评价神道,将之加以继承,并以《敕语衍义》的方式表明一种信奉神话的立场,进而宣传"死亡伦理学""战争的哲学",后来则是站在"现象即实在论"的立场将哲学与宗教合而为一。

承前所述,井上表明了自身与谢林的立场的类似性,而且也提到深受这一时期德国哲学的影响。③ 不仅如此,在探究自身哲学与日本的传统思想之间的关联性之际,井上也把"现象即实在论"与佛教结合在一起。④ 站在井上的立场来加以思索,"现象即实在论"应该说与佛教没有什么直接关系。

就这样,与欧美流行的实在论比较而言,井上提出的"现象即实在论"或许可以说是日本独特的实在论。不过,这一理论作为哲学存在着不少难点,也无必要更多展开,且还与"宗教"(国家神道)合而为一。就此而言,井上哲学的诞生,同时也就是它的终结。

三、宗教与伦理

围绕井上哲次郎的宗教与伦理的思想,可以通过井上的著作——《伦理与宗教的关系》来把握。该著作也表明了一点,即这一时期的井上哲次郎继之前的论文《认识与实在的关系》后,进入一个理论创作的旺盛时期。接下来,我们来概述一下该书的内容。

---

① 井上哲次郎「認識と実在との関係」,『日本哲学全書』第 6 巻、第 383 頁。
② 井上哲次郎「認識と実在との関係」,『日本哲学全書』第 6 巻、第 386 頁。
③ 在此列举深刻影响到井上的德国哲学家,可以提到理查德·阿芬那留斯(Richard Avenarius)的《纯粹经验批判论》(Kritik der reinen Erfahrung, O. S. Reisland, Leipzig, 1888—1889 年),若是将这一考察的视野扩展到西田几多郎的"纯粹经验",则会令人更感到一种相似感。井上在《伦理新说》中作为实例提到了康德与斯宾塞,还提到了爱德华·冯·哈特曼(Eduard von Hartmann, 1842—1906 年),并自其著作《无意识的哲学》(Philosophie des Unbewussten, Berlin, 1869—1904 年)引用了"不觉神(unconscious sprit)""无意识(das Unbewußte)"的范畴,究其内容,则是未将谢林与黑格尔加以整合地利用起来,并突出了意志的观念。而且,还可以把握到与叔本华,或者与鲁道夫·赫尔曼·洛采(Rudolf Hermann Lotze, 1817—1881 年)之间的类似性。由此可见,井上是在过去的哲学史潮流、东洋思想、社会进化论、实证主义,还包括欧美的新唯物论、经验批判论(而后走向逻辑实证主义)、批判的实在论、新实在论、批判的形而上学派、新康德派、现象学等不少的新哲学流派中来构想"现象即实在论"。
④ 最新的文献可以参考西平直『西田哲学と「大乗起信論」——井筒俊彦「意識の形而上学」を介して(上)一』,『思想』第 1108 号、2016 年。但是该文对井上的研究不过是推测而已。

（一）危机感与自豪感

井上在绪言中提到，也正如本文一开始所示，明治维新以来西方文明的冲击引起了日本的剧变，不仅体现在物质层面，也波及精神层面，尤其是基督教与伦理学带来了巨大的影响，故而人们对于如何选择产生了"困惑"①。这一点与之前提到的《敕语衍义》的"叙"的内容基本一致，也表明了井上哲次郎忠实于天皇制国家的真正意图。井上也承认自身不是为了谋求阐明对于这一时期的日本人而言西方的基督教与伦理学的诸派学说是否具有魅力，而是要站在日本的立场确立武士道、儒学、佛教培养起了具有千年历史的日本的"国民道德心"。这即是井上哲次郎引以为"自豪"的地方。

1. 伦理学者的谬误

接下来，井上列举了伦理学者与宗教家的谬误（第二章、第三章），就他们的责任进行了探究。那么，井上一开始所谓的"伦理学者的谬误"究竟是什么？

首先，井上就西方伦理学所带来的影响表明了一种"畏惧"的态度。井上对伦理学加以批判，指出道德上的伟人之所以古代不少，到了近代则是凤毛麟角，关乎行动的伦理学对此具有一定的责任。不过，井上认为问题不在于伦理学说的内容，而在于伦理学的一部分方法，尤其是伦理学缺乏"分解"②性的界限，始终无法建设起"道德主义"。井上认为，解决这一问题的道路就在于"道德行为的根源应该是以知识研究为核心"③，但是如今正是一个"过渡"时期，故而也不必谋求去解决这样的问题。

不过，在就"伦理学者的谬误"进行批判之际，井上以"现象即实在"论作为前提，认为伦理学的认识与动作属于现象界，与之对应，意志或者活动则属于实在界。因此，井上所批评的并不是现实的事态应该如何的问题。

2. 宗教家的谬误

依据井上的阐述，宗教是作为历史的、特殊的存在而产生的，"是与人类的命运的进步一同发展，逐渐呈现出巨大的本体"④的存在。但是，由于历史的宗教带有特殊的性格，故而宗教家产生了偏见，会排斥其他的特殊宗教。不过，不打破偏见，就难以明了宗教的真相。依照井上的认识，随着世界交通不断走向发达，维持宗教的特殊性也没有什么必要，时至而今，历史进入一个大变革的时代，需要人类的普遍宗教。

就这样，井上针对这一时期的伦理学、宗教学进行了批判，同时也阐明了未来的宗教

---

① 井上哲次郎『論理と宗教の関係』、富山房、1902 年、第 2 頁。
② 井上哲次郎『論理と宗教の関係』、第 21 頁。
③ 井上哲次郎『論理と宗教の関係』、第 22 頁。
④ 井上哲次郎『論理と宗教の関係』、第 25 頁。

论的问题。

（二）伦理、宗教的根基与道德

正如井上哲次郎在就宗教与伦理进行的追加阐述所示,他提到了伦理的根基(第四章)、宗教的根基(第五章)、宗教与道德(第六章)、理想的宗教即理想教(第七章),其要点大致为:

1. 伦理的根基

井上认为,伦理的根基就是"意志"①。不言而喻,这一主张是以叔本华的学说为前提。规范社会的道德认识、道德行动、道德意识、道德欲求的根基,就是意志,最为重要的就是认识、感情、意志合而为一。基于此,尽管井上承认"消极的道德"②下的权利,且正义也会容忍权利的存在,却指出依靠义务可以限制个人的活动,探究人格、品性的实现。与之不同,处在"积极的道德"之下,尽管可以追求社会的自我的自由发展,但是原本应该予以阐述的权利却被省略了。将两种道德观念视为车驾的两轮,由此来审视道德的整体的话,也就会导致权利被暧昧化,也就是被否定的结果。井上为了将权利赋予暧昧化,故而将之把握为"禁戒"的命令,并引用黑格尔的一段话来作为论据,即"黑格尔所说的'权利命令依照根本的规定,唯有禁戒而已'das Rectsgebot ist seiner grundbestimmung nach nur Verbot,本意即是如此"③。

不过,井上在此的引用出现了问题,首先就是 grundbestimmung 一语的起始字母应该是 G,权利是被加以命令的结果这一论断本身也是错误的。不知道井上是否把握了 Recht 一语包括了正、法、权利等多样化的内涵,而最终有意地将"法的命令"翻译为"权利命令",由此也不得不说井上对于黑格尔存在一种误读。井上引用的是 Grundlinien der Philosophie des Rechts,§113(《法哲学》113 章),正确的翻译应该是"法的命令即便是站在根本的规范而言,也只能是禁止性的规范"④。由此可见,井上通过误读黑格尔的这一段文字而构筑起来的否定权力的主张既难以成立,还完全错误。

尽管井上还论述了道德上的权利与义务,但是在这一部分井上只是论述了义务而已,将权利暧昧化并予以否定,也就保持了与上述一样的立场。

2. 宗教的根基

井上断言,宗教的根基就是"实在"(神、天、如来等),各自的称谓尽管存在着微妙的不同,但作为实在的观念是彼此一致的。正如前章所述,针对"实在"这一范畴,井上借助不同的范畴进行了多样化的诠释,在此也将之解释为"活动"⑤"一切的创始者"⑥"星云

---

① 井上哲次郎『論理と宗教の関係』、第 44 頁。
② 井上哲次郎『論理と宗教の関係』、第 54 頁。
③ 井上哲次郎『論理と宗教の関係』、第 49—50 頁。
④ 岩崎武雄編集『ヘーゲル』、『世界の名著』第 35 巻、中央公論社、1967 年、第 113 節。
⑤ 井上哲次郎『論理と宗教の関係』、第 61 頁。
⑥ 井上哲次郎『論理と宗教の関係』、第 62 頁。

Neblae"①"近似的 appropriate""活动主义 tätiges Prinzip""绝对"②。就这样,宗教作为"实在"的根基被视为"永远"。不过,针对彼此不同的表述,井上将"实在"加以提炼、诠释为了差别的平等(参照前章)。即便是站在个人的立场来思考"实在",个人亦与"实在"彼此相通,也就是在"活动"这一点上就是同一的存在。换言之,"个人就是接受了实在的一部分的有限的活动,故而与绝对无限的活动和方针存在着不同,只是成就些许的发展"③。

在此,井上也推出了宇宙、世界、一切的创造者等界定"实在"的范畴,假定了活动、活气、活动主义的原理,也就是绝对的存在,并将之视为不可知的存在。换言之,就是不可知的绝对存在,并主张必须依靠直观来把握之。作为这一论断的论据,井上亦引用了黑格尔的一段文字:"我们不能认识它(活动主义)。大概是由于它是超越了认识的绝对。黑格尔氏言之,绝对不可概念化,而应该是感知、直观。其感情与直观成为语言,应被加以表述。Das Abolute soll nicht begriffen, sondern gefühlt und angeschaut, nichit sein Begriff, sondern sein Gefühl und Anschannng sollen das Wort führen und ausgesprochen werden."④这一段文字来自黑格尔《精神现象学》的序言:"绝对的存在不应该被加以把握,而应该被感知直观。它不是作为概念,而是这样的感情与直观应该可以言说,应该被加以言说。"⑤这是黑格尔在一段批判性的文字中介绍谢林的话。因为黑格尔没有明确提出谢林的名字,所以井上将之理解为黑格尔自身的主张。事实上,黑格尔主张绝对的存在只有在概念的范畴下才拥有了自身现存的领域性。应该说,井上未能理解这一点。井上标榜以黑格尔哲学作为自身主张的论据,但是这一主张本身就是破绽百出。

3. 宗教与道德

井上不曾讨论宗教的起源,而是关注宗教与道德的关系,并论述了二者的将来。依照井上的阐述,既存的文明宗教可以说皆是把伦理道德作为核心内容,但是皆未达到"理想教"⑥"伦理的宗教"⑦或者"普遍的宗教"⑧的境界。

井上阐述了宗教的"进化发展"⑨,指出现代交通的发展使人类正在形成"世界性的社会"⑩,伦理宗教将取代佛教、基督教,具有促进人类走向世界性的统一的价值。不过,这一点始终是井上的诠释,这样的一个展望也未提供具体的现实根据,也只是存在于井上的自我诠释之中。而且,井上认为,依靠具有"哲学基础"⑪的世界观与人生观,就可以阐明

---

① 井上哲次郎『論理と宗教の関係』、第 62 頁。
② 井上哲次郎『論理と宗教の関係』、第 63 頁。
③ 井上哲次郎『論理と宗教の関係』、第 72 頁。
④ 井上哲次郎『論理と宗教の関係』、第 63 頁。
⑤ 真下信一訳『ヘーゲルの思想』、『世界思想教養全集』第 4 巻、河出書房新社、1968 年、第 30 頁。
⑥ 井上哲次郎『論理と宗教の関係』、第 77 頁。
⑦ 井上哲次郎『論理と宗教の関係』、第 87 頁。
⑧ 井上哲次郎『論理と宗教の関係』、第 83 頁。
⑨ 井上哲次郎『論理と宗教の関係』、第 85 頁。
⑩ 井上哲次郎『論理と宗教の関係』、第 87 頁。
⑪ 井上哲次郎『論理と宗教の関係』、第 89 頁。

将宇宙观与道德行为统一起来的伦理,即"宗教的伦理"①。不仅如此,井上认为依靠这一点,"一切过去的宗教"②皆不必要了。但是,与前文一样,井上并没有阐明所谓"哲学基础"究竟是什么。因此即便是我们不必刻意回顾所谓"现象即实在论",也可以把握到这一立场无非就是井上自身的一个诠释而已,在这一论断的背后亦隐藏着一个逻辑,即信奉国家神道,由此而展开行动。

(三)理想的宗教即理想教

最初,井上将"东西文明的融合"视为日本民族的"大职",认为信奉基督教的欧洲人对于亚洲人抱着一种傲慢态度,对此,日本民族应该为了两个文明的融合,理所当然地承担起将"调和佛教与基督教的天职"③。

要将两个宗教的"理想状态"加以"融合调和"④,由此就可能揭示出一个更大的目标,也就是井上所谓的"一切的特殊宗教,应该加以转型,归于唯一的理想教"。所谓理想教,它不存在于过去,而是要"展望未来"。所谓理想,就是"对于现实 Actuality 而即将实现Potentiality",即将实现的理想也就是未来的永远。故而井上指出,在此只要做到"所有的人类去发现共通的目的"即可。

依照井上的诠释,无论是谁都会去追求理想,理想就是相对的存在,"终极的理想也就是至善 Summum Bonum,就是绝对的存在"⑤。这一论断会令人一下子联想到西方的哲学思维。但是接下来,井上混入了佛教术语——大我,提到(东西融合式的)思想进化,也就是将之解释为以大我为目标的小我的进化。"绝对的理想"就是"大我","为了实现理想而努力"就是"小我"。井上认为,自我就是通过统觉(思想感情意志的统一)而获得自觉的自我(经验的我)。

回顾井上哲次郎讨论的宗教与伦理的问题,站在宗教的立场来论述伦理,站在伦理的立场来论述宗教,井上将之作为自身课题。究其结果,也就是继伦理的宗教、普遍的宗教、理想的宗教之后,一直延续到宗教的伦理。

针对井上的《伦理与宗教的关系》一书的探讨就此结束。在此,我们回顾一下井上的"诠释性的语言转换"的整个过程。井上以理想主义的伦理学说为出发点,走向以国家神道为基础的《敕语衍义》的"死亡伦理学""战争哲学",之后却没有进一步深入下去,而是为之构筑起"现象即实在论"的哲学。在哲学得以诞生的同时,井上也将哲学与宗教合而为一,由此而走向终结。尽管井上不断地推动自身的构想,对佛教、基督教加以解构,迈向了伦理宗教、理想宗教的立场,却始终不曾阐明这样的宗教的名与实,而是最终走向"日本主义"。

---

① 井上哲次郎『論理と宗教の関係』、第 90 頁。
② 井上哲次郎『論理と宗教の関係』、第 91 頁。
③ 井上哲次郎『論理と宗教の関係』、第 95 頁。
④ 井上哲次郎『論理と宗教の関係』、第 96 頁。
⑤ 井上哲次郎『論理と宗教の関係』、第 97 頁。

四、结语

1912 年，井上哲次郎通过三省堂出版了《国民道德概论》一书。该书是参照日本文部省主办的"全国师范学校修身科担当教员讲习会"的演讲笔记——《国民道德的大意》而撰写的。这一著作本身比较难以理解，但是在长达 374 页的正文之后，井上还附上了 118 页的附录，其内容与《敕语衍义》基本一致。承前所述，井上再度将"日本主义"阐述为国民道德，这也就是井上思想的一个终结。

（一）何谓国民道德

围绕"国民道德"，井上的基本要点也就是前文提到的"日本主义"的一种言语转换而已，"要作为国民来实施教育"①"国民自卫""要作为国民而存续发展""教育的真正目的""民族精神的显现"②。由此可见，"要构筑国民国家的教育的核心与目的""作为国民国家的为了战争、侵略的精神""忠君爱国""忠孝一贯"——虽然在此持以"国民国家"之名，但实质上是绝对主义的天皇制国家。正如前文所叙述的，这一主张不带有"市民道德"的普遍性，与人民生活没有任何关联，一点也不符合固有的道德范畴。正因为这一主张不具备任何伦理学的意义，故而即便是井上也不得不慨叹于自身研究的缺憾。井上将《教育敕语》标榜为"国民教育之大方针、国民道德之精髓"③"明治圣典"④，以此作为时代的宏大叙事，还假设为"平生之潜势力"⑤"国民整体之精神产物"⑥。不过究其实质，可谓是与"日本主义""民族精神"毫无二致，内容上亦与《敕语衍义》如出一辙，没有出现新的进展。

（二）国民道德的概要

该书的内容涉及"国体""神道""武士道""综合家族制度""个人主义批判""社会主义批判""忠孝一贯""国民道德之将来""国民道德与人道""国民道德之基础"等极为广泛的内容，在此，本文不予深入讨论，而只阐述一下要点。

在这一概要中，井上极为重视的一点，就是国民道德对于如今的国家统治、国民统治具有极为重要的意义。而且，在井上的言论中不可忽视的一点，就是哪怕是《大日本帝国宪法》这样讴歌天皇的神圣性与绝对主权的法典，也可以将其规定的所谓保障"信仰自由"一类的条文视为可以克服、不予承认的对象。井上提道："哪怕是理应主张权利，但是也会

---

① 井上哲次郎『論理と宗教の関係』、第 2 頁。
② 井上哲次郎『論理と宗教の関係』、第 4 頁。
③ 井上哲次郎『論理と宗教の関係』、第 12 頁。
④ 井上哲次郎『論理と宗教の関係』、第 13 頁。
⑤ 井上哲次郎『論理と宗教の関係』、第 28 頁。
⑥ 井上哲次郎『論理と宗教の関係』、第 32 頁。

出现（国民）自身持以仁爱之心来制止主张权利的场合。"①在这样的言论中，井上反复强调"国民道德"，将之把握为敌视与否定"权利／人权"的存在，以国民道德来否定被宪法保障的"信仰自由"的权利。换言之，《大日本帝国宪法》不过只是名义上的存在，即便是依靠立宪主义与设定法律限制来承认权利，依靠《教育敕语》也可对之进行一种道德的、精神的否定。不言而喻，这就是主张一种超越法律的、无法律的统治体制或者政治结构。重视道德、控制精神，作为神权国家的秘密由此得以暴露出来。

接下来，井上提到"忠孝一贯"一类的话，它们既不存在于宪法，也不存在于《教育敕语》（只有与过去不同的民法性的家族制度的规范）。《教育敕语》"表面上不曾出现家族制度的问题，但是在背后应该对家族制度加以描述、诠释"②。

井上指出"义勇奉公，以扶翼天壤无穷之皇运"③这样的精神，若是单纯地依靠法律，是绝对无法解释的。唯有尽量地站在国民道德的精神这一立场来加以解释，否则就不会完整地呈现。就这样，在突出这样的精神的同时，国民的生活与生命也就被要求强制性地放弃。针对征兵制的义务的问题，井上认为《教育敕语》可以构成宪法的补充。"真正地为了国家而战斗的精神，若是不能站在道德的立场来加以阐发的话，就会成为缺少灵魂的形式。因此，《教育敕语》所列举的道德条目，也就被强制性地成为这一精神的符号。"④

井上哲次郎哪怕是不关注现实的历史，而是借助"皇国史观"来诠释过去，也不可能超越由西周起草的、将天皇制与军队、武士道结合在一起的《军人敕语》。不过，井上认为天皇制这一"国体"是日本独特的存在，既纯真浪漫，也极为饶舌。与之不同，国体或者国家与政治、政体是什么，究竟与国民道德存在着什么样的关系，对此井上没有任何论述。井上缺乏一种社会科学的、学术性的感觉，故而针对"国体"这一概念的英语翻译极为困难的问题，他没有认为是源于自身英语能力的不足，而是一味地夸耀所谓"国体"的独自性与优秀性。与前人一样，井上也几乎没有认识到"国体"范畴源自中国，而日本只是输入它的根本事实，而是将这一范畴的使用时间确定为"中世纪以来"⑤。尽管如此，井上却大力宣扬"国体"具有"极为重大的意义"⑥，是以"万世一系的皇统为基础"，"数千年间丝毫未曾改变"。⑦

针对"南北朝"这一日本历史上国家分裂的巨大难题，井上认为"可以构筑起一个不会破坏帝国之国体的诠释"⑧，从而主张"南朝正统论"，尤其是"后继者必须是一人"⑨，而后无暇深入论述即匆匆收尾。井上不是采取著述的方式，而是以演讲的形式来讲述它，或许

———————————

① 井上哲次郎『国民道德概論』、第 372 頁。
② 井上哲次郎『国民道德概論』、第 239 頁。
③ 井上哲次郎『国民道德概論』、第 239—240 頁。
④ 井上哲次郎『国民道德概論』、第 240 頁。
⑤ 井上哲次郎『国民道德概論』、第 38 頁。
⑥ 井上哲次郎『国民道德概論』、第 38 頁。
⑦ 井上哲次郎『国民道德概論』、第 39 頁。
⑧ 井上哲次郎『国民道德概論』、第 40 頁。
⑨ 井上哲次郎『国民道德概論』、第 42 頁。

就是依据这样的"无暇"之缘由。进而,井上试图站在国体的视角来阐述忠君与爱国的一致性,指出在日本"帝室的繁荣即臣民的繁荣"这一论断与现实之间的差距过大,故而难以论证之。对于不按照事实来进行历史研究的人,亦包括井上这样的人物而言,即便是神武天皇是一个实在的人物,一切历史皆不过是一种主观性的解释(皇国史观)而已。[①]

井上哲次郎的国民道德论的归结点,就是"日本主义""国粹主义"。在而后的余白之页,井上写下了幕府末期学者吉田松阴(1830—1859 年)的一段话:"读异国之书,唯以异国之事为善,终成鄙视我国,却羡慕异国之势,是为学者之通病,乃不知神州之体不同于异国之体之故也。"[②]这就是国民道德论走到极致,从而否定学术的地方。——在此需要注意一下,即井上提示这一立场之际,实质上与江户时代主张"锁国"体制的统治阶层存在着一样的时代感。在此,近代日本统治阶层时代意识的谬误之处也就可以一览无余,这一点也直接牵涉到"二战"期间的法西斯主义思想。

就这样,本结论简要阐述了井上哲次郎《国民道德概论》的基本内容。到明治末期,该书成为井上演讲、出版的内容。迄今为止,井上大概在一直进行着"理论性的研究",而到此则是将过去所有的积累皆统括为"国民道德论",并展开演讲。尽管这一论述包括哲学、宗教学、伦理学的诸多内容,但是基本上没有超越"演讲"的范畴。国民道德论被批判为扭曲了以伦理学为代表的日本学问,但是实际上它不过只是扭曲了井上自身的哲学、伦理学而已。就这样,井上的国民道德论得以完成。尽管如此,井上哲学可谓在一开始就没有什么大变化,井上本人也在只是翻弄着完全与"人文知识"背道而驰的言辞而已,到了晚年则是完全提倡"日本精神/国民精神",完全无视战争导致的海外民族与日本人民的牺牲和苦难。就在未知战败结局的 1944 年,井上即将 89 岁之际去世。尽管井上哲次郎被世人遗忘了,但是一部分学者还是将之视为不起的学者。在日本进行战争的时候,井上究竟发挥了多么大的影响?迄今为止我们是否将之作为研究的问题?难道就不应该将之落实到原本要承担的"战争责任"的问题?

《教育敕语》所强制的是要求国民、学生去礼拜、背诵"国民道德论"所强制的则是要求处在绝对主义的天皇制国家的强权政治之下。国民被剥夺了自由和权利,被所谓的"国民道德"控制了精神。国家亦采取强制实施的手段,国民难以逃避日常性的压制、贫困,难以逃避民主主义的镇压、人民的镇压,难以逃避军队和警察的暴力、军队内部的暴力、学校的暴力、

---

① 《国民道德概论》的附录中,出现了作为未来的普遍性的宗教,却没有存在历史的"实在宗教"("国民道德")的称谓(附录,第 30 页)。井上表明正处在研究中,故而未进行明确的定义与解释说明。加藤玄智(1873—1965 年)继承了井上的神道论,作为净土真宗僧侣的长子,作为"烦闷的青年"而被禅僧素昀拯救,自佛教转入神道教的研究。在井上的指导下,进行"天皇崇拜"与"神国思想"的基础理论研究,并使用了"国家的神道(State Shinto)"一语,而后历任东京帝国大学神道学讲座、研究室助教授、教授、神道学科教授(神道学科在"二战"后被废止)。加藤在战后被追究战争责任,开除公职,停发年金一次。尽管之后他继续为神社服务,但他的依照遗言,由禅宗举行了最后的葬礼。加藤著有《宗教新论》(1900 年)、《本国生词研究》(1931 年)、《神道教发展史研究》(1935 年)、《神道精义》(1938 年)。参考前川理子『近代日本の宗教論と国家: 宗教学の思想と国民教育の交錯』、東京大学出版会、2015 年。
② 吉田松陰『武教小序』、『武教全書講禄』、山口県教育会・斉藤彦一編:『吉田松陰全集』第 3 卷、1935 年、第 98—99 頁。

社会的暴力等一切行径。进而,国家强制推行殖民统治,发动侵略战争,国民亦不得不经历包括原子弹爆炸的大空袭、冲绳岛之战的惨剧乃至日本战败的诸多悲剧。在接受第二次世界大战的战败、接受《波茨坦公告》之后,历史过去了七十余年,但是如今我所论述的问题可以说绝对不曾结束,而当下日本的事态只会令我禁不住想起战争以前、战争期间的不少问题。

五、补论

研究井上哲次郎的哲学,就是研究"日本哲学"的一个重要节点。审视自"二战"前到战后活跃在日本学术界的哲学家们,就他们与井上之间的关联性而言,可谓呈现出一个极为生动的样态。

在此,我们或许可以列举出西田几多郎(1870—1945 年)这一人物。1890 年 7 月,西田几多郎抗议基于《教育敕语》而落实教育体制改革之后的教育行政制度,选择自第四高等学校退学。次年 9 月,尽管西田几多郎考取了帝国大学,但是遭到不得不以"选科生"而入学的差别性对待。这一时期,正是井上哲次郎作为教授统领帝国大学哲学系的时代。大学毕业之后,在井上哲次郎的指导下,西田担任了石川县中学教谕、第四高等学校教谕、学习院大学讲师或教授,辗转流离,而后在《哲学杂志》发表了《实在》(1907 年)一文才得到认可。这一时期,帝国大学水平低下成为一个国家层次的问题,政府采取的应对策略就是选择京都建立第二个帝国大学,以之来作为旧帝国大学的竞争对手。① 1897 年,京都帝国大学得以设置(文科大学到 1906 年才设立);1910 年,40 岁的西田几多郎赴任京都大学,成为伦理学讲座的副教授。西田最初的著作《善的研究》(1911 年),就是基于伦理学讲座而创作的研究成果。

西田将《善的研究》第二编"实在"把握为"我的哲学思想"(《善的研究》序言),将第一编"纯粹经验"把握为"我的思想根底",进而尝试以纯粹经验"当作唯一的实在来说明一切"。而后,西田将第三编"善"视为"独立的伦理学",将第四编"宗教"视为"哲学的终结"。而且,西田还在新版《序》中提到自己"在高等学校学习期间,一边在金泽市的大街上走着路,一边像做梦似的沉湎于这种思考的情景",从而带有了"实在必须就是现实原样"的思想——尽管西田并没有指明这一思想来自何处,但是"实在"就是 Wesen 这一理解,整体上与井上哲次郎的"现象即实在论"如出一辙,即便是与宗教合一的哲学,作为理想宗教的伦理性宗教,这一点也与井上哲次郎保持了一致。依照西田自身的阐述来加以推测的话,应该说在一开始西田主张的"实在论"就与自己的导师——井上哲次郎的主张保持一致。②

① 京都帝国大学的设立是基于自由党代议员长谷川泰等人的提案,即"正因为缺乏了其他的竞争者,故而学术一步步地退步,毕业生的学力衰弱,学生风气日趋怠慢,故而建议在东京之外,西京之地再设立一所竞争型的大学"。参考潮木守一『京都帝国大学の挑戦——帝国大学史のひとこま』,名古屋大学出版会、1984 年、第 2 页。
② 船山信一将以井上哲次郎为代表,包括西田幾多郎在内的几乎所有的明治哲学、观念论哲学的特征总结为"国权论与现象即实在论"。参考船山信一『明治哲学史研究』,『船山信一全集』第 6 卷、1999 年、第 38 页。

与井上几乎一样,西田也站在宇宙论的构想对"实在论"进行解释,且完全使用了"即、同一"(同一、融合)的逻辑。与之一致,西田也对唯心论(观念论)持以批判态度。进而,与井上在现象界与实在界之间设定了"障壁",认为"实在"只有通过直观才能把握不同,西田则是在一开始就设定了"某种统一性的东西"①在发挥作用,也就是"纯粹经验",将"纯粹经验"把握为"唯一的实在"而展开说明。在之前撰写的第二编之中,西田只承认"实在(界)",而不承认独立于主观意识的客观世界,认为若是这样的话,那么"我们(实在)就是一个全然没有交涉的世界"②。西田在此否定了"因果律"③(即不依存于任何事物),确保了意识的自立性,主张通过"直观""自觉"④来把握真实与神,提示要通过"自得"⑤"见神"⑥的方式来把握"实在的统一者"⑦——西田对神的"存在证明"予以否定,主张"宇宙之中只有一个唯一的实在""与自然合而为一的精神""淹没了主观客观的区别,将精神与自然合一的就是神"⑧,也就是将精神现象、意识现象把握为唯一的"实在"。就西田而言,这也就是"现象即实在论"。

不过,若是探究西田与井上之间的差异性,则在于西田将纯粹经验把握为"思想根底",而后找到了"逻辑化的开端"(新版《序》),从而"使我的思想多少得到了一些洗练和充实"(再版《序》)。与此同时,西田也提到了"差别即平等"⑨的思想——这一点在井上的笔下被称为"无差别的平等"。

《善的研究》第三编提到了伦理学的不少学说,应该是西田继承了井上在《伦理与宗教的关系》之中未完成的研究课题。第四编"宗教",针对井上曾论述过的东西文明融合、佛教与基督教的融合,可以说西田进行了更为翔实的阐述。尽管西田的文脉或者文章之中明确地涉及"神"的表现,不过却是将"神"把握为"宇宙的根本",也在未直接涉及神道的前提下对之予以认同,由此来展开针对各个宗教的论述。这一点也与井上保持了一致。

与井上的"死亡伦理学"或"战死的伦理学"一样,西田主张"绝对矛盾的自己同一"(1939年),这一点对于学习西田哲学的学生、青年们产生了巨大负面影响,让他们接受了被战争动员起来的一种不合理性。"我把现实的世界称之为绝对矛盾的自己同一","创造的世界是由作为现象即实在的真正的自我本身来推动的。这一创造的世界必须是承前所述的(由被创造者到创造者的活动)世界,存在于现实的东西,乃是在任何一个场所皆可确立下来的存在,不断地变化下去,不断地消亡下去,可以说有即无。故而称之为绝对无的

① 西田幾多郎『西田幾多郎全集』第 1 卷、岩波書店、1978 年、第 39 頁。
② 井上哲次郎『論理と宗教の関係』、第 76 頁。
③ 井上哲次郎『論理と宗教の関係』、第 48 頁。
④ 井上哲次郎『論理と宗教の関係』、第 40 頁。
⑤ 井上哲次郎『論理と宗教の関係』、第 63 頁。
⑥ 井上哲次郎『論理と宗教の関係』、第 100 頁。
⑦ 井上哲次郎『論理と宗教の関係』、第 81 頁。
⑧ 井上哲次郎『論理と宗教の関係』、第 95 頁。
⑨ 井上哲次郎『論理と宗教の関係』、第 69 頁。

世界。而且作为无限的动的世界,故而也可以称之为无限定的限定的世界"①,"这样的矛盾的自己同一的世界,必须是现在始终限定现在本身的世界","所谓死亡就是进入绝对无,所谓生就是走出绝对无"②,"若是将宗教的目的考虑为在于个人的救赎,那么由此也就会考虑到宗教与国家道德是否彼此相容的问题。这样的怀疑是由于完全未理解到宗教的本质"③,"作为伦理性实体的国家,与宗教并不是相矛盾的。"④

即便是到了晚年,西田也在一直阐述着战争哲学、战死哲学。西田的著作《日本文化的问题》(岩波新书,1941 年)出版的次年,西田被授予文化勋章。他对天皇制持以赞美的态度,对亚洲/太平洋战争与世界大战予以肯定,认为它超越了"大东亚共荣圈",并指向通过"日本、德国、意大利三国同盟"来构筑起世界统治的目标(《世界的世界形成主义》)。⑤ 进而,在为天皇专门进行的讲筵"历史哲学"(1941 年)之中,西田提到了将其他民族包括在一起的"一亿一心"地进行"奉仕"的"自由"论。而且,西田在国会(1943 年)的发言与"大东亚会议"之际任首相的东条英机的演讲草稿——《世界新秩序的原理序》⑥之中,也是大力宣扬"消灭美英帝国主义""大东亚战争完胜""八纮为宇的理念""新世界主义"(世界统治)一类的思想。

概而言之,即便是在推动战争行动这一点,作为导师的井上哲次郎与作为弟子的西田几多郎,二者的哲学可谓是存在着共同之处。

[本文是基于中国厦门大学举办的学术研讨会"东亚近代哲学的生成与展开——基于'人文知识的制度化'的视角"(名古屋哲学研究会、中华日本哲学会,2016 年 9 月 30 日——10 月 1 日)的学术报告而进行修改后的文稿。与之同名的学术论文刊载于《哲学与现代》第 32 号,刊载之际进行了文字删减。本文在中国的出版,多蒙吴光辉教授、李彩华教授的关照,在此一并致谢]

---

① 西田幾多郎『西田幾多郎全集』第 9 卷、第 147 頁。
② 西田幾多郎『西田幾多郎全集』第 1 卷、第 191 頁。
③ 西田幾多郎『西田幾多郎全集』第 1 卷、第 217 頁。
④ 西田幾多郎『西田幾多郎全集』第 1 卷、第 217 頁。
⑤ 福田静夫「西田幾多郎『日本文化の問題』の錯誤と作為——歴史の弁証法と哲学の没落——」上、下、『季論 21』冬号、春号、2016 年 1 月、4 月。
⑥ 参考福田静夫的学术研究。依照该文提示,西田留下了三次草稿。

永恒回归的思想

［日］小浜善信　著

（日本神户市外国语大学名誉教授）

熊　娟　译

（厦门理工学院外国语学院　厦门大学外文学院）

吴光辉　校

（厦门大学外文学院）

来去纷纷扰，此处皆离别，亲朋与过客，逢坂关前逢。（蝉丸）

柑橘吐芬芳，杜鹃自在鸣，此时此光景，恍惚曾有时。（芭蕉）

一、偶然论、时间论、押韵论

（一）九鬼哲学的根本问题

在结束了长达 8 年左右的以德国、法国为中心的欧洲留学之后，九鬼回到日本，旋即进入京都帝国大学担任教职。九鬼在京都帝国大学取得了一系列的研究成果，而其研究工作的核心课题和基本素材皆是奠基于欧洲留学时期。可以说，自欧洲留学时代到人生晚年，九鬼持续地关注着"时间和永恒""偶然性和必然性"的研究课题，而且，九鬼并没有将它们视为两个不同课题，而是视为不同视角下的同一个问题来进行探讨。对于这一点，我们必须要有所意识。进一步而言，时间和偶然性，即差异性或个物性；永恒和必然性，即同一性或普遍性。换言之，时间的、偶然性的存在还意味着"被无所侵蚀的存在"，永恒、必然性的存在则意味着不包含"无"的"存在本身"。因此，我们可以说九鬼哲学是以"差异性和同一性""个物和普遍""存在和无"为核心问题的哲学。九鬼以独到的见解回答了自赫拉克利特（Herakleitos，约前 540—约前 480 年）、巴门尼德（Parmenides of Elea，前 515 年—约前 5 世纪中叶）以来，历经两千多年的哲学传统中被不断追问、不断思索的哲学的根本问题。其著作《偶然性的问题》就是以一种纵贯古今、横亘东西的哲学史的宏大视野与深刻的哲学洞察力，来介入并回答这一问题的大胆尝试。

在《偶然性的问题》开篇，九鬼即指出："偶然性即必然性的否定。"这句话的意思正如其结论部分所写的"偶然性是必然性的他在"①。在此,九鬼借用了黑格尔(G.W.F.Hegel,1770—1831年)提出的"他在(Anderssein)"这一概念。在九鬼这里,这一概念并非表示"崩溃的本来形态",而是犹如字面所示,乃是"另一种形态"之意。如此一来,九鬼开篇所言的"偶然性即必然性的否定",其真正含义就是"偶然性是必然性的另一种形态"。换言之,亦可以说"必然性的自我否定形态即偶然性"。必然性通过自我否定呈现为偶然性,即"存在/生命"这一绝对的能动者(游戏之神)通过自我否定显现为"世界"这一偶然者。《偶然性的问题》意图论证的就是这一点。九鬼强调偶然性具有积极意义,但是并不会因此排斥甚至抹消必然性的意义。相反,在九鬼看来,正如一枚硬币的两面一样,偶然性和必然性处于相互否定、相互转换的关系。所谓"命运",亦可以用硬币来进行比喻。《偶然性的问题》一书,其主调就是对"偶然性"的探讨,副调则是对"必然性"的分析,二者犹如二重奏一样彼此交织、相互转换。

与此相同,若九鬼以《时间的问题》为标题进行正式著述,想必亦会使用"时间即永恒的否定"一句来开篇,并推导出"时间即永恒的他在"这一结论。其内涵即"时间是永恒的另一种存在形态",或者说"永恒这一能动的、必然的绝对者通过自我否定显现为时间这一偶然者"。事实上,九鬼在第二次巴黎之行期间,不仅完成了《"粹"的本质》一书,同时还完成了《关于押韵》(1927年)一文。九鬼不仅在《关于押韵》一文之中论述了这一问题,还在其他的各种各样的场合反复论及上述问题,尤其是在基于蓬蒂尼的两次演讲之一的《时间观念和东洋的时间反复》(*La notion du temps et la reprise sur le temps en Orient*)而完成了《形而上学的时间》一文。尽管无论演讲还是论文皆不过是短篇的文字,在篇幅上或许难以与《偶然性的问题》相提并论,但是在内容上仍可以称得上是短篇名手九鬼周造的实力之作,不仅展现了九鬼纵贯古今、横亘东西的宏大哲学史视野和深刻的哲学洞察力,也充分展现了其主张的"时间—永恒"这一理论。九鬼之所以被称为"偶然性的哲学家",同时亦被称为"时间论的哲学家",可谓实至名归。

九鬼在演讲和论文中,对爱利亚学派提出的必然性和同一性(A=A)的理论进行了假定,在此基础上进行彻底的推演和分析,试图论证作为必然性或同一性(永恒)的否定形态,必然会出现偶然性或差异性(时间)这一结论。与《时间观念和东洋的时间反复》以及《形而上学的时间》不同,九鬼在《偶然性的问题》中针对"偶然性"的逻辑结构进行彻底地反向推演和分析,得出"偶然性是必然性的他在"这一结论。这两个分析路径截然相反,结论却完全一致。诚然,九鬼在《时间观念和东洋的时间反复》或《形而上学的时间》中并未对"偶然性"的问题进行分析,甚至连"偶然性"一词都未提及,但是我认为,这些论文的背后始终隐藏着"偶然性"的问题。在《偶然性的问题》之前发表的《时间观念和东洋的时间反复》《形而上学的时间》及之后发表的《惊情和偶然性》等一系列文章,可谓九鬼哲学短篇

① 九鬼周造『九鬼周造全集』Ⅱ、岩波书店、1980—1982年、第239—240页。

之中最为突出的杰作。各篇虽论述角度有异,但可以看出自九鬼开始哲学活动的最初,"时间和永恒"就被当成与"偶然性和必然性"同等重要的问题被加以反复讨论。围绕"时间和永恒"问题的讨论,贯穿了九鬼整个的哲学生涯。

(二)欧洲的哲学传统

承前所述,九鬼留学欧洲期间先后在海德堡、巴黎、弗莱堡、马尔堡等各个大学辗转求学。这一时期,九鬼与柏格森(Henri Bergson,1859—1941 年)、胡塞尔(Edmund Gustav Albrecht Husserl,1859—1938 年)、海德格尔(Martin Heidegger,1889—1976 年)等 20 世纪欧洲具有代表性的哲学家进行了交往,不断吸收着欧洲哲学的精神和方法。九鬼目睹了这些欧洲哲学家们为了对抗、超越两千多年的哲学传统,为了开辟新的知识领地而进行的持续不懈的努力和探索,从而强烈意识到哲学创新是在与传统的彻底对抗中产生的,而要与传统对抗就必须首先置身于传统之中。换言之,就是需要对欧洲哲学传统进行彻底的解读和验证,尤其是要对欧洲哲学传统的发端,对欧洲哲学传统形成具有巨大影响的希腊、拉丁原典进行细致解读。

这一时期,欧洲的哲学家们不仅极为关注近现代哲学,还时常追溯到古代和中世,对传统思想进行批判,以此来不断创新哲学思想。留欧期间的九鬼目睹了这一切,自身亦开始在欧洲近现代哲学之外追溯其起源之所在,特别是对希腊哲学的原典进行了持续的解读。关于这一点,迄今为止的九鬼哲学研究似乎并未予以足够重视。

> 哲学曾名爱智慧,柏拉图学园能再现?
> 惊异乃是哲学源,亚里士多德如是言。

这是《希腊哲学礼赞》组诗中的两首小诗[①]。由此可见,九鬼一生对希腊哲学充满了无限憧憬。九鬼的著作多次论及古希腊哲学思想,如毕达哥拉斯学派—柏拉图学派—斯多葛学派的循环思想(演讲《时间观念和东洋的时间反复》与《形而上学的时间》主要针对佛教的循环思想和"劫波"思想进行直接的理论阐释,但是同时也从一个侧面对古代希腊思想中的循环观念进行彻底探究)、柏拉图(Plato,前 427—前 347 年)《会饮篇》《斐德罗篇》的厄洛斯论、《美诺篇》的回忆说、《蒂迈欧篇》的偶然论以及亚里士多德(Aristotle,公元前 384—前 322 年)《自然学》和《形而上学》的偶然论等。九鬼通过参加德国哲学家,特别是海德格尔的讲习会,如 1928 年的"现象学演习:对亚里士多德的'自然学'解释"(Phänomenologische Übungen: Interpretation der *Physik* des Aristoteles)等,认识到作为欧洲哲学源流或者说普遍意义上的作为整个哲学源流的古希腊哲学,特别是古希腊哲

---

① 九鬼周造『九鬼周造全集』别卷、第 141 頁。

学原典研究的重要性。

（三）"时间—永恒"论

一方面，九鬼在西洋这一异乡不断地与 20 世纪西方代表性的哲学家对话、交流，吸收哲学研究的精神和方法，探究哲学的根本问题；另一方面，九鬼也从不曾忘记日本，持续地思考着日本人和日本文化的问题。之所以如此，乃源于九鬼强烈地感觉到欧洲的西方人对包括自己在内的日本人和日本文化都抱有某种误解。在这样的背景下，作为异乡人的九鬼大胆选择了欧洲哲学史上不断被探究的根本问题——"时间"和"无限（永恒）"这一问题，来面向欧洲的听众阐述日本文化的本质以及构成日本文化基石的日本人的精神，试图以此来消除西方人对于日本文化的误解。

在西方哲学史上，反复的、回归的时间观念出现在古希腊毕达哥拉斯（Pythagoras，约前 580—前 500 年）、柏拉图，尤其是斯多葛学派的主张中。在这之后，唯有 19 世纪后半叶的尼采（Friedrich Wilhelm Nietzsche，1844—1900 年）提出了"永劫回归"（ewige Wiederkunft）的学说，而后再也不曾出现该学说的继承者。正如笔者在拙作《永恒回归的思想——九鬼周造的时间论》第三章"西洋哲学史中的时间论"中所述，欧洲绝大多数的时间论都是以不可逆的直线型的时间观念作为前提，极少对于回归的、圆环型的时间观念加以接纳与吸收。对此，九鬼在《时间观念和东洋的时间反复》中主张回归的时间观念才是日本传统的时间观念，并以此为基础，进一步综合欧洲式的直线型时间观念、具有异教性质的圆环型的回归的时间观念，在二者垂直和水平的交叉构造之中去探索、发现真正的时间是什么。

> 欲问大和魂，朝阳底下看山樱。（本居宣长）

这是本居宣长（Motoori Norinaga，1730—1801 年）创作的一首诗。读过该诗的欧洲人大概皆会认为：日本人追求瞬间，喜好无常；日本文化中不存在着对于永恒、无限的憧憬。然而，九鬼在《日本艺术中"无限"的表现》一文中指出，尽管日本人认为人生"浮沉不由己，唯有随波流"，认为世界就是一个从有到无、从无到有的不断流转、诸行无常的世界，因此在心性上追求瞬间，喜好无常之物，但是日本人可以在无常的流转中同时认识到无限，发现永恒，这才是真正的日本精神。

作为"异乡人"，九鬼周造正是以这样的阐释努力地消除欧洲人对于日本人和日本文化的误解。但也从反面印证了，九鬼对日本的现实抱有一种强烈的危机意识，即九鬼欲向欧洲的异邦人传达的日本文化的独特性以及其根源之处的所谓日本人的精神，却正在祖国日本不断走向消亡。正是因为处在异乡，九鬼才把握到了日本文化的独特性和日本人的精神；也正是因为处在异乡，九鬼同时也看到了日本文化的独特性和日本人的精神在祖国日本被不断地遭到遗忘和抛弃。虽然九鬼不满于欧洲人的他者理解与异文化理解的立场，但是在接触到不断与传统对抗、不断开创新思想、不断进行自我主张的欧洲精神之后，九鬼深刻地意识到日本人也需要更加积极地审视自我、向他者阐释自我。

在欧洲，人们正是通过不断地回归本源、对抗传统，来创造出新的思想。就此而言，亦可以说传统得以继承下来。但是在日本，现实恰恰与之相反。国粹主义者们不加审视地拒绝欧洲，固执于所谓传统，而自由主义者们则是不加批判地接受欧洲文化，拒绝自身传统。正是出于对这一时期所谓的日本精神的批判，九鬼在留学巴黎期间向杂志《明星》投寄了《关于押韵》一文。或许我们可以由此推断，大抵在同一时期，即第一次留法期间完成的另一篇文章《"粹"的本质》，亦是在这样的批判意识下得以完成的。

那么，九鬼意图向欧洲人传达以消除他们误解，并向日本人诉说以唤起他们的记忆的所谓"传统"究竟为何物？我认为这就是"在时间（瞬间）之中发现永恒"，换言之，即"在无常之中窥见美"的传统。在这一精神传统下，日本人接受无常，肯定梦一般的无常之世和无常之生，并将现世之梦作为起点，追求更加自由的、更富创造性的生活。九鬼在第二次留学法国期间，通过蓬蒂尼的两次演讲，向异乡的欧洲人传达的正是这样一种日本人的精神性传统。事实上，早在第一次留学法国期间，九鬼就已经向本国的日本人呼唤着这样一种日本精神传统的回归。[①]

（四）押韵论

九鬼曾在 1927 年（昭和二年）3 月与 4 月自巴黎向杂志《明星》投递了《关于押韵》一文，但是由于杂志停办，该文未能得到发表。虽然九鬼曾再三向杂志主编与谢野铁干（Yosano Tekkan，1873—1935 年）、与谢野晶子（Yosano Akiko，1878—1942 年）夫妇索要原稿，但均遭到拒绝。不过，就在九鬼回国之后的 1930 年 3 月，杂志《东柏》创刊号突然以"小森鹿三"的笔名刊载了该文第一节。九鬼认为这一行为违反了本人意愿，要求暂缓发表剩余章节，并请求退回原稿，却被回复原稿丢失。因此，九鬼不得不以手头的草稿为参照，重新撰写了《日本诗的押韵》一文。[②]

目前，与九鬼的押韵论直接相关的资料包括杂志《东柏》刊载的《关于押韵》的第一节、九鬼回国之后在《大阪朝日新闻》刊载的《日本诗的押韵》（1931 年 10 月，该文与《东柏》刊登的《关于押韵》第一节内容相同，最终成为《日本诗的押韵》的绪论部分，在《全集》中占 7 页的分量）、收录于岩波讲座《日本文学》的《日本诗的押韵》（1931 年 10 月），以及在岩波版的基础上加以修订的《日本诗的押韵》——该版被视为"最终版"。该修订版涉及部分内容的删减和添加，也对部分内容进行了拓展，但是基本观点并无变化。在最终版中，九鬼

---

① 九鬼周造『「いき」の構造』，『九鬼周造全集』I、第 81 页。
② 九鬼周造『日本詩の押韻〔B〕』，『九鬼周造全集』V、第 273 页。

甚至还论述了之前各版之中均未涉及的《偶然性的问题》(1935 年)①。这证明了九鬼在 1935 年左右还一直在对岩波讲座的版本进行修改,也从一个侧面表明九鬼是将押韵论视为与偶然性的问题相关联的课题来进行探究的。自巴黎的初次投稿到最终版的刊行,前后历经 8 年。除此之外,作为与押韵论间接相关的重要资料,还有九鬼在蓬蒂尼的演讲《日本艺术中"无限"的表现》,回国之后的讲义《文学概论》(1933 年)、演讲《文学的时间性》(1936 年)以及《文学的形而上学》(1940 年)。纵观上述与押韵论相关的直接或者间接的资料,我们可以发现九鬼的基本观点和核心主旨自始至终保持了一致性。

自《东柏》刊登的内容一直到最终版的刊行,九鬼的一系列关于押韵论的文章以及其他的间接资料,其根基中始终贯穿着一种形而上学的逻辑。这样的押韵论的形而上学同时也包含了"时间—永恒"论和"必然—偶然"论,故而在九鬼的哲学中占据着极为重要的地位。

九鬼对于欧洲和祖国日本皆投以批判的眼光,曾在《押韵论》之中呼吁日本人自忘却的深渊中重新找回日本自身的传统。不言而喻,这并不是指他主张回到保守的过去。依照九鬼的诠释,"回顾既存的传统,在传统之中切实地把握自我和语言,如此即可。将我们所拥有的可能性转换为我们应当具有的现实性,将潜藏的潜能性转换为显现的现势性,如此即可。"②换言之,九鬼主张应批判性地审视过去的传统,并以此为基础来开辟未来的可能性。

一种普遍的观点认为,日语在音韵结构上具有特殊性。由于构成单词的音节中元音较多,造成音韵感较弱,故而日本诗不适合于押韵;西洋诗歌则不同,由于单词以辅音为主,音韵感较强,故而适于押韵。因此,日本诗歌不必追随西洋诗歌的押韵法则。换言之,日本诗歌不必拘泥于押韵。针对这样的主张,九鬼反驳指出,无论就日语音韵学的特征而言,还是就日本诗歌的历史传统而言,运用押韵法进行创作反而可以让日本诗歌获得更为丰富的发展。九鬼对于希腊语、拉丁语、法语、德语、意大利语等西方各种语言的诗歌中的押韵问题进行了大量的实例分析,试图来证明日本诗歌的押韵绝非对于西方诗歌押韵方式的纯粹模仿和生搬硬套。

九鬼指出,押韵这一诗歌创作的手法并非源起欧洲,而是源自东方(在岩波讲座版中九鬼认为是起源于印度或者波斯,在最终版中则认为是源起印度或者周代中国)③——更确切地说,欧洲诗歌的押韵乃是向东方学习的结果。同时九鬼还指出,押韵在《古事记》之中即已出现,到了《万叶集》和《新古今集》时则愈加丰富,到了最具代表性的日本诗人柿本人麻吕和松尾芭蕉,则是更有意识地尝试"韵诗"这一诗歌的创作手法——九鬼评价这一

① 九鬼周造『日本詩の押韻』、『九鬼周造全集』IV、第 232 頁。
② 九鬼周造『九鬼周造全集』IV、第 449 頁。
③ 九鬼周造『九鬼周造全集』IV、第 439 頁。

批诗人指出：他们拥有"灵敏之心耳能于天体运行中聆听宇宙之音响，敏锐之觉感能于裙裾微动中感受隐秘之陶醉"①。因此，日本诗不适合于押韵这一说法实乃无稽之谈。相反，日本人自古以来就拥有纤细的音乐性的感觉（听觉）和敏锐的灵魂，可以在"一与他"的二元通过偶然性的游戏而发生碰撞、产生共鸣的音韵中体会到快乐。"押韵开辟了语言音韵美的无尽宝藏，音韵的世界是一个偶然的、自由的境界，它在束缚的彼岸如梦一般美好地浮现。诗人们拥抱着在规则的必然束缚中产生的偶然和自由，逍遥地翱翔于天地之间。"②

与此同时，九鬼指出自奈良时代的《歌经标式》、平安时代的《奥义抄》以来，包括对押韵的褒贬之争，押韵论（诗学）具有相当悠久的历史传统，这正说明日本诗歌通过押韵获得无限发展的可能性。九鬼还认为，《歌经标式》乃是日本诗学（Poetik）的发端，此后的诗学皆是以《歌经标式》为基础，就其论说展开争论、演绎的结果。被誉为"五家髓脑"的《新撰髓脑》（藤原公任）、《能因歌枕》（能因法师）、《绮语抄》（藤原仲实）、《奥义抄》（藤原清辅）、《无名抄》（源俊赖）以及《悦目抄》等皆是如此③。九鬼自身的押韵论的结论可概括为："假设未来日本诗歌的脚韵这一形式能够得以发展，那么它必须建立在二重押韵的基础之上。"④

针对所谓的自由诗运动，九鬼提倡格律诗。九鬼援引《万叶集》《新古今集》以及柿本人麻吕、松尾芭蕉的诗作为例证，指出将《歌经标式》视为汉诗影响下的产物这一观点存在着问题，主张应对其加以重新评价。九鬼提倡格律诗，特别是韵诗，这并非源自对西洋诗歌和西洋诗学的崇拜，也不是单纯地想回归过去保守的传统，而是确信只有通过审视过去的传统，才会有开拓未来的希望。九鬼的这一主张实质上是针对日本人拥有的丰富感性以及日语拥有的无限的可能性的一种确信。九鬼绝不是要否定自由诗运动，而是认为自由诗运动忽视和否定了格律诗传统，而这样的忽视和否定是源于一种对日本人的音乐感性和日语拥有的潜在可能性的无知乃至无视。

（五）诗的形而上学

那么，九鬼为何执着于"押韵"这一问题？承前所述，一个最为显著的原因就是这一时期的自由诗运动急于打开闭塞的日本诗坛，而对此九鬼意欲进行反驳。九鬼认为，为了打破诗坛的闭塞状况而就武断地否定格律诗，这样的做法无疑是错误的——否定传统和无视传统并不能让日本的诗歌获得新生，反而会使蕴含在传统之中的无限发展的可能性彻底消失。因此，九鬼主张必须重拾传统，重视传统。不仅如此，九鬼还认为，"诗"原本就是

---

① 九鬼周造『九鬼周造全集』IV、第 448 頁。
② 九鬼周造『九鬼周造全集』IV、第 448—449 頁。
③ 九鬼周造『講義 文学概論』、『九鬼周造全集』XI、第 110—115 頁。
④ 九鬼周造『講義 文学概論』、『九鬼周造全集』XI、第 112 頁。

"歌",是人们吟唱的一种形式,具备诉诸听觉的特征,因此押韵对于诗歌的音乐性具有极为重要的意义。不过,这并非九鬼执着于押韵论的根源所在。九鬼强调押韵论的根本理由或许就在于他认为"诗是通过语言而哲学化和音乐化了的艺术"①,对此我称为九鬼的"押韵论的形而上学"或"诗的形而上学"。

（六）押韵与无限回归

首先,就是何谓"诗是通过语言而音乐化了的艺术"的问题。毋庸置疑,世界上任何一个人类——不论属于哪一个民族,他的每一个呼吸所发出的音节数量应该是基本相同。九鬼曾比较研究过西方各国语言中诗歌的音节数量,发现包括日本诗歌在内,几乎所有诗句的音节数量都不约而同地保持在 10 至 12 个音节之间。② 诗的节奏以呼吸(ψυχή,气息、灵魂)的节奏为基础,呼吸的节奏、身体的节奏则与灵魂和生命的节奏密切相关,而身心的节奏又与自然的节奏,进而与宇宙的节奏相呼应。一方面,押韵赋予诗歌的某一句以节奏的完整性,使得这一句与下一句之间产生间隔,在"一和他"之间进行了区分。另一方面,韵的呼吸共鸣使两句之间产生了联结。由于押韵,节奏得以完成,诗的小宇宙得以形成。就此而言,押韵是呼吸的反复,是生命无限回归的象征,更是蕴含在生命中的自然与宇宙的无限反复和回归。

如此一来,九鬼的押韵论与毕达哥拉斯、柏拉图、波爱修斯(Boethius,480—524 年)等西方学者的古代音乐论产生了共通之处。犹如潮来潮去、潮去复来,亦如四季循环、日落日出、天体运行,诗歌踏着韵律的节奏,演奏着无限的音乐,引导我们走向反复、循环的宇宙和永恒、无限的观念。押韵是形式,又不只是形式,它令节奏的反复成为可能,令我们在当下的现实中窥见永恒。这就是九鬼所说的押韵"让诗停留、驻足于每个相同的现在,让诗凝结、集中于永恒现在中的无限的一瞬间"③。押韵对于诗歌形成自身的小宇宙发挥了至关重要的作用。我们必须拥有"心耳",在押韵之中聆听宇宙之音。正因为九鬼坚信日本人拥有聆听宇宙之音的敏感性,日语具备了以格律诗的形式将这样的宇宙之音表现出来的丰富性,所以才再三地强调诗歌中的押韵的重要性。

九鬼在详细论述了押韵的重要性后,以 39 篇押韵诗的例作完成了押韵论的最终版。接下来引用例作中名为《命运》的最后一篇。

運命よ　かうして唄を歌ひ　私はお前と踊る　しつかりとお前の肉体　抱きしめて私　は踊る　よそ目には見苦しいつて？　何と見ようが勝手　運命よ　運命よ　お前と踊る　歌ひながらお前と踊る　私はうれしい　私は悲しい　この気

---

① 九鬼周造『九鬼周造全集』IV、第 233 頁。
② 九鬼周造『文学概論』、『九鬼周造全集』XI、第 148—154 頁。
③ 九鬼周造『文学の形而上学』、『九鬼周造全集』IV、第 51 頁。

もち　これが私のいのち　あれ美しい音楽　旋律が円を描く　星の夜空の　あの天球(スフアイラ)の　奏でる調和　ダイヤの花環　運命よ　私はお前と踊る　お前と踊る

命运啊

　我在歌唱

我在与你共舞

我紧紧拥抱着你的躯体

与你共舞

旁人的眼光说那太过于难堪?

随他们怎么看吧

那是他们的自由

命运啊

命运啊

我在与你共舞

我歌唱着与你共舞

我快乐着我悲伤着

这所有的心绪

这就是我的生命

那美妙的音乐

旋律画出一个个圆

在星的夜空中

那天体

所演奏的调和之音

宛如钻石的花环

命运啊

我与你共舞

与你共舞

　　该诗以"歌ひ(Ｉ)……肉体(Ｉ)""踊る(ＲＵ)……踊る(ＲＵ)""見苦しいって(ＴＥ)……勝手(ＴＥ)"的方式进行押韵,两个音韵犹如嬉戏一般邂逅、相遇,由此描绘出一个又一个的小圆,进而又以"運命よ(ＹＯ)……運命よ(ＹＯ)"进行押韵,同一音韵再次嬉戏般地邂逅、相遇,描绘出一个更大的圆。前句的音韵在后句反复,后句的音韵由前句提示。如此这般,过去在现在重现,现在又回归过去。相同的事物反复循环,象征着一种无限的回归。

每一个现在都预示着无限的相同的过去和未来，也包含着无限的相同的过去和未来。或者说，每一个现在都"夺回"了无限的同一个过去。九鬼在蓬蒂尼的演讲题目《时间观念和东洋的时间反复》原文是"La notion du temps et la reprise sur le temps en Orient"，其中的"反复"一词的原文为"reprise"，本意就包含"取回""夺回"之意。也就是说，"反复"不仅指过去的时间在现在复现，更指意志性的主体有意识地将时间的过去夺回到现在。可以说，九鬼押韵论的形而上学与《时间观念和东洋的时间反复》《形而上学的时间》所提到的观点保持了一致。相同的、偶然的邂逅持续发生，即伴随着时间重复发生，这令邂逅也带有必然、永恒的性质。这一点亦与九鬼在《偶然性的问题》之中提到的"持续的偶然和同时的偶然"①的立场相通。概言之，九鬼在此想要指出的，就是相同的偶然不断重复、邂逅，偶然也就不再是偶然，而是成为必然。

（七）押韵论与永恒的现在

其次，就是何谓"诗是通过语言而哲学化了的艺术"的问题。针对这一问题的理解，九鬼指出，就时间特性而言，学问具备过去性，道德具备将来性，而艺术具备现在性。学问之所以具备过去性，是因为"学问的结构是从古识走向新知，从理由走向结论"；道德之所以具备将来性，是因为"道德有意识地、预见性地把握行为的目的，与将来的距离使道德亦具备了一种义务上的紧张性，迫使它通过努力去履行义务，这正是道德得以成立的条件"。与二者相对，艺术之所以具备现在性，因为艺术的特性在于直观，而"直观建立在视觉感官的基础上，视觉感官只能是现在。历史沿着一定的方向移动，与这一方向垂直相交的面就是现在。艺术就是历史投射于现在这一面所形成的自我映射"。具体而言，在艺术之中，文学和音乐乃是时间艺术，绘画和雕刻则是空间艺术，戏剧则称得上是时间和空间的双重艺术。在同属于时间艺术的文学中，小说具有浓厚的过去性，戏曲具备未来性，诗歌则具备了现在性。换言之，小说以过去作为起点展开，戏曲朝向未来进行收敛，而诗歌则集中地面对现在。因此，就时间特性而言，小说是过去性的现在，戏曲是将来性的现在，诗歌则是现在性的现在。②

概言之，九鬼认为在人类所有的精神性和文化性的活动中，诗歌，特别是抒情诗，最显著地体现了现在性的时间特性。诗歌是一种语言艺术，将灵魂在此刻的感悟寄托在语言之中，并运用韵律使灵魂与宇宙之音同化，从而让人们飞向永恒和无限。押韵使诗"集中于永恒的现在之中无限的一瞬间"，使诗具备了"永恒的现在"这一持续的形而上学的特征。押韵论的本质，就是九鬼所主张的这一形而上学，即诗是通过押韵而展现永恒的现在的语言艺术。

① 九鬼周造『九鬼周造全集』II、第126—134 頁。
② 参见九鬼周造『文学の時間性』、『九鬼周造全集』III；『文学の形而上学』、『九鬼周造全集』IV；『講義　文学概論』、『九鬼周造全集』XI。

九鬼提到自己终身敬爱的诗人,除了西行法师之外,还包括柿本人麻吕、松尾芭蕉两位诗人。作为最具"日本性"的代表性诗人,他们有意识地进行了韵诗创作的尝试。[①] 实际上,九鬼在此试图表达,这样的诗人代表了一种精神,可以在无常的每一个瞬间窥见永恒的存在,能坦率地接受无常,肯定如梦般的现世人生,并将之作为自由的主体和创造的场域。九鬼时常被誉为"哲学诗人",这并非指九鬼是哲学家的同时还进行诗歌创作,也不是指九鬼以诗歌的形式来表达自身的哲学思想,而是指九鬼作为哲学家,一直无限地憧憬着通过诗和形而上学来接近"永恒的现在"。因此,九鬼本人拥有与柿本人麻吕、松尾芭蕉等日本诗人同样的精神——将"此刻、此处"视为"永恒的现在"的存在场域,视为"我"这一偶然性的实体的生存场域,肯定并接受这一"此刻、此处",并进一步将之作为自由创作的场域。

"永恒的现在"是九鬼押韵论的基础,对于其理论结构,九鬼在蓬蒂尼的两次演讲,特别是《时间观念和东洋的时间反复》以及基于这个演讲而撰写的《形而上学的时间》一文中进行了明确的剖析。九鬼为什么会提出"时间"这一论题? 正如柏格森的《时间与自由意志》、胡塞尔的《内时间意识现象学》、海德格尔的《存在与时间》等著作所示,"时间"这一论题是20世纪欧洲哲学持续探讨的根本性问题。事实上,正如在拙作《永恒回归的思想——九鬼周造的时间论》第三章"西洋哲学史中的时间论"中所论述的,自古希腊亚里士多德以来,普罗提诺(Plotinus,205—270年)、奥古斯丁(St. Aurelius Augustine,354—430年)、康德(Immanuel Kant,1724—1804年)等一批哲学家就针对这一问题展开了论述。时间论在西洋哲学的发展过程之中拥有悠久的历史。在这样的背景下,要向欧洲人宣扬东亚人和日本人精神文化的独特性,"时间"可谓是最为适合的论题。

二、永恒回归的思想

(一) 时间的"现在"

毋庸置疑,作为与九鬼同时代并与九鬼有过交往的哲学家,柏格森、海德格尔的时间论给九鬼诸多启发。相较于柏格森和海德格尔的时间论,九鬼在著作中提到奥古斯丁和胡塞尔的时间论的频率与内容则要少得多,或许这也造成了一种遮蔽,使我们无法意识到九鬼实质上对于奥古斯丁和胡塞尔,特别是对于奥古斯丁的时间论抱有更多的共鸣。九鬼将时间论的重点放在"现在",在这一点上,九鬼的时间论与奥古斯丁和胡塞尔的时间论是相通的。虽然九鬼在《全集》中针对奥古斯丁的时间论的详细论述只有两处[②]——即下文所引用的一段名言,但是对九鬼而言,奥古斯丁的时间论或许才是最具启发意义的,因

---

① 九鬼周造『九鬼周造全集』Ⅳ、第 443 頁。
② 九鬼周造『九鬼周造全集』Ⅹ、第 153—154 頁;『九鬼周造全集』Ⅺ、第 132—136 頁。

为九鬼在《押韵论》中早已将重点放在"现在"而非过去和将来，而对时间进行了考察。如果忽视这一点，我们就不能深刻理解九鬼的时间论相对于柏格森、海德格尔以及胡塞尔的时间论的独特之处。九鬼提及的奥古斯丁的时间论，出现在《忏悔录》第 11 卷第 20 章第 26 节，是一段名文。

九鬼认为，奥古斯丁此处所说的"现在的现在"（praesens de praesentibus），不同于几何学范畴下的断裂点或原子式的不可分点，它包含着对过去的记忆和对未来的期望，是存在于直觉之中生生不息且不可分割的现在的持续。九鬼进一步将其与"诗的现在"相结合——正如前文所论及的，九鬼认为就时间特性而言，在文学中，小说具备过去性，戏曲具备未来性，诗歌具备现在性。柏格森将记忆和时间视为同一物，认为时间从过去流向现在，而现在紧接着未来。就此意义而言，柏格森时间论的重点在于过去。海德格尔则认为，时间是通过主体对未来的筹划（Entwurf）而在将来实现的，因此海德格尔时间论的重点在于将来。九鬼将柏格森的时间论称为"生物学的、自然的时间"，将海德格尔的时间论称为"道德的、伦理学的时间"[1]；与此相对，九鬼所言的时间或许可以称为"直观的、感受性的时间"。换言之，柏格森、海德格尔和九鬼所言的时间分别为"小说性的时间""戏曲性的时间""诗歌性的时间"。立足现在，表达现在的是诗，特别是韵诗。这一现在不是断裂的现在，亦不是原子式的不可分割的现在，而是不断流动的现在，是生动的、可感受性的、持续性的现在。

九鬼极有可能是通过胡塞尔而接触到奥古斯丁的时间论，故而九鬼围绕奥古斯丁的时间论的剖析也侧重于胡塞尔现象学的诠释。不过，需要注意的是，胡塞尔将奥古斯丁的时间论限定在《忏悔录》第 11 卷的第 14 章—28 章，强调其研究的必要性（《内时间意识的现象学》），但是正如笔者在《西洋哲学中的时间论》所提到的，奥古斯丁的时间论实际上是在论述与"神创（从无到有的神的创造）论"相关的永恒论的过程中所产生的，而永恒论正出现在胡塞尔界定的奥古斯丁的时间论的相关章节的之外——或许胡塞尔刻意回避了这一点。奥古斯丁意图超越现在的高度上，即在与水平的时间轴垂直相交的彼岸去发现永恒。换言之，奥古斯丁将现在视为向永恒（神）攀登（ex-tendere）的现场。[2] 关于这一点，胡塞尔和九鬼都不曾过多地加以论述，因为要将立场维持在现象学的范畴之内，就不得不顾及奥古斯丁提出的在水平时间轴垂直相交之处存在着"超越的永恒"这一神学式的持续观念。毋庸置疑，胡塞尔对于奥古斯丁的"时间—永恒"论绝不会一无所知，但是他选择将研究范围限定在时间的内部，站在现象学的立场上就时间的本质进行阐释。九鬼则与之不同，虽然他也无法完全抛弃胡塞尔的现象学，却选择了与胡塞尔截然不同的阐释方向：九鬼在与奥古斯丁不同的另一层意义上，得出在现象学的时间轴垂直相交之处存在着永恒，

---

① 九鬼周造『講義　文学概論』、『九鬼周造全集』XI、第 131 頁。
② アウグスティヌス『告白』XI、第 29、39 章。

即"永恒的现在"这一独特的形而上学的时间观念。九鬼在蓬蒂尼的两次演讲中提出的时间观念即是如此,而押韵论的根源亦是基于这样的时间观念。

(二) 圆环形的、可逆的时间

九鬼在《讲义 文学概论》中如是说:

> 相对于将重点置于过去的时间论和将重点置于未来的时间论,还存在另一种时间论,就是将重点置于现在。柏格森和海德格尔的时间论都带有轻视"现在"的倾向。(中略)与二者不同,另一种时间论就是将现在作为时间的中心。在现代,胡塞尔的时间论就是这样的时间论的代表;而在古代,实际上奥古斯丁对此早已有明确的表述。(中略)胡塞尔将此刻、现在(Jetzt)称为起源(die Urquelle)。既然现在是原创造(Urschöpfung)和起源(Urquelle),那么也就不难推演出"永恒的现在"这一观念。永恒的现在并非静止的,而是按照圆环形的轨迹不断运行。通过这一轨迹的运行,现在得以无限地重复。无限重复的现在的总和就是"永恒的现在"。现在具备无限的深度。印度哲学、希腊哲学(普罗泰戈拉、柏拉图、斯多亚)所讲述的循环、尼采所提到的永恒回归(ewige Wiederkunft)即由此产生。如此一来,在海德格尔所谓的"绽出"(Ekstasis)之外,还存在另一种意义上的 Ekstasis。海德格尔所谓的时间乃是水平的 Ekstasis,而另一个绽出则是与之垂直。①

这一段话简要概括了九鬼时间论的要点和结论。② 正如笔者在《永恒回归的思想——九鬼周造的时间论》一书的序言部分所指出的,时间的流逝常被比喻为流水,将重点置于过去来把握时间,犹如置身于河水之中,随波逐流。柏格森在《论意识的直接材料》(英译《时间与自由意志》)中提出,真正的时间是纯粹的绵延(pure durée)。他所持有的或许就是这样一种时间感觉,身处于这样的时间感觉中,自身亦会变成河流。将重点置于未来来把握时间,则犹如逆流而上,尝试伸出手将水流提前握于手中一般。普罗提诺在《九章集》中将时间视为对于"有(存在)"的灵魂的憧憬(III7、4、19—33),海德格尔在《存在与时间》之中使用"到时(zeitigen)""筹划(Entwurf)"等术语(《存在与时间》I、5、13),他们拥有的时间感觉必定就是如此。与这样的两者皆不同,还存在着一群人,犹如孔子(前

---

① 九鬼周造『九鬼周造全集』XI、第132—137 页。

② "时间(tempus)"与"永劫(aevum)""永远(aeternitas)"一样,皆是"持续(duratio)"的形态之一。正如本人在《永恒回归的思想——九鬼周造的时间论》第三章第四节详述的,中世纪的托马斯·阿奎那(Thomas Aquinas,1225—1274 年)认为,时间是包含我们人类在内的这一世界的持续形态,永劫则是天使世界的持续形态,永远是神的世界的持续形态。在此,我无法就这样的三种形态展开详细论述,概而言之,时间的特征在于部分的"连续性(successio)"。与此相对,永远的特征在于全体的"同时性(simultaneitas)"。在没有神的时代,我们又在何处,以何种方法寻找到"永远"?"永恒回归"或"永远的现在"就是在没有神的时代所寻求的"永远"的形态。总而言之,这样的观念认为,永远并非是与时间分离的、处于时间彼端的持续形态,而是在时间之中的、是希望自时间之中意欲寻求到的一种状态。

551—前 479 年）所谓的"逝者如斯夫，不舍昼夜"（《论语第九·子罕》），他们远离了河流，站在河岸，眺望着眼前奔腾不息的流水，他们将时间的重点置于现在。亚里士多德、奥古斯丁、胡塞尔等人即是如此。[①]纵观西方时间论的历史，各种时间论的分歧点在于是以过去或现在，还是以未来作为重点来把握时间。不过，我们应当看到，不论将时间的重点置于过去、现在还是将来，这三种时间论皆存在一个共同之处，即皆将时间想象为不断流动的河水，或几何学范畴下的无限延伸的线条。换言之，皆是将时间视为单向的、不可逆转的流动之物。

将重点置于"现在"来把握时间，就此而言，九鬼与亚里士多德、奥古斯丁、胡塞尔保持了同样的立场，但是九鬼比他们更进一步——犹如孔子一般，九鬼站在岸边，眺望着奔腾不息的河流，进行着如下的思索：眼前流动的河水将注入大海，变成水蒸气升入天空，而后变为云朵漂浮于天空，再变成雨雪降于大地，最终再度还原到河流之中。事实上，眼前所眺望的河流，难道不是曾经无数次循环地呈现在眼前、将要永不停歇地历经无数次循环的同一条河流？我所目睹的情景，包括正在看的"我"在内，难道不是皆处在无限的循环、回归之中？这样一来，就可以自然地推导出一种具有圆环形结构的、回归的、可逆的时间观念。[②]

那么，圆环形结构的、回归的宇宙时间如何成为可能？九鬼在《时间观念和东洋的时间反复》和《形而上学的时间》之中探讨了循环思想的理论结构，并将这一结构放大、扩展到宇宙论的层面，由此来探讨其成立的依据。不仅如此，他还探讨了圆环形结构的时间和直线形结构的时间二者之间的关系，以及永恒回归的时间对于世界和生命所具有的意义。

（三）循环（μετεμψύχωσις）与再生（παλινγενεσία）

公元前 6 世纪左右，东方（印度）和西方（希腊）同时出现了循环（μετεμψύχωσις）的思想，即分别出现在婆罗门教和毕达哥拉斯学派。在东方，佛教继承了婆罗门教的循环思想，但是由于其强调善因乐果、恶因苦果，即因果报应的原理，带有赋予人的区别化以一种正当性的倾向，故而时至今日依旧不断遭受批判。在西方，循环的思想则受到基督教思想家们，例如波那文图拉（Bonaventura，约 1221—1974 年）等人的强烈批判[③]，故而早已失去了影响力。

---

① Aristoteles, *Physica*, IV; Augustinus, *Confessiones*, XI; Husserl, *Zur Phänomenologie des inneren Zeitbewußtseins*.
② 九鬼在接触到赫拉克利特、尼采等哲学家的偶然论或者永恒回归的思想之后提道："将世界视为一种游戏，或将世界视为经过一定时期就会出现反复的存在，这样的思想一直存在于印度文化之中。在 Upanishad 和 Vedanta 的哲学之中，Brahman 皆被视为魔术师，世界则是魔术师创造出来的幻象，世界在一个世界周期（Kalpa）之后将回归到 Brahman 之中并被再次创造，无限反复下去。"而且，九鬼在论述的时候，亦在注释之中列出了保罗·雅各布·德森（Paul Jakob Deussen，1845—1919 年）的《第六奥义书的世界》（*Sechzig Upanishad's des Veda*）第三版和《哲学讲义》（*Allgemeine Geschichte der Philosophie*）第三版。参见九鬼周造『偶然性』，『九鬼周造全集』XI，第 217 页。
③ 『命題集注解』II、1、1、1、2。具体参见小浜善信「十三世紀西欧における異文化接触（I）ー「世界永遠論」をめぐって」，『神戸外大論叢』第 44 巻第 5 号、1993 年；小浜善信『永遠回帰の思想ー九鬼周造の時間論』第三章第四節「トマスの「永遠ー時間」論」、神戸市外国語大学外国学研究所、2013 年。

不过正如九鬼所言,在西方古代,循环思想以及"时间循环"这样的回归式的时间观念实际上广为人知。据说,赫拉克利特的学说中就有类似的思想,狄俄尼索斯和俄尔普斯教团也曾出现过类似的表述,而毕达哥拉斯学派则以明确的形式承认了这一观念。根据研究,柏拉图提出的"完全年"或"大宇宙年"的思想(《蒂迈欧篇》,39D)是继承了毕达哥拉斯学派的观点。柏拉图在《斐多篇》中尝试论证灵魂不死,也被认为是在接触了毕达哥拉斯学派之后才提出的。

叔本华(Arthur Schopenhauer,1788—1860 年)是一位精通古希腊哲学,同时对佛教也颇有研究的哲学家。叔本华认为,毕达哥拉斯学派或婆罗门教所主张的循环思想($\mu\epsilon\tau\epsilon\mu\psi\acute{\upsilon}\chi\omega\sigma\iota\varsigma$)与斯多葛学派断片集学说中的再生思想($\pi\alpha\lambda\iota\nu\gamma\epsilon\nu\epsilon\sigma\acute{\iota}\alpha$)是完全不同的两种思想,我们应以区分(《拾遗与补录》II,10,7)。简言之,九鬼认为:① 将循环思想的逻辑结构彻底化、扩大化将产生再生思想;② 万物再生,意味着万物将保持完全的同一性回归;③ 这种回归同时包含着时间的回归。

(四) 循环与结果

九鬼认为,原因(causa)和结果(effectus)的关系存在着两种解释:综合性解释和分析性解释。[①] 例如化学方程式"$2H+O \rightarrow H_2O$",左边表示原因,右边表示原因导致的结果。一种解释是,整个过程中未发生任何变化——右边(结果)与左边(原因)同样,具有两个氢分子和一个氧分子,未产生任何新的物质。换言之,原因之中不存在的物质,结果之中也必然不存在;原因之中既已存在的物质,在结果之中也必然存在。与之一致,结果之中存在的物质,必然已存在于原因之中;在结果之中不存在的物质,也必然不存在于原因之中。

另一种解释,即综合性解释则认为,方程式左边是气体(氢分子和氧分子),右边是液体(水),气体和液体是截然不同的存在形态,左边未有之物在右边得以生成,左边已有之物在右边消失。这种解释的方法承认无中生有、有中生无的生成和消灭。赫拉克利特的学说就是这一观念的典型。赫拉克利特认为"万物流变",世界的本质在于差异性(differentitas)。

斯多葛学派亦曾言:"苏格拉底和柏拉图等人,将再次与原来的朋友、原来的市民一道重现。万物与万物的每一个细节都处在一种完全不变的状态。"

九鬼不同于黑格尔和马克思(Karl Heinrich Marx,1818—1883 年),他并没有将历史的将来设定为唯一的终极目标(价值),而是将历史的现在视为实现终极目标的过程。换言之,九鬼不赞同过程只是具有相对价值的"过程辩证法"。与九鬼的主张持以共鸣的立场,可以举出西田几多郎(Nishida Kitaro,1870—1945 年)提出的"永恒的现在"或"绝对现在"的辩证法(《场所的辩证法》)的思想,以及在每个当下的现在而非时间和历史的将来中

---

① 九鬼周造『九鬼周造全集』XI、第 222—227 頁。

发现终结的布尔特曼(Rudolf Karl Bultmann,1884—1976 年)的"现在终末论"。

（五）循环和周期

循环思想认为同一事物总是无限地回归和反复,将这一循环思想的根本逻辑扩大到整个宇宙,便是"宇宙整体的循环",指内容相同的宇宙永不停息、无限重复的回归性和周期性时间。对于这样的时间结构应该如何把握? 这样的时间结构如何成为可能? 九鬼进行了进一步阐述。

回归和反复的观念容易自日常生活的经验中产生。通过四季交替或天体的周期运行,我们自然地联想到时间具有圆环结构。节日、农耕以及各种各样的社会活动中经常使用"周年"一词,就代表了人们自日常生活的经验所获得的这一类的时间观念。不过,就严格意义而言,即便我们使用了"周年"一词,也只是意识到它的形式上的回归,并不代表我们意识到内容方面也会呈现出同样的回归。虽然春夏秋冬四季往复,但是每个四季的内容都只是相似,而绝不相同。一株樱花树经过一年的光阴,在严格意义上早已不是过去的樱花树;同样,一年以后的"我"也绝不会是过去的同一个"我"。因此,在我们使用"回归""反复""周年"等词的时候,我们想象的实际上是一种"螺旋结构"的时间,这样的结构与"圆环结构"存在着严格的区别。"螺旋"表象上接近"圆环",但是就其实质而言,它更接近于"直线"。因为螺旋与直线一样,越向前移动,就越远离起点。圆环则不同,它自起点出发,曲线越向前移动,就越接近起点,最终终点与起点重合在一起。时间的结构就是这样的起点＝终点的圆环形结构。我们亦可以认为,时间具有可逆的结构。

假设我们一直行走在平坦的大地上,那么无论走到何处,我们身前和身后的大地都呈现出水平、直线的状态。因此,我们越往前走,就离起点越远;我们要回到起点,则必须沿着原路返回。——如果大地果真是水平、直线的,那么我们越往前走,就必然越远离起点,只有原路返回才能到达起点。但是,如果说渺小的我们所看到的水平、直线的大地,实际上只是巨大球体的一部分——事实就是如此,那么我们越往前走,则并非越远离起点,而是越接近起点。——我们朝向起点,并不断接近它;起点不在背后,而在前方,起点同时也是终点。

那么,同样是球体的时间又将如何? 让我们想象一下我们在时间中的行进。通常,我们会觉得起点(过去)在我们身后,并离我们越来越远,过去和未来遥遥相对,随着我们的行进,二者之间的距离将越来越远。不管何时,时间看似都是水平的、直线的。假设这是事实的话,那么所谓的起点必然越来越远。但是,我们是如此渺小,如果我们所看见的水平的、直线的时间,只是巨大的球体、圆环形结构的一部分(九鬼探究的正是这样的可能性),那么我们越往前走,则不是离起点越远,而是离起点越近——我们朝向起点,并不断接近它;起点并不在后方(过去),而在前方(未来)。未来在接近过去,起点一方面在退后,一方面又同时出现在我们的前方。简言之,起点(过去)同时也是终点(未来)。

毋庸置疑，自日常经验出发，我们容易推导出时间的不可逆性，所以我们也完全可以质疑：上述的时间观念是否可以真正地称为"时间"？在起点亦是终点这一时间结构中，过去即是未来，也是现在；现在即是未来，也是过去。同样，未来即是过去，也是现在。根据日常经验，我们难以推导出这样的结论，也难以理解这样的时间观念。确实，这样的结构下的时间观念无法经由日常经验而推导出来，必须跳出经验的领域，上升到形而上学的层面来进行思索。将斯多葛学派学说之中出现的再生思想的逻辑扩展到极致，将推导出万物和时间皆是回归这一回归型的时间观念，这样的时间观念并非经验论的产物。九鬼是将斯多葛学派的这一观念作为假设，而非是作为结论来进行讨论。换言之，九鬼是从一切皆是完全的——包括所有细节在内的回归这一假设出发，去追问这一回归性的时间究竟为何物，如何成为可能的问题。他探究的不是一个事实问题（quaestio facti），而是一个权利问题（quaestio juris）。

　　如果时间并非直线形结构，亦不是螺旋形结构，而是起点和终点完全相同的圆环形结构的话，那么便会产生一大问题：当一个圆环闭合之时，另一个圆环将如何开始？严格意义上的回归、反复的时间观念，必须被想象成唯一的且完整的圆环。想象一下，利用铁丝制作若干半径完全相同的圆环，将其重叠摆放，我们自上方来俯视的话，就会发现这样的圆环构成了一个圆环。但是，如果将重叠的圆环拆开放置的话，就可以看到多个完全一致的圆环。时间所具备的就是这样的一即多、多即一的圆环形结构。不过，严格地讲，这样的比喻并不能完全解释时间的结构。半径或直径相同的圆环叠放在一起，自上方俯视它确实看似一个圆环，但是自侧面来看，便能发现它是具有一定厚度的、多个圆环的重叠。我们将圆环取下，"一个一个（nach und nach）"（康德《纯粹理性批判》《未来形而上学》）[1]排列，并按顺序编号为每一个圆环编上 1、2、3、4……的编号之际，它们之间就具有不可逆的关系。因此，如果要描绘出无限回归、绝对相同的时间，圆环就必须是唯一的、同一的圆环。但是如果假设它是唯一的圆环的话，那么回归和反复将如何才会成为可能？换言之，圆环如何得以重新开始？

　　例如，当我们说"这里有两片一样的樱花树叶"的时候，我们是指"这里有两片种类相同的叶子"，因为"完全一样"的叶子便不可能是"两片"；反之，"两片"叶子便不可能"完全一样"。在经验的世界中，作为个体（individuum）而不是作为种类（species）的"完全一样的两片"树叶是不可能存在的。世界是一个包含了无数的差异性的个体的体系，不存在完全相同的两个个体。换言之，相同的只能是"同一个"个体，两个就不可能是相同的个体。莱布尼茨（Leibniz，1646—1716 年）提出的"不可辨别者的同一性原理（le principe de l'identité des indiscernables：principium identitatis indiscernibilium）"，便是将世界视为具有差异性的个物所组成的世界。如今，讨论回归性的时间，便是讨论是否存在

---

① Kant，*Prolegomena zur einer jeden künftigen Metaphysik*，S.17，Felix Meiner，1976.

超越莱布尼茨的原理的世界的问题，即"作为个体完全相同的两片树叶"是否存在，作为无数的个体存在的可能性的问题。也就是说，个体循环一周的时间是否可以无限重复，以及如何才能无限重复的问题。九鬼认为问题的关键在于，作为个体的、完全相同的圆环形结构的时间在重复的时候，"新"的圆环的起点与前一个圆环的终点究竟是什么样的关系。

前一个圆环的终点不能与下一个圆环的起点具有连续性。虽然两个圆环作为个体必须是完全相同的圆环，但要将下一个圆环视为新的开始，那么两个圆环之间必须要有明确的"分界点"。换言之，必须加以完全"切断"，否则便不能称为重新开始。在我们提到"新年伊始"的时候，通常是意味着在某一个时间点我们的意识更新了，同时也意味着在"去年"和"今年"两个时间之间存在着"分界点"。时间原本应该是连续的，九鬼在此所追问的，并非意识更新的问题，而是存在于时间本身的"分界点"的问题。

但是，如果圆环之间是完全断裂的话，那么同一个体便不可能自同一个时间点开始。前一个圆环的终点必须同时是下一个圆环的起点，否则下一个圆环就变成另一个新的圆环。既然是同一个圆环，那么终点也必须是起点。就此而言，圆环必须是连续的。一方面作为个体要完全相同，另一方面为了循环又要重新开始，因此我们不得不承认在回归、反复的时间之中存在着"断裂的连续"或者"连续的断裂"的辩证法关系。

然而，假设作为个体的、完全相同的时间能够重复的话——这里所说的重复并非指"周年"这样的观念所代表的形式上的重复，而是指内容也完全保持一致的重复，那么我们甚至连"重复"这一词语也不可使用。依据我们的经验而言，如果不断重复的时间连内容都保持完全的同一性，那么我们就无法区分"以前"循环的时间序列、"现在"循环的时间序列和"今后"循环的时间序列。九鬼在蓬蒂尼的演讲之中说道："当我自问'我们此刻在蓬蒂尼的沙龙之中共度时光，我向在座的各位介绍蝉丸诗句的这一刻，我们在过去是否曾经共同度过，我们在未来是否会再次共同度过？——我们是否已经无限地相识，我们是否又将无限地重新相识'的时候。"

如今在此相遇的我们，曾经无限次相遇，未来依旧将无限地相遇。这一时刻的这个房间、这张桌子，在所有的时间序列中都将维持着同一性。世界在过去曾无限地重复，未来依旧将无限地重复。"以前"的时间序列重复为"现在"，"现在"的时间序列重复为"将来"。因此，无限个相同的过去成为现在，无限个相同的现在成为未来。同样，无限个相同的未来也成为现在，无限个相同的现在亦成为过去。时间是"圆环"型的存在，它处在一即多、多即一的结构之中。

（六）永恒的现在

我们和世界——包括世界最细微的细枝末节，都维持着绝对相同的状态，永恒地走向回归。因为回归的世界维持了完全相同的状态，所以我们就难以察觉到"现在"的我的存在、我的生命和我的行为在"重复"。事实上我们也无法辨别。换言之,我们只能感受到呈现在我们眼前的我们的存在,生命和行为"只有一次",是"唯一"的。我们也会认为,在这个世界、这个人生之外,不可能在其他的地方存在着同样的世界和人生,[①]并且将之当成事实。严格意义上的无限的重复的时间和严格意义上的只有一次的时间,二者不可思议地具有一致性。无限地重复的时间的本质在于同一性,只有一次的时间的本质在于差异性,因此也可以认为同一性和差异性具有一致性。差异性在无限的重复之中产生了同一性。借用德勒兹(Deleuze,1925—1995年)《尼采与哲学》中的一句话:差异性通过无限的反复成为同一性(devenir)。换言之,向水平方向移动的每一个时间的"现在(当下)",在垂直方向上皆具有无限的深度,时间就是处于这样一个多重结构之中。"在海德格尔所谓的'绽出(Ekstasis)'之外,还存在另一种意义上的Ekstasis。海德格尔所谓的时间乃是水平的Ekstasis,而另一个绽出则是与之垂直。"[②]所谓"永恒的现在"就是指这样的具备无限深度的时间的每一个"现在"。"永恒的现在"并不是指永恒是每一个现在的形式,也不是指"永恒是时间的原型(παράδειγμα),时间是永恒运动之中的似象(εἰκών)"(柏拉图),而是指时间的无限反复形成了永恒,或者说产生了永恒。九鬼指出,如果将以差异性为特征的只有一次的时间序列视为"水平的"绽出结构,以同一性为特征的无限回归的时间序列视为"垂直的"绽出结构,那么真正的时间就应该是这样的两种绽出结构的交错——相交点即是"此刻、此处"这一我们生命的现场和"我"这一实体存在的现场。[③]

(七) 一期一会的邂逅

我们的生命和这个世界只有一次。我们会经历少年、青年、壮年、老年,每一个时期皆具有无限的深度。假设我们活到80岁,虽然我们只能拥有80个春夏秋冬,但是每一个春夏秋冬皆具有无限的深度。就此而言,春天的嫩芽、夏天的灼热、秋天的红叶、冬天的融雪,我们所遇见的一草一木,都是"一期一会"的缘分,它呈现为令人无限喜爱的季节或者万物。时间确实带来了消亡、离别,但是同时也带来了新生、邂逅;时间既是悲哀的源泉,也是喜悦的源泉。

九鬼周造表示,我们与他者、我们与世界的相遇皆是处在无限深度之中的每一个"永恒的现在"所发生的"事件"。就偶然存在的主体而言,绝不存在什么无意义的事情,强调万物皆具备存在的意义,皆取决于作为偶然实存的主体的意志。换言之,九鬼试图表达的是,我们要有意识地使我和世界、我和你之间在这一"此刻、此处"的邂逅成为"永恒的现

---

① 九鬼说道:"与其相信普通意义的来世,我更愿意相信生命将无限重复的永劫回归。原因在于,人的一生是内容完全相同的生命的重复,这就等同于我们无法过只有一次的人生。内容完全相同的人生在不断重复,就好像我们将现在、此生这一实像通过无数的镜子而制造出来无数的镜像,并分配给过去和未来。制造镜像并不意味着我们就损害了现在、此生的'一次性'和尊严。"(『人生観』、『九鬼周造全集』III、第98—99頁)
② 九鬼周造『九鬼周造全集』XI、第132—137頁。
③ 九鬼周造『九鬼周造全集』XI、第132—137頁。

在"中所发生的"事件"。

三、结论

九鬼周造探讨了循环思想和再生思想的关系,认为将循环思想的逻辑彻底化、扩大化就可以推导出再生思想;循环思想和再生思想的根本逻辑,在于绝对的同一性和必然性的逻辑;循环的、再生的时间结构是圆环型的、回归的结构。不仅如此,九鬼还进一步探讨一系列问题:假设圆环型的、回归的时间,即可逆的时间真正存在的话,那么它必然会呈现出什么样的形态? 这一时间与直线型的、不可逆的时间是什么样的关系? 对于世界和生命来说,这一时间具备了什么样的意义?

斯多葛学派残存下来的学说中出现了万物再生的思想。究其意义,正如奥古斯丁所批判的:"在不可逆的、无限持续的时间之中,完全相同的,而非类似的事物在无限反复。"九鬼认为,进一步追究这样的再生思想的逻辑,就可以推导出不仅是万物,时间本身也是可逆的、回归的存在,从而就这样的结构的时间存在的可能性进行了追问。

九鬼所追问的或许是一种不可能的可能性。针对"永恒回归"的思想,我们可以解释为在不可逆的、无限持续的时间之中,有限的诸要素以相同的方式构筑起来的世界,即同一个世界将无限地重复出现。虽然这样的解释或许更具有一种现实性,但是九鬼却没有这样解释。因为依照这样的解释,即便诸要素的组合完全相同,也无法回避时间更替带来的"扩充"的问题,故而不能称为真正意义上的同一事物的无限回归。不仅如此,我们也可以认为,时间或者世界在无限回归的时候,每一次回归的时间和内容虽然皆存在着差异,但这样的差异微小到几乎可以忽略不计的程度。针对这样的解释,九鬼事实上也不赞同。因为依照这样的解释,"我"在严格的意义上就已然不是同一个"我",世界亦不是同一个世界。九鬼认为,"永恒回归"是指多即一、一即多的结构,在这样的结构下无限地绝对重复的时间和只有一次的时间具备一致性。这样的解释或许会产生一个问题,即依照这样的解释,除了可以推导出"永恒回归"是指同一个时间的回归这一结论,还具有什么样的意义。不过,九鬼却认为,要解释不可逆的、无限流逝的、不可代替的、具有无限深度的每一个时间的话,我们就必须承认无限地完全重复的时间和只有一次的时间具有一致性,也就是"多即一""一即多"的时间结构。如果要接受我们所经历的每一个现在皆是"永恒的现在"的话,唯有如此解释才能使之成为可能。

概而言之,九鬼周造认为,将只有一次的时间序列和无限重复的时间序列的关系进行重新描述的时候,可以事先想象一个"无限球",然后在这一球面截取无数个相同半径和直径的"无限周圆",我们可以将这样的圆视为既完全相同又完全不同的无数个回归的时间。不言而喻,我们感觉到的时间通常只能是直线的(水平的)、单一方向的时间的流动,但是作为理念上的唯一的圆,时间就以这样的方式呈现为无数的圆而不断展开。九鬼将之称

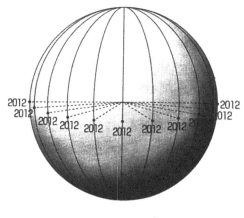

图 1　无限球

为"实现了形相的单体性、原型的单体性的实体""一个模型的样本"。球体的"中心"是回归的时间的巨大"源泉（Urquelle）"，即"永恒（Ewigkeit）"，它产生出前后两个方向的行程。如果要确定各个回归的（水平的）时间的"同一时点"的话，只要在球的中心向无数的周圆延伸出无数的垂直线即可实现。

作为永恒回归的时间与"永恒的现在"这一时间的象征，九鬼还数次引用了芭蕉和蝉丸的诗句并对之进行注释：

柑橘芬芳杜鹃鸣，恍惚似曾有此时。［芭蕉］——九鬼注释：啊，柑橘的芬芳！我也曾嗅着同样的柑橘芬芳，听着同样的杜鹃鸣叫，那是何时之光景？过去再度重现，不曾有任何改变。时间在回归之中反复①——通过柑橘的芬芳，"永恒的现在"这一无限的形而上学的时间蕴含在其中。

"往返皆离别，逢坂关前知不知？［蝉丸］"——九鬼注释：这是一种在偶然和命运的重压下带有哲学寓意的庄严感觉，时间上的无限展望存在于过去和未来。② "逢坂关"就是这一世界，永恒回归的世界，邂逅和别离、喜悦和悲哀相交错的残酷命运的世界，"一次又一次，一次又一次（πάλιν καὶ πάλιν）"地无限重复的邂逅和离别的世界。毋庸置疑，永恒回归的世界和人生未必就是幸福的世界和人生。

四、"循环"再考

最后，我想谈一下我一直留意的一个问题。九鬼的《形而上学的时间》的内容几乎与蓬蒂尼的演讲《时间观念和东洋的时间反复》完全相同，却删掉了演讲中的一句话。九鬼在演讲中曾特意强调，自己并不相信自己提出的永恒回归的、循环式的时间结构。③ 但是，我们可以看到，演讲的主旨与这一句话截然相反，恰恰是在承认无限的、绝对的反复这一循环式的时间结构的前提下而得以展开的。那么，我们该如何解释这一句话？九鬼为何特意强调这一点？

或许我的理解存在着一定的冒险性。但是我认为，九鬼极有可能是希望在厘清时间这

---

① 九鬼周造『文学の时间性』、『九鬼周造全集』III、第 351 页。
② 九鬼周造『風流に関する一考察』、『九鬼周造全集』IV、第 67 页。
③ 九鬼周造『九鬼周造全集』I、第 284 页、第 41—42 页。

一循环、再生的结构的基础上，更进一步地从根本上就循环、再生的思想展开内涵性的改造。循环、再生的思想究竟是什么样的思想？究竟是一种否定救赎的绝望思想，还是不排斥救赎且与希望紧密相连的思想？九鬼认为："善人绝不会转变为恶人，恶人也绝不会成为善人。"不过，"善人绝不会转变为恶人，恶人也绝不会成为善人"的结论，是在"循环存在起点"且在起点处一切都被决定了这一假设的前提下成立的。但是，这样的假定不具备必然性。在这样的假定之中潜藏着一个逻辑，即将现在的事实和状态无意识地投影在想象的、存在于无限过去的"起始点"，并由这一"起始点"出发，反向地解释"现在之所以成为现在"就是因为在"起始点"即是如此。因此，它隐藏着一种为了现存事实而寻找理由，或者将现存的状态固定化的潜在逻辑。即便"假设循环存在起点"，那么这一起点也只能是发端于所谓的"原始偶然"。

所谓"原始偶然"，是"可能依旧只是可能"的一种状态，是"事象会因为什么样的因果而发生的一切尚未决定"的状态，因此，"谁成为善人，谁成为恶人，未有定论"。[①]

但是，循环、再生的时间原本就没有所谓的"起点"，亦没有所谓的"终点"，因为永恒回归的时间是一个完整的圆环结构。更确切地说，它的"起点"也是"终点"。站在我们的立场上而言，任何一个当下的现在皆可以被视为"起点"，同时也可以被视为"终点"。我们既可以把它作为"终点"，同时亦可以把它作为"起点"。悲惨生活的终结是幸福生活的开端，告别恶行也就意味着开始善举——如果事实犹如九鬼所指出的一般，循环、再生的时间在严格意义上拥有了圆环形结构的话，那么它就不会排斥救赎的可能性，也就是一种"希望和再生"的思想。对于这一点，我们有必要重新加以认识。九鬼晚年在广播演讲《偶然和命运》（1937 年）中曾提到，和尼采一样，自己也认为"意志带来救赎"。我们可以告别悲惨的人生，将它作为幸福生活的开端；我们可以诀别作恶的人生，将它作为行善的起点。如果我们可以在此时此地开始幸福的、行善的人生，那么过去所有的回归的时间圆之中的现在，未来所有将要回归的时间圆之中的现在，皆会是幸福的、善意的存在。如果说这一切皆是我们的意志可以决定的，那么我们就能再次，不，无数次地去乐于接受并热爱我们的人生。不言而喻，幸福的终结，也会成为悲惨的开始；忘记善行，就会走向邪恶。这样的可能性亦会存在。所有的一切，皆取决于我们此时此地的意志。或许，九鬼最终试图阐述的即在于此。

［本文译本出自小浜善信：《永恒回归的思想》（《永恒回归的思想——九鬼周造的时间论》，神户：神户市外国语大学外国学研究所，2013 年，第 155—187 页）。不过，小滨教授撰写的该文最初则是出自《九鬼周造的哲学——漂泊之魂》（昭和堂，2006 年），其间多次增补删减。小滨教授的著作曾经中国学者、嘉兴学院教授郭永恩、范丽燕合译为《九鬼周造的哲学——漂泊之魂》（初版由线装书局于 2009 年出版，再版由中国书籍出版社 2013 年出版）之中，亦收录了该文的中译本。本次为新版本的再译本，特此阐明，谨以致谢］

[①]　参见小浜善信『九鬼周造的哲学——漂泊之魂』第四章「時間と永遠」、昭和堂、2006 年。

从"夫妇有别"到"爱情＋分工"

——蔡元培夫妇伦理观的近代化与
井上哲次郎著修身（伦理）教科书

龚　颖

（山东大学哲学与社会发展学院）

孟羽中　译

（浙江工商大学东亚研究院）

引言

一般认为，中国的近代化进程受明治时期的日本影响较大，然而目前能够验证这一点的实例并不充分。针对这一现状，本文试图从儒家的夫妇伦理的近代化过程这一问题入手展开研究。研究将分为以下几个步骤：首先明确自古以来儒家的夫妇伦理标准，即所谓"夫妇有别"的意义，继而简要说明"夫妇有别"向《教育敕语》中的"夫妇相和"的转变，然后通过具体事例来验证明治时期发生的这一变化对中国思想家的影响。上述研究中所引用的资料主要有井上哲次郎（1855—1944 年）等明治时期的学者们编纂的修身（伦理）教科书和中国近代著名思想家、教育家蔡元培（1868—1940 年）编著的修身教科书。

一、从"夫妇有别"到"夫妇相和"（《教育敕语》）

（一）"夫妇有别"

"夫妇有别"（或"男女有别"）是儒家的"五伦"之一。所谓"五伦"，是指五种基本人际关系及其行为准则。古文献中有如下记载：

> 父子有亲，君臣有义，夫妇有别，长幼有序，朋友有信。（《孟子·滕文公上》）
> 男女有别，然后父子亲，父子亲，然后义生……无别无义，禽兽之道也。（《礼记·郊特牲》）

男女有别而后夫妇有义,夫妇有义而后父子有亲,父子有亲而后君臣有正。故曰:昏礼者,礼之本也。(《礼记·昏义》)

男女授受不亲,要建立起清晰的所谓"别"的界限,这是免于堕入"禽兽之道"而保持"人道"正轨的核心问题,也是"礼"的根本思想所在。

千余年后,到了南宋初期,朱熹集以往儒家思想之大成所编的《小学·明伦第二》中有"明夫妇之别"的论述。除了上文引用的《礼记·郊特牲》中的一段,《礼记·内则》中也有诸如"礼,始于谨夫妇,为宫室,辨外内。男子居外,女子居内……男不入,女不出""男不言内,女不言外"等相关记载。此外,还有"子曰:妇人,伏于人也。是故无专制之义,有三从之道。在家从妇,适人从夫,夫死从子"的论述。

由此可见,"夫妇有别"原来强调的是防止男女随意接近而堕入"禽兽之道",而朱熹进一步明确了夫妇间的"主从关系",强调了男女空间上的分离和分工等。也就是说,朱子学中的"夫妇有别",可以总结为表现夫妇关系中"主从之别"和"内外之别"(包括空间上的分离和分工)等规则。

(二) 从"夫妇有别"到"夫妇相和"(《教育敕语》)

综上所述,"夫妇有别"具有多层含义。那么,"夫妇有别"又是如何被日本接受和吸收的呢?

研究者渡边浩先生指出,在日本,人们认为"夫妇有别"中的"别"有一种格格不入的感觉,对其的解释也不断变化,有时甚至有变更原文的情况。[①] 总之,儒家的夫妇伦理在江户时期的日本社会还未有定论。

例如,江户时期的朱子学者林罗山在其所著的《三德抄》中,对《中庸》里提出的"五达道"之一的夫妇伦理规范展开说明,提到应该"夫治外,妇治内"。[②] 虽然从形式上看,这与朱子学奉行的"夫妇外内"的训诫相似,但由于对其内涵没有详细的阐释,因此无法断言其与前文提到的"夫妇有别"的多层含义具有多大程度的一致性。

中村惕斋、贝原益轩等儒学家们根据朱熹的《小学》编著的训诫书和女训书,成为寺子屋中通用的教科书,然而书中的部分内容并未得到充分的理解。就这样,"夫妇有别"这句话,在其具体内容没有得到充分理解和阐释的情况下,在江户时期逐渐流传和泛滥开来。

明治维新后,津田真道在《明六杂志》(第 22 号,明治七年,1874 年)上刊登了《夫妇有别论》,文中记录了前往中国对"夫妇有别"进行实地考察的情况。津田惊异于"街路上不

---

① 渡辺浩『徳川日本における「性」と権力』、『政治思想研究』第 1 号、2001 年。
② 『日本思想大系 28』、岩波書店、1975 年、第 159 頁。

见中国妇人一人"的现状,指出其原因是"是夫妇男女之别所以严也",并提到将女性"闭居于室内,与幽囚于牢狱无异",批判"其弊亦可谓甚"。如上所述,"夫妇有别"(或"男女有别")在朱熹之后,其部分内容开始强调男女空间上的隔离和分工,而经过元、明,到了清朝末期,"夫妇有别"这一原本针对士大夫阶层的道德规范逐渐向民间渗透,成为一般的社会风俗。津田真道当时所见到的就是这样一番景象。

此外,福泽谕吉在明治十九年(年)的《时事新报》上发表了《男女交际论》,完全否定了"夫妇有别"的思想,认为这阻碍了文明男女正常的"情感交流"。

明治二十三年(年),《教育敕语》颁布,其中涉及夫妇关系的语句用的是"夫妇相和"而不是"夫妇有别"。在此之后,《敕语衍义》出版,作者井上哲次郎解释了"夫妇相和"的含义,并通过大量编纂中学和女子高中的修身教科书来扩大其影响力。

井上哲次郎在《敕语衍义》中解说"夫妇相和"时提到"婚姻必因高尚之亲爱而为之",强调婚姻的基础是夫妇间的相亲相爱。几年后,井上哲次郎、高山林次郎所著《新编伦理教科书》出版,在"爱情是夫妇的第一要义"的头注下有如下论述,"爱情是夫妇的第一要义。丈夫为了妻子,妻子为了丈夫,不顾私利私欲,互相倾注爱情,共同祈望幸福,则夫妇之所以为夫妇,此人生最珍贵之情义"[①],阐明"爱情"是夫妇伦理中最值得尊崇的情义。这样的以爱之情感为基础的夫妇伦理观,与儒家"夫妇有别"的伦理观有着根本的区别。

井上教科书不仅影响了明治时期的日本,还影响了清末的中国。近代中国的修身教育史上占据重要地位的蔡元培著的《中学修身教科书》(及之后的《订正中学修身教科书》),其观点、构架和思想内容受井上教科书的影响很深。接下来,本文将通过对井上哲次郎和蔡元培有关夫妇伦理的相关论述的考察来具体说明蔡元培的夫妇伦理观的近代化与井上修身(伦理)教科书的受容关系。

二、井上修身(伦理)教科书和蔡元培夫妇伦理观的近代化

蔡元培是中国近现代著名的思想家、教育家,是近代中国践行伦理学研究和教育的先驱。蔡元培的教育理论和实践在如今仍享有很高的声誉,其理由之一便是他提倡和践行的近代伦理观。对于当时的人们来说,这种伦理观是非常新颖独特的。

蔡元培的婚姻观是他极具特色的伦理思想的一部分,其内容可以总结如下:强调男女平等,主张婚姻自由,反对父母包办婚姻;同时,也强调爱情是婚姻的基础,在选择结婚对象时最应重视的是其品行。他反对旧式婚事的繁文缛节,提倡重视实质性内容的新式婚礼。他也反对早婚,提倡优生优育。

---

① 井上哲次郎、高山林次郎『新編倫理教科書』卷二、金港堂、1897 年、第 28 頁。

人们在对蔡元培的婚姻观及其先进性给予很高评价的同时,也对其婚姻观的形成原因提出了很多见解。比如,当时国内外思潮的影响、蔡元培自身的婚姻经历,以及随着女性的社会地位提高,婚姻生活逐渐摆脱封建传统的束缚,蔡元培立志通过国民体质的改善和提出新的夫妇伦理为社会习俗的进步做出贡献等原因。然而,对研究成果进行总结和分析之后,可以发现蔡元培的婚姻观的形成实际上经历了前后两个阶段,并且受日本(具体地说是井上哲次郎编著的修身教科书)的影响很大。而这一事实被以往的研究所忽略了。

通过以上的先行研究,本文以蔡元培的《夫妇公约》和其著作《中学修身教科书》中有关夫妇伦理的论说为考察对象,试图阐明传统夫妇伦理观"夫妇有别"向近代夫妇伦理观转变的过程。在进行分析时,拟结合蔡元培夫妇伦理观的变化与井上哲次郎编著的修身教科书之间的关系展开论述。

(一) 蔡元培的初婚和《夫妇公约》

1889 年,23 岁的蔡元培和 24 岁的王昭结婚。这是蔡元培的第一段婚姻。

妻子王昭是旧式女子,自幼缠足。两人的婚姻完全是就是封建传统的产物。蔡元培的父母都已过世,便由兄长包办婚姻。结婚当日蔡元培才和妻子第一次见面。由于两人缺乏相互理解和感情基础,性格和思想也有许多格格不入的地方,结婚伊始蔡元培便和妻子冲突不断。比如,王夫人是一个极度讲究卫生、重视礼节规矩的人,在金钱方面也是极度节俭;与此相对,蔡元培则生性豪爽、不拘小节。加之,蔡元培虽受到传统的"夫妇有别"思想的影响而有些大男子主义,但同时也受"男女平等"的新思想的影响而对女性有自己的想法和主张抱有期待。而王夫人在丈夫的面前总是过于谦卑顺从,总是用极其谦卑的态度和低下的姿态来对待他。就这样,结婚最初的几年,蔡元培始终难以接受自己的妻子。过了整整 7 年,直到两人的儿子出生之后,关系才逐渐开始改善。

1900 年,蔡元培重新审视了女性的生存方式和权利之后,于 3 月发表了《夫妇公约》一文。以此为契机,蔡元培改正了自己以往的错误,开始重新调整与妻子的关系。所谓公约,是面向全社会的誓约书,是夫妻间应该共同实践、彼此遵守的准则。不幸的是,1900年 6 月,蔡元培妻子王氏患急病去世。尽管如此,在最后的时间里,夫妻二人互相尊重对方,努力理解彼此,度过了一段幸福美满的家庭生活时光。

接下来看一下《夫妇公约》的内容。

1900 年早春,时值清朝末期,蔡元培发表了《夫妇公约》,其中包含的夫妇伦理观在当时的中国看来无疑是非常前卫的。《夫妇公约》共 25 条,分条列出,表明了蔡元培对于夫妇伦理和家庭内的子女教育的主张。

《夫妇公约》的文体采用当时通用的文言文。下文首先摘出原文的要点,然后说明其夫妇伦理观的独特之处。

一、《礼》《中庸》记曰：君子之道，造端夫妇，及其至也，察乎天地。《大学》记曰：欲治其国者，先齐其家。夫妇之伦，因齐家而起。齐者何？同心办事者是也，是谓心交。(中略)呜呼！世间男女，不遇同心之人，慎勿滥为体交哉。

二、既知夫妇以同心办事为重，则家之中，惟主臣之别而已。(中略)男子而能胜总办钦，则女子之能任帮办者嫁之可也。女子而能胜总办钦，则男子之可任帮办者嫁之亦可也，如赘婿是也。然妇人有生产一事，易旷总办之职，终以男主为正职。地球上国主，亦男主多而女主少。

三、既明主臣之职，则主之不能总办而以压制其臣为事者，当治以暴君之律。臣之不能帮办而以容悦为事者，当治以佞臣之律。

四、《传》曰：君择臣，臣亦择君。既明家有主臣之义，则夫妇之事，当由男女自则，不得由父母以家产丰俭、门第高卑悬定。

五、持戟之士失伍，则去之；士师不能治士，则已之，为其不能称职也。君有大过，反复之而不听，则去，为其不能称职也。既明家有主臣之义，则无论男主女主，臣而不称职者，去之可也。主而不受谏者，自去可也。[①]

根据上述内容可知蔡元培的夫妇伦理观：① 《礼记》《中庸》及《大学》等儒家经典是重视夫妇伦理的依据。② 为了更好地推进以"齐家"为目的的夫妻合作，即"夫妇以同心办事"，夫妇间应该遵循相当于君臣间的伦理规范。换言之，丈夫居于主位，相当于"君"；而妻子处于从属的地位，相当于"臣"。③ 一般来说丈夫为主，妻子为臣，但根据双方能力的差别，也可以让妻子居于主位。④ 作为共同经营生活的伙伴，结婚对象应由本人选择，不能由亲人根据门第的高低或财产的多少进行包办。不论男女，都可以离婚和再婚。

从这篇《夫妇公约》来看，当时的蔡元培似乎在宣扬奉行夫妇平等、婚姻自由的近代婚姻观，但实际上两者间存在很大的不同。《夫妇公约》所设想的婚姻，与前近代中国的传统婚姻一样，是以"齐家"也就是家族的繁荣安定为目标的婚姻。正因如此，虽然文中宣扬选择结婚对象是本人的自由，但依然把"家族繁盛"作为最终的目标。这与基于男女间爱情的近代婚姻观有着本质的不同。

同时，蔡元培《夫妇公约》中的"主臣之别"也体现了"男女有别"的思想。也就是说，夫为"君主"，妻为"臣下"，夫妇双方地位的高低和作用的差异是被严加区别的。对于深受儒家思想影响成长起来的知识分子蔡元培来说，其思想中传统观念和新思想混杂在一起，是再自然不过的事了。

(二) 蔡著《中学修身教科书》中"夫妇有别"思想的残存

如前所述，蔡元培著《中学修身教科书》(1907 年)及之后出版的《订正中学修身教科

---

① 《蔡元培全集》第一卷，中华书局，1984 年，第 101—103 页。

书》(1912年)几乎完全是以井上哲次郎、高山林次郎著《新编伦理教科书》和井上哲次郎著《中学修身教科书》为依据的。具体来说，蔡元培所著的教科书中，从卷一到卷四主要仿照《新编伦理教科书》，卷五则是井上《中学修身教科书》的相关部分的抄译。除此之外，蔡著《中学修身教科书》（除有特别说明，也包括《订正中学修身教科书》，下同——笔者注）中的很多内容不仅以井上等人的著作为依据，而且还进行了增删和取舍。①

那么关于夫妇伦理，两者又是如何具体论述的呢？

首先是井上、高山著《新编伦理教科书》卷一第一章"总论"中的论述：

> 忠孝乃人伦之大道，亦我国体之精华。（中略）兄弟以友爱相让，夫妇以和亲相助，朋友以信义相交。是亦人之要道也。②

与这一部分相对应的论述，也可以在蔡著《中学修身教科书》和《订正中学修身教科书》中找到，但有较大的不同。

1907年蔡著《中学修身教科书》首次刊行，在上述井上等的论述前加了"五伦之教""十义之教"的头注，写道：

> 吾国圣人，以孝为百行之本。小之一人之私德，大之国民之公义，无不由是而推演之者。是以有五伦之教，所谓父子有亲、君臣有义、夫妇有别、长幼有序、朋友有信是也。又分别言之，以为十义之教，所谓父慈、子孝、兄良、弟悌、夫义、妇听、长惠、幼顺、君仁、臣忠是也。是道德之纲领也。③

将两段引用文字进行比较，后者中的"是以有五伦之教，所谓父子有亲、君臣有义、夫妇有别、长幼有序、朋友有信是也"和井上的论述相近，而"十义之教"则是蔡元培自己添加的内容。这里两者之间一个很大的不同，蔡元培用"夫妇有别"代替了井上等"夫妇以和亲相助"的论述，而且更是把"妇听"列入"十教"，即主张妻子要顺从丈夫。可见，蔡元培并没有将井上等"夫妇和亲"的宗旨编入教科书，仍有如"夫妇有别"的儒家传统夫妇伦理观的残存。

1911年辛亥革命爆发，清王朝统治终结。第二年的中华民国元年（1912年），蔡元培结合新的教育方针出版了《中学修身教科书》的修订版，将"五伦之教""十义之教"的内容完全删除。

---

① 参照龚颖「明治日本の道徳教科書と近代中国———井上著道徳教科書と蔡元培『中学修身教科書』について」，『倫理研究所紀要』第23号、2014年。
② 井上哲次郎、高山林次郎『新編倫理教科書』、金港堂、1897年、第1—2页。
③ 蔡元培：《中学修身教科书》，商务印书馆，1907年，第1—2页。

(三) 蔡著《中学修身教科书》和夫妇的和与爱

1907年首次刊行的《中学修身教科书》中尽管仍残留着"夫妇有别"的思想,但其提倡的夫妇伦理与1900年发表的《夫妇公约》相比,无疑有根本性的进步。这种全新的伦理观中蕴含着对尊崇"和"与"爱"的夫妇伦理规范的期望。笔者认为这种全新夫妇伦理观的出现是受到了井上哲次郎编著的修身(伦理)教科书的影响。

接下来试将井上和蔡元培编著的修身教科书中相对应的内容列出并进行对比分析。

井上哲次郎、高山林次郎著《新编伦理教科书》卷上《家族的义务》篇中设置了"夫妇的义务"一章,详细说明了夫妇间的伦理。同时,蔡元培所编的教科书中也有"家族"一章,同样下设"夫妇"一节对夫妇伦理进行了说明。

井上等在"夫妇的义务"一章的开头就论述了夫妇和睦的重要性,具体如下:

> (1) 一国之基在一家,一家之基在夫妇。是以夫妇之和合,小之为一家之幸福,大之为一国之富强。夫妇之道因人伦而所生也。(头注:夫妇的义务)①

相应的,蔡元培在"夫妇"一节的开头也强调了"夫妇之和",原文如下:

> (2) 国之本在家,家之本在夫妇。夫妇和,小之为一家之幸福,大之至一国之富强。古人所谓人伦之始,风化之原者,此也。②

对比(1)和(2),井上和蔡元培都强调了夫妇和睦对于家庭的重要性,也提到了这有利于国家的富强和社会普遍伦理关系的构建。在前近代的中国社会,夫妇伦理规范与家族繁荣紧密相连,而这里将其与民族国家的富强联系在一起,无疑是具有近代色彩的观点。蔡元培将这一主张编入修身教科书,给当时的中国社会输送了新的夫妇伦理观。

那么,夫妇伦理的基础应当是什么呢? 以下是对于这个问题两者的论述:

> (3) 爱情是夫妇的第一要义。丈夫为了妻子,妻子为了丈夫,不顾私利私欲,互相倾注爱情,共同祈望幸福,则夫妇之所以为夫妇,此人生最珍贵之情义。③(头注:

---

① 井上哲次郎、高山林次郎『新編倫理教科書』卷二、第27頁。头注是附在每节开头用以提示要点的部分,起到副标题的作用。原文:一国の基礎は一家にあり、一家の基礎は夫婦にあり。是を以て夫婦の和合は、之を小にしては一家の幸福となり、之を大にしては一国の富強となる。夫婦の道は人倫の因て生ずる所なり。
② 张汝伦编选:《蔡元培文选》,上海远东出版社,2012年,第172—173页。
③ 井上哲次郎、高山林次郎『新編倫理教科書』卷二、第28頁。原文:愛情は夫婦の第一義なり。私利私欲を顧みず、夫は妻の為に、妻は又夫の為に、十分の愛情を傾瀉して、互に其の幸福を祈望するは、則ち夫婦の夫婦たる所以にして、人生の最も貴むべき情義なり。

爱情是夫妇的第一要义）

（4）爱者，夫妇之第一义也。各舍其私利，而互致其情，互成其美，此则夫妇之所以为夫妇，而亦人生之最贵之感情也。①（头注：爱情）

（3）和（4）强调的是，为了维持良好的夫妇关系，最重要的是对对方的"爱情"（井上用语）或者说"爱"（蔡用语）。井上和蔡都提到，"爱（情）"是构建夫妇关系的基础，是维持夫妇羁绊的保证。也许在今天看来这是自然而然的事情，但在当时的中国读者们看来，这样的观点是非常新潮的。

另外，在《中学修身教科书》第二卷"家族"第四节"夫妇"中，每小节前均设有头注来提示内容要点。② "夫妇为人伦之始"一节写道"人生之幸福，在于夫妇好合之间""夫爱其妇，妇顺其夫"；"爱情"一节倡导"爱为夫妇之第一要义"；"爱情不以境遇为转移"一节中也有"婚姻之始，必基于纯粹之爱情"。可以看到，"爱"或"爱情"等字眼出现的频率非常之高。

如前所述，夫妇间的伦理规范是儒家"五伦"——君臣之义、父子之亲、夫妇之别、长幼之序、朋友之信之一，自古就确立了"夫妇有别"的原则。对于自幼接受传统儒家文化的蔡元培和与他同时代的读者们来说，从"别"到"和""爱"的转变是极其巨大的，具有划时代的意义。

（四）蔡著《中学修身教科书》和夫妇的分工与平权

井上的《新编伦理教科书》第四章"夫妇的义务"中也强调了"夫妇分工"，并涉及与之相关的男女同权问题。蔡元培的《中学修身教科书》中也有同样的内容。下面试比较两者的异同。

井上在"夫妇的义务"一章中，在"男女同权之理""夫妇分工的必要性"的头注下有如下论述：

（5）夫为一家之主权者，妻为其辅佐者也。二者相互扶持而可得为完全之家庭生活。夫之务为外出就事业，以养其家；妻之务为在内整家政，以慰其夫。是以适应其资性之所分担其务也。男女同权之理亦存于此中。然世人动辄以为男女为相同之人。夫妇须互立同等之地位，执同等之职权，是非理之甚者也。③

① 张汝伦编选：《蔡元培文选》，第173页。
② "夫妇"这部分内容中共有9条头注，分别为夫妇为人伦之始、爱情、婚姻之礼、爱情非境遇所能移、夫妇分业、夫之本务、妻之本务、男女性质不同、刚柔相济。
③ 井上哲次郎、高山林次郎『新編倫理教科書』卷二、第30頁。原文：夫は一家の主権者にして、妻は其補佐者なり。二者相待て初めて完全なる一家の生活を為し得べし。夫の務は外に出でて事業に就き、以て其家族を養ふにあり。妻の務は内に在りて家政を整へ、以て夫を慰藉するにあり。是れ其の資性に適応したる所のものを以て、其務を分担したるものなり。男女同権の理亦此中に存す。然るに世人動もすれば以為へらく、男も女と同じく人なり。夫婦は須らく互に同等の地位に立ち、同等の職権を執らざるべからずと。是れ非理の甚たしきものなり。

而蔡元培的《中学修身教科书》中，在"夫之本务，妻之本务"的头注下写道：

（6）夫为一家之主，而妻其辅佐也。主辅相得，而家政始理。为夫者必勤业于外，以赡养其家族；为妻者务整理内事，以辅其夫之所不及。是各因其性质之所近而分任之者。男女平权之理，即在其中。世之持平权说者乃欲使男女均立于同等之地位，而执同等之职权，则不可通者也。①

通过对比（5）和（6）可以看出，在这个问题上井上和蔡的论述基本一致。两者都重视夫妇的分工，同时也指出夫妇间的同（平）权并不是极端的"平等论"，不是"立同等之地位，执同等之职权"。

井上和蔡在夫妇分工和同（平）权问题上的论述基本一致，但有两点不同值得注意。

第一，画线部分井上的"男女同权之理"和蔡的"男女平权之理"的不同。这仅仅是用词的不同，还是别有他意，并不是一个简单的问题。例如，明治初期的《明六杂志》上就有围绕"男女、夫妻同权论"的争论。当时，森有礼提出"夫妇同权"，受到了意料之外的强烈批判。对此，福泽谕吉发表《男女同数论》，用的是"同数"而不是"同权"。此外，中国也有人曾使用过"夫妇同权"一词。同时期的樊炳清在1903年刊行的《伦理教科书》（井上等著）中文译本中，将"男女同権の理亦此中に存す"译为"男女同权之理亦存于此中"，将"男女同権の真意なり"译为"男女同权之真意"。蔡元培将井上的"同权"译为"平权"的原因及其影响可以作为今后研究的课题。

第二，关于妻子职能的不同。井上教科书中，妻子的职能是"慰藉丈夫"；而在蔡元培的教科书中，妻子的职能则是"整理内事，以辅其夫之所不及"。由此可以看出蔡元培认为妻子应该是作为"辅助者"的角色存在的。夫妇关系是互补的关系，妻子辅助丈夫，有独特的地位和职能。这一点与井上有很大的不同。

三、结语

明治时期的日本对中国社会的近代化产生了深远的影响，夫妇伦理观也不例外。在从传统儒教以"夫妇有别"为代表的伦理观向基于平等和爱情的新型夫妇伦理观的转变过程中，明治时期日本的思想界和教育界给中国带来的影响是十分重大的。本文通过对蔡元培夫妇伦理观转变及促成这一转变的井上修身教科书的研究和分析，证明了这一点。

1902年，蔡元培的《订正中学修身教科书》出版。尽管经历了时代变迁，其中有关夫妇伦理的内容仅仅做了编排上的改动（变为上篇第二章第四节"夫妇"），内容与5年前的

---

① 张汝伦编选：《蔡元培文选》，上海远东出版社，2012年，第174页。

初版相同。《订正中学修身教科书》作为近代中国最早的面向青少年的德育教科书,其影响力经久不衰。对这本教科书以及明治时期日本在其思想形成中发挥的正反两方面作用的研究,有待进一步探究和发掘。

［原载《伦理研究所纪要》第 27 号,伦理研究所编,2018 年,原题为「『夫婦有別』から『愛情プラス分業』へ――井上哲次郎著修身（倫理）教科書と蔡元培の夫婦倫理観の近代化について」。本文为国家社会科学基金重大项目"日本朱子学文献编纂与研究"（项目号：17ZDA012)阶段性研究成果］

历史·文献

东亚学(第三辑)

中日交流史上的明州开元寺

李广志

（宁波大学外国语学院）

　　宁波与日本的交往，随着日本全面开始吸收中国文化，自唐代起就已经进入密切交往阶段。遣唐使时期，当时的明州（宁波）作为接待遣唐使入境和出发的重要口岸，发挥了巨大作用。开元二十六年（738 年），明州从越州分出来，独立设州。其间，日本遣唐使航线也发生了新的变化，由原来绕行朝鲜半岛从山东登陆，转向横渡东海，从长江中下游上岸，如《新唐书》所载"新罗梗海道，更由明、越州朝贡"。自 8 世纪以后，日本遣唐使基本通过横跨东海来到中国，由此开辟了宁波与日本交流的新篇章。

　　中日文化交流史上有一个重要元素，那就是佛教交流。宁波有一座寺院叫开元寺，它是中日人员往来的一个重要载体，成为佛教普及和传播基地。唐代以来，日本僧人及入唐人员入住明州开元寺，在那里留下许多佳话。本文从中日交流的角度，考察明州开元寺在东亚历史文化中的传承。

一、开元寺的建立与沿革

　　唐开元年间（713—741 年），国力鼎盛，佛教兴隆，全国寺院总数达 5 358 所，"三千二百四十五所僧，二千一百一十三所尼"。① 随着朝廷对佛教管理的制度化及崇信程度加深，寺院的建设和称谓也相应地发生了变化，《唐会要》卷四十八"寺"条载："天授元年十月二十九日，两京及天下诸州，各置大云寺一所。至开元二十六年六月一日，改为开元寺。"开元二十六年（738 年），也就是明州设立那年，朝廷要求各州设置开元寺。同样，《唐会要》卷五十《杂记》中载："（开元）二十六年六月一日，敕每州各以郭下定形胜观寺，改以开元为额。"明州设立不久，便立即着手建开元寺。

　　关于明州开元寺，成书于南宋宝庆年间的地方志《宝庆四明志》卷十一的《十方律院六》中有"开元寺"条，详细记载了开元寺从建立至宋代宝庆年间的寺史。关于开元寺的建立与沿革如下：

---

　　① 李林甫等撰，陈仲夫点校：《唐六典》，中华书局，2008 年，第 125 页。

开元寺

鄞县南二里，唐开元二十八年建，以纪年名。会昌五年，毁佛祠，此寺例废。大中初，刺史李敬方有请于朝，复开元寺，乃即国宁寺旧址建焉。寺西南高原有棠阴亭，郡守殿僧辩废亭，以其材增建千佛殿。寺之三门，亮阇黎建。亮号月山，能文，善谈论，道行高洁，邦人敬之。日阅藏经，积施利以成此殿。有维摩问疾相，东庑有梵王、帝释四天门，王行道变相，天神、天男、天女歌乐形相，皆协音律。以画艺极精妙，吴越画中宝也。其乐盖《霓裳羽衣》曲调。云尝有广利大师辩光者住此寺，工草书及画，词辩过人，昭宗闻其名，召至阙讲论，俾之画龙，面赐紫衣。尝画墨龙于寺之壁，亦奇观也。寺旧有二碑，其一李苹文，其一陶祥校书文、韩择木书。

（中略）

寺之天王堂前有乔桧，尤奇怪，康宪钱公亿为之赋诗。寺又有子院六，曰经院、曰白莲院、曰法华院、曰戒坛院、曰三学院、曰摩诃院。嘉定十三年火，废为民居，惟五台、戒坛重建，常住田二百五十亩，山无。[①]

由此可知，明州开元寺始建于开元二十八年（740 年），百年后，在唐武宗实施的一系列灭佛运动中难逃厄运，会昌五年（845 年）遭到毁坏。唐大中初年，明州刺史李敬方请示朝廷，获得恩准后重建，地址在国宁寺旧址。唐武宗灭佛运动导致原来的国宁寺也被毁坏，后来兴建的国宁寺移至别处，建于唐大中五年（851 年）[②]，其位置在今宁波市中山西路鼓楼西约 200 米处，有一座唐代建造的佛塔仍被保存下来。

建成后的开元寺规模宏大，当时名僧辩亮建寺之三门。亮阇黎，即释辩亮，原姓吴，字登封，永嘉人，号月山，荐号曰广利，《宋高僧传》有载。辩亮尤擅长草书及画，其书法受到皇帝的青睐，"光书体当见酋健，转腕回笔非常所知。乃西上昭宗诏对御榻前书，赐紫方袍"[③]。寺内共有六个子院，分别为经院、白莲院、法华院、戒坛院、三学院、摩诃院。殿有维摩问疾相，东庑有梵王、帝释四天王行道变相，天神、天男、天女歌乐形象，皆协音律。开元寺内的各种佛教绘画极其精妙，堪称"吴越画中宝也"。南宋嘉定十三年（1220 年），开元寺发生一场大火，被毁，寺废为民居。

二、最澄与开元寺

日本延历二十三年（804 年，唐贞元二十年），日本遣唐使再次入唐，这批遣唐使中有

---

① 罗濬等撰：《宝庆四明志》卷一一，宁波市地方志编纂委员会整理：《宋元四明六志》(3)，2011 年，第 574—576 页。
② 罗濬等撰：《宝庆四明志》卷一一，宁波市地方志编纂委员会整理：《宋元四明六志》(3)，2011 年，第 568 页。
③ 赞宁撰，范祥雍点校：《宋高僧传》卷三〇《后唐明州国宁寺辩光传》，中华书局，1987 年，第 753 页。

两个重量级人物：最澄和空海。他俩在唐的经历以及他们在日本所传播的思想，影响日本一千多年，至今仍是日本文化中的瑰宝。其中，最澄抵唐和返日都是从宁波进出的，他活动的区域主要集中在明州、台州和越州等地。

延历二十三年七月六日，四艘遣唐使船从日本肥前国松浦郡田浦一起入海。次日，第三、第四船失去联络，第一、第二船驶向中国。其中，空海乘第一船，最澄乘第二船。八月十日，空海乘坐的第一船漂至福州长溪县赤岸镇以南海面。最澄所乘的第二船，较顺利地抵达明州。第二船人员中，判官菅原清公等 27 人准许入京，这些人九月一日从明州奔往长安。①

最澄因欲往天台山巡礼，在明州稍做休息后，于九月十五日出发。日本延历寺保存着当时明州和台州官府出具给最澄的牒，这一原本作为唐代发给外国人的通关文书，在中日关系史上堪称一级史料，具有极其珍贵的价值，已列入日本国宝。此牒称作《明州牒》，也称《传教大师入唐牒》，现存原本是两份牒，合二为一，前一部分是明州刺史孙阶签发的牒文，后一部分为台州刺史陆淳给最澄回明州时签发的牒。牒文如下：

明州牒

　　日本国求法僧最澄往天台山巡礼，将金字《妙法莲花经》等：

　　金字《妙法莲花经》一部（八卷，外标金字），《无量义经》一卷，《观普贤经》一卷（以上十卷，共一函盛封全。最澄称，是日本国春宫永封，未到不许开拆），《屈十大德疏》十卷，本国《大德诤论》两卷，水精念珠十贯，檀龛水天菩萨一躯（高一尺）。

　　右得僧最澄状称，总将往天台山供养：供奉僧最澄、沙弥僧义真、从者丹福成。文书钞疏及随身衣物等，总计贰佰余斤。

　　牒得勾当军将刘承规状称，得日本僧最澄状，欲往天台山巡礼，疾病渐可，今月十五日发，谨具如前者。使君判付司给公验，并下路次县给舡及担送者，准判者。谨牒。

　　贞元廿年九月十二日　史孙阶　牒

　　司户参军孙万宝

台州牒

日本国

　　求法僧最澄，译语僧义真，行者丹福成，担夫四人。

　　经论并天台文书、褒像及随身衣物等。

牒：最澄等今欲去明州，及随身经论等，恐在道不练行由，伏乞公验。处以谨牒。

　　贞元廿一年二月　日　日本国最澄牒

　　任为公验。三月一日　台州刺史陆淳 印

---

① 森田梯译：《日本后纪》（上），讲谈社，2009 年，第 361—362 页。

明州刺史孙阶签发的日期为九月十二日,另从最澄"疾病渐可"可以看出,最澄到达明州已有一段时间。接下来,最澄开始了在唐为期 8 个多月的求法巡礼活动。他在唐活动的状况见表 1"最澄在唐活动年表"。

表 1 最澄在唐活动年表

时　　间	活 动 内 容	备　　注
贞元二十年(804 年)七月下旬或八月到达明州	抵达明州,疾病	
九月十五日	得明州牒,赴天台山	九月十二日明州刺史孙阶出具明州牒
九月二十六日	到达临海,由此前往天台山	台州刺史陆淳介绍道邃和尚
十月七日	最澄登天台山	
十一月五日	天台巡礼结束返回临海	十二月七日弟子义真在国清寺受具足戒
贞元二十一年(805 年)二月五日	遣唐使第一船从福州前往明州	
二月二十日	最澄抄经结束	台州龙兴寺
四月一日	遣唐使第一船从福州抵明州	
四月三日	入京遣唐使返回明州	
四月五日前	最澄回明州	
四月八日	最澄从明州前往越州	越州龙兴寺
五月五日前	最澄从越州返回明州	在明州开元寺西厢法华院
五月十八日	乘第一船返日	与大使藤原葛野麻吕同船

自台州返回明州后,贞元二十一年(805 年)五月五日,最澄受教于明州檀那行者江秘,从他那里受得"普集坛"及"如意轮坛"。最澄在其著作《内证佛法相承血脉谱》中载有"大唐明州檀那行者江秘",其文曰:"大唐贞元二十一年五月五日。大唐国明州檀那行者江秘,留传此'普集坛'并'如意轮坛'等,往日本国讫。付法行者。大唐明州县廊里江第十二郎。"最澄还记录了其在开元寺的活动情况,题为"大唐开元寺灵光和上",载:"大唐贞元二十一年五月五日。明州开元寺西厢法华院灵光和上,传授军荼利菩萨坛法并契像等。"[①]可见,最澄与开元寺有着不解之缘。

---

① 最澄:《内证佛法相承血脉谱》,比睿山专修院附属睿山学院编:《传教大师全集》第 1 卷,比睿山图书刊行所,1926 年,第 246 页。

遣唐使在明州期间,唐地方政府要负责他们的吃住行等问题,州府向他们提供官方供给的食物,安排住处,一切费用由唐政府承担。贞元二十一年二月六日,朝廷还下诏赐给在明州留守人员每人 5 匹绢。① 寺庙是安置遣唐使的主要场所,"从去二月五日发福州,海行五十六日,此日到来。三日,到明州郭下,于寺里安置。"②这次从福州过来的第一船人员,几乎全部被安置在明州的寺院里。从《宝庆四明志》等方志记载的寺院状况可知,当时明州城及周边寺院有近 20 所,其中包括城里的开元寺、开明庵、太平兴国寺和郊外的阿育王寺及天童寺等。③ 毫无疑问,此次遣唐使至少有一部分居住在开元寺里。

三、惠萼与不肯去观音

明州开元寺观音院在北宋太平兴国(976—983 年)年间称作"五台观音院",以其来自五台山而得名,这与一位日本僧人有很大关系,同时涉及普陀山最初的观音像。普陀山的观音信仰在文化史上拥有较大的感染力,他的影响范围不局限于中日两国,还扩展到整个东亚地区。尤为可贵的是,明州开元寺是观音信仰传播中的一个关键节点。日本国僧人惠萼从五台山请来观音像,他首先来到开元寺,普陀山的"不肯去观音"也与其密不可分。

惠萼是 9 世纪中期活跃于中日之间的一位日本僧人,生卒年代不详。他的名字,有关史料中写法略有不同,主要有惠萼、慧萼、慧锷、惠锷、慧谔、惠谔等。惠萼从 841 年至 863 年,20 多年的时间,至少五次往返于中日之间,两国记载他的史料非常丰富,多达几十种。④

圆仁的《入唐求法巡礼行记》里首次出现了惠萼在唐的活动情况,838 年日本遣唐使再次入唐,遣唐僧人圆仁以日记体的形式记录了他在中国的见闻。其中,《入唐求法巡礼行记》"会昌元年(841 年)九月七日"条载:"闻日本僧惠萼弟子三人到五台山。其师主发愿,为求十方僧供,却归本国。留弟子僧二人令住台山。"⑤惠萼从山东半岛登州、莱州上岸,偕弟子到五台山求法,然后他又巡礼了泗州普光王寺、天台山,并参谒杭州盐官县齐安禅师。会昌二年(842 年)春,惠萼从明州乘李邻德的商船返回日本。此为惠萼第一次在中国的活动轨迹。

惠萼第二次来唐是在会昌四年(844 年)三月前。他从明州上岸后,欲往五台山供养,恰逢唐武宗推行一系列"灭佛"政策,止步于苏州,更名"居士空无"。在苏州期间,惠萼抄

① 李广志:《明州与日本遣唐使关系辨误》,《齐齐哈尔大学学报》(哲学社会科学版)2014 年第 4 期,第 81—83 页。
② 宁波市佛教协会编:《宁波市佛教志》,中央编译出版社,2007 年,第 86—111 页。
③ 森田梯译:《日本后纪》(上),讲谈社,2009 年,第 363 页。
④ 关于惠萼初次入唐的时间,学界说法各异,无统一定论。东野治之认为可能是 838 年,桥本进吉、小野胜年认为是 839 年,榎木涉认为是 840 年,田中史生则认为是 840 年或 841 年早期。参见田中史生编『入唐僧惠萼と東アジア』,勉誠出版、2014 年、第 12—16 页。
⑤ 圆仁:《入唐求法巡礼行记》,广西师范大学出版社,2007 年,第 124 页。

写白居易的《白氏文集》,据日藏《白氏文集》识语卷五〇记载:"时会昌四载四月十六日,写取勘毕。日本国游五台山送供居士空无,旧名慧萼。忽然偶着敕难,权时裹头,暂住苏州白舍人禅院,不得东西。"惠萼不但修习南禅宗,并且是将马祖禅宗传入日本的第一人,他还把 70 卷本《白氏文集》带回日本。[①] 此书意义重大,为日本吸收中国文化发挥了巨大作用。847 年,惠萼乘明州海商张友信船回国。史料中出现的惠萼在唐活动情况见表 2 "惠萼渡唐与回国时间"。[②]

表 2 惠萼渡唐与回国时间

序号	渡唐与回国年份	活 动 内 容
1	开成五年(840 年)或会昌元年(841 年)来唐,会昌二年(842 年)回国	到楚州后,历访五台山、泗州普光王寺、杭州盐官齐安国师的海昌院等地,从明州乘李邻德船回国
2	会昌四年(844 年)初渡海,大中元年(847 年)回国	明州附近上岸,欲北上巡礼五台山。遇上废佛运动,止步苏州,抄写苏州南禅寺所藏《白氏文集》,委托神候男等带回日本。与徐公祐一起带齐安国师的弟子义空去日本,从明州乘张友信船回国
3	大中三年(849 年)回国	与义空有深交的唐僧等会面,带五台山的无无和尚乘徐公祐船回国
4	大中六年(852 年)回国	与义空有深交的唐僧等会面。从明州乘徐公祐船回国。
5	大中八年(854 年)渡唐,大中十一年(857 年)回国(?)	有可能在此间,送义空回唐,在苏州制作"日本国首传禅宗记"碑后,带回日本
6	大中十三年(859 年)回国(?)	可能打算把五台山观音像请回日本,由明州回国
7	咸通三年(862 年)渡唐,咸通四年(863 年)回国	入唐时,随真如亲王一起乘张友信船到明州;回国时,与贤真、忠全等从明州回国

可见,惠萼入唐与返回日本的次数,确切记载的有五次,再加上两次不确定的往返记录,多达七次。如此频繁往来于东亚海域,时间跨度之长,入唐次数之多,这在古代中日交通史上也是罕见的,日本人中恐怕独此一人。

举世闻名的普陀山"不肯去观音"像,就源于惠萼。最早记录此事的文献是《宝庆四明志》,其"开元寺"条曰:

(前略)又有不肯去观音。先是,大中十三年,日本国僧惠谔诣五台山敬礼,至中

---

① 陈翀:《慧萼东传〈白氏文集〉及普陀洛迦开山考》,《浙江大学学报》(人文社会科学版),2010 年,第 44—55 页。

② 田中史生编『入唐僧惠萼と東アジア』、第 104 頁。

台精舍,见观音貌像端雅,喜生颜色,乃就恳求,愿迎归其国。寺众从之。谔即肩舁至此,以之登舟,而像重不可举,率同行贾客尽力舁之,乃克胜。及过昌国之梅岑山,涛怒风飞,舟人惧甚。谔夜梦一胡僧谓之曰:"汝但安吾此山,必令便风相送。"谔泣而告众以梦,咸惊异,相与诛茆缚室,敬置其像而去。因呼为不肯去观音。其后开元僧道载复梦观音欲归此寺,乃创建殿宇,迎而奉之。邦人祈祷辄应,亦号瑞应观音。唐长史韦绚尝记其事。皇朝太平兴国中,重饰旧殿,目曰五台观音院,以其来自五台故也。骆登、吴孙皆有记。①

此事发生在唐大中十三年(859年)。此前,惠萼来唐,登五台山,于中台精舍迎归观音像。惠萼从五台山请来观音像,途经明州,入住开元寺,置像普陀的故事,后世流传很广,无论中国还是日本均有许多资料记述此事。

日本提及普陀山之开山,最早见于1322年虎关师炼所著《元亨释书》,该书卷十六《唐补陀落寺慧萼传》载:"释慧萼,齐衡初,应橘太后诏,赍币入唐,着登莱界,抵雁门上五台。渐届杭州盐官县灵池寺,谒齐安禅师,通橘后之聘,得义空长老而归。又入中国,重登五台,适于台岭,感观世音像。遂以大中十二年,抱像道四明归本邦。舶过补陀之海滨,附着石上不得进。舟人思载物重,屡上诸物,舶著如元。及像出舶能泛。萼度像止此地,不忍弃去,哀慕而留,结庐海峤以奉像。渐成宝坊,号补陀落山寺。今为禅刹之名蓝,以萼为开山祖云。"此外,日本史料还有一些记载惠萼途经明州,在普陀山供奉观音像的事迹。从内容上看,后来的这些史料都出典于《佛祖统纪》。《佛祖统纪》中则载惠萼于大中十二年(858年)归国,这与《宝庆四明志》记载的大中十三年略有出入。②

不过,比较两国最早记述惠萼与不肯去观音因缘的史料,不难发现,《宝庆四明志》是根据唐末长史韦绚的文章归纳整理的。韦绚是白居易亲友元稹的女婿,刘禹锡的挚爱弟子;而惠萼又于苏州南禅院转抄《白氏文集》70卷带回日本,韦绚与惠萼有过交往,应该说,《宝庆四明志》的可信度更大。③ 同时说明,此传说自唐代开始就有所流传。惠萼与普陀山不肯去观音之缘起盛传千古。由此,观音由普度众生的菩萨,又增添了一种新的职能,演化为保护岛民渔业、航海舶贾、沿岸渔民的海上保护神。观音信仰传播到更广阔地区,遍及日本、朝鲜及东南亚等地④,至今仍发挥着一定的文化感染力。

惠萼最后一次来华是在862年,随日本王子真如亲王抵大唐明州。惠萼除第一次从

① 罗濬等撰:《宝庆四明志》卷一一,宁波市地方志编纂委员会整理:《宋元四明六志》(3),2011年,第575—576页。
② 关于惠萼从五台山请来观音像的时间,各史料记载的略有不同,主要有下列5种。① 大中十二年:《佛祖统纪》《元亨释书》《本朝高僧传》② 大中十三年:《宝庆四明志》《延祐四明志》《宁波郡志》;③ 大中年间:《佛祖历代通载》《宁波郡志》《宁波府志》);④ 梁贞明二年:《普陀洛迦山传》《普陀山志》;⑤ 贞明年间:《普陀山志》。
③ 陳翀「中国の観音霊場「普陀山」と日本僧慧萼」、東アジア地域交流研究会編『から船往来』、中国書店、2009年、第176頁。
④ 李广志:《"海上丝绸之路"上的日本僧人足迹》,《书屋》2017年第5期,第48—49页。

山东上岸之外,其余往来大唐均从明州口岸进出。并且,他随真如亲王在明州期间,同样与开元寺有着很深的交往。

四、开元寺里的日本铜钟

唐代后期,有一位日本王室成员渡海入唐,他的名字叫真如亲王。真如亲王大约 10 岁时被立为皇太子,后又被废,出家为僧,晚年入唐求法,亡于西行印度之路。关于他的事迹,日本史料较多,最直接的是随他一起入唐的弟子伊势兴房写的《头陀亲王入唐略记》。

真如亲王是日本平城天皇的第三皇子,原名为高丘亲王(或高岳亲王),真如为其出家后的法号。关于他的名字,史料中有许多不同的称谓①,最初的法号为"真忠",之后又改为"真如",在唐亦有"遍明"之称。

真如亲王的出生年月没有明确的记载,一般认为生于日本延历十八年(799 年),殁于865 年前后。真如为空海的十大弟子之一,修学真言密教。日本贞观三年(861 年),63 岁的亲王决定入唐求法。贞观四年(862 年)七月中旬,真如亲王以三位唐人张友信、金文习、任仲元为舵师,率宗睿、贤真、惠萼、忠全、安展、禅念、惠池、善寂、原懿、猷继,并船头高丘镇今等,全船共 61 人,离开博多驶向大唐,八月十九日抵达九州西南端的远值嘉岛。贞观四年九月三日,真如亲王一行借东北风,飞帆西进,横跨东海,从明州入境。此次航行较为顺利,仅用了四日三夜便到达明州境地。②

真如亲王一行于大唐咸通三年(862 年)九月十三日进入明州城,明州派遣司马李闲点检船上物品并验证人员身份,然后安顿他们的衣食住行,将其入境及进京意愿写成奏折上报京城。同年十二月,真如亲王一行接到敕符,准许入越州。③ 从九月到十二月,亲王在明州城内停留三个多月,那么,在此期间,他住在哪里,都有哪些活动呢?

日本密教寺院东寺的观智院保存一部《涅槃经悉昙章》,密教法师贤宝(1333—1398年)在书中加笔注释,备注称,随亲王入唐的宗睿在明州开元寺师从一位姓马的和尚抄写该经。此外,贤宝又在《禅林录》中记道:"右悉昙章,睿(宗睿)僧正请来。禅念律师同船入唐,从智广学悉昙字记,云云。"④宗睿和禅念均为随亲王入唐的成员,马姓的和尚与智广和尚都是明州开元寺僧人,通过他们在明州开元寺的抄经等活动,可以推断真如亲王也居

---

① 据杉木直治郎统计,亲王的名字多达几十种,例如:尊居太子、平城第三皇子、平城第三御子、平城第三宫、平城三君、平城皇子、三宫、三君、法皇第三亲王、法三御子、龙池边三君、池边三君、池边君、池边宫、人道三御子、入唐三宫、入唐三君、入唐三品亲王、皇子禅师、禅师亲王、太子禅门、山科禅师亲王、皇寿禅师、入道无品亲王、传灯修行贤大法师位、贤大法师位、贤大法师、真如法师、真如阇梨、头陀亲王、如皇子、如公、如师、超升寺本愿法亲王、超升寺本愿真如亲王、超升寺开山真如亲王、超升寺沙门真如、十六如亲王等。杉木直治郎『真如亲王传研究』,吉川弘文館、1972年、第 65—127 页。

② 伊势兴房:《头陀亲王入唐略记》,东京续群书类丛完成会编:《续群书类丛》(第八辑上),1957 年,第 105 页。

③ 《头陀亲王入唐略记》载:"此岁大唐咸通三年九月十三日。明州差使司马李闲点检船上人物。奏闻京城。其年十二月,敕符到云:须收彼器。或早随故许着越州。"

④ 佐伯有清『高丘亲王入唐記』,吉川弘文館、2002 年、第 164—165 页。

住或巡礼于该寺。

亲王与弟子们在开元寺活动的情况,史料记载最全面的是其弟子贤真与开元寺的一段因缘。日本平安时代文人都良香(834—879 年),在其诗文集《都市文集卷三》收录《大唐明州开元寺钟铭一首并序》一文,记载了贤真为开元寺赠送铜钟的始末,鉴于史料的珍贵性,现抄录全文如下:

大唐明州开元寺钟铭一首并序

乙酉岁二月癸丑朔十五日丁卯。日本国沙门贤真敬造铜钟一口。初贤真泛海入唐,经过胜地,明州治南得开元寺。可以系意马,可以降心猿。自就一游,留连数月。有云树,有烟花,有楼台,有幡盖,禅器之类亦多备焉,但独阙者楗椎而已,举寺僧徒相共恨之。其中长老语贤真云:"常闻本国好修功德,若究众冶之工,以合双銮之制,从彼扶桑之域,入我伽蓝之门,遍满国土不得不随喜,第二天众不得不惊听。"尔时,贤真唯然许之。归乡之后,便铸此钟,送达彼寺,遂本意也。直指鹿苑,远驾鳌波。物出一方,善分两处。寸心丹实之信,取鉴十枝;万里沧瀛之程,变道一箭。念之至也,感之通也。推前生以言之,引后事以铭之。小僧,昔有誓愿于彼寺;彼寺,今有因缘于小僧,亦已明矣。若不然者得如是乎?凡寺靡不有钟,钟靡不有铭。无钟何以惊众。无铭何以示人。况乃天非常天,地非常地,今日谓之谷,明日谓之陵。庶使大小众生,白黑四辈,千岁掊视,一辨刻久,有前进士京华封者为之铭。曰:

"兔氏三思,鸿钟四名。赤铜炼尽,朱火冶成。褰唇吐气,聚乳含精。和霜秋晚,影月夜更。禅林共振,清籁混鸣。十方中响,三大下声。鬼神魂耸,天龙耳惊。梵音旁达,永离苦生。"①

由此可知,贤真在明州期间,曾在开元寺修行,停留数月,流连忘返。"可以系意马,可以降心猿。"他借"心猿意马"之意,来形容该寺之非同寻常,可消除众生烦恼,能抑制心乱。寺内景色宜人,"有云树,有烟花,有楼台,有幡盖",禅宗法器种类繁多,唯独缺少楗椎(钟鼓),寺内没有梵钟。应其寺长老相求,贤真愿意捐赠铜钟,以积功德。回到日本之后,他便铸造了此钟,送抵明州开元寺。贤真在铭文中感恩道:"小僧,昔有誓愿于彼寺;彼寺,今有因缘于小僧。"如今,往事已过千年,虽然明州开元寺及日本僧人捐赠的铜钟已不复存在,但铭文依存。②

亲王大约在明州驻留了三个月,离开明州时,一行人员分两路,一批人跟随亲王前往长安,其中包括亲王、宗睿和尚、智聪、安展、禅念及兴房、任仲元、仕丁丈部秋丸等;另一批

---

① 中村璋八、大塚雅司『都氏文集全释』,汲古书院,1998 年、第 14—16 页。
② 李广志:《日本王子到明州》,《书屋》2016 年第 11 期,第 67—68 页。

人,包括贤真、惠萼、忠全、并小师、弓手、桅师、水手等,咸通四年(863年)四月,自明州令归本国。[①]

五、新罗僧梵日与开元寺

在东亚文化交流过程中,大唐文化的辐射维度不仅局限于日本。9世纪以后,新罗商人及僧侣也开始南下,在浙江沿海地区形成唐、新罗与日本之间的一种新型交际环境。同时,明州开元寺不仅成为日本僧人交流的舞台,也为新罗僧人求佛修道提供了极大的方便。就在惠萼从五台山请来观音像期间,新罗也盛传源于僧人梵日的正趣菩萨信仰。朝鲜史料《三国遗事》卷三"洛山二大圣·观音·正趣·调信"条载:

> 后有崛山祖师梵日,太和年中入唐,到明州开国寺。有一沙弥截左耳,在众僧之末,与师言曰:"吾亦乡人也。家在溟州界翼岭县德耆坊。师他日若还本国,须成吾舍。"既而遍游丛席,得法于盐官(事具在本传),以会昌七年丁卯还国。先创崛山寺而传教。大中十二年戊寅二月十五日,夜梦昔所见沙弥到窗下,曰:"昔在明州开国寺,与师有约。既蒙见诺,何其晚也。"祖师惊觉,押数十人到翼岭境,寻访其居。有一女居洛山下村,问其名,曰德耆。女有一子年才八岁,常出游于村南石桥边,告其母曰,吾所与游者有金色童子。母以告于师。师惊喜,与其子寻所游桥下。水中有一石佛。舁出之,截左耳,类前所见沙弥,即正趣菩萨之像也。乃作简子,卜其营构之地,洛山上方吉。乃作殿三间安其像。

高丽僧人梵日在唐学佛七年,于盐官齐安的门下学习了六年之久,会昌七年(847年)回国。[②]梵日在"明州开国寺"遇到一个截了左耳朵的沙弥,称是其同乡,家住溟州界翼岭县德耆坊,要求梵日他日若回本国,请到他舍受供。这里的"开国寺"当为"开元寺"之误,明州并无开国寺。[③]梵日回国后,梦见在明州"开国寺"所见的截耳沙弥,他说之前有约,"何其晚也"。于是,梵日带人寻找沙弥,最终灵验了沙弥的诺言,成为洛山之圣的缘起。

梵日在明州等地度过很长一段时间,他在洛山建寺,把正趣菩萨安置其中,这一时期与普陀山不肯去观音殿出现的时间大致相同,即大中十三年,普陀山的观音信仰与新罗僧

---

① 伊势兴房:《头陀亲王入唐略记》,东京续群书类丛完成会编:《续群书类丛》(第八辑上),1957年,第105页。

② 据禅宗史籍《祖堂集》卷十七"溟州崛山故通晓大师"条载,梵日入唐时间为大和年间(827—835年),跟从盐官海昌院齐安禅师修习马祖的正法:(梵日)参彼盐官齐安大师,大师问:"什么处来?"答曰:"东国来。"大师进曰:"水路来,陆路来?"对曰:"不踏两路来。""既不踏两路,阇梨争得到这里?"对曰:"日月东西,有什么障碍?"大师曰:"实是东方菩萨。"梵日问曰:"如何即成佛?"大师答曰:"道不用修,但莫污染。莫作佛见菩萨见,平常心是道。"梵日言下大悟,殷勤六年。

③ 曹永禄:《妙与洛山二大圣——9世纪海洋佛教传说的世界》,陈尚胜主编:《登州港与中韩交流国际学术研讨会论文集》,山东大学出版社,2005年,第35页。

侣及商人的往来也有很大关联。①

在普陀山的观音信仰中别有一传。成书于北宋宣和六年(1124年)的《宣和奉使高丽图经》卷第三十四载:"昔有新罗贾人往五台,刻其像欲载归其国。暨出海遇焦,舟胶不进。乃还置像于焦上,院僧宗岳者迎奉于殿。自后海舶往来,必诣祈福,无不感应。"依此说,普陀山的观音像是由"新罗贾人"请来的,与惠萼请来的"不肯去观音"传说形成鲜明对比。尽管佛教缘起具有传说性质,个别细节具有不确定性。但惠萼也好,梵日也罢,他们与明州开元寺的交往,真实地映射出这一特定场所的历史印迹。

六、结语

9世纪后期,随着日本遣唐使的停废,中日间的交流也就停止了官方往来,随之兴起的是民间海上贸易。在整个东亚海域贸易活动中,明州港承担的职能越显突出,尤其到了宋代以后,明州设立了市舶司,专门负责管理海外贸易。元丰三年(1080年),朝廷下令:"诸非广州市船司,辄发过南蕃纲舶船;非明州市舶司,而发过日本、高丽者,以违制论,不以赦降去官原减。"(苏轼:《乞禁商旅过外国状》)至少在1080年前,明州就已被指定为与日本和高丽通航的口岸,尤其日本则是唯一口岸。

与此相伴,明州开元寺既是一个佛教场所,同时也是官方指定的接待日本客人的机构。宋时,明州开元寺里荟萃一批精美的佛教艺术品,如著名木工孔仁谦雕刻的千手千眼观世音像,凡五百手,各持物器。孔仁谦技绝一世,包括杭州上天竺寺、菩提寺的观音像皆出其手。② 但是,南宋嘉定十三年(1220年),一场大火烧毁了开元寺,曾经的壮观景象随之消失,唯有五台和戒坛得以重建。元代称"五台开元寺",在城的东南隅(《延祐四明志》);明代称"五台讲寺",位于"县治东南采莲桥东"(嘉靖《宁波府志》);清代,则称"五台寺",通过大约绘制于清嘉庆年间(1796—1820年)的《宁郡地与图》,可以准确地确定其位置,位于天封塔东南、采莲桥东侧,即今日小沙泥街五台巷附近。③

明州开元寺如今虽然已不复存在,但它在中日文化交流史上是一座具有相当影响力的国际性寺院,在那里众多日本人留下过他们的足迹。

[本文为国家社科基金项目"日本遣唐使研究"(项目号:17BSS026)的阶段性成果]

---

① 崔显植:《新罗梵日禅师重建洛山寺及其意义》,金健人主编:《韩国研究》(第八辑),辽宁民族出版社,2007年,第40页。

② 张津等撰:《乾道四明图经》卷十《开元寺观音记》;江少虞:《宋朝事实类苑》卷五十一《书画伎艺》;潜说友:《咸淳临安志》卷七十九《菩提院》。

③ 现今的五台巷位于小沙泥街南侧、牌楼巷和郭衙巷以东,是个呈S形的小弯巷,旁边建有一所宁波市翰香小学,另一侧为以狮子街和小沙泥街命名的居民楼。笔者2017年8月1日进行实地考察,五台巷全长约为200步。

晚清江南文人在神户的足迹

——水越耕南《翰墨因缘》细读

蒋海波

（日本神户孙文纪念馆）

引言

水越成章编《翰墨因缘》是一部收录了 1879—1884 年的 6 年间，与编者有诗文唱和的 25 名中国文人的诗文集。1884 年（明治十七年）12 月 15 日刊行，上下两卷，上卷 51 叶，下卷 49 叶，神户名山馆藏版，兵库县平民喜多觉藏、船井正太郎出版，神户船井弘文堂发行。该书目录称共收录文 10 篇、诗 190 首、诗余 2 阙、尺牍 55 函。据笔者细查，由于有些诗作是同题多首，有些诗文是辑录在尺牍之中等缘故，全书实际上共收录文 16 篇、诗 196 首、词 2 阙、尺牍 54 函；加上 1 名日本人的题词、1 名日本人和 1 名韩国人的序文、1 名日本人的跋文，共有 269 篇作品，再加上眉批等文字，全书共 4 万字。近年，《翰墨因缘》曾被作为当时的汉文体研究资料在日本复印刊行[①]，并作为中日文化交流的重要史料在中国影印出版[②]。在凡例（共五则）第一条中，耕南说明了编辑刊行该诗文集的缘由：

> 余素耽翰墨，自寓神户以来，虽簿书烦劳，然公余之下，未尝或辍。而年来得与清国诸君子相交者，前后二十有五家。其中忘形之契者固多，偶有一二未经晤面者，亦神交有素。故日用应酬，音书问讯，其往来所积，尺牍诗章颇多，虽间有寸楮零牋，原非著作，然吉光片羽，亦文字之因缘也。爰恐日久遗没，故登之于卷，辑为上下二编，名之曰《翰墨因缘》。

《翰墨因缘》除了诗文以外，还收录了中国文人寄给水越耕南的函简，这也是该诗文集与同时代其他汉诗文集最显著的不同之处。它们反映了交流的细节，具有特殊的史料价值。但是，该诗文集以作者为单位，原则上根据文（文章）、牍（函简）、诗（诗作）的体裁依次

---

① 波多野太郎编：《中国文学语学资料集成》（第四篇），不二出版社，1989 年，第 291—345 页。

② 王宝平主编：《中日诗文交流集》，国家清史编纂委员会：《晚清东游日记编》一，上海古籍出版社，2004 年，第 1—58 页。

排列,大多数作品不标明日期,或仅有日月,没有年份,不仅影响了后人对诗文的鉴赏,也影响了对耕南与中国文人交流事迹的理解,妨碍了对它所应有的史料价值的判断。

收录在《翰墨因缘》中的作者按其身份大致可分为清朝驻神户大阪理事府的外交官员,以及民间文人两大类。外交官员分别是刘寿铿(第一任理事)、廖锡恩(第二任理事)、马建常(第三任理事)、黎汝谦(第四任理事),吴广沛(随员)、张宗良(翻译)、郑文程(翻译)、黄超曾(随员)、冯昭炜(翻译)以及在东京的黄遵宪(公使馆参赞)、卢永铭(福建侯官,后任公使馆翻译)、陈允颐(横滨理事府理事),赴任途中逗留神户的徐寿朋(驻美国公使馆参赞)等。民间文人大多来自江南,他们分别是胡小苹(浙江鄞县)、胡铁梅(安徽桐城)、陈曼寿(浙江秀水)、陈雨农(浙江嘉兴)、王治本(浙江慈溪)、叶炜(浙江嘉兴)、郭少泉(浙江秀水)、王韬(江苏苏州)、卫铸生(江苏常熟)、王鹤笙(江苏吴县)、王冶梅(江苏上元)、庄介祎(江苏丹徒)等。另外,《翰墨因缘》还收录了一篇朝鲜文人池运永(1852—1935 年)的序文以及当地前辈诗人龟山节宇(1822—1899 年,名云平)的序,原口泰(号南村)的跋。对篇中的多数诗文,附有菊池三溪(1819—1891 年,名纯)、原口、龟山、廖锡恩、片山冲堂(1816—1888 年,名达)、藤泽南岳(1842—1920 年,名恒,字君成)等人的眉批。

本文限于篇幅,只对《翰墨因缘》中江南民间文人的事迹进行探索,从文化交流史的角度对晚清江南、浙江民间文人以开港都市神户为舞台,以汉诗文为工具的中日文化交流的具体内容、特征和意义做一些探讨。

一、水越耕南的生涯与著述

(一) 汉诗人水越耕南

水越耕南(1849—1933 年),名成章,字裁之,号耕南,耕又作畊,又有笔名耕南吏隐(寒士、处士、小农、堕农)等,别名味豆居士、室名花竹居士等,较常用的是耕南、成章。播磨国姬路藩士。明治维新后赴东京,师从芳野金陵(1802—1878 年)、大沼枕山(1818—1891 年)等大家。归乡后,留居神户,任神户裁判所判事补等职。1889 年以后,以公证人为业。他是明治、大正时期活跃在神户的名士,又以汉诗、古董鉴赏、书法闻名。

关于水越耕南的生平和文学生涯,除了零星的作品介绍以外[①],在一些人名辞书中虽然有所介绍,但是连卒年这样的重要数据都语焉不详。据笔者调查,比较系统地介绍耕南生平事迹的资料有两份。第一份资料是 1914 年刊行的《兵库县人物列传》:

　　　水越成章君,播州姬路藩人,嘉永二年三月二日出生,幼入藩校,就学于菅野白华。以飞兔龙文之资,遂拔群童之首。明治初年被选为藩费生赴京都,入中沼了三之门,勤

---

① 宫崎修二朗「神戸文学のおもかげ①」、『神戸と歴史』第 42 巻第 2 号、2004 年、第 15—17 頁。

勉钻研。二十一岁赴东京，入芳野金陵塾，又就大沼枕山学诗文数年，极其蕴蓄。（中略）明治维新后，（中略）枕山树起旗帜，天下诗人靡然响应，枕山遂一跃为汉诗坛盟主。（中略）枕山诗名渐高，下谷吟社之名弘扬于世，苟欲学汉诗者，悉入其社受教。关西且不说，关东诗人不入枕山门下者，几无数人。（中略）耕南时任神户师范传习所教师。当时君或投书东京朝野新闻，或参与风月新闻之设、发行杂志等，鼓吹文学之处甚多。①

菅野白华（1820—1870 年）于 1863 年执教姬路藩校好古堂②，时水越耕南虚岁十五，正是求学的重要时期。中沼了三（1816—1896 年），号葵园，于明治元年（1868 年）在京都梶井府邸（今京都市左京区三千院）所设的汉学所任讲师。1869 年正月，了三曾任回銮京都的明治天皇侍讲，次月，随天皇赴东京。耕南随师赴东京，时年虚岁二十一。十年后的 1879 年 8 月 11 日，耕南曾作诗怀念其在东京的行状：③

怀旧诗（并序）

耕南水越成章　寓摄津神户

余之在东京也，年少气锐，不自检束。诗酒遨游，借以排遣。人或推为三生小杜。余私许之，有句云：

月地花天诗酒缘，吾推薄倖杜樊川。

由来才大难心细，一任狂名满世传。

回忆旧游恍然如梦，既阅十星霜。而余之落魄江湖，视今犹昔。当夫青帘红烛之夕，风清月白之秋，间又成载酒之游，何堪岁月磨人，无复昔时之豪兴也。偶读前什，其能无怅然于怀哉？乃用原韵，又题一截句于寓壁。时己卯立秋后三日。

曾将花月订情缘，其奈年华似逝川。

赢得青楼题字在，碧纱空被美人传。

如诗所言，既有红烛之夕，又有载酒之游，更有花月情缘、青楼碧纱，宛若流寓扬州的晚唐诗人杜牧（803—853 年，号樊川），"一任狂名满世传"。与东京诗坛同人的交游，为水越耕南日后跻身日本汉诗坛打下基础。

神户师范传习所是指兵库县内于 1874 年 10 月设置的三所小学教员养成学校之一，是现在神户大学发达科学部的前身，主要课程有读物、听写、作文、算术、习字等。耕南曾任教于此，并编写过辅导教材。④《朝野新闻》创刊于 1874 年 7 月 24 日，汉诗人成岛柳北

---

① 《水越成章》，山内青溪编：《兵库县人物列传》，我观社，1914 年，第 479—480 页。
② 近藤春雄：《日本汉文学大事典》，东京明治书院，1985 年，第 347 页。
③ 刊登于《古今诗文详解》第 24 集，1881 年 7 月 25 日，第 14—17 页。诗作于"己卯立秋后三日"。
④ 兵库县教育史编集委员会编：《兵库县教育史》，1963 年，第 76 页。

(1837—1884年)任局长兼编辑长,最盛时发行部数达2万份,曾名列大报纸中第一位。① 水越耕南最早的作品刊登在该报1875年1月29日,是受兵库区长神田兵右卫门(1841—1921年,号松云)之嘱而撰的建设兵库和田公园的募金帖序文(汉文调日文)②。他还在该报发表过一些诗作。③ 菊池三溪曾于1878年在京都创办《风月杂志》。另外,成岛柳北于1877年1月在朝野新闻社创办《花月新志》,耕南亦有诗作刊登其中。上述《兵库县人物列传》中所说的"风月新闻"大概是其中之一吧。

1876—1877年底,水越耕南赴任神户裁判所的冈山出张所。他在冈山期间与当地文人诗文唱和,辑为《薇山摘葩》(1881年)。返回神户后,耕南任神户裁判所判事补至1885年。其间,耕南参与了赤松渡编《萍水相逢》(1880年)、《游赞小稿》(1883年)等诗集的刊行,还编辑了《清朝近世十七大家诗选》(1881年)、《唐宋诗话纂》(1882年)、《日本名家汉文作例》(1883年)、《皇朝百家绝句》(1885年)等诗文集。这些旺盛的创作活动反映了包括中国文人在内的开放式汉诗文交流网络在关西地区逐渐形成,而比较集中地反映这些交流成果的就是《翰墨因缘》。

(二) 公证人水越成章

关于水越成章在神户裁判所的事迹,《兵库县人物列传》是这样记述的:

> 明治九年,君转入神户裁判所勤务,迄十八年。凡十年成为法曹之人,受当地耆老神田兵右卫门、藤田积中氏等人之劝告,负责整顿兵库北风家。为此,富有仁侠精神的耕南君遽然辞去官职,其工作富有成效。翌年又参与了西出町填埋工程,然未成其功。以后又参与了整顿大阪水泥公司,还尝试种种事业,均未成功。明治二十一年与河野主一郎、北风正藏、德新号等兴办了海产物业公司,亦归大败。至兹君遂决意,明治二十二年成为公证人,作为凑川填埋工程的发起人之一,日夜奔走。随着北风氏之退出,君亦拂袖退出。④

水越成章究竟在上述当地的各种社会、经济事业中发挥了什么样的作用,现在已不甚明了,其中"兴办海产物业公司"是一件令人感兴趣的事。⑤

---

① 日本近代文学馆编:《日本近代文学大事典》第五卷,讲谈社,1977年,第269页。
② 《朝野新闻》1875年1月29日第三版。
③ 《朝野新闻》1875年1月31日第三版,1876年9月20日第三版。
④ 《水越成章》,山内青溪编:《兵库县人物列传》,我观社,1914年,第479—480页。
⑤ 大概是指"大日本帝国水产会社"的事业。河野主一郎(1846—1922年)是萨摩藩士,西乡隆盛的部下,1877西南战争后,曾被判刑10年。1888年1月,出狱后,河野设立了大日本帝国水产会社,向农商务大臣提出申请,从事海豹、鲸鱼和其他海兽的猎捕事业,6月得到许可。该公司还从事北海道各地物产的期货贩卖等事业(函馆市史编纂室编《函馆市史》通说编,1990年,函馆,1177—1180页)。1895年,河野出任台湾台南支厅长,后转任青森县知事。德新号是宁波华商在函馆的基干商社,号主张德澄,主要从事海产品贸易。参见斯波义信编:《函馆华侨关系资料集》,《大阪大学文学部纪要》第22卷,1982年12月,第7—9页。

1889 年 4 月 10 日，日本正式实施公证人制度。同年 5 月 14 日，水越成章被正式任命为第一批公证人之一，全国同时被任命的公证人有 170 多人。① 公证人的主要业务是帮助个人或团体起草、制定具有法律效力的各种文书、申请书、契约书等，同时也办理民事诉讼的文件预审案件。在开业前一天的 6 月 30 日，《神户又新日报》刊登了他的开业广告："自次月一日起，受理公证事务，神户市兵库西出町第四百七拾五番屋敷，公证人水越成章办公所。"② 自此，精通汉文的水越耕南也以公证人水越成章的身份活跃在神户的法曹界。

介绍水越成章生平的第二份资料是 1931 年 8 月，年逾八旬的水越成章引退之际，晚辈公证人山崎敬义撰写的采访录，详细地介绍了他是如何活跃在斯界的。这里摘录一小部分。③

> 作为明治二十二年以来，我国公证人制度实施第一批公证人之一的水越成章氏，就任以来，四十三年如一日，励精职务，功成名就。今年八月二十四日勇退，当年八十三岁。目下身体矍铄，既不用眼镜也不用拐杖，气概不减当年，宛如五十多岁。
>
> 氏又号耕南，明汉籍，秀汉诗，尤擅书画鉴定。今后将专乐此道，安度余生云云。
>
> 水越氏曰：本人成为公证人是在明治二十二年，当时我在神户裁判所处理预审事务。因公证人制度即将实施，我等即成为我国最初的公证人。同时被任命的第一批公证人全国总共有一百七八十名吧。
>
> 本人行年八十三，最近好像还没有要死去的样子。年轻时就没有什么养生之类的事，不知不觉地就活到了这份年头。同僚的公证人，甚至比我年轻的都死去了。（中略）如果说有什么长生秘诀的话，那就是任何事物也不觉其苦，任何事物也不起其欲吧。

以下的资料④告诉读者，水越成章于 1933 年（昭和八年）2 月 26 日辞世，享年 85 岁。

讣报·水越成章氏

昭和六年八月二十四日，水越成章氏退职。退职后依然极其健硕，家居神户市凑区下三条町七十七番屋敷之三，过着悠悠自得的晚年。昭和八年二月二十六日凌晨五时，因患脑溢血，骤然逝去，享年八十五岁。告别仪式将于同年三月三日在神户市兵库区大井通一丁目市营葬仪场，按神道仪式举行。

---

① 公证人连合会编：《公证制度百年史》，同会刊行，1985 年，第 31 页。
② 《神户又新日报》1889 年 6 月 30 日(4)。
③ 山崎敬义：《公证人水越成章氏送别记》，《日本公证人协会杂志》第 4 号，1931 年 10 月，第 256—259 页。
④ 山崎敬义：《神户公证人会报》，《日本公证人协会杂志》第 7 号，1933 年 5 月，第 179 页。

（三）水越耕南的著述

水越耕南的著述主要有诗文和法律两大类，前者包括教科书、诗文著作、编辑诗文集，后者包括法律解说、校阅他人著作。后者共有七种，因与本文关联不大，略之。以下分别略述其诗文类著述：

1. 教科书

（1）水越成章著《读本熟字解》（鸠居堂，神户，1875年，25叶）。是一部对文部省制定的小学校教科书《小学读本》的解说书，现收录在《小学读本字引集成》中。

（2）水越成章著《万国地志略字解》（鸠居堂，神户，1876年，36叶）。是一部对文部省刊行的师范学校教科书《万国地志略》的解说参考书。

2. 诗文著作

（1）水越成章著《开口新词》（鸠居堂，神户，1876年，8叶）。录诗16首。用竹枝词形式咏唱开港都市神户的新生事物。竹末朗德题跋，菊池纯点评。

（2）水越成章著《薇山摘葩》（熊谷幸祐，神户，1881年，2册，共41叶）。录诗47首。是其作为司法官吏赴冈山裁判所借调期间（1876—1877年），与当地师友游历唱和的诗集，其特征是卷头册尾饰有众多中日诗友的题字和序、跋文。上卷题字：廖锡恩、木村虎山、伊藤深江（画）、土居彻、岸弘美（题写土居序文）、龟山云平、王鹤笙（题写龟山序文）、胡小苹、刘寿铿、王治本、黄一夔（题写王治本序文）、吉田正义、小野巽、若林乔（题写小野序文）、马渡汉阳、大江敬香、林静处（题写大江序文）、卢永铭、冯昭炜、郑文程。下卷序：片山冲堂、赤松渡、郑柏年（题写赤松序文）、王冶梅（画）、卫铸生。点评者：龟山节宇、近藤南洲、关遂轩、刘寿铿、廖锡恩、吴瀚涛、卢永铭、陈雨农。题跋者：胡小苹、关新吾、矢野静庐、矢野温（题写矢野静庐跋文）。

（3）水越成章著《游箕面山诗》（弘文堂，神户，1882年，12叶）。录诗28首，除耕南绝句10首以外，还收录了伊势（现三重县）汉学者斋藤拙堂（1797—1865年）的《游箕面山遂入京记》和关西汉诗人共18首咏唱箕面山的诗歌。箕面山位于大阪北部，以枫叶著名，故取杜牧《山行》诗意，又名《红于集》。题跋字画者：卫铸生、森琴石、胡小苹。点评者：廖锡恩、龟山节宇、马渡汉阳、大江敬香、山口任斋、关遂轩、原口南村、宇佐美嵋山。

（4）水越成章著《游赞小稿》（船井政太郎，神户，1883年，11叶）。录诗17首，是一部游历赞岐地方（现香川县）的诗集。题字作画者：黄吟梅、深江虎山。点评者：龟山节宇、关遂轩、黄吟梅、陈雨农、仓本栎山、原口南村。题诗作画者：神田松云、中西嘉广、船井梅南、卫铸生、森琴石、胡小苹。

（5）水越成章著《怀人绝句十二首》（出版地不明，1918年，11叶）。收录了藤泽南岳、鸣泷凤岗、岩崎水哉、堀春潭、铃木东山、人见渐庵、土居香国、田边碧堂、矶野秋渚、木村于石、八木蓑香等12名关西汉诗人的作品。

3. 编辑诗文集

（1）竹末朗德编，水越成章阅《清朝近世十七大家诗选》（大阪宝文轩，神户弘文堂，1881 年，上下 2 册，共 48 叶）。

（2）水越成章编，关德、马渡俊猷同校《唐宋诗话纂》（神户船井政太郎，大阪冈平助，1882 年，41 叶）。

（3）水越成章编选《日本名家汉文作例》（宝文轩，大阪，1883 年，2 册，共 115 叶）。

（4）水越成章编《翰墨因缘》（略）

（5）水越成章评选，龟山云平增评《皇朝百家绝句》（本庄辅二、本庄千代平、滨本伊三郎，大阪，1885 年，3 册，共 83 叶）。点评者：黎汝谦、陈雨农、龟山云平、松平棟山。

（6）堀春潭著，水越成章、大西直三古仙校《春潭遗稿》（堀多闻，神户，1923 年）。

在上述"诗文集"中，《唐宋诗话纂》以读书札记的形式，摘录了各家对陶渊明等 29 名唐宋时代作家的评论。卷首有廖锡恩题签"艺林撷英　大清光绪八年壬午之春三月　罗浮廖锡恩"；《日本名家汉文作例》将汉文的种类分成"书、序、记、论、说、题、跋、传、碑"等九种类型，收录了 93 篇例文，还附录了耕南的《汉文作例附录》，论述了各种文体的特征和要领；《皇朝百家绝句》收录了除耕南本人以外的同时代汉诗人 100 家，绝句 522 首，是研究当时日本汉诗坛状况的一份重要资料[1]。耕南还有许多诗作散见于报刊和诗文集中。此项调查研究现在仍在进行之中[2]，详细结果有待今后发表。

二、旅居神户的江南文人

（一）华商领袖胡小苹

1. 身世拾零

1868 年神户开港，原来居住在长崎和来自上海、广州等地的华商陆续赴神户。1888 年前后，来自浙江宁波的商人结成团体"三江公所"，与广东、福建商人集团一样，成为神户的一个重要华商集团[3]。在这些商人中，有一些与水越耕南有交流的民间文人，他们在神户的文化交流事迹也丰富了神户华侨史的内容。

胡小苹（? —1884 年?），名震，字小苹，小又作笑、少等，苹又作萍，号探花仙史，以字行。浙江鄞县人（今属浙江省宁波市）。《翰墨因缘》共收录其诗 14 首、文 2 篇、牍 6 函。胡小苹既是文人，也是商社晋记号的号主。1872 年，他以"浙宁商号总管"的身份，向兵库县提交《宁帮各号人数籍贯姓名单》，这是一份研究早期神户宁波商人团体历史的珍贵史

---

① 辻撰一：《明治诗坛展望》，神田喜一郎编：《明治汉诗文》，筑摩书房，1983 年，第 369 页。
② 据笔者初步统计，仅散见于诗文杂志和其他人编辑的诗文集中的诗作不少于 170 首。
③ 蒋海波：《旅日华商团体的早期历史及其法律地位——以神户三江商业会为例的考察》，《华侨华人历史研究》2007 年第 4 期，第 39—50 页。

料①。1873 年 10 月 21 日（明治癸酉年九月朔日），胡小苹代表全体华侨向兵库县提出举办盂兰盆会的申请②。这是一份研究早期神户华侨社会的珍贵史料，全文如下：

> 谨启者。窃惟律中夷则目连极母罪之辰节，届中元如来赈饿鬼之期，兹中国商人来游贵国贸易，将近十年。因水土不同，病亡客邸，或海途之非迟，魂滞神户。凡属桑梓，咸深悯恤。今两国各荷皇仁，互通商旅，而十方皆使佛力，同获超升。为此，众商集赀，诚备冥镪施食，敬延高僧诵经礼忏。仰莲座之妙法，为盂兰盆之胜会。惟求陆居宁静，海道平安。谨卜中元之次日，在新筑大马路内启建道场。想贵国长官一视同仁，生人既得居留，死者亦同怜恻。乞于是日恩饰巡捕数名到坛巡检，并谕居民铺户一体诚敬，毋任喧哗。实幽明均，存殁咸喜。谨此禀闻。即颂。
>
> 兵库县外务局长官大人
>
> 明治癸酉九月朔　宁波总管胡小苹具

超度亡灵、追忆祖先的盂兰盆会既与日本的佛教习俗相融合，也是维系神户华侨自我认同的一个重要祭祀活动。该活动延续至今，名为"普渡胜会"，是全体神户华侨参加的重要活动，并于 1997 年 10 月被神户市指定为"地域无形民俗文化财"。

胡小苹有一首咏叹自己寓居神户、浪游生涯的诗（下卷第 9 叶），诗题中的壬午年当 1882 年，如果诗中的"十二度"是实数的话，那么他最早赴日的时间应为 1871 年中秋之前。

壬午中秋望月有感乃用前韵

东瀛十二度中秋，底事年年作浪游。

客感莼鲈惊雁阵，旅情鸿爪印蛉州。

摩挲宝剑嗟时局，捡读奇书消旧愁。

醉看海天今夜月，月明风紧水横流。

胡小苹与水越耕南有一组唱和诗，最初均发表在高松汉诗人片山冲堂任主评的诗文杂志《屋山旭影》③中。耕南诗题中提到的"衣洲词兄"似指籾山衣洲（1858—1919 年，名逸，字逸也，号衣洲），有《明治诗话》等著作存世，1898—1904 年赴台湾任《台湾日日新报》

---

① 财团法人三江会馆编：《神户三江会馆简史》，三江会馆，2007 年，第 25—26 页。
② 《兵库史谈》第 45 号，1929 年 9 月，第 5—6 页。
③ 《屋山旭影》第 22 号，1882 年 11 月 30 日，第 6 叶。

汉文部主任,与当地传统文人多有诗酒唱酬①。1898 年 12 月至 1899 年 1、2 月间,客寓台湾的章炳麟对衣洲的诗作也有评点批语,赞许有加②。胡小苹的和诗收录在《翰墨因缘》时仅有解题(下卷第 8—9 叶),现据《屋山旭影》补录耕南的原唱,两者全貌如次:

和衣洲词兄见寄偶作原韵

神户　水越耕南

笑吾俗习未全除,漂泊江湖十载余。
醉里雄心三尺剑,闲中清兴一床书。
夕阳寒水枫将落,冷雨凄烟柳易疏。
赢得青山劳久待,此生何苦负当初。

和耕南先生词长和友原韵

清　胡小苹

畊南先生席间和友佳作,情深才敏,洵称作家。命弟踵韵,归寓后尘氛满座,胸次作恶,搋笔狂讴,即武清韵,聊作感怀。所谓借他人杯酒,浇自己魂礵。乞为斧政。

衫尘衣垢不勤除,洗涤胸矜乐有余。
骨傲难谐今世俗,腹空少读古人书。
酒因量窄箴常守,交到情深礼自疏。
揽镜休悲头已白,儒生气节未殊初。

同是漂泊在神户的胡小苹与耕南,命运相似,性情相近。与耕南"醉里雄心三尺剑"的豪情相比,胡小苹的"骨傲难谐今世俗"也透出了几分壮志。

2. "神港兴亚会"

胡小苹还寄函水越耕南,自荐出任设立在神户的"神港兴亚会"汉学教师。此函虽然是一封"求职自荐信"(下卷第 5—6 叶),但透露了不少有关华侨与当地社会关系的信息。

畊南词兄先生惠睐:

日前趋谒,本拟遥管城公详谈一切。奈金乌已坠,归思萦怀,不遑尽吾所欲言,怅然告别。惟有休沐之日,想阁下例得给假,拟是日再行造府,畅叙以快胸襟,谅君亦有是意也。兹昨据散友说及,有"神港兴亚会"欲聘延西席,教授汉学。学徒四五人,教

---

① 许时嘉:《〈籾山衣洲日记〉初探:日治初期在台日本人社会与日台交流》,《台湾史研究》2013 年第 4 期,第 179—204 页。
② 《章太炎全集》(十八),上海人民出版社,2018 年,第 433—443 页。

习定于夜间,以书翰尺牍兼杂艺语言为学课。惟修脯月仅廿五金。散友以贱名书写该会之友,而嫌其月俸太廉,为之请益,一面至弟处劝驾。窃谓弟子"自行束修以上",朱子注释"束修轻薄也"。则月俸廿余金,焉可谓不腆。且尊为师傅,而较量聘金,殊觉不雅。但弟以客作家,侨寓于斯际,此米玉薪桂之秋,凡百所需,莫不腾贵。而贵国楮币,渐就短缩,刻下核诸洋银,实惟六成。故散友力为请益。盖深知弟客居景况也。弟非子华使齐轻裘肥马之时,而散友先效冉子之请矣。侧闻"兴亚会"经事者为鹿屿君,其会中诸君子必系文学之士,或与阁下亦有交谊。弟固才疏学浅,于此席能勉胜其任否,定在洞烛之中。如可有说项之处,尚乞不吝珠玉为幸。弟自省吾身,愧无所长,惟生平不敢负人,可以自安。第忝居师位,了弟终身学业所系,不容有名无实。窃闻会中以前亦曾延过华人,其学问之优劣,弟不敢誉毁,而行止则昭昭共见。大君子耻之,弟亦耻之。专泐芜函,仰惟荃照,统希青垂。并请元安,不既。

愚弟小苹胡震顿首　八月廿一日

"神港兴亚会"是指 1880 年 2 月在东京成立的日本最早的亚洲主义团体"兴亚会"在神户的第一分会[①]。该会主张联合亚洲诸邦人士,协和共谋,振兴正道,拯救衰颓,为此,必先沟通亚洲诸国的语言,其首先着手的事业就是创立以汉文为主的语言学校。"兴亚会"神户分会成立时有会员 33 名,其中有兵库县令森冈昌纯(1834—1898 年)等当地名士。除了清朝理事府理事廖锡恩以外,还有袁子壮(恒生号)、童星南、张德澄(成记号)等4 名中国人也名列其中[②]。

函中提到的"鹿屿君"是指鹿岛秀麿(1852—1932 年,号鸣峡),善和歌。本籍淡路岛洲本,幕末时成为德岛藩侍医鹿岛家养子,学于庆应义塾。1879 年末,移住神户,1890 年7 月当选为首届众议院议员后,共当选过八次国会议员。1880 年 2 月,创办《神户新报》。参与创设了神户商业学校、神户英语学校等多项社会文化事业[③]。《神户新报》虽然存世短暂,但该报主笔大江敬香热心报道神户汉诗文坛的活动。

大江敬香(1857—1916 年),名孝之,字子琴,号敬香、枫山、爱琴等,德岛人,擅长汉诗文,在神户期间(1881—1882 年)与中国文人也有不少诗文唱和。有论著《明治诗坛评论》《明治诗家评论》《明治名士丛谈》。后人辑有《敬香诗钞》(大江孝之,1922)、《敬香遗稿》(大江武男,东京,1928 年)等行世。

3. 评点《竹外二十八字诗》

1883 年,胡小苹任姬路栽培堂教员,授课之余,为藤井竹外《竹外二十八字诗》点评,

---

①　村田诚治编:《神户开港三十年史(坤)》,开港三十年纪念会,1898 年,第 316 页。
②　黑木彬文:《兴亚会·亚细亚协会的活动与思想》,黑木彬文、鳟泽彰夫编:《兴亚会报告·亚细亚协会报告》,不二出版,1993 年复刻版,第 280 页。
③　赤松启介:《神户财界开拓者传》,太阳出版,1980 年,第 547—557 页。

辑成《竹外二十八字诗评本》，由姬路的贰书房刊行（1883 年）。藤井竹外（1807—1866年），名启，字士开，号竹外，摄津高槻（大阪北部）人，擅七绝，有"绝句竹外"之誉。胡小苹在序言（下卷第 7—8 叶）中叙述了其评点该书的经纬：

> 癸未春，漫游鹭城，主书林栽培堂，为居停厝斋。暇日读竹外翁诗集，前后二编，均系七绝。盖翁精于斯，而不喜为律，与浣花翁正相反。古人谓律乃精神般到之作，绝由才气融化。律宽而绝促，似绝较难于律矣。然无论为律为绝，必发乎性情，不拾前人唾余，自然成为佳作。杜少陵多忧世慨时之志，故多作律，以尽其意，岂真拙于绝句耶？今读竹外翁之诗，意寓感慨，而揆其平日所好，大抵深有得宋人近体。故珪璋之质，不免微玷。然奇句俊语颇多，此乃性情所发，故不以微瑕而害全璧也。栽培堂主，屡请加评。余何人斯，而公然握管訾评，宁不虑当世大雅君子诽笑乎？但余自束发以来，拙于自吟，而好人诗，得一奇句，击节不已，今老至而性不改。更且详论其得奇句之由，必畅言而已。明知月〔旦〕之任，非吾之分，奈心之直、性之好，本有不能已者，益之居停频请，随沘笔妄赘谰辞焉。知我罪我，在所不计也。
>
> 光绪九年初伏日　三神山探花仙史胡小苹序

鹭城为姬路城之美称"白鹭城"之略。该《评本》中有姬路的汉学者龟山节宇、松平棣山（1825—1888 年）的序，以及水越耕南的题字和胡小苹本人题写的序。关于藤井竹外的绝句和胡小苹的点评之间的关系，北村学指出：

> （日本）国人之汉诗，既为中国学者所轻视，亦被国文学者视为异端。拯其命运者，惟藤井竹外诗而已。正如"绝句竹外"之称呼所示，其七绝早有定评。清人胡震（小苹）读其诗集，几乎对全诗予以点评，总体上予以较高的评价。[①]

4. 与龟山节宇的交流

在龟山节宇的诗文集《节宇遗稿》中，有两篇关于胡小苹的诗作。一篇是单篇诗，另一篇是五首联诗。单篇诗的诗及诗题如下：

贺清国四明大族李君新婚并序

我摄津兔原郡御影村民增谷正三郎女名雪，为清国四明大族李君所聘，亲迎归乡。其同乡少苹胡君，先是已在我神户港，至是贺其事，赋七律四首，见征和章于我诸文士。云钦君高风久矣，且喜二国和好，固不自揣，攀其高韵，以乞大正。节一。

---

① 北村学：《竹外二十八字诗评释·序》，全国书房，1967 年。

华堂和卺礼成时，恰迫春冰未泮期。

偕老良缘垂福绪，同心好梦结情丝。

月移余影避银烛，柳展新芽竟绿眉。

才子从来娶才女，如兄如弟宴怡怡。①

这首诗说明了两件事，一是在开港后不久的神户，不仅出现了中日间的国际通婚事例，而且是作为"二国和好"的喜事受到祝贺；二是胡小苹作为久住神户的华商领袖，以"高风"闻名于文士之间。这是对这位先驱者的最好评价。御影村现属神户市东部的东滩区。

联诗题为"次韵陈雨农哭胡少苹七律五首并序"，虽然未标明日期，但这些诗编排在《节宇遗稿（下）》甲申年（1884 年）的最后。可据此推测，胡小苹卒于是年下半年。那年夏天，他为藤井竹外《竹外二十八字诗》做完点评，这就是节宇诗中"多年客迹留新稿"一句的由来②：

雨农陈君有哭胡少苹七律五首，见邮寄。诵读数过，乃悼胡翁之一逝难再起。又感陈君吊哭之恳至也，因不自揣，各次其韵，更述哭翁之怀。（其二）

云惨风悲西海头，斯人一去笔应休。

多年客迹留新稿，一片乡心首故邱。

挂壁墨痕香可掬，藏筐诗句泪难收。

梦魂仿佛神山夕，醉与先生话旧游。

（二）文人画家胡铁梅

1. 游历高知

胡铁梅（1848—1899 年），名璋，字铁梅，号尧城子，以字行。安徽桐城人。《翰墨因缘》共收录其诗 3 首、牍 4 函。胡铁梅是著名画家胡寅（号觉之）之子，擅丹青，能诗。1878年从上海首次赴日，以后往来于中日之间，多方游历，作品在神户、大阪、名古屋、金泽、新潟、高知等地公私收藏者中均有所藏③。其画风合南北之法，为典型的文人画④。据中村忠行的研究⑤，当时，外国人还不能在日本国内自由旅行，《翰墨因缘》中的一函就是胡铁梅向水越耕南询问如何办理赴德岛游历手续（即"于兵库县厅申请外务省免状"）（下卷第22—23 叶）。函中的"德屿"即德岛，阿波其旧国名，黄吟翁即黄吟梅。

①　龟山茂理编：《节宇遗稿》卷下，龟山茂理，1917 年，第 37 叶。
②　龟山茂理编：《节宇遗稿》卷下，第 40 叶。
③　鹤田武良：《罗雪谷与胡铁梅——来舶画人研究》，《美术研究》第 324 号，1983 年 6 月，第 23—29 页。
④　梅泽精一：《日本南画史》，大空社，2013 年复刻版，第 954 页。
⑤　中村忠行「胡鉄梅札記——清末の一画家と土佐の詩人達」，『甲南国文』第 35 号、1988 年 3 月、第 195—225 页。

畊南尊兄先生执事：

　　昨日得瞻风采，顿慰凤怀。临行蒙赠大著，归途展读，口齿生芬。毋怪乎黄吟翁称赞大才不去口，实弟之相见恨晚矣。昨莫[暮]间，敝门人大津氏从德屿来，视予起居并有意招弟阿波一游。欲访[仿]胡小苹兄之例，于兵库县厅申请外务省免状。应如何办理，敝门人不能明晰之处，敬求指示迷途，不胜感戴之至。秋间播州之游，有吾兄大人为之经营，必胜于寻常周旋者十倍矣。引领以俟，先陈谢盛情。拙作山水，聊以补壁，不足言笔墨也。祈笑纳之为幸。此致并请吟安。

弟胡璋顿首　甲申四月一日

　　以下一函是胡铁梅在从冈山回神户之前，希望水越耕南介绍故里姬路的文人墨客（下卷第23—24叶）。函中提到的"琴石森君"即森琴石（1843—1921），出生于神户有马，号响泉堂，著名铜版画家，兼擅水墨画，作品丰富，与胡铁梅等旅日中国文人也有广泛的交流①。胡小翁即胡小苹。播州指兵库县播磨地区，其中心城市即姬路。备前为冈山县旧国名之一，位于该县东南部，邻接播磨。

畊南先生良友阁下：

　　前自京都奉书之后，久疎笺候，殊深歉仄。前大津氏传言雅谊，德岛之事，缘伊识见迂阔，不能就绪，然亦无可如何。永[承]赐文集三册，不胜拜谢。弟自博物会过期，旋返浪华，未几琴石森君招游冈山，行李匆匆，是以未及前来畅领教言。然每托胡小翁代致拳拳，想必奉闻矣。兹有恳者，弟冈山游毕，假道播州姬路来神户。素悉播州乃阁下梓里，前次小翁游播，亦仰赖鼎力吹嘘。敬乞惠书数通，达该地好事之家，不至于临渴掘井也。幸甚幸甚。公暇草就祈寄至冈山县备前冈山区字新西大寺町西尾小竹堂方　铁梅查收为感。草草专函，乞恕不恭。

小弟胡璋顿首　七月十五日

　　1885年夏，胡铁梅得以顺利游历高知，与当地诗人三浦一竿（1834—1900年）等交往甚欢，《高城唱玉集》《高城唱玉二编集》《江鱼唱晚集》等诗文集中均有胡铁梅唱和的诗作或评语留存②。

2. 定居神户

　　1896年，胡铁梅在上海共同租界创办了小报《苏报》，为避清朝官府干涉，以日本人妻子生驹悦（1868—1899年）的名义向日本驻上海领事馆登记出版，生驹悦任馆主，聘邹弢

---

① 森琴石画，熊田司、桥爪节也编：《森琴石作品集》，东方出版，2010年。
② 柴田清継、蒋海波「明治期高知における日中文人の交流——画家胡鉄梅を中心として」，『武庫川国文』第75号，2011年11月，第9—23頁。

任主笔。当时的《苏报》主要刊登市井小道消息,后因报馆内部纠葛,经营不振。1898 年,《苏报》转让给别人①。胡铁梅夫妇移居神户后不久,生驹悦于 1899 年 4 月 15 日病殁。胡铁梅索诗水越耕南,耕南赋七律一首,悼念生驹氏。诗与胡铁梅的评语如下:

> 前苏报馆主生驹女史病殁,神户胡君铁梅为选其行状,又索予诗。追悼之余,赋此一律。

水越耕南成章

> 吾来凭吊扫松楸,风雨青山惨带愁。
> 呕血文章推巨擘,惊人警语出娇喉。
> 奇才不免撄时忌,遗业犹能与国谋。
> 泉下有知应一笑,夫君椽笔足千秋。

> 胡铁梅云:格律苍老,犹长于叙事,贴切先室之为人,所谓他人有心忖度之。非杜少陵不能辨此,而元陆辈尚不能有严警也。钦佩钦佩,诚有光泉壤矣。②

生驹辞世后不到四个月,胡铁梅本人亦于 8 月 1 日殁于神户。水越耕南作诗,悼念老友③。

哭胡铁梅先生

水越耕南成章

> 诗酒同游二十年,曾从海外订良缘。
> 君何厌世早归土,我且搔头将问天。
> 泉下难沾新雨露,人间空散古云烟。
> 算来一事唯堪慰,埋骨蓬莱最上巅。

尾联"埋骨蓬莱最上巅"一句,说的是胡铁梅夫妇之墓安置在位于山坡之巅的神户市立追谷墓园内,可眺望神户街景和濑户内海。胡铁梅夫妇之墓相邻而立,至今保存完好。生驹悦墓表由胡铁梅亲笔题写:"生于明治元年八月十八日,卒于三十二年四月十五日,上海苏报馆主生驹悦君之墓,杖期生尧城子胡铁梅抆泪拜题。"胡铁梅墓的正面碑文"清江南名士胡铁梅先生墓,辱知心泉迁祔谨书",背面刻"明治卅二年十一季"。心泉,即北方心泉(1850—1905 年),石川县金泽市常福寺(东本愿寺派)的住持,书家,精通汉诗、篆刻、典籍

---

① 蒋慎吾:《苏报案始末》,上海通志社编:《上海研究资料续编》,上海书店,1984 年,第 73 页。
② 《太阳》第 5 卷第 16 号,1899 年 7 月 20 日,文苑栏第 10 页。
③ 《太阳》第 5 卷第 21 号,1899 年 9 月 20 日,文苑栏第 11 页。

等。1877 年,心泉受东本愿寺派遣赴上海,与江南各地文人交流,与胡铁梅的交谊尤为深厚①。心泉还协助俞樾(1821—1907 年)编辑了《东瀛诗选》②。

(三)《日本同人诗选》编者陈曼寿

陈鸿诰(1825—1884 年),字味梅,号曼寿、乃亨翁、寿道人等,以曼寿行。浙江嘉兴秀水县人(今属浙江省嘉兴市),客寓上海。《翰墨因缘》共收录其诗 7 首。在卫寿金的介绍下,陈曼寿于 1880 年 4 月赴日,曾作为本愿寺的汉语教师寓居京都、大阪。1882 年 6 月回国③,1884 年 2 月卒。在日期间其与小野湖山(1814—1910 年)、土屋弘(1841—1926 年)、藤泽南岳、水越耕南等汉诗人交流颇多。其诗集《味梅华馆诗钞》于 1880 年 8 月由大阪的前川善兵卫刊行。其中《三月十一日,与铸老俞杏生朱季方同游诹访山,于酒楼小饮,赋此纪事》一首④,就是描绘他到达神户后,与诸友一起登上诹访山,俯瞰神户街景时的情形,首句中的"摄津"为兵库县东南部和大阪府北部一带的旧国名,又称摄州。

> 摄津多层峦,讨春健游屐。
> 爱此夕阳时,意行颇间适。
> 同调三四人,各抱林泉癖。
> 曲折历苔磴,济胜仗足力。
> 画楼敞崇冈,明窗洞达辟。
> 十五当垆女,洗琖勤劝客。
> 繁弦与急管,靡靡音不绝。
> 彼都尚脱略,何尝拘行迹。
> 士有东晋风,集仿西园式。
> 凭栏纵遥瞩,苍海在几席。
> 樯镫闪稠星,岛烟生凉夕。
> 飞觞醉月竦,狂歌脱吟帻。

陈曼寿与水越耕南有以下一组唱和诗,反映了他们的交游。耕南的原诗与陈曼寿的和诗均刊登在《古今诗文详解》(第 75 集,1882 年 12 月 25 日,第 7 页),和诗(包括诗题)也收录在《翰墨因缘》(下卷第 18 叶)里,现将两者一并抄录如次:

---

① 川边雄大:《东本愿寺中国布教研究》,研文出版,2013 年,第 167—262 页。
② 本冈三郎:《北方心泉——人与艺术》,二玄社,1982 年,第 91—99 页。
③ 王宝平:《清代中日学术交流研究》,汲古书院,2005 年,第 32—36 页。
④ 陈曼寿著,原田隆造抄录:《味梅华馆诗钞》卷二,前川善兵卫刊,1880 年,第 17—18 页。

赠 陈 曼 寿

耕南水越成章　在神户

芳声曾在耳,今夕得相娱。

疏雨滴修行,清风生碧梧。

文才凌李杜,墨妙抵欧虞。

不怪江湖上,推为一代儒。

和水越耕南见赠原韵以呈并正

陈曼寿　清人　在神户

光绪六年庚辰秋日侨寓山城晓翠楼,蒙耕南先生雅兄寄诗见怀,迟迟未报。顷客浪华,又劳远道过访,谆谆索和。爰不揣谫陋,率次原韵奉答,即请方家正之。

之子青云彦,相逢足与娱。

诗才惊敏捷,笔语扫支梧。

仙骨能超孔,穷愁定笑虞。

摄津虽小邑,吏隐有通儒。

陈曼寿诗题中的"山城"是京都府南部的旧国名,亦代指京都。"浪华"是大阪的旧地名。尾联中"吏隐有通儒"一句,巧妙地暗指耕南笔名之一的"耕南吏隐"。

1883 年 8 月,陈曼寿编著的《日本同人诗选》由土屋弘在大阪刊行。该诗集共四集,收录了 62 家诗人的 599 首诗作[①],与俞樾编辑的《东瀛诗选》(1883 年 7 月)几乎同时,值得注目[②]。《日本同人诗选》虽然数量不及《东瀛诗选》,但基本上是同时代的作品,有助于了解这一时期日本汉诗界的状况。《日本同人诗选》收录了水越耕南诗作 17 首,其中反映耕南等人与清朝理事府人员交流事迹的有以下一首(卷三第 17 叶):

五月五日,偕吉田马渡二僚友,及清国吴瀚涛卢子铭两君,饮于柳原花月楼。

韶华如水梦如尘,践约来寻野渡滨。

薄酒惜春情更厚,旧交在座话偏亲。

云生远岫笼浓黛,花落前汀跳锦鳞。

赢得一株当槛柳,斜风细雨苦留宾。

该诗原载于《萍水相逢》(卷下第 32 叶),《萍水相逢》是神户早期的汉诗社"萍水吟社"

① 蔡毅「陳曼寿と『日本同人詩選』——中国人が編纂した最初の日本漢詩集」、『国語国文』第 72 卷第 3 号、2003 年 3 月、第 705—725 頁。

② 日野俊彦「陳曼寿と日本の漢詩人との交流について」、『成渓国文』第 48 号、2015 年 3 月、第 57—71 頁。

的同人作品集,于 1880 年 4 月刊行。诗社的主要成员是片山冲堂、龟山节宇、赤松椋园(1840—1915 年)、藤泽南岳和水越耕南①。上述诗题中提到的"五月五日"当 1879 年 6 月 24 日,吉田即吉田正义,号芳阳;马渡即马渡俊猷(1851 年—?),字汉阳。吉田和马渡既是水越耕南的同僚,也是诗友。该诗在辑入《日本同人诗选》时,经陈曼寿删订后更加精准。收录在《萍水相逢》中的原诗如下,其中粗体字为删除或修改之处:

> 五月五日,偕吉田马渡二僚友,及清国吴瀚涛卢子铭两君,**同**饮于柳原花月楼,**坐间拈韵。此日春尽也。**
>
> 韶华如水梦如尘,践约来寻野渡滨。
> 薄酒惜春情更厚,旧**朋**在座话偏**新**。
> 云生远岫笼浓**绿**,花**掠**前汀跳锦麟。
> 赢得一株当栏柳,斜风细雨苦留宾。

三、往来神户的江南文人

(一) 云游文人的足迹

1. 才华横溢陈雨农

《翰墨因缘》还收录了一些路过或往来于神户的江南文人、书画家的诗文翰札,他们有的作品丰富,有的只有一两篇留存。其中,某些书画家的水准并不很高②,但是作为民间文人在日本的实际生活和感受,反映了有别于官方的文化交流的实态,也是值得留存和回味的。

陈雨农,名霖,又名慕曾,字雨农,农又作浓,号红莲馆主人,以字行。原籍浙江嘉兴,客籍广东广州。《翰墨因缘》收录他的作品最多,共有诗 27 首、文 4 篇、牍 6 函、词 2 阕,不但数量多,而且题材与形式也很丰富,有讨论理学、书法金石的论文或书简,还有《翰墨因缘》中仅有的两阕词。其中《结交行》(下卷第 40—41 叶),叙述与耕南的交谊:

> 相信不必指天日,相契不必盟车笠。
> 男儿孤矢射四方,结交岂仅乡与邑。
> 张范昔时称久要,鸡黍千里能相招。

---

① 柴田清継、蒋海波「水越耕南と『萍水相逢』——併せて萍水吟社について」,『武庫川女子大学紀要』第 57 号、2009 年 3 月、第 175—186 頁。

② 陳捷「明治前期における日中民間往来について——岸田吟香を通して」,陶徳民、藤田高夫編『近代日中関係人物史研究の新しい地平』,雄松堂、2008 年、第 57—86 頁。

世事炎凉倾刻耳,莫谓昨日同今朝。

我有宝剑名干将,持以照人光更亮。

君既欲之何不言,勿令挂君青冢上。

君不见,公孙作相列鼎时,故人脱粟终见疑。

又不见,翟公罢官廷尉日,门前冷落知交失。

富贵相忘贫贱弃,人情翻覆奚足异。

泛爱原非生死盟,褊心何用恩仇记。

苍松百尺缠孤萝,万古冰霜见同志。

丈夫结托贵如斯,白首依然抱明义。

长歌激烈敲唾壶,波澜云雨无时无。

人生知己岂易得,不惜报君明月珠。

以下一首《癸未六月八日……》(下卷第 41 叶)记录了关西汉诗人的浪华吟社唱和集会时间和参会人物,是一则难得的史料。癸未六月八日当 1883 年 7 月 13 日。"云来上人"是指石桥云来(1846—1914 年),名教,僧籍,法号云来,兵库县姬路出生。在大阪主持汉诗塾"云来社"。喜漫游,广交友,有诗集《云来诗钞》《云来吟交诗》《友兰诗》等刊行[1]。

> 癸未六月八日,关遂轩招同藤泽南岳、小原竹香、水越畊南、土居香国、近藤南洲、加岛菱洲、云来上人并诸君子,饮浪华吟社。遂轩诗成,次韵和答。
>
> 陈慕曾
>
> 斗诗雅会足盘旋,一佛还兼众散仙。
>
> 亦水亦山销夏地,不晴不雨醉吟天。
>
> 兴来幸与壶觞约,客里仍多翰墨缘。
>
> 且喜开樽非卜夜,缓归忘远并忘年。

《翰墨因缘》收录了不少反映陈雨农与水越畊南交友的作品,主要有陈雨农为畊南的居室"花红竹翠居"题诗,并写下长序(下卷第 46—49 叶)。另外,陈雨农还向畊南赠送汉玉圈一枚、香囊一袋、扇子一柄、十七帖两册、文徵明(1470—1559 年)石刻一册、古墨四锭、明窑印色池一具等文房珍品。对此,畊南回赠古剑一柄,以示知己之交(下卷第 30叶)。他们的交友在《翰墨因缘》刊行以后也一直持续,留下了不少佳话,是一位值得研究的人物[2]。

---

① 文明社编:《大阪现代人名辞书》,文明社,1913 年,第 118 页。
② 石晓军「幕末・明治期における播磨の漢詩人と中国文人の交遊——河野鉄兜、亀山雲平を中心として」、『姫路独協大学外国語学部紀要』第 28 号、2015 年 2 月、第 19—39 頁。

2. 旅行诗人王治本

王治本(1835—1908年),治又误作冶,字漆(桼)园,桼又误作黍,号梦蝶道人,浙江慈溪人。1877年夏,应广部精(1855—1919年)所聘,王治本赴私塾日清社任汉语教师。后游历日本各地,其足迹之广、交友之多,堪称近代第一人,被誉为海外旅行家[①]。1908年6月在故里辞世[②]。近年来,关于王治本在日本各地的足迹,柴田清继先生做了详尽的研究,本文割爱不详述。《翰墨因缘》共收录其3首叠韵诗,其中反映他与水越耕南交流情形的是第三首(上卷第31叶):

> 荷惠和章,金铃形圆,玉磬声彻,朗诵一过,余韵绕梁三日,再叠前韵,以答畊南先生作家词坛,并希正之
>
> > 神山顶上观红轮,万丈霞光气似春。
> > 萍水何缘逢杰士,蓬瀛自古住仙人。
> > 诗情淡泊摹彭泽,文阵纵横拟颖滨。
> > 省识东风缠一面,羡君丰度自超伦。

该诗也作为《薇山题葩》的题词收录,诗后王治本写道:"己卯冬余来神户,甫经相识,即惠和章,再叠前韵奉答耕南先生作家正之"。据此可知,王治本于乙卯冬,即1879年底至1880年初赴神户,与耕南相识。

3. 瀛海采风黄吟梅

黄超曾,字吟梅,号金鳌钓徒,以字行。江苏崇明人(今属上海市)。《翰墨因缘》共收录其诗19首、文2篇、牍9函。黄吟梅的身份比较特殊,1882年1月,随第二任公使黎庶昌赴日,任驻神户理事府随员[③],与耕南等人诗酒唱和甚契。1883年8月,黄吟梅奉调横滨理事府;1884年4月,卸任前他欲利用在职期间培养起来的人脉,赴日本各地采风,为此他起草了《瀛海采风简诸文学启》,附在寄给耕南的尺牍后,希望能得到日本各地文人的合作,全文如下(上卷第45—46叶):

> 海外同文之国,首数瀛东。日中英俊之才,尤推都下。盖犹游鳞之萃灵沼,鸣凤之集高岗也。超曾随节钺东来,驻神户者两年,移横滨者六月。每以簿书丛杂,未遑诗酒清娱。雅歌投壶之会偶然,揽环结佩之贤绝少。知音落落,不无憾焉。今以采风奉职行驱冉子之车,且当问途已经始蜡谢公之展。诸君子学既赅博,此地又为生长之

---

① 张如安:《天涯随处著游鞭——宁波海外旅行家王治本事迹初探》,张伟主编:《浙江海洋文化与经济》第3辑,海洋出版社,2009年,第375—381页。
② 王勉善:《我对曾祖父的追忆及黄山的回忆》,《古镇慈城》2009年第37期,第29—33页。
③ 王宝平:《清末驻日外交使节名录》,浙江大学日本文化研究所编:《中日关系史论考》,中华书局,2001年,第243页。

乡,千载兴亡,胸中烂熟。四时佳胜,眼底争来。问风嘶石马将军之故垒何存,声送木鱼梵王之琳宫何在。衣冠文武,谁为王谢之堂;楼阁参差,谁是神仙之窟。更或书探奇古,谁家馨二酉之藏;画妙通灵,谁氏享千金之帛。是皆仆所留意,而未能详悉者也。此去得逢佳士,倾盖便与论交。尔时若遇贤豪,倒展敢云恐后。但愿邮亭候馆,小住为佳。好教挈榼提葫,清游足乐。吟弄八州风月,收拾奚囊;饱餐三岛烟霞,灿成邱锦。放怀山水,固所愿焉。至于言语不通,则笔端有舌,声气未广,借文字为缘。试听骊歌将唱,容我独往独来。还期鲤信远遗聊尔咨询咨度。

光绪甲申三月望日 吴郡黄超曾书于东京节署

1884 年 4 月至 10 月,黄吟梅实现了这份雄心勃勃的游历计划。现在我们从大约成书于 1885 年春的《东瀛游草》中可以了解到,他从东京出发,游历了埼玉、群马、长野、山梨、静冈、爱知、三重等地的名胜古迹,并与当地文人墨客交友唱酬,收获颇丰。《东瀛游草》由《神户前集》(58 首)、《神户后集》(58 首)、《横滨集》(25 首)、《东京集》(16 首)、《采风集》(170 首)、《同文集》(131 首)组成,其中《神户前集》《神户后集》《横滨集》《东京集》分别收录了黄吟梅在神户、横滨、东京任职时的诗作,而《采风集》和《同文集》是这次游历的主要记录。《采风集》收录黄吟梅本人的诗作,反映他在各地的交友情形和观感。《同文集》辑录了在他出发前的东京诗友的送别诗,以及他所到之处的各地文人的赋赠和唱酬诗作。

收录在《神户前集》《神户后集》中,反映黄吟梅在神户与耕南等人交往的诗作为数众多,在仅仅一年半左右的时间,就留下了 116 首。而收录在《翰墨因缘》中的尺牍 9 函几乎就是商定诗酒宴集之事的,反映了其交往之频繁。以下录其 1 首,以窥一斑。(上卷第 48 叶)

赠黎孝廉汝谦用水越先生秋思原韵

虞夏黄农世莫追,管宁浮海正忧时。
方壶负峤神仙地,铁板铜琶学士词。
万里采风羁绝岛,五更浴日望咸池。
诸君具有封侯相,愧我金华一牧儿。

上述一首,收录在《神户前集》时,题为《初叠前韵》,排列在《秋思次耕南见示韵》之后,个别文字略有修改,留下了推敲的痕迹。对耕南的《秋思》一诗,黄吟梅曾和诗 4 首,在上述两首之后,又连作《两叠前韵》《三叠秋思韵》,可见其交往之深长。

(二) 报人、教师、书画家等

1. 报界先驱王韬

王韬(1828—1897 年),字紫诠、兰卿,号天南遁叟等,江苏苏州人。1874 年起,在香港任《循环日报》主笔,主张变法自强,是近代中国报界先驱。1879 年 4 月 29 日至 8 月 31 日,王韬赴日游览,受到报界和诗文界的欢迎和重视。其所著《扶桑游记》三卷,以日记形式记录在日活动,由报知社于 1879 年至 1880 年刊行。在东京,王韬与汉学者冈千仞(1832—1914 年)、重野安绎(1827—1910 年)、中村正直(1832—1891 年)等人进行了广泛的交流。虽然交流是在友好的气氛中进行的,但在兴亚论、华夷之辩、琉球归属等中日之间敏感的问题上也不乏思想交锋[1]。

王韬在神户逗留期间为 5 月 4 日至 13 日(包括短期往来大阪、京都)。8 月 25 日,回国途中又在神户逗留一天。在神户期间,受到旧友朱季方、许友琴的周到照顾,并与神户理事府理事廖锡恩、随员吴广沛、翻译张宗良,宁波商人胡小苹、张德澄、朱季方等人交游唱和。对神户理事府西文翻译官张宗良,王韬是这样介绍的:"芝轩名宗良,南海人,少读书于香港保罗书院,深通西学,能见其大。余著《普法战纪》,芝轩佐译之功居多。"[2]朱季方是商社成记号(号主张德澄)的号伴(合伙人)[3],杭州人,也是王韬的旧友,"朱君季方,肥胜于昔,容亦稍苍,十年远别,几不相识"[4]。

概观王韬在神户的行程,他的交游对手都是旅居神户的清朝外交官和华商。在《翰墨因缘》中,王韬的 8 首诗作是作为廖锡恩、吴瀚涛等人诗篇的附录被收录的。可以推测,王韬就是水越耕南在凡例中所说的"偶有一二未经晤面者,亦神交有素"之诗友了。

2. 汉语教师叶松石、郭少泉

(1) 叶松石,名炜,字松石,号梦鸥,以字行,浙江嘉兴人。有诗作 6 首收录在《翰墨因缘》中。1874 年 2 月,作为东京外国语学校的汉语教师赴日,1876 年 7 月满期退职回国,1880 年夏再度赴日,滞留在大阪、京都。因困于疾病,于 1882 年 2 月回国[5]。有《扶桑骊唱集》存世,光绪辛卯年(1891 年)仲冬刊于白下(今属南京市),是在东京任期期满时的饯别诗集。水越耕南虽然没有参加饯别,但是其诗 5 首也收录其中。这些诗是叶松石回国后水越耕南发表在《朝野新闻》上的[6]。叶松石得知后深受感动,特意将其收录在《扶桑骊唱集》,以示谢意。其中一首(其三)如次[7]:

偶读贵社新闻纸载清客叶松石在西京诗,磬敬诸老皆次其韵,予亦效颦。

兵库　水越成章

西人久慕叶君贤,水阁为开诗酒宴。

---

① 易惠莉:《日本汉学家冈千仞与王韬——兼论 1860—1870 年代中日知识界交流》,《近代中国》第 12 辑,上海社会科学院出版社,2002 年,第 168—243 页。薄培林「近代日中知識人の異なる琉球問題認識——王韬とその日本の友人を中心に」,『関西大学東西学術研究所紀要』第 47 号、2014 年 4 月、第 207—224 页。
② 王韬:《扶桑游记》上卷,栗本锄云训点,报知社,1879 年,第 5—6 页。
③ 财团法人三江会馆编:《神户三江会馆简史》,三江会馆,2007 年,卷首插页。
④ 王韬:《扶桑游记》上卷,栗本锄云训点,报知社,1879 年,第 5 页。
⑤ 王宝平:《清代中日学术交流研究》,汲古书院,2005 年,第 36—42 页。
⑥ 《朝野新闻》1876 年 9 月 20 日第三版。
⑦ 叶炜:《扶桑骊唱集》,1891 年(光绪辛卯年),第 26 叶。

芦岸清风萍渚月,并将离恨上云笺。

叶松石再次赴日时,与水越耕南重逢,应耕南之嘱,题诗一首(下卷第21叶):

题画梅应耕南先生嘱
黄昏明月来,窗上梅留影。
依稀淡墨痕,暗香心自领。

(2) 郭少泉,名宗仪,字少泉,"少"又作"小",以字行。浙江嘉兴秀水县人(今属浙江省嘉兴市),书家,庆应义塾汉语教师。《翰墨因缘》共收录其诗 2 首、牍 2 函。1880 年 10 月 16 日(庚辰九月十三日),郭少泉赴东京,途经神户,拜访水越耕南,咏诗如次(下卷第 19 页):

> 庚辰九月十又三日,奉访耕南先生,席上赋赠,并请大教。
> 万里相逢遇亦奇,快谈今古有何疑。
> 知君博学才如海,锦绣文章不费思。

以后郭少泉又致函水越耕南,略述其在东京的教学生活:由于人生地疏,生活枯燥乏味。信函中提到的福泽翁,大概是指福泽谕吉。函如次(下卷第20—21叶):

畊南先生大人阁下:

自神山叙别,思如一日,临行又蒙惠赐佳品,更感无既。次日开轮在即,未得面辞,深为抱歉。是以横滨转辗,逗留数日,于初九日安抵京师矣。学校内生徒,约有二百人许之多,均是西学。中国学凡二三十人。弟所卧居,刻在校内福泽翁家。奈人地生疎,诸多不惯,终日埋头,殊无蔗味。况笔墨概未知之,无能消遣,徒唤奈何。未识大知己,将何意教我耶?风便乞赐玉音是盼。专此致达,敬请研安。

教弟郭少泉顿首　十一月十又一日
芝区三田二丁目二番地,福泽家内交无误。

3. 来自江苏的书画家

(1) 卫铸生,名寿金,字铸生,号顽铁道人,以字行。江苏常熟人,书家。《翰墨因缘》共收录其诗 3 首、牍 3 函。1879—1881 年,卫寿金曾滞留神户、大阪,以其书法之技周游日本,润笔颇为丰厚,但其评价似乎并不高[①]。王韬是这样介绍卫寿金的,"铸生,琴川人,

---

① 王宝平:《清代中日学术交流研究》,汲古书院,2005 年,第 25—29 页。

工书法,挟其一艺之长,而掉首作东游者。闻乞字者颇多,自八九月至今,已得千金,陆贾囊中,殊不寂寞"①。1881 年 10 月 6 日,卫寿金访问水越耕南,有诗一首(下卷第 15 叶):

> 光绪辛巳中秋前一日,过畊南草堂,即席步韵,录请一哂。
> 　　登堂便令醉华颠,披读新诗更胜前。
> 　　奇句都从性灵出,才名早向世间传。
> 　　散衙余事耽风雅,好客情怀总昔贤。
> 　　老我天涯成莫逆,云山自此结良缘。

　　另外,卫寿金在致水越耕南的书简中,记述了在游历香川高松时受到当地文人款待的情形(下卷第 17 叶),并作诗一首(下卷第 15 叶),唱和耕南《秋思》②。

畊南先生若见:
　　别后于初十日薄暮,由川口起程,一路浪静风平,飚轮如駃。昨晨八时,即抵高松,而池田氏、赤松君以次接见,款待甚殷,有宾至如归之概。旦[且]此间人士皆济济多才,相与过从,颇不寂寞。惟所苦者,旅舍之蚊,其大若蝇,其声成雷,辄不能寐。因忆尊著《秋思》一律,循讽不置。爰就枕上效颦,殊不成句,录请方家斧削为幸。
此布即颂吟安。不一。

卫寿金顿首　　九月十二日

奉和畊南先生秋思原韵
> 　　冶春往事遽难追,愁绝雕栏叶落时。
> 　　断藕缫丝萦别绪,齐纨捐箧有秋思。
> 　　乱翻疏柳鸦千点,滴碎残荷雨一池。
> 　　惆怅临风三弄笛,登楼谁唱比红儿。

　　(2) 王冶梅,名寅,字冶梅,以字行。江苏省江宁府上元县人(今属江苏省南京市),画家。1877—1885 年,三次赴日,其中以第三次赴日(1879—1885 年)的时间最长,主要滞留京都、大阪③。有《冶梅石谱》(上海朝记书庄,1881 年,陈曼寿、叶松石题词)印行。在水越耕南诗集《薇山摘葩》下卷卷首,有王冶梅于 1880 年秋所画的瓶梅。《翰墨因缘》仅收录其

---

① 王韬:《扶桑游记》上卷,栗本锄云训点,报知社,1879 年,第 18 页。
② 水越耕南《秋思》,在当时颇有声誉,黎汝谦《古今诗文详解》第 75 集,1882 年 12 月 25 日,第 8 页)、郑文程(上卷第 33 叶)、黄吟梅(上卷第 48—49 叶)、胡小萍(下卷第 9 叶)、土居香国(《仙寿山房诗文钞·诗钞》卷四,浜田活三,1916 年)等人均有和诗留存,惜未见耕南原诗。在《白璧连城》(市川清藏、安田丑藏编辑兼出版,1885 年,第 1 叶)中,收录了耕南对香国的再和诗一首。
③ 鶴田武良「王寅について——来舶画人研究」,『美術研究』第 319 号、1982 年 3 月、第 75—85 頁。

诗 1 首,同年 12 月 23 日,耕南造访王冶梅,索求唱和。耕南原诗①及王冶梅的和诗如次
(下卷第 22 叶):

席上赠清客王冶梅

耕南水越成章

艺林谁不仰芳声,此日相逢最惬情。

何特丹青臻奥妙,元知词藻也浑成。

当楼残柳阴偏薄,临水寒梅瘦更清。

从此神山须小住,堪钦仙骨太峥嵘。

庚辰冬至后二日,耕南先生过访,并赠佳篇,即步原韵,尚祈斧政。

王冶梅

东瀛二载仰先声,邂逅初逢胜故情。

沧海壮游欣有遇,雕虫小技愧无成。

拜瞻眉宇英雄气,快读诗文珠玉清。

不独惊人佳句妙,笔谈高轮[论]吐峥嵘。

(3)王鹤笙。王钺,字鹤笙,以字行。江苏吴县人(今属江苏省苏州市),书家。1880
年游历日本。龟山节宇为《薇山摘萜》作序,由王钺题写。《翰墨因缘》仅录其诗 1 首(下卷
第 17—18 叶):

光绪庚辰游历日本,得见当代名公雅士,适至摄州,闻畊南先生诗名久矣。承惠
余佳章,不觉见猎心喜。偶成俚句,追步原韵,呈政,未免贻笑方家也。

羡君下笔夺天工,诗擅汉唐拜下风。

我亦来此闻名久,于今超轶独推翁。

(4)庄介祎,字吉云,江苏省丹徒县(今属江苏省镇江市)人。《翰墨因缘》仅录其诗 3
首(上卷第 34 叶),其中一首如次:

奉和畊南先生原韵以赠

迅速鸟飞隙过驹,多才当路任驰驱。

胸无尘俗情耽古,腹贮诗书行若愚。

---

① 《古今诗文详解》第 8 集,1881 年 2 月 15 日,第 10—11 页。

笑我遨游留笔记，羡君高洁似梅癯。

名流自昔推风雅，欲唤先生作汉儒。

其中"笑我遨游留笔记"一句，指的是庄氏于壬午孟冬（1882 年 12 月）至癸未年（1883 年）六月，游历了日本长崎、神户、大阪、京都、东京、横滨、川崎以及琵琶湖周边的大津、草津、近江、彦根等地。1884 年秋，辑成《日本纪游诗》两卷行世，约 28 000 字，共录诗 312 首，记录了此次游历之见闻、交游、感想等，是同时代为数不多的日本游记诗集之一。其中反映其游历神户名胜古迹、交友唱和事迹的诗作达 40 首之多。如果能够对照这些诗作的异同，也是考察他在游历神户前后心情变化的一份有益资料。例如，上述一首经修改后，在《日本纪游诗》中，虽然宗旨不变，但除了最后一句，各句文字（黑体字）都有改变，后者更加工整。

和水越畔南原韵

流水光阴隙过驹，**腾骧**当路任驰驱。

胸**除**尘**垢**情耽古，腹贮诗书**貌类**愚。

愧我才思无笔**梦**，羡君品节似梅癯。

名流**千载**惟风雅，欲唤先生作汉儒。

四、结语

以水越耕南的《翰墨因缘》为线索，通过对他与江南文人交流活动的介绍和分析，我们可以对 19 世纪 80 年代前期，以神户为舞台的中日文化交流的特点和意义做出一些初步的小结。

1871 年清朝与日本签订《中日修好条规》，1878 年清朝政府相继在东京、横滨、神户、长崎等地开设了公使馆和理事府，中日双方间隔约 200 年后重新开始了交往，度过了一段短暂的对等交流的时光。记录在《翰墨因缘》中的中日文人的交流活动，就是这种氛围的产物。与官方往来相呼应，中日民间文人的往来也出现了近代最初的兴旺景象。随着上海、宁波等地的开港通商以及中日之间航路的开通，具有开拓精神的江南文人以自己独特的智慧和勇气走向日本。他们既可能成为感受、吸收、传播日本社会巨变的载体，也是向日本展示晚清社会文化现状的具现者。《翰墨因缘》记录的江南文人，有些并非声名显赫之辈，有些也仅仅是因偶然的机遇而赴日游历、滞留甚至在日本辞世的，有些因不适应新的环境而无所作为。他们的心态、言行与同时代日本文人形成鲜明的对照，是值得分析和反思的。

其中，黄吟梅、庄介祜的足迹特别值得瞩目。黄吟梅虽然官卑职小，最初以驻神户理事府随员身份出仕,但在神户与水越耕南等人的唱和交往中,其作诗才华得以发挥,诗名大振。他在调任横滨、东京后,作为作诗"要员",协助第二代公使黎庶昌,开展了以诗文唱和为主要形式的对外交流活动。他还在卸任之前,利用在职期间培养起的人脉友情,实现了历时半年的探访日本内地的壮举,留下了值得后人仔细吟赏的游记诗集《东瀛吟草》。庄介祏以完全民间人士的身份,游历日本各地。他的《日本纪游诗》不但向国人介绍了日本传统的风土人情,而且也介绍了以神户为首的开港城市在维新以来,文明开化所带来的新气象。惜因流传不广,在以往的相关研究中,并未受到应有的重视。笔者留意,访得以上这两部诗集所在,希望在不久的将来,能够整理成册,为充实相关研究做一点贡献。

对于日本人而言,汉诗文的文化意义不仅仅限于日常生活和社交,而且自然地会将这一交流活动扩展到东亚。对于中国人来说,近代以来与日本的交流是一次范围大、时间持续长的文化撞击。在这一过程的开始阶段,汉字这一东亚共同的传媒工具,不仅能缓解中国文人因直接接触异质的西方文化所带来的忧郁和紧张,而且还能在异域享受到汉文学优美的愉悦和迷恋。水越耕南作为一个具有丰厚汉诗文根底的文人,利用其职务之便,与寓居、往来神户的中国文人广泛交流,以诗会友,其特长在神户得到了充分的发挥。与日本的近代化同步发展的新兴海港城市神户,不仅吸引了外国人,同样也吸引了日本各地的人才。在关西、环濑户内海地区已经成熟的汉诗文交流网络的基础上,神户作为对内对外都具备开放功能的城市,为实现日本国内和东亚文化的连接和交流提供了不可多得的舞台。

在以神户为舞台的中日文人交往过程中,旅居华商的参与是一个显著的特色。例如本文介绍的胡小苹就是一个显著的例子。他不仅是商人,而且还参与了日本的教育活动、诗作评论活动。在神户的中日文化交流过程中,他起到了开拓者的作用。胡铁梅的事例也令人瞩目,神户成为他人生的终点站,也成为后人研究和凭吊的历史现场。浙江商人朱季方、张德澄等人的名字虽然没有在《翰墨因缘》中出现,但是他们在中日文化交流过程中所起的作用不容忽视。而且由于华商的参与,也使神户这个开港城市具备了丰厚的文化内涵和多彩的魅力。

同志社大学图书馆藏《罗振玉书简：
德富猪一郎宛》略注

［日］道坂昭广　著

（日本京都大学）

潘　茜　石鲁豫　译

（浙江工商大学东方语言与哲学学院）

王宝平　校

（浙江工商大学东亚研究院）

引言

　　1911—1919 年,罗振玉为躲避辛亥革命,举家离开中国,旅居日本京都。在此期间,罗振玉与内藤湖南、狩野直喜等京都帝国大学学者接触颇多,他们以敦煌文献研究为嚆矢开展学术交流,这事迹已广为人知。在此期间,罗振玉还对保存在日本的中国古抄本、古刻本进行收集调查。他虽然影印了这些文献,但似乎并不满意,归国之际曾感慨道:"予在京都既影印西陲古卷轴,欲继是影印东邦所藏卷子本各书,顾仅成数种即告归。"①

　　罗振玉在日期间影印的古籍主要集中在《吉石庵丛书》中。该书共收录 27 种古抄本、古刻本,1—4 集分别为 10 种、3 种、6 种和 8 种,其中包含石刻拓本、敦煌古写本,并有日本收藏家庋藏的 10 种藏本。这 10 种藏本以内藤湖南、神田香岩、富冈氏等京都收藏家为主,而宋椠《三藏法师取经记》残本、《日本复宋本音注孟子》14 卷和宋椠本《庐山记》5 卷这三种为东京德富苏峰所藏。

　　罗振玉在宋椠《三藏法师取经记》残本的跋文(丙辰〈1916 年〉十月)中记载:"闻德富氏成箦堂文库中尚有别本。乃移书求观书,转不逾旬,苏峰翁果寄所藏本。"由此可知,他曾致信苏峰,请求借阅其藏本。

---

　　① 又,罗振玉归国之际,卖掉位于净土寺的住宅,所得款项捐献给京大出版《京都帝国大学文学部景印旧钞本》。罗振玉:《集蓼编》,1931 年。

同志社大学图书馆德富文库中庋藏有《罗振玉书简：德富猪一郎宛》之卷轴，如书名所示，它是罗振玉致德富苏峰的信函，现在同志社大学已作为馆藏珍本连同信封全部在网上公开①。

据信封上的邮戳判断，第一封信是大正五年（1916 年）10 月 21 日从（京都）圣护院局寄出，次日（22 日）寄到（东京）京桥局。其后至大正六年 2 月（旧历一月），有 8 封相继在较短时间内寄出。此后在 9 月 6 日（旧历七月）信后，间隔了更长的时间，大正七年 2 月 12 日到 3 月 30 日，又连续寄出 5 封。这些信件，前 8 封是罗振玉为影印宋椠《三藏法师取经记》等三书，向苏峰请求借阅并影印。间隔 2—3 月的信，是罗振玉为影印足利学校所藏《礼记》，委托苏峰撰写介绍信。

这一系列的书信，尤其前 8 封可补充罗振玉题写在三种影印本中跋文的内容。当然，苏峰应该是给罗振玉回了信，但至今未见。此外，罗振玉致苏峰的信当不止这 13 封（另有一封失去信封的信函，合计 14 封）。即便如此，这些书信展示了罗振玉在日期间开展影印活动之踪迹，弥足珍贵。

撰写本文时，笔者在石川武美纪念图书馆成篑堂文库藏书中，看到 3 封与这些书信同时期罗振玉寄给苏峰的信。本文通过介绍这 11 通信函（同志社大学藏《罗振玉书简》中的 8 封和在成篑堂文库藏书中目检的 3 封），来展示罗振玉在日期间生活之一端。

需要说明的是，同志大学社藏《罗振玉书简》全部收录于《罗雪堂合集》，并由萧立文释文②。笔者参考了此书。文中出现"合集作某字"，即指萧立文释文。此外，〔　〕表示小字，【　】号表示试读文字，■表示不能解读的文字。

第　一　通

信封正面
邮戳：〈大正〉5 年 10 月 21 日圣护院（大正五年：1916 年）
东京
国民新闻社
德富猪一郎殿
台启
信封背面
邮戳：〈大正〉5 年 10 月 22 日京桥
京都上京区净土寺町字马场八番地
罗振玉寄

---

①　网址 http://library.doshisha.ac.jp/ir/digital/archive/rashingyoku/194/imgidx194.html。
②　罗振玉：《罗雪堂合集》，萧立文释，西泠印社出版社，2005 年。

苏峯先生阁下：

东京握别，忽已七年①。去岁在京都大学一瞻颜色②，俦人中，未能握手，一通款曲，至怅至怅。比维尊候佳胜，定如远祝。［弟］自辛亥去国，避地平安，忽焉五稔③，闭户不通世事，温习旧学，以遣旅怀。间编写旧著及遗书古刻，以饷当世。比者借三浦将军④所藏《三藏取经诗话》⑤，已经付印。闻洒（合集作"灑"）竹文库⑥所藏，尚有大字本《大唐三藏取经记》⑦，不知较三浦将军本异同如何，系何时刊本，共计若干卷，总若干叶，求便示为荷。［弟］未至江户者数年，暇当一续旧游，走谒台端，并拟一观藏书，以慰积想，先此敬申。即请著安。秋爽，维起居珍重，不尽缕缕。

［弟］罗振玉再拜

九月廿五日⑧

补遗 A： 成箦堂文库藏《新雕大唐三藏法师取经记》中，夹有罗振玉致德富猪一郎信函，其图版可参见拙文（《历史文化社会论讲座纪要》15，2018 年 3 月）。

信封正面

邮戳：〈大正〉5 年 10 月 25 日　圣护院

东京日吉町　国民新闻社

　　德富猪一郎殿　台启

信封背面

邮戳：〈大正〉5 年 10 月 26 日　京桥

京都市上京区　净土寺町　字马场八番

　　罗振玉

---

① 七年：罗振玉继光绪二十七年（1901 年）赴日本后，于宣统元年（1909 年）再次来到日本。根据彼时日记《扶桑再游记》可知，1909 年 6 月 19 日，罗振玉拜访了篆刻家河井仙郎和苏峰。20 日罗振玉离开东京时，苏峰派人给他送行；26 日，罗振玉给苏峰寄来感谢信。"七年"当指此。

② 去岁在京都大学一瞻颜色：据《京都大学百年史》第 5 编年表可知，大正四年（1915 年）11 月 10 日天皇即位典礼时，在京都大学体育场举行了庆祝仪式，按照仪式惯例，12、13 日两天校园对外开放。据苏峰刊登在《国民新闻》（1915 年 11 月 15 日）上的文章《京都大学展览会（11 月 12 日夜）》，他参加了京都大学文科大学（文科大学，1919 年改为文学部。译者注）庆祝大典展览会，在尊攘堂会见了文科大学长长松本文三郎博士，并且在陈列馆参观了古籍等。此承京都大学研究生院人文环境学研究所须田千里教授教示。

③ 忽焉五稔：从 1911 年算起已过 5 年。

④ 三浦将军：渎武军人三浦梧楼。

⑤ 《三藏取经诗话》：此书原藏鸟尾小弥太，逝后归三浦。关于此书，可参考《大仓文化财团藏宋版大唐三藏取经诗话》（汲古书院，1997 年）中太田辰夫的"补说"以及矶部彰的"解题"。罗振玉的影印本中，附有 1915 年和 1916 年 9 月王国维、罗振玉撰写的跋文。

⑥ 洒竹文库：非苏峰文库的名称，大野洒竹（1872—1913 年）虽也是藏书家，却收集有许多俳句图书，现庋藏于东京大学综合图书馆。

⑦ 大字本《大唐三藏取经记》，据《唐三藏取经记》得书记——在村幸书店之发现》《苏峰自传》，中央公论社，1935 年）可知，此书是苏峰发现于古书肆，和大野洒竹无关。在此略陈陋见，以求教于大方。

⑧ 九月廿五日：公历 1916 年 10 月 21 日。

苏峯先生阁下：

辱答书，敬悉成篑堂文库所藏《唐三藏取经记》允见借①，劬佩高谊，求邮赐一读，三五日即珍重奉还，断不损失迟误，千祈勿却。专此敬申，即请著安。

［弟］ 罗振玉再拜

九月二十九日②

第 二 通

信封正面

邮戳：〈大正〉5 年 10 月 31 日　京都

东京市京桥区日吉町　国民新闻社

德富猪一郎 殿 台启

信封背面

邮戳：〈大正〉5 年 11 月 1 日　京桥

苏峰先生阁下：

邮局送到尊藏宋椠《三藏取经记》，拜收。连日阴雨，不能写真，天晴影照，复（合集作"后"）即珍重封还。厚谊多（合集作"至"）谢。［拙著］一册③，奉呈大教。荣拜（合集作"行"）在何时耶？此请台安。

［弟］罗振玉■■（合集作"顿首"）

初五日④

第 三 通

信封正面

邮戳：〈大正〉5 年 11 月 1 日　圣护院

东京赤坂区青山南町六之卅

德富猪一郎 殿 台启

信封背面

邮戳：〈大正〉5 年 11 月 2 日　青山

---

① 这封信夹在成篑堂文库所藏《新雕大唐三藏取经记》中。如苏峰信中所说，"我的《取经记》秘不示人，但为了罗振玉氏，愿意外借……"（参考第一封信注 5）《大唐三藏取经记》是苏峰皮藏珍本之一。据此可知，苏峰收到第一封信后，马上回函表示愿意出借。

② 九月二十九日。公历 1916 年 10 月 25 日。

③ 拙著一册：具体书名不详。成篑堂文库所藏《殷墟书契考释》（清宣统　年［年］刊）有大正五年苏峰识语，知为罗振玉馈赠。或指此书。

④ 初五日。农历十月五日，公历 1916 年 10 月 31 日。

罗 叔言

苏峰先生阁下：

承假宋椠《三藏取经记》，影照已毕①。兹付邮吏（合集作"使"）奉完，到祈检收。专此肃谢，即请著安。

[弟]再拜

十月初六日②

第 四 通

信封正面

邮戳：〈大正〉5 年 12 月 27 日　■■

东京赤坂区青山南町六之卅

德富猪一郎 殿　台启

信封背面

邮戳：〈大正〉5 年 12 月 28 日　■■

居京都 罗振玉

苏峰先生阁下：

前复一函，想达青睐。岁寒，维起居安隐为祝。[敝印]《吉石庵丛书》，顷已装成③，同小板《西游诗话》④各一部。奉呈邺架，祈惠存。尚有无厌之请者，藏宋椠《庐山记》，不知许见假影印否⑤？此海内孤本，重（合集作"甚"）愿为之流传，当亦先生之志也。贵国旧刊本能并假一参考，尤感。尚祈惠复，临颖无任主臣。此请冬安，并贺新禧。

[弟]罗振玉拜（合集作"顿首"）

■■日（合集作"初四日"）⑥

---

① 影照已毕：影印本有罗振玉丙辰年（1916 年）十月九日跋文。鲁迅和苏峰见后，曾发生论争。参见《大仓文化财团藏宋版大唐三藏取经话中的》太田辰夫"补说"。

② 农历十月六日。公历 1916 年 11 月 1 日。

③ 《吉石庵丛书》：据成箦堂文库告知，该文库藏有该书初集和第二集，第一册衬页有苏峰手书"罗振玉氏寄／大正五／十二月卅一／猪／共六册"，且书内夹有纸条写有"东京／赤坂区青山南町六ノ三十／德富猪一郎殿／京都上京区净土寺马场八／罗叔言记／腊月初三日"。该丛书初集和第二集分别于 1915 年、1917 年出版。据本信函注释 3，第二集中有《庐山集》的影印本，故可认为与此信一同寄出的只有第一集。

④ 小板《西游诗话》：指前文中三浦所藏《大唐三藏取经诗话》。现成箦堂文库把此书与《新雕大唐三藏取经记》（《吉石庵丛书》本）、前文的书信（补遗 A）合为一书。

⑤ 《庐山记》：此亦苏峰珍藏本之一，苏峰有《〈文选〉〈庐山记〉〈虚堂录〉得书记》。如以下书信所写，罗振玉影印此书时，附此跋文。据跋文可知，罗振玉在宣统元年（1909 年）拜访苏峰府邸时，看了《庐山记》《吉石庵丛书》二集。跋文中有记年"宣统丁巳闰月"（1917 年）。

⑥ 初四日：合集解释为初四日，笔者不能释读。旧历十二月四日是公历 12 月 28 日。罗振玉的书信落款日期和信封的邮戳基本一致。综合考虑邮戳（12 月 27 日）和注释（1）《吉石庵丛书》中所夹纸条的日期的话，此处或许含有文字"三"。诚望大方指教。

第 五 通

信封正面

邮戳：〈大正〉6 年 1 月 2 日　圣护院

东京赤坂区青山南町六之三十

德富猪一郎 殿　台企

信封背面

邮戳：〈大正〉6 年 1 月 3 日　青山

罗振玉

苏峰先生阁下：

奉到惠复。拜悉一切。宋椠《庐山记》承允假印，足征先生传古之盛心，钦佩无似，当遵示跋尾，并别纸书《取经记》跋尾①不误。兹寄奉近印《墨林星凤》一册②，以供临池之助，请惠存为荷。专此奉复。即颂冬祉并贺新禧。

［弟］罗振玉拜（合集作顿首）

腊月九日③

尊藏古写《贞观政要》残本④，不知存几卷。便求示复。

又启。

第 六 通

信封正面

邮戳：〈大正〉6 年 1 月 6 日　京都

　　　〈大正〉6 年 1 月 7 日　青山

东京赤坂区青山南町六之卅

德富猪一郎 殿　台启

信封背面

罗振玉

苏峰先生阁下：

奉到赐书，拜悉。维献岁发春，福德无量。［弟］寓居平安，相去千里，不获拜教并观邺

---

　① 别纸书《取经记》跋尾：《吉石庵丛书》初集刊载的景印本后附有"丙辰（1916 年）十月"撰写的跋文。与成箦堂文库藏《新雕大唐三藏取经记》中收录的"手跋"相勘，避讳等内容相同，但文章不一，记于"丙辰冬"。

　② 《墨林星凤》：罗振玉编于 1916 年 9 月。现成箦堂文库是否皮藏，待考。

　③ 腊月九日。公历 1917 年（大正六年）1 月 2 日。

　④ 古写《贞观政要》残本：该书以《贞观政要卷十》（一卷一轴）为题收录于川濑一马编著《新修成箦堂文库善本书目》（1992 年。以下简称《善本书目》）。《善本书目》第 138 页作镰仓中期写本。

架所藏,抱憾无似,幸得大君子允许假观珍祕,至感至感。贵国所刊《庐山记》①内有图画者[同宋椠同寄,最感]②亦祈见假,元椠《周易本义坿(合集作"附")录集注》③能邮寄拜观,尤拜高谊,专此肃谢。书不尽言。此请道安。

[弟]振玉再拜

十三日④

第七通（合集作第八通）

信封正面

邮戳:〈大正〉6 年 1 月 12 日　圣护院

东京市赤坂区青山南町六之三十

德富苏峰　殿

京都净土寺町罗寄

信封背面

邮戳:〈大正〉6 年 1 月 ■日青山

苏峰先生阁下:

邮局送到宝刻四种⑤拜收。至感。《庐山记》已付影照。照成即奉完。元椠《周易本义坿(合集作"附")录》⑥,舍归安陆氏影元本外,未见他家著录。此多张清子(合集作"玉")自序,尤可珍。眼福无量。先此肃谢,即请著安。

[弟]振玉再拜

十九日⑦

补遗 B:成篑堂文库藏本宋椠《庐山记》中,夹有罗振玉致德富猪一郎信函,其图版参见小文(《历史文化社会论讲座纪要》15,2018 年 3 月)。

---

　　①　贵国所刊《庐山记》:成篑堂文库藏有日本元禄十年的版本。此书如罗振玉所云,带有插图。书中有大正丙辰(五年,1916 年)苏峰的识语(《善本书目》,第 776 页)。文库还收藏有宋本《庐山记》。"解题"视"高山寺"印为赝品(《善本书目》,第 937 页)。罗振玉将该书收入《吉石庵丛书》第二集。此外,成篑堂文库藏罗振玉景印本中的跋文,与《吉石庵丛书》的跋文有些许差异,文末纪年"宣统丁巳正月"作"大岁在丁巳八日"。丁巳年是大正六年(1917 年)。

　　②　同宋椠同寄,最感:小字添加于"刊《庐山记》内有图"旁。《合集》把将此小字置于"见假"之后。

　　③　元椠《周易本义坿(合集作"附")录集注》,载《善本书目》第 974 页,作"宣统丁巳正月上虞罗振玉观"。

　　④　〈十二月〉十三日。公历 1917 年(大正六年)1 月 6 日。

　　⑤　宝刻四种:指《庐山记》的江户刻本、宋代版本以及《周易本义附录集注》。另一种不详。

　　⑥　参照本页注释(3)。苏峰似乎也注意到了此书的价值。

　　⑦　十九日:『合集』作"民国六年正月十九日"(公历 1917 年 2 月 10 日)。据邮戳日期察,此信或于农历十二月十九日(公历 1917 年[大正六年]1 月 12 日)寄出。因此书信的顺序按卷轴的顺序排列为佳。

信封正面

邮戳：〈大正〉6 年 2 月 2 日　圣护院

东京赤坂区青山南町六之三十

　　德富猪一郎 殿　台启

信封背面

邮戳：〈大正〉6 年 2 月 3 日　青山

　　　罗振玉

苏峰先生阁下：

　　去岁承惠假宋椠《庐山记》等书四种，以病胃未能书题，致稽返纳，至以为憾。比维兴居嘉胜，至以为念【命影遵写奉恶札为恐】①。兹将信出，四种奉完，祈惠检。［托别］《邙洛冢墓遗文》②一册，又影元刊《伯生诗续诗》③一册附赠，并希惠存。又有千厌之请者，闻尊藏古写本《秘府署》残卷④，为人间赐赏，能否许见假影印，入［模刻］四时嘉至轩丛刻⑤中？求使企盼贵文库中，【存】更有［■■］佚籍古写本许假印。此尤感■惠，专此肃谢，敬请著安。

　　弟罗振玉再拜

　　正月十一日

　　《取经记》别识一纸附呈，祈检入。又申。

第八通（《合集》作第七通）

信封正面

邮戳：〈大正〉6 年 2 月 7 日　　■■

东京市赤坂区青山南町六丁目三十号

德富猪一郎 殿　惠存

信封背面

邮戳：〈大正〉6 年 2 月 8 日　青山

罗振玉

---

　　① 命影遵写奉恶札为恐：意思费解。或语及为苏峰藏书撰写跋文之事。

　　② 《邙洛冢墓遗文》：罗振玉于 1914 年编，此后陆续出版续编、补遗、三编、补遗、四编、四编补遗。是否藏于成箦堂文库，待考。

　　③ 《伯生诗续诗》：罗振玉在 1914 年将元刻本《虞伯生诗续集》（至元六年刘氏日新堂刻本）石印出版。

　　④ 古写本《秘府署》残卷：《善本书目》第 95 页作平安中期写本，《苏峰自传》有介绍。此外，罗振玉又称影印了内藤湖南藏《秘府略》残卷（载《吉石庵丛书》第四集），在记年为"丁巳（1917 年）十月"的跋文中提到，若能得到苏峰的许可，将再次影印。

　　⑤ 四时嘉至轩：为罗振玉书斋名之一。除《清人室名别称字号索引》（上海古籍出版社，2001 年，第 972 页）外，用例可见《吉石庵丛书》跋文。

苏峯先生阁下：

奉到惠书，敬悉宋椠《庐山记》四种已收到，至慰至慰。承示成篑堂中藏书《周礼·考工记》卷子本①，复宋本《孟子音注》②《樊川文集夹注》三种③，甚愿拜见，能惠寄一观，感荷无似。屡渎清神，统容泥首。此请道安。

　　[弟]振玉再拜

　　上元后一日④

　　补遗 C: 罗振玉所赠《蜀石经残字》中夹有罗振玉致德富猪一郎信函，参见小文（《历史文化社会论讲座纪要》15，2018 年 3 月）。此函无落款，有苏峰识语："大正丁巳（大正六年，1917 年）四月念五，罗振玉氏赠。"

　　信封正面
东京赤坂区青山南町六之三十
德福猪一郎殿　台启

苏峰先生阁下：

前承假四书，久未归赵。以【正一一、和刘交钱】道寄奉，附呈近印《蜀石经残字》⑤一册，以【补】邺架之阙，祈赐检入。专此肃谢。即请暑安。【不畅】

　　[弟]罗振玉再拜

　　闰月廿二日⑥

　　从上文第 8 封信的注释(2)中"宣统丁巳闰月大晦"和注释(3)中"宣统丁巳闰月"这些

---

　　① 《周礼考工记》卷子本，《善本书目》，103 页"周礼（零本）"。此书作为成篑堂善本书之一，1986 年由主妇友社影印出版，据成篑堂文库教示，无罗振玉目睹的记录。

　　② 宋本《孟子音注》：据《善本书目》第 515 页记载，此书是南北朝刊本，翻刻宋版。罗振玉命之为"日本复宋本《音注孟子》十四卷（德富氏成篑堂藏本）"予以影印（载《吉石庵丛书》第二集），跋文落款为"宣统丁巳闰月大晦"。成篑堂本所附罗振玉的跋文（亦载《丁戊稿》），与此本有文字差异。此外，《善本书目》载该书有"罗氏识语一叶"，它是将跋文内容浓缩而成，共 9 行，文末注有"丁巳二月雪居士罗振玉书于东山寓居之四时嘉室轩"。

　　③ 《樊川文集夹注》三种：据《善本书目》第 1131 页记载，成篑藏有两种。罗振玉所见的是"四卷外一卷五册"。在 6 行字的跋文中，罗振玉指出该书注文中多引用佚书，落款作"宣统丁巳闰月"。此外，成篑堂藏有明嘉靖年间翻印宋版《樊川文集》20 卷（《善本书目》第 1061 页），此书亦由苏峰寄给罗振玉。罗振玉认为"此明覆宋本"，因中国传本少，杨守敬《留真谱》影印本与此本相同，末作"丁巳二月罗振玉观并题记"。并木浅峰、庄司浅水编《苏峰随笔　爱书五十年》（ブックドム社、1933 年）收有《杜樊川夹注》、《关于杜樊川文集夹注》（大正十一年 9 月 21 日傍晚于国民新闻社编辑局）、《杜樊川夹注新解》（大正十一年 11 月）、短文《仙台图书馆杜樊川夹注轶事》（大正十一年 9 月 19 日于青山草堂）。尤其是《仙台之图书馆杜樊川夹注轶事》一文，引用了罗振玉跋文"此为宇内难遭之秘籍，宜苏峰先生奉为淮南鸿宝也""必是高丽人撰"等语。

　　④ 上元后一日：公历 1917 年（大正六年）2 月 7 日。

　　⑤ 《蜀石经残字》：罗振玉影印了三山陈氏道光年间的版本，影印年份不明。见《贞松堂校刊群书解题》经部十五。

　　⑥ 闰月〈二月〉二十二日：公历 1917 年（大正六年）4 月 13 日。

跋文落款来看,此时罗振玉还未把之前的宋版《孟子音注》和《樊川文集夹注》还给苏峰。故此函当作致歉函解。此信或是在第八封信后,与《蜀石经残字》一起寄出。第九封信的邮戳为大正六年9月6日(旧历七月二十日),京都,与第八封时间相距较大。

感谢同志社大学图书馆以及石川武美纪念图书馆成簀堂文库允许我查阅珍贵资料并使用图片。本文的完成,得到同志社大学李长波老师和历史文化社会论讲座的须田千里老师、辻正博老师、佐野宏老师的诸多指导,王怡然博士也给予了热情协助,在此一并向各位表示诚挚的感谢!

［本文据京都大学大学院人间环境学研究科《历史文化社会论讲座纪要》第15号(2018年3月)所收小文《罗振玉致德富苏峰的信——同志社大学图书馆藏〈罗振玉书简:德富猪一郎宛〉略注(上)》修改而成］

高山流水遇知音

——内藤湖南与罗振玉第一次笔谈之研究

张新朋

（浙江工商大学人文与传播学院　浙江工商大学东亚研究院）

马昊天（浙江工商大学东亚研究院）

内藤湖南,本名内藤虎次郎,字炳卿,号湖南,日本庆应二年(1866 年)生于南部藩鹿角地方毛马内町(今日本秋田县十和田町毛马内);昭和九年(1934 年)逝于京都。内藤湖南的职业生涯可分为前半生的新闻记者和后半生的京都大学教授。两种职业之间虽有较大差别,但内藤湖南在舆论界和学术界均取得了非凡的成绩,为日本中国学京都学派创始人之一,对后世日本的中国学研究有很大影响。

罗振玉,初名宝钰,后改名振玉,字式如,又字叔蕴、叔言,号雪堂、永丰乡人、贞松老人、松翁等。祖籍浙江上虞,清同治五年(1866 年)生于江苏淮安;1940 年 5 月逝于旅顺。罗振玉一生经历较为丰富,学术思维敏锐,著述颇多,在甲骨学、敦煌学、古器物学等诸多方面多有开创之功,堪称中国近代学术史上的大家。内藤、罗两人同年而生,一居东瀛,一在中华,茫茫东海并未能阻隔两人之间的交往。1899 年内藤湖南第一次来华,在上海与罗振玉结识,两人的友谊持续了四十多年,直到内藤逝世。罗振玉虽不懂日文,但内藤湖南有深厚的汉文修养,能熟练地驾驭汉字,汉字成为内藤湖南和罗振玉之间沟通的桥梁,两人则以东亚汉字文化圈内特有的视觉层面的交流方式——笔谈来进行交流。本文所论即内藤湖南 1899 年首次来华游历时与罗振玉笔谈的记录。关于这次来华,内藤湖南在其归国后整理的游记《禹域鸿爪记》中有记录。但如内藤湖南本人所说,两人的笔谈话题无定,信马由缰;形式则是你提笔问罢,我把笔作答,所写纸张在两人之间不断往还;书写则或行或草,或纵或横,更无规律,以致内藤湖南本人都认为"零碎难以记录"[1],故他只能以叙述的口吻择要叙述之。

幸运的是内藤湖南、罗振玉这次笔谈的部分手稿原件还存世,今藏于日本关西大学内藤文库,经中日友人帮忙斡旋我们得以见到原稿照片,资料十分珍贵。出于方便相关学者展开

---

① 内藤湖南:《禹域鸿爪记》,载于内藤湖南、青木正儿著:《两个日本汉学家的中国纪行》之《燕山楚水》,王青译,光明日报出版社,1999 年,第 73 页。

研究考虑,现将内藤文库所存该次笔谈原稿的情况加以介绍,并对这笔谈文字进行校录。

内藤湖南一生曾前后 10 次来华,1899 年是第一次,内藤湖南时年 34 岁。这次来华,内藤湖南先后游历了天津、北京、杭州、苏州、武汉、上海等地。内藤湖南由汉口归来,11 月 21—24 日滞留上海。此时的罗振玉在家事稍稍安定之后,于 1896 年在上海创学农社,办《农报》,聘译人翻译欧美日农书及杂志,其间聘日本人藤田剑峰(藤田丰八)翻译日本农书。罗振玉与藤田剑峰两人秉性相投,交谊日深。此时中日两国虽有甲午之战,但二人认为中日作为唇齿邻邦,宜相亲善,共同抵御西方势力的东进,而两国亲善,则当自士夫起。因此,藤田剑峰会向罗振玉介绍日本学人之来华游历者。基于以上背景,滞留上海的内藤湖南经藤田剑峰的介绍与罗振玉相识。两人一见如故,虽语言不通,但以笔为舌,所谈甚欢。今关西大学内藤文库所存该次笔谈原件收藏于内藤文库第 11 箱的一个信封内(编号 1102①),内有后人整理时所加的稿纸 1 张,上有红色笔所写"罗振玉よ笔谈(燕山楚水一八七页)"等字 1 行;其后为原稿,今存 7 张,纸张大小不一,小者仅存 1 行或 2 行文字,大者则存 70 余行文字。今依内藤文库所藏之顺序将各纸所存文字依次校录如下。原稿为未经整理之手稿,对于手写体中常见的"扌"旁与"木"旁、"巾"旁与"忄"旁、"衤"旁与"礻"旁等混用,一般径据文意录定;对于文中之敬空一般不予保留;对于原稿中有残缺,但尚存残迹的文字,用□表示;若据所存残迹尚能判读为何字,则将所释读之文字置于□后,用括号括之;对于原稿中无法释读或未能准确释读的文字,剪切原图片,置于相应位置,若能初步判定为何字,则将释读文字置于括号中并于其后标以"?"。

第一纸

罗 1.1:现在甚不多。若江标②、张謇③、陶濬宣④、高邕⑤、杨守敬⑥、梁鼎芬⑦,皆近人

---

① 关于信封编号,信封左上角用铅笔写作"1702";但据关西大学内藤湖南全集原稿检索文档显示,该信封编号为"1102";综合检索文档编目信息,内藤湖南全集原稿止于"1112"号,故"1702"号之编号乃"1102"之误。

② 江标(1860—1899 年),原名善襄,字建霞(或作建椴、建瑕),号师郦(或作师许),又号萱圃、灵鹣阁主,别号笞诿。江苏元和(今苏州)人。光绪十五年(1889 年)中进士,同年五月被钦点为庶吉士;次年任翰林院编修;光绪三十五年任湖南学政。属维新派人士,曾积极协助时任湖南巡抚的陈宝箴筹划新政。书法方面,江氏曾随叶昌炽学文字学,喜好古文字学,工小篆,能刻画金石,兼善山水画。

③ 张謇(1853—1926 年),初名吴起元,因科考之需,投如皋张氏门下,更名张育才;光绪三年(1877 年)更名张謇,字季直,号啬翁,别署啬庵、啬叟、简署啬。江苏南通人。同治七年(1868 年)中秀才,光绪十一年(1885 年)中举人,光绪二十年状元,授翰林院修撰。同年,甲午战争爆发,张謇忧愤国事,力主抗战,但不为当权者采纳。辞官回乡后,兴办纱厂、面粉厂、轮船公司等实业,创办通州师范、农业学校、纺织学校等文教机构。张謇闲暇之余好书法,文字挺秀。

④ 陶濬宣(? —1915 年),原名祖望,字心云(或作心耘),又字文仲,号稷山、稷叟。浙江会稽(今浙江绍兴)人。光绪二年(1876 年)中举人。曾任广东广雅书院山长。书法宗尚六朝,笔力雄浑厚重。

⑤ 高邕(1850—1921 年),浙江仁和(今杭州)人,字邕之,号李盦,又署苦李,又号梦梅、聋公,别号清人高子、西泠字丐等,为上海"豫园书画善会"的主要发起人。书画、篆刻名家,书迹峻拔刚健,能以草书作画。

⑥ 杨守敬(1839—1914 年),字惺吾(一作星吾),号邻苏。湖北宜都人。同治元年(1862 年)举人,曾任两湖书院地理教习、勤成学堂总教长。光绪六年(1880 年),作为随员,从黎庶昌出使日本,颇留意我国宋元旧籍的搜求。嗜好金石、书法,主张摩勒六朝北碑书法。

⑦ 梁鼎芬(1859—1919 年),字星海,又字心海,号节庵,别号人间山、元节、不回翁等。广东番禺(今广州)人。光绪六年(1880 年)进士,授翰林院编修。曾任丰湖书院、端溪书院山长,广雅书局院长,湖北布政使。工诗书,书法融柳宗元、褚遂良、黄庭坚为一体,字迹清瘦,十分挺秀。

表表①者。

内 1.1：翁同龢②如何？

罗 1.2：故是老宿。然书多□(偏)□(侧)，故不为世重。

第二纸

内 2.1：□(请)□(示)

罗 2.1：棋盘街③之曹素功④最佳，值亦廉。

第三纸

罗 3.1：□□

罗 3.2：元代皆吴兴一派，如虞⑤、揭⑥诸君，文字自佳。

罗 3.3：□□□□□

第三纸背

罗 3 背：等稍劣。

第四纸

内 4.1：先生旧□(藏)？

内 4.2：仆所带有明天启元年程君房⑦墨。前数日在金陵亦购程制墨，殊不好，盖伪作。

罗 4.1：近日，方于鲁⑧、程君房、罗小华⑨墨多赝本。惟明代之曹素功之墨真者尚有，其质地甚嘉，不减于诸氏。所制以桐烟和麝制者为最佳品。

第五纸

内 5.1：下谷竹町壹番地

---

① "表"原作重文"々"，今予以录出。

② 翁同龢（1830—1904 年），字叔平，一字声甫（或作笙甫），号玉圃、笙龢、韵斋、瓶笙等。江苏常熟人。咸丰六年（1856 年）进士，曾任协办大学士，刑部、工部、户部尚书等职，两入军机处，然更为人熟知的则是他为光绪帝师傅。书法取法欧阳修、褚遂良、颜真卿及苏轼、米芾等唐宋名家，自成一格，笔力遒劲。

③ 历史地名，大致在今上海市延安东路与福州路之间的河南中路两侧一带。20 世纪初，这里为文具、笔墨、笺扇庄的聚集地，著名的有朵云轩、老周虎臣、胡开文、曹素功等。

④ 曹素功（1615—1689 年），名圣臣，字昌言，号苍庵。安徽歙县岩寺人。顺治十二年（1655 年）中秀才，康熙六年（1667 年）授布政司，后返乡以制墨为业，为清代制墨四大家之首。其所制之墨有紫玉光、天琛、苍龙珠、天瑞等名品 18 种，很受世人欢迎，有"天下之墨推歙州，歙州之墨推曹氏"之誉。

⑤ "虞"当指虞集（1272—1348 年），字伯生，号道园，世称邵庵先生。祖籍仁寿（今属四川），后迁居临川崇仁（今属江西）。曾任国子助教、集贤修撰、翰林直学士兼国子祭酒，官至奎章阁侍书学士。书法方面，真、草、篆、隶四体皆有成就，有《论书》《论草书》《论隶书》等书论传世。

⑥ "揭"当指揭傒斯（1274—1344 年），元代书法家，字曼硕，龙兴富州（今江西丰城）人。宋延祐初，任翰林国史院编修；入元后曾任奎章阁授经郎、翰林直学士、侍讲学士、中奉大夫。揭傒斯善楷、行、草三体，尤工行书。

⑦ 程君房（1522—1566 年），明代制墨家，名大约，字幼博，号筱野，安徽歙县人。程氏精于制墨，方法讲究，墨品精良，深得文人士大夫喜爱，董其昌赞其墨云"百年之后，无君房而有君房之墨；千年之后，无君房之墨而有君房之名"。程氏被誉为李廷珪后第一人，所制之墨尝作为贡品进献明神宗朱翊钧。

⑧ 方于鲁（1573—1620 年），明代制墨家，名大澂，字于鲁，后改字建元，号太玄，安徽歙县人。方于鲁制墨师法程君房，但方法上有所改进。方氏所制墨以"九玄三极"最佳，被誉为"前无古人"。

⑨ 罗小华（1522—1566 年），明代制墨名家，歙派的代表人物。名龙文，字含章，号小华，安徽歙县人。罗氏以桐烟制墨，用料考究，墨品极佳，董其昌评定其墨曰"若我朝定当以罗小华鹿角胶为第一"。

元生 ① 钟（邸?）（内?）

胜木平造②

内5.2：雀头③、柳叶④、鸡距⑤ と 笔 擎天柱⑥。

第六纸

内6.1：王羲之书系敝邦御府所藏真迹，或云"褚遂良所临，从来无印本"。去年书家多田亲爱⑦氏就其摹本命工刻之，现印百余纸耳，在敝邦为极贵珍。仆此游乞得数纸带来，今以一纸奉呈也。

罗6.1：此书谓是登善所抚⑧，此说殆不诬。蒙厚惠，极慰。

内6.2：此墨本即弘法大师《风信帖》（借多田氏物），仆尝一见其真迹，知此墨本之粗，今来此时，不得精拓本，故买得此，今谨附呈。

内6.3：此钟铭意欲呈先生。来此之次，托友人就神护寺乞得，然少一纸，别多一纸，东归之后，可将足本奉寄。

第七纸

罗7.1：今日友人久坐，致误昨所约时间，罪甚罪甚。

罗7.2：拙著不足供先生一粲，乞不吝而进教之，幸甚。

内7.1：悉惠赐，谨谢。东归之后，可捧读也。拙著《文学史论》，行以东文，粗笨⑨不足请教，以供覆瓿之用耳。

内7.2：寺僧手拓，故不得精。

罗7.3：此书极似敝国六朝人，文亦极尔疋。

罗7.4：承赐大著，慰荷无 （既?）。归当细读，拜惠不浅。敬赠之碑，文字不尽于善，以其古而敝邦人嗜之。敝国风尚凡新出而藏弄于人家，不易购得者为尚，比十种皆非于市肆可购求者，故以呈清鉴。

罗7.5：此刻 （金?）（上?）诸刻，弟所未有，骤得补笥中之缺，快慰无似，拜惠实多。

---

① 本文对于原稿中无法释读或未能准确释读的文字，剪切原图片，置于相应位置；若能初步判定为何字，则将所定之字置于原图片之后的括号中，并于所定之字后加"?"。

② 当时东京的制笔名匠。

③ 雀头，唐代笔型之一。此种笔笔锋较短，锋呈圆锥形，尖部较细，有如雀头，因名之"雀头"。

④ 柳叶，唐代笔型之一。笔锋如柳叶般细长，属长锋笔。

⑤ 鸡距，即雄鸡跖后突出向脚趾的部分。此处为唐代笔型之一种，因其笔芯较短、笔锋犀利如鸡距，故名"鸡距"。

⑥ "擎天柱"3字，原稿书于"鸡距"左侧，"擎"上部有一墨线，划至右侧"鸡距"的"鸡"字上方。

⑦ 多田亲爱（1840—1905年），明治时代的书法家。号云亭、翠云。在江户芝的神明宫任神职，明治三年（1870年）供职于神祇宫，曾在博物馆工作，推进了上代书法的复兴，与假名书法家小野鹅堂并称。

⑧ 抚，原稿从"木"，手写体"扌"与"木"常混同无别，从"木"之形，当是"抚"字俗书，今录正。"抚"同"摹"，意为规仿、模仿。《集韵·模韵》："摹，《说文》：'规也。'谓有所规仿。或从无。"宋王明清《挥麈前录》："然篆文印样，皆出诸印右，尝抚得之。"

⑨ "粗笨"二字为旁补之文，书于"不"字右侧。

内 7.3：又有那须国造碑，仆去年一得之。今春之灾，亦失之。东归之后再得，可以奉呈。

内 7.4：十二点，午间。

罗 7.6：弟今日约友人至酒家小饮，敢屈先生同往，许之否？

内 7.5：仆今日下午与友人有约，不得拜惠，憾甚。

内 7.6：十二点一点之间，友人约来。

内 7.7：传教大师是弘法同时人。

内 7.8：敝邦笔制传唐法，有三种，雀头、柳叶、鸡距是也。是系雀头，先生试写。

罗 7.7：柳叶、雀头、鸡距。

内 7.9：此扇即多田氏书。此人见为敝邦倭样书家泰斗。

罗 7.8：此君少似敝国钟绍京①。

罗 7.9：此象至今完好否？

罗 7.10：佛法自唐东𣵀（渡？）②

内 7.10：此画藏在东福寺③。相传唐吴道子，然鉴赏家怀疑，要不失为唐人笔。

罗 7.11：画僧牧溪④。

罗 7.12：此观世音，此为何以故如女象，在贵国有可考否？

内 7.11：观世音相好，贵柔和，然避类女子，此佛画家法也。

前五百年佛画名家明兆⑤画。

内 7.12：此名金阁寺⑥，前五百年建，至今完好，为西京名胜之一。

内 7.13：此前一千年名家小野道风⑦书国字。

罗 7.13：弟家旧藏有曹素功桐麝剂数枚，异日当邮赠先生。贵国现藏家多有否？

内 7.14：藏贵邦制古墨，往往有之，但佳者甚匮。

内 7.15 敝邦制墨，实称传唐法。南都⑧有老墨，土藏古墨。若就购得，当邮呈，以供雅鉴。制法少与近代贵法制异，亦因其纸笔之质不同也。

---

① 钟绍京（约 659—746 年），字可大，唐虔州赣（今江西赣州）人。系三国魏国太傅、著名书法家钟繇后裔。擅书，尤工小楷，时称"小钟"。其书法继承欧阳询、虞世南、褚遂良传统，风格与褚遂良、薛稷相近。

② 此行文字，倒书，介于"此像完好否"和"此画藏在东福寺"两行之间。

③ 东福寺，京都五大寺院之一。其前身是位于京都市东山区东南端的一座建成于日本延长二年（924 年）的寺庙。日本嘉祯二年（1236 年），九条道家决定把这里建为一座能容下 5 丈高（约 15 米）的释迦牟尼佛像的寺庙，自奈良的东大寺和兴福寺两座名寺中各取一字为名，更名为东福寺。释迦牟尼佛像殿堂于延应元年（1239 年）开始建设，至建长七年（1255 年）完工。

④ 牧溪（约 1207—约 1291 年），南宋画僧法常之号，本姓李，蜀（今四川）人。善画龙、虎、猿、鹤、山水、树石，所作随笔点墨，不加修饰，但形神俱得。存世作品有《观音图》《猿图》《鹤图》等。作品传到日本，深受推崇。

⑤ 明兆（1352—1431 年），又称吉山明兆，东福寺绘佛师，善画山水和道、释人物画，画风雄浑粗放。

⑥ 金阁寺，日本古代寺院，位于日本京都。本为室町时代幕府将军足利义满的别墅北山殿，后舍为寺院，称"鹿苑寺"。因建筑外镀有金箔，故名"金阁寺"，现为日本京都名胜之一。

⑦ 小野道风（896—966 年），日本平安时代著名书法家，师法东晋王羲之，但又融入日本的和式风格，为日本平安时代书法"三圣"之一。

⑧ 南都，奈良时代的京城所在地平城京（位于今奈良西郊），后人以"南都"作为奈良的别称。

罗 7.14：驻扎杭州署理领速水氏所赠端溪石，嘉者，甚难得，以扣之，不作磐石音而戛然，而击木者为嘉，此较嘉。

罗 7.15：弟有他约，谨辞。

以上文字是依今内藤文库所藏先后次序的录文，据各纸内容来看，前后并不连贯，显然它们并非内藤湖南与罗振玉笔谈时所用各纸之原来的次序。幸运的是关于本次与罗振玉的笔谈，内藤湖南在其来华旅行记《燕山楚水》之《禹域鸿爪记》部分有简单的记述。今据各纸内容及《禹域鸿爪记》的记述，尝试将本次内藤、罗氏二人的笔谈各纸之先后复原如下。

第七纸有"拙著不足供先生一粲乞不吝而进教之，幸甚""拙著《文学史论》，行以东文，粗笨不足请教，以供覆瓿之用耳"等双方互赠礼物等记录，当为初次见面寒暄之语，故本纸当处七纸之首。

第六纸谈王羲之书迹、弘法大师风信帖、药师寺塔檫铭。据《禹域鸿爪记》之记述，似乎可置于第七纸之后。

第五纸谈到"下谷竹町壹番地""胜木平造""雀头、柳叶、鸡距"等信息，似乎与第七纸之"敝邦笔制传唐法，有三种，雀头、柳叶、鸡距是也"相关，盖为对第七纸的补充。

第四纸、第二纸均谈论对于墨的品评。第四纸谈程君房、方于鲁、罗小华等墨之真伪及曹素功墨之佳。第二纸则指出当时棋盘街所售曹素功墨质量最佳且价格亦廉，故第二纸当次于第四纸之后。又，第七纸有罗氏云家藏"曹素功桐麝剂数枚"欲以相赠，并询问日本藏家是否有收藏，内藤氏回答藏者虽有，但佳者少，并谈论日本本国之墨等论墨的文字，第四纸、第二纸之内容与之相关，或许亦为第七纸内容之补充。

第一纸、第三纸涉及文人书迹之品题。第三纸谈元代虞集、揭傒斯的文字佳，第一纸云"现在甚不多"，罗列江标、张謇等人，同时谈到对翁同龢字的评价。据《禹域鸿爪记》"罗曰元代吴兴一派，虞、揭诸君文字自佳。余问现今书法名家为谁，罗答曰现在不甚多"[①]"问翁同龢如何，答曰本文宿老，然书多偃侧，故不为世人所重"[②]之记述，则第一纸当位于第三纸之后。

经如上之梳理，内藤湖南和罗振玉本次笔谈所存七纸之先后顺序，我们似可整理为：第七纸→第六纸→第五纸→第四纸→第二纸→第三纸→第一纸。

此次笔谈内藤氏与罗氏论及药师寺塔檫铭、那须国造碑、王羲之书迹、弘法大师风信帖、小野道风国字帖、田亲长氏之书法、中国文人书迹之品题、日本用唐法所制之笔、中国

① 内藤湖南：《禹域鸿爪记》，载于内藤湖南、青木正儿著：《两个日本汉学家的中国纪行》之《燕山楚水》，王青译，第 74 页。
② 内藤湖南：《禹域鸿爪记》，载于内藤湖南、青木正儿著：《两个日本汉学家的中国纪行》之《燕山楚水》，王青译，第 74 页。

名墨、日本土墨、端溪石砚等方面内容,多是文人所好,无一定之规,随兴所至。这也是内藤湖南此次来华之旅中最为尽兴的笔谈。内藤湖南此次来华,除与罗振玉笔谈外,还曾与方若、严复、王修植、吴秋农、陈锦涛、蒋国亮、文廷式、宋伯鲁、熊佐周、刘学洵、汪康年、张元济等 11 人进行过笔谈。其中内藤氏与熊佐周和与汪康年两人笔谈的内容不详。内藤湖南与熊佐周的笔谈发生于杭州至苏州的船上,为闲聊解闷,具体内容不详。内藤湖南与汪康年有两三次会面,但未有相关材料保留下来,笔谈内容也不详。由内藤氏"竟无暇谈及时务,遗憾"[①]之语判断,内藤湖南和汪康年最想探讨的是时务问题。以上两项而外,内藤氏与余下 9 人的笔谈,除与画家吴秋农的笔谈中应酬性地偶涉书画、拓本以外,与其他人的笔谈基本上是围绕当时中国的时局、改革、经济、财政、教育等话题展开。如果说以上时局、改革、经济、财政、教育等话题,符合内藤湖南作为新闻记者或是兼作来中国探察情报的谍报人员的心理预期的话,那么作为精通汉文典籍版本、长于中国书画文物鉴别、迫切希望与中国同行进行切磋的中国学研究者,内藤湖南则不免有几分未逢知己的遗憾。而这种遗憾,恰好由与罗振玉的笔谈来弥补。两位的相逢犹如岩下鼓琴的伯牙遇到知音的钟子期,二人的笔谈围绕金石拓片、名人书迹、古笔名墨等文人雅好展开,可谓是高山流水遇知音。这由内藤氏与罗氏互赠礼物中亦可以看出。内藤湖南在其旅行记《禹域鸿爪记》中提到,罗氏将其著作《面城精舍杂文》甲乙编、《读碑小笺》、《存拙斋札疏》、《眼学偶得》赠给自己,而自己则报之以著作《近世文学史论》;同时,将自己由日本带来的日本延历年间敕定印的右军(王羲之)草书、法隆寺金堂释迦佛、药师佛光焰背铭、二天造像记、药师寺塔檫铭、佛祖石赞碑、神护寺钟铭诸拓本及空海风信帖、小野道风国字帖等赠送给罗振玉,罗振玉则以秦瓦量、汉戴母墓画像、汉周公辅成王画像、北齐张氏白玉像、唐张希古墓志、高延福墓志、南汉马氏买地券、晋永康砖、宋元嘉砖等拓本见赠。罗氏所赠诸拓本皆为坊间市肆不易购得的罕见之本;同样,内藤氏所赠的品物中,大部分是从未出现在他赠予其他中国人的礼品名单中的。二人对对方之重视,于此可见一斑。这也许是二人之间能够维持四十年的友谊的重要原因之一吧。

又,如本文起始部分所说,关于此次与罗振玉的笔谈在内藤湖南来华游记《禹域鸿爪记》中有所记述,我们将二者加以比较,可以看出二者之间还是有差别的,二者所存的内容不完全一致,互有出入。一方面《禹域鸿爪记》所述并非笔谈原稿中所谈论内容的全部,如笔谈原稿中记录的内藤氏、罗氏二人谈论日本用唐法所制的雀头、柳叶、鸡距笔,中国程君房、于方鲁、罗小华等所制名墨,日本的南都老墨、土藏古墨,中国的端溪石砚,日本画法独特的观世音像及日本京西名胜金阁寺等,不少内容《禹域鸿爪记》均未提及。另一方面,《禹域鸿爪记》中所记述的部分内容,今内藤文库所藏原稿中未见。如罗振玉对于日下部

---

① 内藤湖南:《禹域鸿爪记》,载于内藤湖南、青木正儿著:《两个日本汉学家的中国纪行》之《燕山楚水》,王青译,第 75 页。

鸣鹤的字的评价、罗振玉就内藤氏所喜爱之字体的提问及内藤氏的回答、二人对京城人士频繁提到的徐郙的字的评价等。同时,通过以上的不同,我们也可以看出内藤湖南在撰写其旅行记《禹域鸿爪记》时,对于笔谈是有所剪裁的:一方面或许是因为与罗氏所谈多是文人雅好之事,随兴所至,话题过于庞杂、琐细;另一方面恐怕是因二人年龄相同、兴味相投,谈得高兴,书写起来则不顾规矩,信笔而书,或纵或横,忽上忽下,致使后来不易辨识、整理,不得已而舍弃之,不一定是《禹域鸿爪记》所说"其余所谈甚多,今皆不能记忆"①。现我们就关西大学内藤文库所存本次笔谈原稿,将其原文录出,再现当时内藤氏与罗氏笔谈的原貌,以无声的文字,重建二人笔谈的情形,不仅是我们研究内藤氏与罗氏的重要史料,也是我们考察过去东亚世界的文人士大夫在语言无法直接对话的情况下,借助于管城君,以笔为舌,进行信息沟通、心灵交流的独特交际模式可遇不可求的珍贵材料。

---

① 内藤湖南:《禹域鸿爪记》,载于内藤湖南、青木正儿著:《两个日本汉学家的中国纪行》之《燕山楚水》,王青译,第 74 页。

岸田吟香纪念馆藏岸田吟香和
俞樾的笔谈记录
——以两者在医学方面的关系为中心

[日] 土屋洋 著

（日本名古屋大学大学院人文学研究科）

张楚楚 译

（浙江工商大学东方语言与哲学学院）

王宝平 校

（浙江工商大学东亚研究院）

引言

　　岸田吟香纪念馆位于岸田吟香的出生地冈山县久米郡美咲町，馆内展出了许多有关岸田吟香的物品，其中包括岸田吟香与清末著名学者俞樾交流的一幅笔谈记录。它虽然是残卷，但向世人生动地展示了两人的交流情形，弥足珍贵。

　　本文首先根据先行研究考察两人的笔谈背景，其次对此笔谈进行录文与介绍，最后根据此笔谈涉及的当时俞樾所患的疾病和治疗情况，对两人交流背后的医学联系进行探讨。

　　俞樾为清朝著名的考据学集大成者，也是近代中国首位提倡"废医论"、抨击中国传统医学的文人。而岸田吟香是一名著名的新闻工作者和词典编纂者，同时也是与日中医疗事业关系密切的人物，他在传教士赫本（Hepburn James Curtis）开设于横滨的医馆内从事诊疗工作后，在东京和上海的乐善堂制造并销售眼药水"精锜水"以及其他药品，还为创建戒烟医院和医疗组织"同仁会"四处奔走。在岸田吟香和俞樾的交流背后，医学是否起到了中介作用？两人的交流在当时的日中关系下又具有何种意义？

　　以下首先通过笔谈背景来看俞樾与日本的关系。

一、笔谈的背景——俞樾和日本的关系

　　俞樾（1821—1907 年），字荫甫，浙江德清人。道光三十年（1850 年）中进士，咸丰二年

（1852 年）任翰林院编修,咸丰五年任河南学政,咸丰七年因所出试题割裂经义遭弹劾罢职。后寄居苏州,先后在苏州和杭州等地的书院任教,其中在杭州诂经精舍讲学长达三十余载,其门徒毕业后,许多都具有较高的声望。俞樾一生潜心学问,著作等身,其学术代表作《群经平议》《诸子平议》和《古书疑义举例》三书,影响深远。俞樾的经学以王念孙、王引之父子为宗,其晚年著作《茶香室经说》也是精义纷呈。俞樾诗风温和典雅,擅长小篆隶书,曾国藩、李鸿章等人对他敬重有加,日本也有一些文人雅士扣其门下。他精通经学、严以律己、天性笃直、注重廉直、衣食简朴,被人尊称为曲园先生。光绪二十八年（1902 年）,俞樾经乡举官复原职,重获昔日荣光。光绪三十二年卒,享年 86 岁。其著作除上述三部代表作外,还有《第一楼丛书》《曲园杂纂》《俞楼杂纂》《宾萌集》《春在堂杂文》《右台仙馆笔记》《茶香室丛钞》等,所有著述悉编入全集《春在堂全书》[①]。

俞樾是清末著名的学者,同时也驰名日本,有不少日本人拜他为师。汉学家小柳司气太在其所写的《俞曲园》（1906 年）一文中,对俞樾的生平事迹做了介绍。那时,俞樾还健在。其中,小柳专门用一章笔墨描述俞樾与日本汉学、汉文学界的交流。他在"曲园与我国文学"一章的结尾处写道:"我国与中国开辟交通,借助汉字表达情感的历史已经很久了。……今天幸运的是,有赖于曲园,日本传承儒学传统、铸造唐宋典范之学者,被介绍至中国,对此我们感激莫名。……中国在四千年的历史中,一直对我国富有深厚的同情心,我们能获得像曲园一样的知己,岂非奇遇哉!"这是小柳对俞樾这位喜爱日本汉学、汉文学的中国学者表达的谢意。小柳还在文中提到,有 3 位日本人推动了俞樾与日本汉学、汉文学界的交流,第一位当属岸田吟香,其他两位分别是竹添进一郎和楢原陈政。岸田的具体事迹是委托俞樾编纂完成了日本人的汉诗集《东瀛诗选》（1883 年刊）[②]。

岸田吟香（1833—1905 年）,天保四年（1833 年）4 月 8 日生于美作（冈山县）,原名银次[③],岸田刘生之父,幕末明治时期的新闻记者。师从藤森弘庵学习汉学,师从传教士赫本和滨田彦藏学习英文,元治元年（1864 年）与滨田彦藏创办日本第一份报纸《海外新闻》。庆应四年（1868 年）与荷兰裔美国人班里德（Eugene M. Van Reed）创办了《横滨新报もしほ草》。明治六年（1873 年）入东京日日新闻社,明治七年作为日本第一位随军记者赴台湾进行战地采访。1913 年和前岛密创办训盲院。此外,岸田通过销售眼药水"精锜水"涉足日中贸易。明治三十八年（1905 年）6 月 7 日去世,享年 73 岁。

据此可知,岸田吟香是一位活跃于诸多领域的人物,其中发行日本最早的报纸以及编纂和英词典尤为人知晓。1866 年（庆应二年）,岸田赴上海开设乐善堂,此后他一生中先后 8 次到中国。如上所述,他将眼药水"精锜水"等各类药品和书籍带到上海乐善堂销售,

---

① 《清史稿》卷四八二《列传二六九·儒林三》。
② 小柳司气太「俞曲園に就いて」,『東洋思想の研究』,森北書店,1942 年。竹添進一郎,号井井,外交官、汉学家,其游记《栈云峡雨日记》（『桟雲峡雨日記』）非常著名,俞樾撰序。楢原（井上）陈政也是一位外交官,为俞樾的门生,后在义和团运动中客死北京。
③ 上田正昭等編『日本人名大辞典』,講談社,2001 年。

岸田吟香纪念馆藏岸田吟香和俞樾的笔谈记录 ｜ **119**

在日中关系上留下了许多可圈可点的事迹①。岸田寓居上海时，与许多中国文人开展了交流，尤其因编纂《东瀛诗选》，他结识了俞樾，两人结下了深厚的友谊，岸田次子艾生之名即为俞樾所取。

中日学界已对《东瀛诗选》的编纂开展了不少研究②，对岸田等人积极推动俞樾编纂《东瀛诗选》的原因也提出了不同见解，如岸田等人意欲通过俞樾接近李鸿章等清政府要人，从而获取政治、军事信息即为其中一说③。与岸田一起积极促成《东瀛诗选》编纂的还有一位金泽市常福寺住持北方心泉(1850—1905年)。当时他供职于上海别院，负责东本愿寺对华传教事务。因此有学者指出，他接近与李鸿章、曾国藩有人脉关系的俞樾，目的是顺利推进传教活动。④ 也有人认为"岸田的经历几乎与汉诗无缘，他热心协助俞樾编纂《东瀛诗选》，主要是出于商业的目的。即借助俞樾之名，通过编纂诗集牟利"。⑤ 这种说法或许不无道理，但另一方面，岸田被称为"文化商人"，当时他在上海创办玉兰吟社，与王韬等文人积极开展唱和活动，学界对此缺乏应有的重视⑥。这些观点正确与否姑且不论，1882年5月，岸田确实通过已与俞樾见过面的北方心泉，委托俞樾编纂《东瀛诗选》。

通过保留在常福寺的俞樾书信，我们可以大致知晓这期间的一些细节。这些书信表明，从委托之日起到《东瀛诗选》出版的一年左右时间里，俞樾和北方、岸田之间曾围绕编纂方针有过多次交谈⑦。《东瀛诗选》甫经完成，岸田便赶往苏州，这或许是岸田和俞樾的第一次见面。有先行研究指出，《朝野新闻》曾刊登过岸田吟香撰写的《吴中纪行》一文，其中详细记载了当时两人见面的情形⑧。由于该文与下文提及的笔谈记录关系密切，因此在此先予以引用。引用时，笔者将旧体字改为通行字，将合字改成片假名，并适当施以标点符号、括号，调整了原文段落。此外，〔 〕内的文字均系笔者所添。据该文可知，岸田吟

① 有关岸田吟香与中国的关系，参考杉浦正《岸田吟香——从资料所见其一生》(『岸田吟香—資料から見たその一生』、汲古書院、1996年)；陈祖恩《生在上海的日本人——从幕末到战败》(『上海に生きた日本人—幕末から敗戦まで—』、大修館書店、2010年)；陈捷《明治前期中日民间往来——以岸田吟香为例》(『明治前期における日中間の民間往来について—岸田吟香を通して—』、陶德民等编《近代中日关系人物史研究的新视野》(『近代日中関係人物史研究の新しい地平』、雄松堂出版、2008年)等。

② 参见小川還樹「中国人が観た江戸時代の漢詩」、『文学』第46巻第6号、1978年；蔡毅「俞樾と『東瀛詩選』」、『島大言語文化—島根大学法文学部紀要言語文化学科編—』第1号、1996年；野上史郎：「『東瀛詩選』編纂の経緯—日中文化交流にかける情熱を関係者の書簡を中心にして—」、書学書道史学会編『国際書学研究　二〇〇〇』、萱原書房、2000年；王宝平『清代中日学術交流の研究』、汲古書院、2005年；島力崗「俞樾と李鴻章—『東瀛詩選』成立をめぐって—」、『大谷大学大学院研究紀要』第23号、2006年；島力崗「『東瀛詩選』研究に関する二、三の問題」、『文芸論叢』第66号、2006年；高島要「東瀛詩選 本文と総索引」、勉誠出版、2007年；川辺雄大「『東瀛詩選』編纂に関する一考察—明治漢詩壇と日中関係との関わりを中心に—」、『日本漢文学研究』第8号、2013年。

③ 島力崗「俞樾と李鴻章—『東瀛詩選』成立をめぐって—」。

④ 川辺雄大「『東瀛詩選』編纂に関する一考察—明治漢詩壇と日中関係との関わりを中心に—」。

⑤ 蔡毅「俞樾と『東瀛詩選』」、第8頁。

⑥ 陈祖恩『上海に生きた日本人—幕末から敗戦まで—』、第70—85頁。

⑦ 野上史郎「『東瀛詩選』編纂の経緯—日中文化交流にかける情熱を関係者の書簡を中心にして—」；王宝平『清代中日学術交流の研究』、第57—145頁；川辺雄大「常福寺所蔵・「岸田吟香書翰(北方心泉宛)」について」、『東アジア文化交渉研究』第3号、2010年；俞樾著，张燕婴整理：《俞樾函札辑证》上，凤凰出版社，2014年，第2—13頁等。

⑧ 王宝平『清代中日学術交流の研究』、第69—70頁；岸田吟香「呉中紀行」、『朝野新聞』明治十七年(1884年)4月5日。

香于 1883 年 12 月 29 日（旧历十二月一日）拜访俞樾，获得出版俞樾著作的授权，还为健康不佳的俞樾把脉开药。

　　曲园翁之宅位于苏州马医科巷，非常开阔，当地人称作"俞公馆"。我到府门拜谒，见有门丁二三人，他们告诉我"太史近来因病谢绝一切访客"。我猜想这或许是因为访客太多，曲园翁心生厌烦之意，遂交代门丁说的客套话。因此，我诚恳地表明来意并呈上名片，门丁仍旧没有答应我的请求并对我说："昨日太史的亲戚潘祖荫大人的亲家来访，都没能见上面。"既然如此，我说道："那今日我便不作打扰了，只因仰慕太史之高德，特意远道而来带来方物呈送给曲园老夫子，方便的话请帮忙转交一下。"说完我将拜谒的帖子随同礼物递交给了一个门丁。只见他立刻进了府中，没多久出来说："太史虽生病，但说可以见阁下。先生请跟我来。"于是，我随门丁穿过长廊走进了一个房间。

　　我等三人于屋内鹤立等待，不久曲园太史出来了。互相间恭敬作揖，寒暄谦让之后坐定。我们借助笔谈关于译作之事，闲谈一番后，言及《曲园丛书》《右台仙馆笔记》以及近著《东瀛诗选》等作品都交由我等在日本国内出版发售，曲园太史欣然允诺。

　　交谈期间，其时有呻吟之声，状态甚是疲惫，于是我请求为太史诊脉。太史说道："上月廿二日（今天是华历十二月初一）自西湖归，舟中寒气逼人，遂得此疾。"诊断结果：脉跳近百次，舌苔泛黄。太史说自己患有胃病，我问其可曾服药，他把医生开的药方拿来给我看。大致是黄署、甘草、肉桂等二十几味药，亦即后生开的药方。太史问："此药方何如？"我说："此药方用药普通，凭此药若想使病痊愈，难。"太史问："听闻阁下医术高超，有济世救人之妙药。想必袋中应该藏有仙丹妙药，可否赠予药丸？"我答道："待回到住所，再让人将药奉呈。近日寒气大，担心太史病情加重，不敢久坐打扰，就此告辞。愿为天下计，保重玉体，感谢热情接待。"我作揖后告辞，太史欲起身相送，我让少泉止步，速速请他赶紧卧床调养休息。

　　（中略）

　　三十日晴，让林庆荣将一包药丸和一封书信送到曲园太史的住所。此药名为吉纳坛丸，出自原田丰氏的处方，我从东京带来自己备用，现已注记好用方服量，转呈曲翁，此药可以说非常珍奇。（后略）

二、岸田吟香和俞樾的笔谈

　　如上所述，岸田吟香以编纂《东瀛诗选》为契机接近俞樾，初次见面，不仅获得了在日销售俞樾著作的授权，还很快为其诊脉开方。此后岸田开始与俞樾交往，在苏州停留期间，岸田似乎数次拜访俞樾，友谊日深。但是，这些未见资料记载，除上文提及的《吴中纪行》外，下文探讨的笔谈资料或是岸田在苏州拜访俞樾的珍贵史料。

这份笔谈庋藏于岸田吟香纪念馆，由吟香之弟助三之孙八藤雄一先生馈赠[①]。笔谈来源可信，笔迹和内容无可置疑，可判定为真迹。

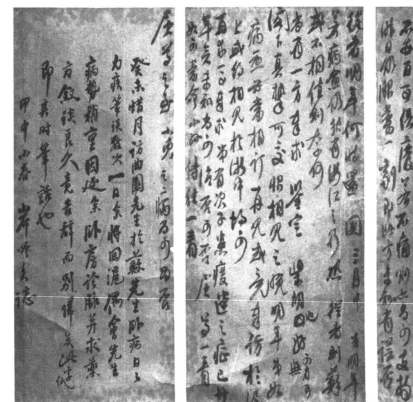

岸田与俞樾笔谈真迹（现藏于岸田吟香纪念馆）

展出的笔谈录长 24 厘米，宽 12—13 厘米，共三叶。纸片裱装在同一画轴上，传至如今（见图 1）。其内容只有俞樾书写的部分，未见岸田的笔谈部分。末有岸田撰写的跋，并钤"乐善堂校刻印"。

以下首先录文，然后译成日语，对其内容作一介绍。释文时体例同前：统一成今天通行之字，添加标点符号。此外，换行以及表示敬意和自谦的空格和小字悉依原文。译文的行和段落则根据内容做适当处理。

（第一叶）

因将远别，叨在至好，故敢奉屈至卧室

① 此据岸田吟香纪念馆创立者之一加原奎吾口述。

一谒。再求赐诊,贱脉何如?请看
面色,今日何如?胃口亦觉略好,但于粥
饭仍不欲食。至菜蔬等,则颇知有味。此恐
非胃口真好也。所最患者气痛,每自左
胁下而上,达于右胁,达于背心,以至坐卧
不安,百事俱废。若不痛,则亦尚可支持。
昨日仍服药一剂,即此方,未知有误否?

(第二叶)
从者明年何时还国?三月中,弟明年
若病愈,仍须有浙江之行。恐从者到苏,
或不相值,则奈何?
尚有一方,奉求鉴定。　柴胡也好(可有可无)。
阁下真挚可交,恨相见之晚。明年弟如
病愈,必当相订再见,或竟奉访于沪
上,或约相见于浙中均可。
再求一事奉求,弟有次子,患痰迷之症已廿
年矣。未知尚可治否,可否屈尊一看?
如可,当命小孙侍往一看。

(第三叶)
屈尊之至,小儿之病尚可为否?

癸未腊月,访曲园先生于苏。先生卧病,日日
力疾,笔谈数次。一日余将回沪,偶会先生
病势稍重,因延余卧房诊脉,并求药
方。叙谈良久,竟告辞而别,归矣。此字纸
即其时笔话也。
　　甲申小春　岸吟香志　〔钤"乐善堂　校刻印"〕

以下为译文:
〔第一叶〕
阁下即将远别,念在至交之情,临行前,屈尊至卧室一见,再求赐诊。
请看我今日的脉象和面色如何?

近来食欲也变得好些了,只是还是不想吃粥饭,蔬菜倒是还有些味道。这恐怕不是真的胃口变好了。

关键是气痛(因气滞而引发的疼痛)。总是从左腋自下而上通向右腋,再通向脊背,以至坐卧难安,百事俱废。不痛时,尚可勉强打点些事务。

昨日照旧服了一帖药,但不知该处方是否有误?

〔第二叶〕
未知阁下①来年何时归国? 如三月中②,来年病愈,应在浙江。阁下到苏州,到时恐无法相见,不知如何是好。

今有一处方,请阁下帮忙鉴定。柴胡(多年草本植物,根可药用)益。(可有,可无)

阁下真挚可托付,只叹相见恨晚。

来年,病若有所痊愈,必约再次见面。或赴上海拜访,或约见于浙江,皆可。

另有一事相求,因次子患癫痫之病已有二十载,不知是否能治,能否屈尊一看?

如若可以,让小孙陪同前往。

〔第三叶〕
不胜感激,次子的病尚能治否?

癸未(1883年)腊月,我到苏州探望曲园先生。先生卧病在床,每日抱恙与我笔谈。一日,我打算回上海,碰巧赶上先生病情加重,于是叫我到房里为其诊脉开方。聊了许久后,我便与先生道别返回了上海。

此纸即为当时的笔谈记录。

甲申〔1884年〕小春〔旧历十月〕　岸吟香 记

三、两者围绕医学的关系

从上述笔谈记录可知,当时俞樾不仅自己生病,其家里也有身患重病者,他向岸田吟香寻求诊疗和药方,两人在此期间通过交流增进了情谊。上文提到,岸田在赫本开设于横滨的医馆从事医疗工作以后,在东京和上海的乐善堂制造并销售眼药水"精锜水"等各类药品,还为创建戒烟医院和医疗组织"同仁会"奔走,是日中医疗事业中一个至关

---

① 译者注:俞樾原文作"從者",应作"仆从"解。但本文作者译作"貴殿"(阁下),当系笔误。"阁下到苏州"中的"阁下"同此。

② "三月中"3字小写,有人认为是岸田所写,但实际不明。又,据杉浦正《岸田吟香——从资料所见其一生》(『岸田吟香—資料から見たその一生―』,第397頁),岸田回国是在翌年,即1884年12月。

重要的人物①。因此，他给俞樾看病也不足为奇。

但是正如引言所述，俞樾是近代中国最早提倡"废医论"并且猛烈批判中国传统医学的人。《废医论》收录在《俞楼杂纂》，作于他和岸田会面约 3 年前的光绪六年（1880 年）②。其中，他认为"巫可废而医亦可废。古之医巫一也，今之医巫亦一也。吾未见医之胜于巫也""医之所以治病者药也。药则不可恃，脉虚、药虚，斯医亦虚矣，曲园先生所以愤然而议废医也"等，通过考证学的手法，强烈批判了中国的传统医学③。此后，他又著文《医药说》，提出"余固不信医也。然余不信医而信药""余亦岂敢谓世间必无良医"等观点④，这对传统医学的批判有些许减弱。尽管如此，俞樾的《废医论》还是产生了很大的影响，如其门生章炳麟在《论五脏附五行无定说》（1924 年）中否定了以五脏为基础的五行说，还有中医废止运动的核心人物于云岫也是受到俞樾和章炳麟思想的影响。此外，在日留学期间受教于章的鲁迅曾说到"中医，归根到底不过是一种有意或无意的诓骗"，也流露出对中国传统医学的不信任⑤。

由此可见，俞樾对当时中国的传统医学非常失望，但从这次笔谈来看，俞樾并非在用"废医论"激烈批判中国传统医学，反倒是用中国传统医学和药学知识与岸田开展对话。这启示我们：俞樾接受岸田并与其开始交流来往，并非只是因为岸田懂得西方医学知识。究竟两人有着何种关系？

思考该问题之前，首先要清楚俞樾为什么提倡"废医论"。对此，已有先行研究提出各种观点。从笔谈记录中也可看出，继次子祖仁大病（1866 年）后，俞樾的夫人姚氏病逝（1879 年），长子绍莱病死（1881 年），次女绣孙病死（1882 年），家人因治疗无效，相继不幸离世，使得俞樾对这些医术不精的医师充满愤懑。此外，俞樾的"废医论"还受到与其交情颇深的曾国藩、李鸿章等洋务派人士以及一些日本学者的影响等。⑥ 此处，必须提到俞樾门下著名的学者、革命家章炳麟的观点。他曾说过"先师俞君，侨居苏州，苏州医好以瓜果入药，未有能起病者。累遭母、妻、长子之丧，发愤作《废医论》。不怪吴医之失，而迁怒于扁鹊子仪，亦以过矣。……先师虽言废医，其讥近世医师，专持寸口（两手桡骨头内侧桡动脉的诊脉部位）以求病因，不知三部九候（中国古代诊脉方法之一），足以救时俗之违经，复

① 有关岸田吟香在医疗领域的活动，丁蕾《医药、医疗与日中关系——以岸田吟香活动为中心》（「医薬・医療と「日中連帯」—岸田吟香の諸活動を中心に—」、『日本研究』、第 31 集、国际日本文化研究中心、2005 年）中有详细记载。关于同仁会的部分，参考丁蕾《近代日本对中国医疗、文化活动——同仁会研究》（「近代日本の対中医療・文化活動—同仁会研究（一—四）—」、『日本医史学雑誌』第 45 巻第 4 号、第 46 巻第 1、2、4 号、1999—2000 年）。
② 周云青：《俞曲园先生年谱》，《民铎》第 9 卷第 1 号，1927 年，收入贾贵荣、耿素丽编：《名人年谱》第 1 册，国家图书馆出版社，2010 年；郝先中：《俞樾"废医论"及其思想根源分析》，《中华医史杂志》，2004 年第 3 期。
③ 俞樾：《废医论》，《俞楼杂纂》卷四十五，《春在堂全书》，光绪二十五年（1899 年）重定本，第 5、10 页。
④ 俞樾：《废医论》，《宾萌集》六，《春在堂全书》，第 13、16 页。
⑤ 鲁迅：《呐喊·自序》（1922 年），今竹内好译『鲁迅選集』第 1 巻、岩波書店、1956 年、第 8 页。关于"废医论"的影响，参照郝先中《俞樾"废医论"及其思想根源分析》。
⑥ 刘泽生：《俞樾废止中医思想根源探索》，《中华医史杂志》2001 年第 3 期。

岐雷(岐伯和雷公,传说中的名医)之旧贯,斯起医,非废医也①"。虽然俞樾是在家人相继病逝,愤然之下写下《废医论》,但其是批判世上那些医术不精的庸医,与其说否定中医,倒不如说是想要促进中医的复兴。② 这种观点也与俞樾在上述笔谈中的态度相一致。大概在俞樾及其家人受病魔困扰,对当时社会上的医生快要绝望之时,从异国而来被称作"东洋仙客"的岸田出现了,故而俞樾怀着一丝期待托其诊治。

此外,还有一事值得探讨,即当时岸田在上海销售什么药品,口碑又如何? 当时乐善堂分店在上海开张伊始(1880 年),岸田便积极投身于广告宣传之中。翻开那时的《申报》,时常能看到乐善堂的广告。许多研究者认为,岸田具有做广告的才能,尤其是根据有关岸田在华药品销售战略的研究结果,发现他的广告确实具有特色,如"岸田在中国推广由日本引进、开发的西医西药时,想要借助中国人容易接受的中医、中药之名,达到其宣传的目的","岸田借助中国传统医学的权威,试图让中国人接纳西洋医学"③。岸田将西药披上中医外套的宣传手段似乎确有成效,据说去乐善堂买药的人络绎不绝,几乎要踏破门槛④。虽说俞樾猛烈批判中国的传统医学,但他也并不精通西洋医学。正因为如此,当这样一个岸田出现时,他才热切地恳请岸田帮忙诊治。

经岸田诊治,俞樾及其家人的病情是否有所好转,我们不得而知。但是,后来俞樾曾为岸田的医书撰序,对其进行称颂。序文《岸吟香痧症要论序》和《岸吟香疳霉诸症要论序》⑤,收录于俞樾的全集《春在堂杂文》。"痧症"主要是指一些传染病,而"疳霉"则是指梅毒。这两本"医书"所藏不详,俟考。但据说这是当时乐善堂免费发放的宣传小册子,即岸田当时编写了一些介绍乐善堂药品的宣传手册,如《痧症要论》《花柳弁症要论》等,经《申报》主编何桂笙题序,刊登在《申报》上⑥。这两本书书名虽有出入,但应该就是俞樾撰序的《痧症要论》和《疳霉诸症要论》。此外,《申报》刊登了《痧症要症》赠送给读者的广告,如"今本堂印刷《痧症要论》数千部,敬送诸大方家,以广传播。惟愿人人家置一本,倘遇有痧症,须将病情脉象依此辨明,按症用药则庶无贻误矣",借此巧妙地推销乐善堂的药品⑦。岸田请俞樾为两书撰序,不排除借助俞樾的知名度,推销他药品的目的。以下分别是俞樾为《痧症要论》和《疳霉诸症要论》撰写的序。

---

① 章炳麟:《医术平议》(1910 年),上海人民出版社编:《章太炎全集》8,上海人民出版社,1994 年,第 19 页。
② 关于章炳麟的说法,参考章原《俞樾废中医之谜》(《读书》第 2 期,2014 年)。
③ 丁蕾「医薬・医療と「日中連帯」—岸田吟香の諸活動を中心に—」,第 223—224 页。
④ 《春江送别图记》,《申报》1889 年 3 月 10 日;杉浦正『岸田吟香—資料から見たその一生—』,第 323 页。原文如下:"顾先生不欲以经生名,生平实隐于医,举凡金匮之秘方、灵枢之妙绪,潜心探索,孜孜其中,久之而悟彻精微,出神入化。尝设药肆于海上,求药者户限几穿。先生每为之按脉立方,斟酌尽善,一经诊治,无不着手成春。"
⑤ 俞樾:《岸吟香痧症要论序》《岸吟香疳霉诸症要论序》,《春在堂杂文四编》8,《春在堂全书》。
⑥ 《岸吟香痧症花柳病症要论序》,《申报》1888 年 7 月 27 日;陈祖恩「『申报』における楽善堂の広告宣伝活動(1880 — 1893 年)」,《人文学研究所報》第 37 号,2004 年。
⑦ 《岸吟香痧症花柳病症要论序》,第 25 页;《上海乐善堂老药房发售痧症 敬送痧症要论》,《申报》1893 年 8 月 16 日。

吾老友东瀛岸君吟香精于医，而尤究心于痧，著《痧症要论》一卷，求序于余。〔中略〕吟香所论阳痧，阴痧最为人微，其治法亦中肯綮。此书一出，世间之死于痧者，庶几其寡欤！

沪上多游冶子弟，故患此〔梅毒〕者颇多。吾友东瀛岸吟香寓沪久，深悯之，著《疳霉诸症详论》一卷，辨论鲜明，施治精审，其有功于人间大矣！

俞樾在序中提及岸田医学造诣之深以及这些书的用处，并且夸赞了岸田。显然，这些赞词不排除带有客套和宣传的成分，对此我们不可全部相信。但是，这些序文作于两人开展笔谈交流数年之后，据此我们可以断言，至少俞樾对岸田没有负面印象。家人因医治无效，相继离世，俞樾对当时的中医极度失望，愤懑之下提倡"废医论"，但他却一直信任岸田。这或许给我们一个启示：岸田的诊疗和药方具有一定的疗效。

四、结语

岸田吟香与俞樾因编纂《东瀛诗选》相识，从笔谈记录中可知，岸田通过为俞樾及其家人看病开方，加深了与俞樾的友情。俞樾怀疑当时中国的传统医学，甚至提出"废医论"，但事实上他并非全盘否定中医；另一方面，岸田也巧妙地将西药披上中药的外衣，双方通过医学建立了良好的关系，并得以持续发展。

两人的笔谈记录显示，当时虽然受西方浪潮的冲击，但岸田吟香和俞樾立足于东亚共通的汉字文化以及传统医学，不断加深关系，极大地丰富了东亚传统文化的内涵。在思考未来日中关系时，这点或许对于我们富有启示。

在查阅资料时，岸田吟香纪念馆给予了诸多帮助，特此鸣谢！

清末民初来华日本人笔下的普陀山

江　静　曾昭骏

（浙江工商大学东亚研究院）

  1871 年清政府与明治政府《中日修好条规》的签订,意味着两国外交关系的正式建立,并开启了"近代中日两国真正意义上的交流".[①] 与对外扩张的国策相呼应,日本政府积极支持并鼓动日本人进入中国,于是,前来中国的日本官民组织和个人日渐增多。这些人来到中国后,或调研考察,或观光旅游,或经商任职,或传教建寺,其中不乏为政府收集情报奔波效力之人。他们根据自己的亲身经历撰写了形式各异、数量庞大的中国游记。[②] 这些游记"大多不同于纯粹以访古探胜、欣赏大自然为目的而做的'观光记',而是以调查和探知中国的政治、经济、军事、地理、风俗等为目的的'勘察记'或'踏勘记'","是我们研究近代中日两国的社会、经济、政治、军事、外交、思想、文化等时不可或缺的参考资料".[③]

  近年来,利用游记研究近代日本人的中国观以及近代中国的山川景物、风土人情及社会状况成为热点,然而,仅就都市史或地域史研究而言,大家关注的依然只是中国的东北地区以及北京、南京、上海、杭州等大城市,对游记中有关中国中小城市及地区的记载史料挖掘依然不够,研究也很不充分。事实上,对资料相对缺乏的地方史研究而言,这些游记中的记载反而尤显珍贵,值得研究者关注。

  位于东海舟山群岛中的普陀山,作为观音菩萨的道场,是中国佛教四大名山之一,也是日本观音信仰的发源地,在中日文化交流史上具有特别的意义。我们曾对清末至 1931年九一八事变以前的日本人游记做过初步调查,颇感意外的是,踏访过普陀山的日本人似乎并不多,仅在 15 种游记中有一定的篇幅描述过普陀山。然而,尽管数量很少,这些记载却是我们研究清末民初普陀山历史文化的宝贵资料,也能帮助我们多层面理解近代日本人的中国认识。因此,我们拟对此进行研究,进而探讨其背后的文化意义。

---

 ① 张明杰:《明治时期日本人的中国游记文献综述》,《日语学习与研究》2013 年第 5 期,第 55 页。

 ② 日本东洋文库、ゆまに书房相继出版了《明治以降日本人的中国旅行记(解题)》《幕末明治中国见闻录集成》20 卷和《大正中国见闻录集成》20 卷。中国的中华书局也出版了《近代日本人中国游记》系列丛书。对于这些游记的相关研究,详见张明杰《明治时期日本人的中国游记文献综述》《日语学习与研究》2013 年第 5 期,第 59 页。

 ③ 张明杰:《明治时期日本人的中国游记文献综述》,《日语学习与研究》2013 年第 5 期,第 59 页。

一、普陀山游记的作者与相关作品

张明杰曾将游记的作者分为以下九类：① 官僚或政治家；② 军人或所谓大陆浪人，这些军人往往假借留学之名来华侦探；③ 学者或留学人员；④ 记者或编辑；⑤ 作家或艺术家；⑥ 教习及教育工作者；⑦ 实业家或商人；⑧ 宗教界人士；⑨ 儒学者及民间人士。① 就普陀山游记的作者而言，其身份却比较简单，大致分为学者文人、佛教僧侣两大类。接下来，我们以游记的创作时间为序，就其作者及创作背景简要介绍如下：

（一）学者、文人的游记

伊东忠太（1867—1954 年），近代著名建筑学家、早稻田大学教授、东京帝国大学（现东京大学）名誉教授，一生致力于古建筑的研究及保护。他曾 11 次来华，也是最早来华考察的日本学者之一。1907 年 9 月至 12 月，他以中国南方地区为中心考察古建筑，其间到访普陀。翌年 6 月，他发表了《南海普陀山》一文，后收录在《伊东忠太建筑文献》卷三中。

河东碧梧桐（1873—1937 年），日本著名俳人、随笔家。1918 年 4 月至 7 月末，他游历了我国南至广东、北到北京的大部分地区；次年，出版游记《游于中国》，其中第十章题为"普陀山"。

池田桃川（1889—1935 年），中国文学研究者、作家。曾数次来华游学，后担任日本《读卖新闻》社的上海特派员，常年往来于中日两国之间，曾在多种报纸及杂志专栏中介绍中国见闻。他不止一次到访过普陀，相关游记有《普陀山探凉记》《南海普陀》，前者收录在1921 年出版的《上海百话》中。

（二）佛教僧侣的游记

来马琢道（1877—1964 年），日本曹洞宗僧侣。《佛教》杂志主编，著有《佛教各宗纲要》《列传大日本佛教史》等。1913 年初来华，在江浙一带游历数月。回国后，完成《苏浙见学录》，其中《天童育王及普陀参拜谈》一篇介绍了普陀山的地理位置、历史沿革与现状。

大谷光瑞（1876—1948 年），日本净土真宗僧侣。多次组成探险队（俗称"大谷探险队"）进入俄国、印度及中国敦煌等地进行佛教文物古迹调查，同时也盗取了不少中国文物。1915 年 6 月底，他前往普陀山避暑，逗留月余，其间完成《自普陀》《普陀》二文，后收录于《放浪漫记》一书。其中，《普陀》是他写给好友德富苏峰的书简。

关清拙（1887—1945 年），一名关精拙，日本临济宗僧。历任京都天龙寺住持、天龙寺

---

① 张明杰：《明治时期日本人的中国游记文献综述》，《日语学习与研究》2013 年第 5 期，第 56—59 页。

派管长①等职。1916 年 12 月来中国,翌年 5 月参拜了雪窦寺、普陀山。回国后撰写了《达摩的足迹：禅僧的中国行脚》一书,其中的第十六章"普陀山参拜"记录了他参拜普陀山的经历。

高桥竹迷(1883—1951 年),日本曹洞宗僧,历任山梨县清光寺、正福院等寺住持。诗文书画无所不精。1922 年 9 月来华,10 月初到普陀山,后又前往杭州、苏州、镇江、庐山等地,10 月末返回日本,完成《中国祖迹参拜纪行》一书。

常盘大定(1870—1945 年),日本真宗大谷派僧侣,曾任东京大学教授。1920—1929 年期间先后五次来华考察宗教文化遗址,注重对史迹的拍摄、记录。1922 年 9 月至 12 月第三次来华期间,曾赴普陀山进行深入调查,并将考察成果写成《普陀山》一文,收录于他编的《中国佛教史迹踏查记》。

山田玉田(? —1961 年),日本黄檗宗僧,宇治黄檗山万福寺管长。1925 年夏,经台湾进入福建,礼拜黄檗山,之后历访苏浙等地。归国后出版了《中国祖迹巡拜记》,其中收录了途经普陀山的日记。

1926 秋,日本佛教联合会召集日本佛教各宗派负责人及大学教授共 22 人,组成佛教团来华,一行人在曹洞宗僧水野梅晓(1877—1949 年)的带领下,经朝鲜进入中国,先后访问了沈阳、北京、天津、南京、苏州、上海、宁波、杭州等地,历时一个多月,与中国各地的佛教机构及僧俗人士有十分频繁的交往活动,为近代中日两国佛教交流的盛事。回国后,访华团成员均提交了视察报告,由水野梅晓编辑成《日本佛教徒访华要录》一书出版。该书分为"旅行记"和"团员视察报告集"两部分。"旅行记"由水野梅晓撰写,其中详细记载了普陀山僧众举山欢迎日本佛教团的场景。水野梅晓常年来往于中日两国间,与中国僧俗各界重要人士均有交往,被日本佛教界视为"中国开教先驱"。"团员视察报告集"中有多篇述及普陀山的文章,包括高井观海(1884—1953 年)的《中华佛教访问记》、桥川正(1894—1931 年)的《由普陀至天童》以及今井铁城(1868—1943 年)的《宁波的佛教》等。高井观海系真言宗僧,智山专门学校校长,亦曾担任真言宗智山派管长。桥川正是净土真宗大谷派京都佛愿寺住持,京都大谷大学教授。今井铁城是曹洞宗总持寺副监院,日本佛教联合会常务理事。此外,随团的伊藤敬宗(1881—1935 年)还将此次访问途中的日记结集成《瞎驴行》出版,其中包括普陀山行纪。伊藤敬宗系临济宗相国寺派高僧,历任京都相国寺瑞春院、金阁寺住持,后任京都禅门高等学院(今花园大学前身)院长。

乙部吞海(1891—1954 年),日本曹洞宗僧。1929 年,恰逢日本曹洞宗开宗 700 周年,乙部吞海受曹洞宗大本山永平寺之托,来到日本曹洞宗开山道元曾经参学过的宁波天童寺、育王寺及杭州径山寺献香,历时近两个月。归国后,编纂出版了《南支巡拜》,其中提到了他在普陀山的经历。

---

① 管长：日本佛教各宗派的最高负责人。

综上所述,普陀山游记的作者以僧侣居多,这与普陀山观音道场、佛教圣地的地位不无关系,同时,也是当时有大量日本僧人来华考察并布教之时代潮流使然。

二、普陀山游记的主要内容

普陀山游记记载了普陀山的历史沿革、自然风貌、人文景观等,我们将其归纳为以下六个方面:

(一)地理位置和自然环境

普陀山地处杭州湾南,是舟山群岛东部的一座小岛,地质属古华夏褶皱带,岛上奇峰幽谷、石府洞天、金沙绵亘,森林覆盖率近 80%。日本人来华游记中,有多处对普陀山地理位置、环境、物产等进行描述。兹举一例如下:

> (普陀山)位于今定海县东,距县百余里,孤峙海中。蜿蜒绵亘,纵横各十里许,周遭四十余里或百里。南亘闽粤,北接登莱,东控日本,西通吴会,实为海中巨障。(岛屿)全长二十清里(以下简称里),中央向内弯曲,绵延三四里,周围约六七十里,面积约小于我国一方里(约等于 12 平方公里),大致相当于我国的伊豆神津岛。岛内被一条山脉横断,且南边有群峰。据《普陀山志》记载,最高峰名白华顶,光熙峰次之,大小雪浪山、象王峰、梅岑峰、达磨峰、正趣峰等诸峰耸立。[①]

类似这样的细致描述在游记中颇为常见,而且,从他们的记载中可知,《普陀山志》是他们最常使用的参考书。

(二)历史沿革与名胜古迹

多部游记提到了普陀山的历史,或长或短。长者如今井铁城在《宁波的佛教》一文中对普陀山沿革的介绍,4 000 字的文章有 1 200 字是在叙述普陀山的历史;简短者可推伊藤敬宗的《瞎驴行》,他介绍沿革曰:

> 普陀山,属定海县,为观音大士现相之地。梁贞明中,日本僧慧蕚奉五台山观音像至,立院于双峰山下,号为不肯去观音院,此为普陀立院之祖。至宋神宗元丰三年,下旨改建殿宇,赐额宝陀观音寺。高宁二帝间,亦秩加修饰。历元至明,复重

---

① 伊东忠太『伊東忠太建築文献』卷三『南海普陀山』、龍吟社、1937 年、第 519 頁。原文日文,此为笔者译。本文征引游记除《瞎驴行》外,其余原文皆为日文,由笔者翻译。

建大刹,改名补陀山。其后随圮随修,规模渐弘。万历三十三年,增建圆通等殿,赐额护国永寿普陀禅寺。迨明末清兴,康熙十年,倭人入寇,纵火焚寺。乱既定,乃下旨重建大圆通殿,赐名普济禅寺。雍正十二年,又敕建法雨禅寺,至此普陀之基始定。民国肇兴,全山寺庵渐渐建设。而普陀之名,亦播扬遐迩,中外人士无不知有普陀胜景者矣。①

寥寥 300 字,清楚地交代了普陀山从建寺到民国时期的历史。

普陀山名胜古迹众多,也是到访者笔下的风景,朝圣门、海岸牌坊、潮音洞、太子塔、普同塔、观音古洞以及普陀山绝壁生辉的石刻文化,凡此种种,皆出现在日本人的游记中。其中记载最为详尽者,当推伊藤敬宗的《瞎驴行》,涉及景点两百余处,"详分门类,别为序次,毫厘剖析"。②

(三) 寺院布局与管理体制

到访普陀山的日本人对于寺院的整体布局有颇多描述,如今井铁城的记载:

> (普陀山)现有普济、法雨、惠济三禅寺,是为三大丛林。除上述三寺以外,普陀山还有所谓堂或者庵的多所小寺院。(中略)因此,以上述三大寺院为主,以接待外来信众的庵或堂等小寺院为辅,构成了普陀山的骨肉。这些寺院总数多达 80 所,此外,前后山更分别有 79、53 所被称为茅棚的,仅设有极小庵室和苦行僧房的地方,是为普陀山的皮毛。③

当然,最为专业且详尽的记录还是见载于建筑学家伊东忠太、佛教学者常盘大定两人的游记,因篇幅所限,这里不再引录。

除了对寺院布局与建筑的考察,日本人对寺院的管理体制也表现出相当的兴趣,并留下了不少记录,例如:

> 而关于寺院内部制度方面,上述两寺采用丛林制度,住持之下设有都监寺、副寺、知众、知客等寮舍,负责内外一切事物,住持接化众僧只限三年。因此,全山兴衰均系各自寮舍,寮舍尽心打点内外事务,知众也要知悉全山事宜,无论何等琐事,都不允许官吏干涉,不但如此,执事僧还负责向信徒劝诱参拜、募缘香资等,实在是要付出惊人的努力,才得以延续寺院的千年香火。民国以来,仅有定海县派驻警察若干名,与知

---

① 伊藤敬宗『瞎驢行』、内外出版株式会社、1927 年、第 104 頁。
② 伊藤敬宗『瞎驢行』、第 109—110 頁。
③ 今井鉄城『寧波の仏教』、水野梅曉編『日本仏教徒訪華要録』、日本仏教聯聯合会、1928 年、第 345 頁。

众一起管理人数众多的参拜者。①

（四）普陀僧及彼此间的交流

普陀山僧人是日本人在游记中常常述及的对象。大致可分为三类：

第一类是历史上的高僧。除了与日本有关的慧萼、一山一宁、隐元隆琦等，作为曹洞宗僧的来马琢道还对南宋曹洞宗僧真歇清了的事迹和相关景点做了比较详细的介绍，并称颂"他的功绩被全山铭记至今"。② 第二类是当代高僧。最常被提及的是法雨寺首座、民国四大高僧之一的印光法师。常盘大定以及1926年访华佛教团中的多位成员皆在游记中对他赞美有加，称他是"德行高尚、闻名天下的大知识"③。第三类是一般僧众。例如"是僧人同时也是旅店的主人，巧妙地接待客人，接受一定的喜舍以资生活"的普济寺僧④，以及"坐着摊开草席化缘的僧人""展开衣袖乞要零钱的僧人"等。⑤

游记中也有不少有关拜访当地僧众的情形的描述，例如："一位年轻的长老接待了我们，兴许是知客和尚吧，还亲自带领我们参观。（中略）老师很积极认真地进行交谈，此地住持不在，知客和尚以不会写字为由拒绝笔谈，我们仅靠着小曾的翻译进行专业晦涩的对谈"。⑥ 再如，"今日我们一行人乘船来到埠头时，立刻就有寺庙的人来迎接，带我们参观其他寺院，还招待食宿，真可谓无微不至"。⑦

1926年日本佛教访华团的报告书中不仅有对普陀寺欢迎仪式的详细记载，还收录了双方在欢迎会上的致辞，因篇幅较长，此处不录。

（五）市井风情

普陀山作为观音道场，每年都会有大量信徒前来朝拜，岛上因此形成了独有的僧俗共建的市井风情。对此，游记中不乏记载，兹录一则于此：

> 寺院中弟子僧或云水僧不负责杂事。接待信众、内外清扫都交由普通民众处理，此等杂役约有数百名，此外还有轿夫二三百名，肩负外来信众参拜或各寺住持外出往来。普济寺门前还有为信众开设的若干家店铺，贩卖念珠或者佛像经卷等，这类人员亦有数百名。如此算来，生活在山中的僧俗共约四千人。（中略）食材由从宁波发来的小蒸汽船每日运来，因此，在这一粒麦米都不产的孤岛上，也可方便地获得新鲜的菜蔬。⑧

---

① 今井鉄城『寧波の仏教』、『日本仏教徒訪华要録』、第343—344頁。
② 来马琢道『蘇浙見学録』、鴻盟社、1913年、第76頁。
③ 水野梅曉編『日本仏教徒訪华要録』、第106頁。
④ 伊東忠太『伊東忠太建築文献』卷三『南海普陀山』、第519頁。
⑤ 河東碧梧桐『支那に遊びて』、大阪屋号書店、1919年、第227頁。
⑥ 高橋竹迷『支那祖跡参拜紀行』、中央仏教社、1926年、第120頁。
⑦ 来马琢道『蘇浙見学録』、第77頁。
⑧ 今井鉄城『寧波の仏教』、第345、347頁。

（六）与日本的关系

普陀山与日本的历史渊源可追溯至 8 世纪中叶鉴真东渡时，据说他曾途经普陀山附近的莲花洋。然而，若论普陀山与日本的真正结缘，当为 9 世纪中叶日僧慧萼建不肯去观音院。据说，慧萼从五台山请来观音像，原打算带回日本供养，谁知船在舟山梅岑山附近突遇阻碍，始终无法前行，慧萼于是就在普陀山建成不肯去观音院，供奉请来的观音像。自此，普陀山逐渐成为观音道场。几乎每部游记都会提到这一传说，或详或略。

与日本结缘的另一位普陀高僧是临济宗僧一山一宁（1247—1317 年）。他于至元三十一年（1294 年）住持今普陀山普济寺，5 年后受命出使日本，在日本相继住持镰仓建长寺、圆觉寺、净智寺，以及京都南禅寺等，影响很大。令人意外的是，游记中关于他的记载却很少，仅今井铁城有简单描述：

> 元朝初期，同山僧人一山国师受元朝皇帝旨意前来日本，后奉龟山天皇之命主持南禅寺。国师弥留之际，蒙后宇多天皇车架亲临，得如此慰问，实乃桑门至荣。国师迁化之后，依后宇多天皇圣旨，将国师塔所建在龟山天皇陵域内，并赐"法雨"二字。如此殊荣，在日本佛教史上独一无二。[①]

顺治十一年（1654 年），福建僧人隐元隆琦受邀东渡日本，成为日本黄檗宗的开山祖师。隐元 21 岁时，为了寻找年幼时失踪的父亲，曾至普陀山，在潮音洞"领茶头执事，日供万众"。[②] 游记中对此段故事也有不少记载，黄檗宗僧山田玉田的记载尤为详细，曹洞宗僧高桥竹迷还"特将隐元禅师的年谱带来，供养一册"。[③]

除了高僧大德，游记作者也提到了倭寇对普陀山的破坏，多数人为此感到羞耻。例如，来马琢道认为"遗憾的是，普陀山屡次遭受日本倭寇袭击，曾全数化为灰烬。可以说开山的是日本人，将它付之一炬的也是日本人，并非多值得骄傲的事情"。[④] 今井铁城则发出了"菩萨亲选之道场竟因倭寇之患蒙受过如此令人震惊的打击"[⑤]的感慨。

综上所述，游记从多个方面记载了普陀山的基本情况，涉及面广，内容丰富，特别是其中与日本有关的描述细致入微，极具特色。从游记作者的讲述中，我们知道他们关于普陀山的知识有相当部分是来自《普陀山志》。然而，元至民国的 7 部篇幅可观的《普陀山志》中，有相当多的内容是对观音灵迹现象的描述，可是，游记对此几乎不提。笔者以为，这反映了中日两国观音信仰的不同。中国民间关注的是观音大慈大悲、救苦救难的现世利益，

---

① 今井铁城『寧波の仏教』，第 341 页。
② 平久保章『新纂校訂隐元全集』、开明书院、1979 年、第 844 页。
③ 高橋竹迷『支那祖跡参拜紀行』，第 118 页。
④ 来馬琢道『蘇浙見学録』，第 78 页。
⑤ 今井铁城『寧波の仏教』，第 342 页。

而在日本，自9世纪平安中期以后，随着阿弥陀往生净土信仰的出现与流行，日本人的观音信仰逐渐由追求现世利益转向追求往生净土，并以"补陀落渡海"这一独特的形式表现出来，中国民间观音救苦救难的种种灵感示现自然不会受到日本人的关注。

三、日本人眼中的普陀山形象

以上我们介绍了游记的主要内容，通过这些记载，我们可以总结出普陀山在日本人眼中的四种形象：

（一）佛国庄严使人起敬

普陀山作为观音道场、四大佛教名山之一，在很多中外人士心中具有不同寻常的地位。日本人在游记中多处称普陀为"圣地"，称在此"处处可感受佛法之趣"[①]，就连做梦都是"梦至潮音洞边，涛声胜似梵音，有洗去俗肠之感"。[②] 这种神圣性又通过圣洁的高僧形象和森严的清规戒律体现出来。

在日本人眼中，普陀山不乏道行深远、德行高洁的僧人。除了前面提及的印光法师，关清拙还提到"前寺的和尚名德林，勤于念佛，德行高洁；后寺的和尚名了清，人言其戒律严明，心清如水"。[③]

令日本人叹服的，还有在日本已被冷落的清规戒律，普陀山对于僧侣持戒有严格的规定，这一点从《普陀洛迦新志》卷八"僧伽日用轨范""共住规约"等诸种规定中可以得知。对于戒律的执行情况，游记中有多处生动的描写。例如，关于着装，"听授说戒的比丘、比丘尼自不必说，连优婆塞、优婆夷都身披海青及七条袈裟，这等情形在日本是见不到的"[④]；关于不近女色，"全山除了外来信众以外没有一名女子居住。故此山自开创以来，除动物之外，无苟且之事，真可谓清净圣地，殊胜佛国"[⑤]；关于不食荤腥，"寺庙里的和尚们看着我们吃鲇鱼和牛肉，眼睛睁得溜圆。问他们要不要尝一点，他们纷纷摆手跑走"[⑥]；关于不杀生，"岛上也有其特有的佛戒及风俗，即决不允许捕捞"[⑦]，等等。

此外，山上寺院举办的法会，也常令日本人感叹。例如，山田玉田等人在参观完法雨寺为施主举办的荐亡上堂法会后，发出如下感叹："仪式肃穆，规矩井然，与黄檗山法式略有不同，但也大同小异，在处处弥漫颓废气息的中国，仍然举行着如此令人肃然起敬的仪

---

① 来馬琢道『蘇浙見学録』、第79頁。
② 山田玉田『支那祖跡巡拜記』、真光院、1926年、第145頁。
③ 関清拙『達磨の足跡：禅僧の支那行脚』、第220頁。
④ 水野梅暁編『日本仏教徒訪華要録』、第108頁。
⑤ 今井鉄城『寧波の仏教』、第347頁。
⑥ 池田桃川『上海百話』、日本堂、1923年、第218頁。
⑦ 高橋竹迷『支那祖跡参拝紀行』、第117頁。

式,心念及此,不禁法喜充满,信心倍增。"①

观音传说、高僧大德、森严戒律、肃穆法会共同构成了普陀山佛教圣地的神圣意象,难怪日本人会发出"世界稀有圣地"②"真乃佛法昌盛的灵地呀"③这样的感叹。

(二)风景壮美引人赞叹

普陀山风景奇佳,对此日本人在游记中也是极尽赞美之辞。例如伊东忠太认为"普陀山的景致实乃冠绝中国。东面可眺望茫茫大海,西北南三面群岛星罗棋布,山峰高耸且秀丽,水流悠长且清澈,或十里平沙,或千尺断崖,怒潮激浪,巉岩巨石,真乃南海仙境"④。大谷光瑞赞叹普陀:"万万想不到,距上海一昼夜之地,竟有如此壮丽美景!"⑤高桥竹迷面对普陀美景更是感叹:"与南画写生如出一辙!"⑥

感叹普陀自然风景的同时,日本人大都觉得普陀山与日本有颇多相似之处。如高井观海称"普陀山一带就是所谓的舟山群岛的一部分,大小岛屿无数,散布海中,宛如我国松岛风光的放大版,是绝佳的风景地"⑦。

(三)相较日本亦不逊色

近代日本人游记常常将中国的现状与日本进行比较,有时还故意通过贬低中国以增加自己的优越感,然而,在普陀山游记中,这一现象并不多见。在日本游客看来,普陀不但自然美景与日本相似,寺院建制也颇有相似之处。如伊东忠太提到普济寺和法雨寺,"两刹建制基本相仿,日本禅刹也有与之类似的地方,尤其是普济寺和京都府宇治黄檗山万福寺的伽蓝极其相似"。⑧ 因为相似,异乡的普陀山便在这些作者的心中多了几分亲切和熟悉。

甚至游记作者中还有多人觉得普陀山在很多方面要优于日本,例如,高桥竹迷以为"濑户内海景色也好,奈何太小。这里的天地何其宽广!南画的云烟缥缈,诚不我欺,这是迄今为止的理想乡啊"!⑨ 来马琢道就称赞普陀山道:"无论前寺和后寺,均整治良好,令人折服。围绕各处的斜坡、道路,皆铺设石块,毫无缝隙,各堂设备之齐全,犹胜我国诸山。"⑩

(四)不尽如人意令人失望

不可否认,日本人在游记中也对普陀山的某些现象颇感不满和失望,主要体现在以下

---

① 山田玉田『支那祖跡巡拝記』、第 149 頁。
② 伊東忠太『伊東忠太建築文献』卷三『南海普陀山』、第 530 頁。
③ 高橋竹迷『支那祖跡参拝紀行』、第 117 頁。
④ 伊東忠太『伊東忠太建築文献』卷三『南海普陀山』、第 517 頁。
⑤ 大谷光瑞『放浪漫記』、第 232 頁。
⑥ 高橋竹迷『支那祖跡参拝紀行』、第 116 頁。
⑦ 高井観海『中華仏教訪問記』、『日本仏教徒訪華要録』、第 229 頁。
⑧ 伊東忠太『伊東忠太建築文献』卷三『南海普陀山』、第 524 頁。
⑨ 高橋竹迷『支那祖跡参拝紀行』、第 114 頁。
⑩ 来馬琢道『蘇浙見学録』、第 79 頁。

两个方面：

一是对部分僧侣行为的失望。清末民初，中国佛教处于衰退时期，佛学思想沉寂，僧侣素质低下，这一点常为日本佛教界所诟病，就连建筑学者伊东忠太也称"中国的僧侣尤其缺乏信仰和学识，终日为利忙碌奔走"，不过，他觉得"普陀山僧侣的风气相较之下还不那么过分，尚能被人接受"①。再如，高桥竹迷写到拜会普济寺知客时的情景，发出了如下感慨："询问了普陀山开山日本僧人惠锷的情况等，对方竟毫无所知。此处虽亦属临济宗，却连《碧岩录》之名都不曾耳闻，育王亦是如此。"②除了不学无术，对于部分僧侣存在着乞讨及索取游客钱财的行为，游记的作者们也是颇有微词。例如，高桥竹迷写道："我们每人缴纳了2元的住宿费以外，还供了香火钱，同时随喜供养了知客寮和斋堂。'也给大家点小费吧'，或许是看到了我等的虔诚，有人如是说道。对此公然要求小费的行为，我们略感诧异。"③桥川正写道："虽说比丘有乞食之传统，然而看见眼前这副模样，我还是觉得多少有些可悲可叹。"④

二是对古迹被破坏或新建筑风格的不满。伊东忠太认为，僧侣们常以修缮佛像、庙堂的名义向信徒收敛钱财，由此导致"古色古香登时消失殆尽，佛像古物或玉碎或焚毁"⑤。对于普陀山上新建的大佛头，他的评价是"技法拙劣，令人瞠目"⑥。1926年，桥川正等人满怀期待地赴太子塔参观，其时太子塔正在修理，与他在书中所见照片的风光很是不同，令他"好生失望"，并发出"越改越坏""真是令人扼腕"⑦的叹息。

总体而言，近代日本人游记中对于现实中国的描写常常充满鄙视与批判，然而，就普陀山游记而言，却是赞美多于批评。伊东忠太甚至发出如下感慨："最后，吾有一言，请诸君静听，诸君若是有机会渡清，千万不要忘记去拜访从上海仅花一昼夜就能到达的，我国日本高僧开山的，既是世界稀有圣地，也是世界稀有风景地的南海普陀山！"究其原因，笔者以为主要有以下两点：

第一，普陀山不仅风景秀丽，对于寺院僧众及香客的管理也颇为严格。而且，普陀山有民国四大高僧之一的印光法师，其高洁的品行也提升了普陀山的庄严形象。

第二，普陀山作为观音道场以及日本僧人开山、赴日高僧驻锡住持过的地方，与日本渊源深厚，这会让到访的日本人感到亲切，平添几分好感，而在到访的日本僧人心中更是具有特殊的地位和不可磨灭的神圣性。

---

① 伊東忠太『伊東忠太築文献』卷三『南海普陀山』、第529頁。
② 高橋竹迷『支那祖跡参拜紀行』、第120頁。
③ 高橋竹迷『支那祖跡参拜紀行』、第119頁。
④ 橘川正『普陀から天童へ』、『日本仏教徒訪華要録』、第366頁。
⑤ 伊東忠太『伊東忠太建築文献』卷三『南海普陀山』、第529頁。
⑥ 伊東忠太『伊東忠太建築文献』卷三『南海普陀山』、第526頁。
⑦ 橘川正『普陀から天童へ』、『日本仏教徒訪華要録』、第366頁。

四、结语

正如葛兆光指出的,外国人有关中国的记录"从异域之眼补充了中国的自我认识,也呈现了不同国家的文化比较,特别是,如果这种观察背后还有外国人的好恶、情感和想象,呈现了'他者'的立场,它的史料价值就更高"①。日本人普陀山游记一方面是我们研究普陀山社会状况、风俗民情、宗教信仰的重要史料,另一方面也为我们考察近代日本人的中国认识提供了丰富的素材。

就前者而言,日本人游记中有关普陀山的记载可补现有史料的不足。目前对于民国初年普陀山的研究主要依据《普陀洛迦新志》,该部志书对于普陀山的历史、名胜、戒律、诗文等都有比较详细的介绍,是一部体例得当、史料翔实、考证精详的志书。② 然而日本人游记可以从普陀市井风情、戒律的实际执行情况、当代高僧风采及当代中日交流这四方面作为对该志的补充参考。

需要指出的是,来自异域的外国人和生活在本土的中国人对于社会文化现象的关注和感受是不同的,中国人认为理所当然、习以为常的现象往往是外国人好奇和关注的对象,而这种现象恰恰是普通民众真实生活的反映,只要不是出于有意的歪曲,外国人的记录往往更具真实性和客观性。当然,我们在利用日本人游记时,也要考虑到作者站在大和民族主义情感或是为侵略战争服务的思想支配下对现实中国负面形象的无限放大。

就后者而论,说到近代日本的中国认识,宋成有曾经指出:"甲午战争对日本社会产生的最大影响,莫过于大国意识的急剧膨胀和军国主义思潮的泛滥。对中国的亲近感和敬畏之心永远成为过去,轻视乃至蔑视中国和中国人的民族沙文主义甚嚣尘上。"③当时的游记也确实反映了日本人对现实中国的批判与蔑视,在多数人的游记中,中国成为低俗、落后、不文明国家的代表,这为"文明"日本拯救"落后"中国的侵略思想提供了依据。对此,我们应有充分的认识和相当的警觉,但是,日本人有关普陀山的记录也在提醒我们,日本人眼中的中国形象并非简单划一,不同知识结构、价值体系以及文化背景会影响到日本人的中国认识,我们要注意到日本人眼中中国形象的多样性和复杂性。

[本文为国家社科基金重点项目"古代中日佛教外交研究"(项目号:19ASS007)阶段性成果]

---

① 此序见载于朱莉丽:《行观中国》,复旦大学出版社,2013 年。
② 关于此部志书的特点,可参考武锋、林陈薇:《〈普陀洛迦新志〉的编纂特色》,《浙江海洋学院学报(人文科学版)》2014 年第 6 期,第 40—44 页。
③ 宋成有:《新编日本近代史》,北京大学出版社,2006 年,第 238 页。

山本梅崖汉学塾之中国留学生

吕顺长

（浙江工商大学东亚研究院）

日本明治时代初期，随着西化政策的推进，涌现了大量个人设立的传播西学的教育机构，如福泽谕吉的“庆应义塾”（1868年）、南部利恭的“共惯义塾”（1870年）、中村正直的“同人社”（1873年）、新岛襄的“同志社英学校”（1875年）等，这些学校主要教授英语、数学等西方的语言和科学。以儒学和中国传统学问为教授内容的汉学塾，虽因受西化政策的影响而在明治中后期开始走向衰落，但在明治中前期则仍然受到大众的欢迎，这一时期新创办的比较著名的汉学塾，东京有岛田篁村的“双桂精舍”（1869年）、三岛中洲的“二松学舍”（1877年）、蒲生褧亭的“有为塾”（1879年），京都有草场船山的“敬塾”（1875年），大阪有藤泽南岳的“泊园书院”、山本宪的“梅清处塾”等。

甲午战争后，中国人以积极和开放的心态，通过派学生留日、赴日考察、翻译日书、招聘日本教习等方式，开展与日本的教育文化交流。其中，中国向日本派遣留学生规模最大，影响也最深远。清末留日运动最高潮时，在日中国留学生总数达万余人，他们分布于日本的各类学校。

明治时代的汉学塾，由于受教学内容等限制，接收中国留学生入学的并不多见。而位于大阪的“梅清处塾”，由于其创办人山本宪与汪康年、孙淦等多名中国知识人士或在日华侨的特殊关系，不仅于1897年接收了近代中国最早从国内学校派遣的留日学生，之后也不定期地接受了多名中国留学生。本文试对山本宪的汉学塾及其所接收的中国留学生做一个初步梳理和研究。

一、山本宪与“梅清处塾”

山本宪，字永弼，号梅崖，通称繁太郎，亦称梅清处主人。1852年出生于日本土佐藩高冈郡（现高知县高冈郡）佐川。在日本江户时代，佐川系土佐藩家老（辅佐大名的最高职位家臣）深尾氏领地，深尾家代代重视教育，第六代深尾茂澄于1772年开设学塾“名教馆”，其历任“学头”（或称“教授”）均由当地精通汉学的山本宪的祖先担任。山本宪祖父山本晋（号澹斋）曾任"名教馆"第四任"学头"，叔父山本迂斋（号竹园）为第五任"学头"，父亲山本琏（号竹溪）也曾任同馆"助教"。山本宪出生于汉学世家，据称 3 岁开始学习《论语》，八九岁能读懂汉文，10 岁读完《左传》《史记》。1865 年（庆应元年），入藩校"至道馆"，师从伊藤山阴、吉田文次等学习《资治通鉴》《易经》等。1868 年（明治元年）入土佐藩洋学校"开成馆"学习英语，1871 年进入东京"育英义塾"学习洋学。

1874 年，山本宪进入工部省任电信技师，因学非所用，1878 年以"不屑区区从事末技"而辞职。1879 年开始，先后任《大阪新报》《稚儿新闻》《中国日日新闻》《北陆自由新闻》等报的记者或主笔，撰写了大量有关论自由民权思想的文章。1883 年辞去报社工作，于大阪开设汉学塾"梅清处塾"①。学塾创设当初，定招生人数约 50 人，只招男生，不招女生。学塾设修身学科、经世科、文章科三科，学习内容包括《孝经》《小学》《大学》《中庸》《论语》《蒙求》《孔子家语》《皇朝史略》《十八史略》等。②

开办汉学塾后，山本宪仍关心政治，在私塾教学之余，作为自由党党员继续开展言论活动。1885 年，参与以大井宪太郎为中心的自由党左派策划的通过插手朝鲜内政改革试图制造国内混乱的所谓"大阪事件"，起草檄文《告朝鲜自主檄》③，以"外患罪"获刑入狱，1888 年假释出狱，1889 年因宪法颁布而被恩赦释放。

释放后，山本宪主要致力于汉学塾的经营。由于"大阪事件"的影响，山本一跃成为知名人物，希望入其学塾学习者骤然增加，学塾经营蒸蒸日上，一时几乎与同样位于大阪的藤泽南岳所经营的泊园书院齐名，山本宪本人也因此与藤泽南岳、近藤南州、五十川讯堂一起被称为大阪的四大汉学家。据不完全统计，曾就读于梅清处塾的学生累计达 3 000余人，其中日本知名汉学家川田瑞穗④、诗人增田水窗、画家菅盾彦等均曾入塾受业。1897 年，山本来华游历，与汪康年、梁启超、罗振玉、张謇等均有接触。戊戌变法失败后，康有为、梁启超等维新派人士逃亡日本，山本宪曾多方予以援助，并与他们保持紧密交往。1904 年，因日俄战争爆发而入塾学生骤减，加之健康原因，将学塾和住居迁往风景秀丽的海边小镇冈山县牛窗町，数年后筑居宅于山坡，"可观者海山之景，可听者万鸟之声，出则与鱼樵亲，入则求知于书中"⑤，"晴钓雨读"，直至 1928 年（昭和三年）去世，度过了相对平静的晚年。

山本去世后，根据遗愿，其藏书约 6 300 册捐赠给了冈山县立图书馆，后因战火被烧毁，现仅存《冈山县立图书馆藏山本文库图书目录》。其后人于 2006 年所捐赠的山本宪手

---

① 据《梅崖先生年谱》，其地址最初位于东区枪屋町，后于 1884 年（明治十八年）3 月迁于内九宝寺町，半月后又迁移至谷町一丁目。1900 年 5 月，迁至天神桥南诘东人。
② 《汉学私塾设立申请及许可》，高知市立自由民权纪念馆藏"山本宪关系资料"，编号 D6。
③ 《梅崖先生年谱》第 20—21 页录有全文。
④ 川田瑞穗，1896 年入塾，历任早稻田大学教授等职，曾参与起草昭和天皇投降诏书。
⑤ 上海图书馆编：《汪康年师友书札》第四册，上海古籍出版社，1989 年，第 3302 页。

稿、友人书信及名片等计6 000余件资料，现保存于高知市立自由民权纪念馆。山本宪生前除设塾授徒外，还撰写了大量的著作，包括去世后由门人整理出版的在内，至少有《慷慨忧国论》（1880年）、《朝鲜乱民袭击始末》（1882年）、《文法标解古文真实注释大全》（1884年）、《劝善小话》（1888年）、《训蒙文章轨范》（1892年）、《四书讲义》（1893年）、《烟霞漫录》（1893年）、《图解说明文法解剖》（1893年）、《史记抄传讲义》（1895年）、《燕山楚水纪游》（1898年）、《东亚事宜》（1900年）、《辽豕小言》（明1905年）、《岂好辩》（1907年）、《梅清处文钞》（1913年）、《香云余味》（1926年）、《梅清处咏史》（1929年）、《梅崖先生年谱》（1931年）、《论语私见》（1939年）等近20种。[①]

二、嵇侃、汪有龄——近代中国最早从国内学校派遣的留日学生

最早入山本宪汉学塾"梅清处塾"的中国留学生是浙江籍学生嵇侃和汪有龄。据梅清处塾学生名簿记载："嵇侃，清国浙江省湖州府德清县学附生，同治十三年十月初四日生，明治三十年十二月五日入门，寄宿。汪有龄，清国浙江省杭州钱塘县附生，光绪三年正月初八生，明治三十年十二月二十八日入门，寄宿。"[②]由此可知，嵇侃和汪有龄入山本宪汉学塾的时间分别是1897年12月5日和同年12月28日。

嵇侃和汪有龄是作为杭州蚕学馆的学生被派往日本留学的。1897年由罗振玉在上海创办的《农学报》多次记载了杭州蚕学馆派生留日的情况，如"杭州蚕学馆已于上月十三日开学，学生三十人，备取学生三十人，额外二十人，留学日本者二人"[③]，又如"（杭州蚕学馆）出洋学生：湖州德清附生嵇侃、杭州钱塘附生汪有龄，丁酉孟冬赴日，戊戌夏，汪有龄奉浙抚廖中丞改派东京学习法律。现在日本东京埼玉县儿玉町竞进社内习蚕，每月由学馆供给伙食束修外，各给月费洋十元"[④]。《农学报》的这些记载，大致反映了杭州蚕学馆派嵇、汪二生赴东留学的时间、学习科目以及经费提供等信息。

《浙江潮》系浙江留日学生在1903年于东京创办的刊物，浙江留学生曾在该刊上撰文称："至若吾浙江者，岁丁酉已有官派学生嵇君伟[⑤]、汪君有龄二人到东学蚕业，汪君以病早回国，嵇君于辛丑年夏卒业回国，是为中国官派学生至日本之滥觞。"[⑥]足见嵇、汪两人

① 高知市立自由民权纪念馆编：《山本宪关系资料目录》，2011年，第16页。
② 《学生名簿》之《明治二十八年仲秋上丁以降学生名籍》，高知市立自由民权纪念馆藏"山本宪关系资料"，编号D8。
③ 朱有瓛：《中国近代学制史料》第一辑下册，华东师大出版社，1986年，第948页。
④ 朱有瓛：《中国近代学制史料》第一辑下册，华东师大出版社，1986年第950页。
⑤ 嵇君伟：即嵇侃。山本宪汉学塾学生名册《嘤嘤录》（"山本宪关系资料"，编号D13）记载："嵇伟，侃改名，明治十三年十月生，清国浙江省湖州府德清县，清国杭州金沙港蚕学馆。"可知嵇侃曾改名嵇伟。此资料中嵇伟的出生年月写作"明治十三年十月"，但据上文所引《明治二十八年仲秋上丁以降学生名籍》记为"同治十三年十月"，此处疑误。
⑥ 孙江东：《敬上乡先生请令子弟出洋游学并筹集公款派遣学生书》，《浙江潮》第7期，1903年7月，第4页。

的留日在当时的留日学生界并非鲜为人知,浙江留日学生还以本省能最先派生留日为自豪。

杭州蚕学馆创设于 1897 年(光绪二十三年)七月(准设年月),馆址在杭州西湖金沙港,是中国最早的培养蚕桑专业技术人才的专门学校。在蚕学馆筹建期间,罗振玉和孙淦建议杭州知府林启派生留学日本。[①] 罗振玉,字叔蕴,浙江上虞人,当时正在上海创办农学会并刊行《农学报》。孙淦,字实甫,上海人,大阪华商,与罗振玉交往甚多。他不仅建议浙江省派人赴日习蚕,还从日本寄显微镜等急需器具给农学会,让其转赠给浙江蚕学馆。[②] 对此,林启曾有"孙实甫先生英英向义,于人情物理又甚有理会,我辈读书人愧之"[③]之感慨。浙江最初选派学生赴日时,孙淦还被浙抚廖寿丰举为留日学生监督;中国留学生会馆成立后,他又任该馆的"赞成员"。[④]

嵇侃在赴日留学前,于 1897 年 11 月 18 日汪康年和罗振玉宴请前来上海游历的山本宪时与山本宪相见。当时在场的还有在日华商王惕斋、孙淦,以及在《时务报》《农学报》任职的古城贞吉、藤田丰八。[⑤]

嵇、汪两生赴日后,先入位于大阪的山本宪汉学塾"梅清处塾"学习日语,数月便"语学大进,可刮目"[⑥]。1898 年 4 月转入位于埼玉县的蚕业学校竞进社,尤其是嵇侃,"在竞进社甚攻苦,天雨采桑,跣足行十余里",林太守得知后,甚为欣慰,还寄去四十银圆以资奖励。[⑦] 1898 年 9 月,嵇侃升入位于东京的蚕业讲习所,并于 1901 年夏从此校毕业后回国。汪有龄因近视不宜习蚕等原因被允许改学法律,于 1898 年 9 月进入位于东京的专门为中国留学生创办的学校日华学堂,并准备从此校毕业后升入第一高等学校,进而升入大学攻读法律。但遗憾的是,因健康原因,汪有龄后来仅在日华学堂学习一年,于 1899 年 9 月不得不放弃留学回国。

嵇侃留学回国后,先任蚕学馆教员。1914 年,杭州纬成绸厂设立制丝部,嵇侃任部长,主持引进了日本最新型缫丝机 100 台,以提高缫丝效率和生丝质量。1924 年回家乡德清创办新型缫丝厂,亦致力于引进日本新型缫丝机械。1934 年病逝于杭州。汪有龄从日本回国后,先任湖北农务局翻译,后入北京任京师法律学堂翻译。1912 年,南京临时政府成立后任法制局参事,8 月任北京政府司法部次长,同年创办北京朝阳大学并亲自兼任校长。1927 年卸任朝阳大学校长后,后离开北京定居上海,成为专业律师。1947 年病逝于上海。

---

① 郑晓沧:《戊戌前后浙江兴学纪要与林启对教育的贡献》,《浙江文史资料选辑》第 1 辑,第 101 页。
② 《蚕镜东来》,《农学报》第 5 期,第 5 页。
③ 上海图书馆:《汪康年师友书札》第 2 册,上海古籍出版社,1986 年,第 1161—1162 页。
④ 清国留学生会馆:《清国留学生会馆第三次报告》,1903 年,第 20 页。
⑤ 山本宪:《燕山楚水纪游》下,上野松龙舍,1898 年,第 33 页。
⑥ 《汪康年师友书札》第四册,第 3295 页。
⑦ 《蚕馆考绩》,《农学报》第 47 期。

除驻日使馆 1896 年招致的特殊学生①和上述杭州蚕学馆 1897 年所派遣的嵇、汪二生外,目前尚未发现 1897 年之前有被从国内派往日本的官费留学生。因此,杭州蚕学馆开创了国内官费派生留日之先河。就此而言,其意义远远大于派生留学本身。除驻日使馆招致的特殊学生外,嵇侃、汪有龄是国内最早官费派遣的,同时也是 1897 年唯一的官费留日学生,他们的赴日预示着国内大举派生留日时代即将到来。

三、康有仪(1858—? 年)

有关康有仪这一人物的研究,相对较早的有孔祥吉《康有仪出卖康有为——康有仪〈致节公先生函〉疏证》②,该文主要以康有仪《致节公先生函》为依据,梳理了康有仪"不念骨肉之情,向当权者投递密信,罗织罪状,必欲置有为于死地"的缘由和经过。吉田薰《康孟卿的翻译成就及其相关问题——从戊戌变法到〈清议报〉刊行》③一文,主要根据高知市立自由民权纪念馆所收藏的康有仪给山本宪的书信④,对康有仪在《清议报》所做的翻译工作等进行了介绍。拙文《康有仪给山本宪的书简(译注)》等⑤对上述康有仪书信进行了解读、翻译和注释;《关于政治小说〈佳人奇遇〉的"梁启超译"说》⑥则根据康有仪书信中有关翻译《佳人奇遇》的记载,以及通过对译文的分析,指出该小说为康有仪所翻译,从而否定了学界向来所认为的《佳人奇遇》为梁启超所译的观点。本节着重对康有仪留学日本的经过进行考察。

有关康有仪的出身、赴日动机和时间、结识山本宪的经过等,在其写给山本宪的书信中有比较具体的记述。

> 弟子康姓,名有仪,字羽子,号孟卿,广东省广州府南海县人也。先祖⑦曾官广西巡抚,先父曾任浙江道员,从弟长素现为工部主事。弟子向以体弱多病,自少失学,言之可愧。加以家国多故,因流连于山水间,近且漂泊四方,不知世事。去年母病妻亡,伤悼之余,郁而生病。从弟长素之门生来贵邦游学者十余人,闻而邀弟子为东洋之

<hr>

① 1896 年驻日使馆招致的 13 名学生,处在一种承前启后的特殊地位。从他们被派往日本的经过、学习目的及隶属关系上看,与前使馆内的东文学堂学生无异;从他们进入日本学校就读这一点上看,虽然在此之前也已有人进入日人经营的学塾学习,但这仅是个别现象,13 名学生全体同时被安排进入日本学校就读,则为后来者之先。因此他们可以称作使馆招致的特殊留日学生,而并非国内最早派遣的普通意义上的留日学生。

② 孔祥吉:《晚清史探微》,巴蜀书社,2001 年。

③ 吉田薫「康孟卿の翻訳作業とその周辺—戊戌政変から『清議報』刊行までを中心に—」、『中国研究所月報』第 65 巻第 10 号、2011 年 10 月。

④ 高知市立自由民権紀念館所收藏的"山本宪关系资料"中,含有康有仪给山本宪的书信 85 封(编号为 C66、C111—C194),均由山本宪后人所提供。

⑤ 呂順長「康有儀の山本憲に宛てた書簡(訳注)」、『四天王寺大学紀要』第 54 号、2012 年 9 月。

⑥ 河野貴美子、王勇編『衝突と融合の東アジア文化史』、勉誠出版、2016 年、第 144 頁。

⑦ 先祖:康国器(? —1884 年),曾历任福建和广西的布政使、广西省巡抚等。

游,冀转换水土,以为养病之助。弟子行年四十,无用于世,何惜其余生。然上有老母,下有子女,亲友皆以是为请,因借出游以为排遣,于正、二月间由上海而之神户,借得观光上国,亲睹文明之盛、政治之佳、妇孺知学。弟子虽近入木之年,日暮途远,不觉心怦怦动而欲有所学,学而有所传焉。弟子性甘淡泊,向少交游,此来自到神户之日,即与贵邦人士同居(到神户未见一清商也,所见者三二十人耳),于今已六阅月矣。惟是往来朋侪,颇形征逐,而劣多佳少,转寓者屡,亦无裨益。而桥本氏①向为敝局大同译书总事,近且为《东亚报》②译文译书,一切甚忙,无暇教导,因以弟子转荐于夫子之门,幸蒙纳焉。日前舍侄介甫来大阪,一则欲聆夫子之教训,并荐弟子于门墙,一则欲见孙氏③为弟子得官许证之件。而孙氏以携汪、嵇入东京,当时不遇,至有今日之事,及明日之传。敝邦商人不学,势利是趋,弟子向颇鄙恶之。今夫子已为弟子亲往先容,弟子虽有信返神转托,不力而得。然夫子已劳步而订为下午以见之约,则弟子不能眠坐以待也。不得已之情,敢为夫子告之。(若得夫子飞一邮便与孙君,谓康孟卿一时忙急而归神户,谓明早可来云云,以缓之亦妙。)夫子推待之情之厚,弟子敢以家世行历略言一二,余未多对一人言之也。即如桥本氏之密迹,亦略知其一耳。弟子自先祖父弃卷,家事日落。且在旅途,又畏应酬,养病之身,又须读书,故匿迹以避神户之人。幸为秘之。④

由此可知,康有仪是在已先期赴日的康有为弟子的邀请下,于 1898 年正月至二月间赴日的,其目的则是"转换水土,以为养病之助"。赴日当初,似寄居桥本海关家⑤。精通汉学的桥本海关除担任过上海大同译书局总事、神户《东亚报》翻译外,还曾担任横滨大同学校日文教习和《清议报》翻译。康有仪在赴日前似已与其认识。后来,在桥本海关的推荐下,康有仪从神户来到大阪,进入山本宪所创办的汉学塾"梅清处塾"。至于康有仪进入山本宪私塾的时间,根据上述书信作成于其来日后约 6 个月这一记载,结合对其他书信所署日期的分析,可知大致在 1898 年 7 月左右。

山本宪的汉学塾主要招收日本学生,所教内容以汉文为主。但包括康有仪在内,私塾所接收的中国留学生所学的主要是日文和日语。如上述汪有龄和嵇侃二人从山本学习日语虽仅三四个月,但二人均"语学大进,可刮目",至三月中旬已是"操语甚熟"⑥,可见两人

---

① 桥本氏:桥本海关。
② 《东亚报》,1898 年 6 月创刊于神户,旬报,每月逢一日发行,"戊戌政变"后停刊,至第 11 期。创刊人和主编为广东籍简敬可(新会人,字石芗),撰稿人有韩昙首(番禺人,字云台)、康同文(南海人,字介甫)、韩文举(番禺人,字树园)、吴天民(顺德人,字介石)等,外有日人角谷大三郎、桥本海关、大桥铁太郎等任翻译。(参见蒋海波「『東亜報』に関する初步的な研究——近代日中『思想連鎖』の先陣として」,『現代中國研究』第 32 期、2013 年)
③ 孙氏,指孙淦。
④ 高知市立自由民权纪念馆藏"山本宪关系资料",编号 C111。
⑤ 参见橘本关雪『南画への道程』、中央美术社、1924 年、第 144 页。
⑥ 《汪康年师友书札》第四册,第 3300 页。

为进入专门学校学习主要随山本学习口语会话。而康有仪则与汪、嵇二人不同,他赴日后似乎并没有进入专门学校学习的计划,而是受桥本海关等人的影响,希望能读懂日文并从事日文汉译工作。

康有仪随山本学习日文汉译的情况,在康有仪书信中有较多涉及。试举一例,从中可以窥师生间学业授受状况之一斑。

> 弟子原欲译报,俾知时事,暂(疑"渐"之误——笔者)次读书,以增广见识。然每句中之虚实活字可解,其助字及语尾变化、一定之例不可解,则每句中凡有此类者,茫如捕影,叠句固是追风,章节稍长,则有望洋之叹。故搁笔一月,将译文改削剖注处,潜心玩味,头绪繁数,未得其源。因沉深以思,非多购文典备查,不能真知灼见。然每句中之助变,割之不断,亦不可查。(孙君实甫送弟子《言海》一部,及自购《日本大辞典》《帝国大辞典》各文典,用之不着。)再次以思,非攻破一书,亦属一知半解,且无以及其次。因日前择其普通浅书之四种,请示学习。承谕以《普通国语》为稍可,然每句中有助变或假字之有意义者,颇难索解。敢求夫子将此国语,仿《假名交文典》之例,可解者注一汉字,无意者以△☆◎注之,每日赐一二篇,俾弟子读而译之,以作日课为恳。所禀商之处,不知合否? 伏乞训示。①

此书信作成于 1898 年 9 月 6 日,距康有仪入塾约两个月。由此书信可知,康有仪在入塾不久就开始试着翻译日本报刊,然而对接触日文不久的康有仪来说,日文的助词、词尾变化以及一些惯用句等,均是翻译时的难点,因此"每句中凡有此类者,茫如捕影"。再如,康有仪在 7 月 23 日作成的书信中,亦有"曾见之熟字语尾,揣摩日久,尚与文意相背,其愚可愧"②的感叹。在此情况下,康有仪不得不暂时停止翻译,专门对塾师山本在其译文上所作的"改削剖注"进行"潜心玩味"。同时还购买各种文典,以作备用。尽管如此,对许多日文文法还是一知半解。在山本的指导下,康有仪决定攻读日文《普通国语》一书,并请山本对书中日文假名文字进行标注,"可解者注一汉字,无意者以△☆◎注之",每日标注一二篇,康有仪依此进行阅读并试着翻译。

1898 年 9 月 21 日发生"戊戌政变"后,维新变法派主要人物康有为、梁启超等人相继逃亡日本。12 月,在冯镜如等华侨的资助下,梁启超任主笔的《清议报》在横滨创刊。鉴于报刊初创时缺少人手,加之康有仪来日已近一年,且正在山本宪私塾学习日文汉译,故梁启超等人专门邀请康有仪前往横滨负责《清议报》日文翻译稿的组稿和翻译工作。

在此背景下,康有仪于 1898 年 12 月 4 日离开山本宪私塾,此时距《清议报》预定创刊

---

① 高知市立自由民权纪念馆藏"山本宪关系资料",编号 C147。
② 高知市立自由民权纪念馆藏"山本宪关系资料",编号 C145。

时间 12 月 23 日时日已不多。康有仪赴横滨前后的状况可以从以下信件中得知。

四日叩辞后即抵神户,值井上君归塾之便,呈上乙函,谅邀赐览。翌日即由神户搭天津丸往横滨,已于七早安抵大同学校矣。舍弟长素留滞湘(箱)根,卓如则于今日始由湘(箱)来滨。面时当将临行奉委各节告知,当由彼专函奉覆也。弟子初到,公私交集,故未及即行修函奉候,伏乞原恕。此间拟创日旬两报①,大略下周刊行(在七八日内)。弟子前承译旬报,每旬一万五千字,即一月四万五千字,酬金十五圆。蒙代请冈山君翻译,伏乞告知于《朝日报》《日本报》(弟子在塾时,夫子每以此二报见示,甚佳也。)二种内择要译之,其第一期能如数于七八日内付到此间弟子手收,以应其刊印之期,固所幸也。若不能如数,或先交一万字亦可。冈山君如未到塾,敢求函催,万一未来,则乞夫子或于馆政之暇代为草译以应酬之。如何?专此,敬请夫子大人福安。弟子孟卿谨禀。十二月八日由大同学校发。

此书信从一个侧面反映了《清议报》创刊当时紧张繁忙的工作状况。虽然《清议报》创刊在即,但其所需的约 15 000 千字日文翻译稿尚未有着落,康有仪只得仓促委托山本宪私塾的学生或山本宪本人代为翻译。尽管这样,创刊号以及创刊初期的日文翻译稿仍数量不足,康有仪不得不在向他人约稿的同时,亲自进行翻译。在此背景下,康有仪翻译了东海散士的政治小说《佳人奇遇》,并在《清议报》上连载。

受康有仪的委托,山本宪私塾的学生为《清议报》翻译了不少文稿,山本宪本人还为报刊专门撰写了一些文章。由于《清议报》的译文大多不署译者名,因此哪些译文出自山本私塾学生之手,已很难一一确认。但也有一些署名的译文或文章,如《清议报》第 2 期有片冈鹤雄译《俄法同盟疑案》《极东之新木爱罗主义》,第 3 期有片冈鹤雄译《大阪朝日新闻廿四日至廿七日杂报》《东京日本报自廿三日至廿五日杂报》等译文,《清议报》第 2、4、5 期连载了山本宪《论东亚事宜》的论文,其中第 2 期署名"梅崿山本宪",第 4、5 期署名"梅生"。片冈鹤雄,本名片冈敏,字求之,雅号闲来,1875 年(明治八年)出生于备前国邑久郡朝阳村。② 此外,从康有仪书信 C127 所示支付翻译稿费可知,片冈鹤雄为《清议报》翻译约至 1899 年 3 月。后来,由于山本私塾学生译文的质量有时未达要求等问题,报馆专门聘请了古城贞吉从事日文翻译。

以康有仪为媒介形成的山本宪与《清议报》的关系,除上述山本宪师生为《清议报》提供译文或文章外,还可以举出数例。一是山本宪梅清处塾自《清议报》创刊开始,一直是报刊于大阪的代派处;二是康有仪曾经力邀山本宪前往横滨掌教大同学校,并为《清议报》提

---

① 日旬两报:旬报指《清议报》,日报因预计销售不佳最终未能创办。
② 《嘤嘤录》,高知市立自由民权纪念馆藏"山本宪关系资料",编号 D13。

供稿件,只是由于山本未能放弃私塾前往;三是山本宪与梁启超等《清议报》的主要人物均有所交往。限于篇幅,不做详述。

康梁等人逃亡日本后,山本宪从康有仪处及时得到了他们的活动信息,并设法对他们进行支援。

据《梅崖先生年谱》所载,山本宪为支援康有为等人在日本的滞留及活动,分别于 1898 年 9 月 27 日至 10 月 5 日、同年 10 月下旬至 11 月 4 日、1899 年 3 月 14 日先后前往东京。前面两次在东京的活动虽无具体记载,但从康有仪书信 C113、C114、C115 的收件人住址看,山本于 1898 年 9 月 27 日至 10 月 5 日在东京的住处是小林樟雄家,而小林樟雄正是曾因"大阪事件"与山本一同入狱又同时被大赦的人物,两人私交甚密。山本可能是希望利用此时正任众议院议员的小林樟雄在日本政坛的关系,设法给康有为等人提供帮助。第三次即 1899 年 3 月 14 日的东京之行,则是接外务省来电,前往面见外务书记官樽原陈政。鉴于山本宪与康梁等人的关系,日本外务当局试图通过山本宪说服康有为、梁启超、王照三人离开日本,而山本则以"穷鸟入怀,猎夫不忍杀之"而拒绝。后来,山本将这一消息通过康有仪传达给康梁等人,最终康有为从日本外务当局领取一万五千日元旅费离开日本,而梁启超和王照以旅费少为由继续滞留日本。① 这一经过在康有仪书信中也有所提及:

> 舍弟长素辈出游欧米,辱荷竭力周旋,感不可言。舍弟尚能纳劝,可言听计从,若他人②虽可推诚与谋,然难必其从我也,况其中有委曲难言之处耶。日昨齗而言之者,恃师弟情逾骨肉,可尽其言耳。夫当局者迷(指王、梁而言),而我夫子之欲终成此美举者,固有所卓见,不忍坐视。亦以旧交之故,而情义兼尽,竭力为之耳。其亦庶尽其道已耳,遑问其他哉。忆当日夫子之言,曰若长卓二子外出远游,则我辈当力任教育周旋,弟子之事可极力谋之云云。善始善终,大可感矣。无如其他人者,则言不听计不从也。设他日出境,一毫不拔,莫我怪也。余亦已推诚相告,亦尽其道已耳。③

康梁等人逃亡日本不久,山本宪还作为发起人组织设立了以"扶植清国,保全东亚大局,加深日清两国人之交谊,以通彼此之气脉"为主旨的"日清协和会"。据《日清协和会趣意书·规约》所记,任该会干事的是泉由次郎、鹿岛信成、山本宪、山田俊卿、牧山震太郎等 5 人,评议员有伊藤秀雄、逸见佐兵卫、萩野芳藏、柏冈武兵卫等 11 人。该会成立不久,不仅梁启超曾致书山本宪表示祝贺和感谢,康有为也曾于 1899 年 3 月 2 日所作的《答山本宪君》一诗中称"高士山本子,遗经抱器器。吾兄从之游,陈义不可翘。慷慨哀吾难,奔走集其僚。哀我北首望,瀛台囚神尧。齐桓能救卫,我欲赋黍苗。渊明咏荆轲,我闻风萧萧。

---

① 《梅崖先生年谱》,第 31—32 页。
② 他人,指梁启超和王照。
③ 高知市立自由民权纪念馆藏"山本宪关系资料",编号 C128。

感子蹈海情,痛我风雨儵"①,表达了对山本所做努力的感谢。

四、康同文(1876—? 年)

有关康同文这一人物的出身及事迹,目前很少有文章论及。而据笔者考察,康同文当为广东南海康氏一族同字辈成员,但广东佛山康有为博物馆所陈列的《康有为族谱世系表》中未见列入。

首先,康同文当为康有仪之子。据康有仪致山本宪书信称:"廿六日蒙夫子以敝邦之苛政,哀民生之疾苦,舍却馆事,慨然②起行,联同志以唱救之。弟子切身之忧,未及扶病以追随履杖,自捐指臂,只命豚儿同文以伺候。疎略之愆,罪当万死。"③此处"夫子"指山本宪;"慨然起行"指山本宪为声援维新派人物于 1898 年 9 月 27 日至 10 月 5 日前往东京面见大隈重信等人,此外山本还分别于 10 月下旬至 11 月 4 日、1899 年 3 月 14 日赴东京。"豚儿同文"当指当时在日本的康同文。另据曾于 1896 年至 1900 年在"梅清处塾"就读的川田瑞穗回忆,"(山本宪)明治三十年游历中国,与康有为相识。三十一年,康亡命日本时给予照料,其兄康孟卿、孟卿之子康同文曾在塾半年许"④。川田瑞穗的这一回忆中,称山本宪游历中国时与康有为相识似不正确,康有为与山本宪认识当在康有为流亡日本后;而称"孟卿之子康同文",与上述康有仪自称同文为"豚儿"相一致,当为可信。

另外,有关康有仪家庭成员的情况,康有仪本人致山本宪的书信中曾称:"弟子内人前年八月去世,大女早经出阁而抱孙(小婿陈荫农现在大同学校教读),小媳渐⑤归母家度活(即韩云台之胞妹,其家颇丰),二女至六女、第三子分养于妻族及大女家,幸各姻亲颇丰,平日极能周旋。而二、三女早经许字,年且长(一二十年,一十八年),未遇事,既经亲家催请过门,今遭故,正遣同文回广东料理家慈安居,及为二女置办荆钗布裙,为之遣送。"⑥可知康有仪有六女三子,第三子因当时还年少,寄养于姻亲家,康同文当时正从日本"回广东料理家慈安居,及为二女置办荆钗布裙",另一子当为当时在神户《东亚报》任职的康同和⑦。

---

① 汤志均编:《康有为政论集》上册,中华书局,1981 年,第 387 页。
② 慨然:疑"慨然"之误。
③ 高知市立自由民权纪念馆藏"山本宪关系资料",编号 C112。
④ 三浦協『明治の碩学』、汲古書院、2003 年、第 127 頁。
⑤ 渐:疑"暂"之误。
⑥ 高知市立自由民权纪念馆藏"山本宪关系资料",编号 C165。
⑦ 广东康有为博物馆所陈列的"康有为族谱世系表"中,康有仪之子只列了康同和一人。康同和当时在神户《东亚报》任职一事,可由康有为于 1898 年 7 月 19 日给其侄康同和的亲笔信得到佐证。信称:"和侄:读来信,收付来《东亚报》五百分,已收。惟吾在京师,谣言众多。亦惟昔者《知新报》诸子不慎言所累,至今以民权二字大为满人所忌。若再有其他犯讳之言,益不堪言矣。(此次上将大用,而我欲行,亦惟谣言之故。)且今昔情形不同,顷圣上发愤为雄,力变新法,于我言听计从。(我现奉旨专折奏事,此本朝所无者。)外论比之谓王荆公以来所无有,此千年之嘉会也。汝等操报权,一言一字所关甚大,皆与我有牵。汝出姓名,更于我显著。今与汝约,所有各报,以救中国为主,而于称及国家、皇上及满洲,说话皆应极谨。(且毋分种,不见义御史等劾我之语乎?)皇上圣明如此,多为颂美之言、期望之语。今守旧者多,非言民权、议院之时,此说亦可勿谈。且述我言中国非开议院之时,开郡县省会民会则可也。汝等恪遵此约,乃可发送。可并示云台。寄来亦不须五百本。(时报亦销四百耳。寄来数十本足矣。多则徒花寄费。)羽兄想甚安,可代请安。八股已废,汝可努力大读东学,兼习西文。叔名印 六月朔日由京发。"

广东南海康氏一族中,除康有仪之子康同文外,似乎另有一名称康同文者。康有仪致山本宪书信称:"夫子之道德仁行,闻之于舍侄同文。"[1]此处康有仪称同文为"舍侄",显然不是上述所称的"豚儿同文"。此外,康有仪书信"日前舍侄介甫来大阪,一则欲聆夫子之教训,并荐弟子于门墙"[2],也称"舍侄介甫",而"介甫"为康同文之字。

据蒋海波研究,1898年6月创于神户的《东亚报》,其创刊刊人和主编为广东籍简敬可(新会人,字石薌),撰稿人有韩昙首(番禺人,字云台)、康同文(南海人,字介甫)、韩文举(番禺人,字树园)、吴天民(顺德人,字介石)等,外有日人角谷大三郎、桥本海关、大桥铁太郎等任翻译。康同文曾在《东亚报》发表《俄割东方弗利日本说》等文章,并译述日本学者坪谷善四郎翻译的《美国宪法》。[3]

此外,在一封康同文致山本宪的书信中,康同文曾称康有仪为"往夕文友康君孟卿"。信称:"山本先生万福:文往与吴君天民得聆清诲,喜何可言。往夕文友康君孟卿者,负笈从先生之游,彼在贵邦不久,一切不谙,请垂教。康君专欲看贵邦之文为主,请定其课而教之,幸甚! 敬叩道安。康同文上。"[4]据此信信封记录,此信发自"神户下山手通二丁目三十一番东亚报馆",邮戳时间为"(明治)三十年七月三日",可知此信是在康有仪入山本宪汉学塾不久康同文从神户发给山本宪的。由此信也可看出,时在《东亚报》任撰稿人,称康有仪为"友"的康同文,与康有仪称其为"豚儿"的康同文,非同一人物。

以上同称康同文的二人中,曾入山本宪汉学塾的当为康有仪之子康同文。据山本宪汉学塾名簿记载,"康同文,清国广东省广州府南海县阴生,光绪二年九月初九日生,(1897年)十二月五日入门,寄宿"。[5] 康同文入山本宪汉学塾的时间与上述嵇侃相同,均为12月5日。梅清处塾日记《丁酉日记》记载:"十二月五日,清国人康同文、嵇侃入门。"[6]在此日记中,对嵇侃和随后入门的汪有龄,有大量有关二人离开学塾前往川口居留地孙淦处和返回学塾等相关记载,直至二人于1898年3月30日退塾;而对康同文,则仅有"十二月十四日,康同文寄宿"一次记载。限于史料,康同文在塾学习的具体情况目前不得而知。

五、其他留学生

曾入山本宪汉学塾学习的留学生还有浙江省宁波鄞县(今浙江省宁波市鄞州区)人施锦铨(光绪十四年生)、安徽省人张亮功(光绪七年生)、浙江杭州府仁和县人张翻(光绪十

① 高知市立自由民权纪念馆藏"山本宪关系资料",编号C176。
② 高知市立自由民权纪念馆藏"山本宪关系资料",编号C111。
③ 相关研究可参见蒋海波《上海大同译书局与神户〈东亚报〉初探》,"康有为与近代中国——第七届中国近代思想史国际学术研讨会"会议论文,2018年3月。
④ 高知市立自由民权纪念馆藏《山本宪关系资料》,编号C205。
⑤ 《学生名簿》之《明治二十八年仲秋上丁以降学生名籍》,高知市立自由民权纪念馆藏"山本宪关系资料",编号D8。
⑥ 高知市立自由民权纪念馆藏"山本宪关系资料",编号D11。

年生)、山东省登州府福山县人张荣藻(光绪十五年生)、安徽省安庆府宁县人甘白、福建省侯官县人高种(光绪八年生)。①

以上学生入山本汉学塾的时间和留学经过等虽限于史料而未详,但也可获知部分学生的一些相关信息。其中,施锦铨为宁波籍施秉璋之子,而据施秉璋于1902年4月从长崎寄往大阪的致山本宪书信中的信息,施秉璋本人当时似在长崎经商,其商号为"施丰泰号",书信内容主要是希望山本对其子"随时随事,严加约束,威德并施,宽猛并行"②,由此可知施锦铨入山本汉学塾在1902年前后。张亮功为张友深之弟,其父张国英(又名政和),安徽歙县人,大约于1869年赴日本长崎,先以"泰记号"商人的身份获得上等籍牌,后在新地26番地开设了"顺记号",曾担任"三江会所"的董事。张友深(1876—1946),大阪华商,年轻时曾在大阪华商孙淦店内做学徒。③ 高种,于1875年(光绪三十三年),"年二十六岁,福建人,游学日本,在中央大学习法律科毕业,经学部考验平均分七十五分,列优等,拟请旨赏给法政科举人";1876年,"高种、钱应清、施呀本、孙海环、邱中馨,以上五员,廷试一等,上年学部考验列优等,均拟请旨以主事按照所学科目分部学习"④。此外,高种在清末还与日人松冈义正及章宗元、朱献文等人一起,参与《大清民律草案》的起草。⑤ 甘白,于1904年开始与山本宪有较多的书信往来,现保存于日本高知市立自由民权纪念馆的"山本宪关系资料"中,有甘白致山本的书信19通,从这些书信可以看出,甘白入山本汉学塾在1904年之前,后来进入冈山商业学校学习。

六、结语

以上着重对山本梅崖汉学塾所接受的中国留学生进行了整理研究。这些留学生中,1897年由浙江省派遣的嵇侃和汪有龄,成为近代中国最早从国内学校派遣的留日学生;康有仪不仅为流亡日本的康有为、梁启超、王照等人与山本宪及部分日本政治家的交往起到了中介作用,还为《清议报》的翻译和组稿等做了大量的工作,其中最引人注目的是翻译了政治小说《佳人奇遇》。此外,康同文、施锦铨、张亮功、张翮、张荣藻、甘白、高种等留日学生的事迹,向来几乎不为人知,本文根据现在所掌握的史料进行初步的梳理。包括接收中国留学生,援助流亡日本的维新派人物,与汪康年、罗振玉等诸多中国士人交往等,山本宪在近代中日民间交流中起到了重要的作用。

① 《嘤嘤录》,高知市立自由民权纪念馆藏"山本宪关系资料",编号D13。
② 高知市立自由民权纪念馆藏"山本宪关系资料",编号C274。
③ 蒋海波:《日本华侨与近代中国火柴业——以华中和华东地区为例的考察》,《华侨华人历史研究》2010年第4期,第50页。
④ 中国第一历史档案馆:《光绪三十三年留学生史料》,《历史档案》1998年第1期,第65、67页。
⑤ 张生:《〈大清民律草案〉摭遗》,《法学研究》,2004年第3期,第140页。

从"东亚史"到"亚洲史"

——宫崎市定"东洋史"认识的变迁

吕　超

（浙江工商大学东亚研究院）

一、日本"东洋史"学之成立

"东洋"一词于中日两国意义各殊。在中国古代，东洋是一个地理概念，早在宋代就有"东大海洋"之语，东洋一语即来源于此。而明代则又以婆罗洲（今文莱）为界，其东西分别称东洋、西洋。清以来，东洋与东瀛义同，多指代日本。而日本的东洋概念现在仍未有明确界定，近代以来的东洋概念大体说是作为与西洋相对的地理概念，语源上是西方 orient 的译语。但是仅仅如此来理解东洋则难解其本质。[①] 东洋的概念可谓是人言人殊。另外，该概念自出现后随时代变化意涵也不断改变。[②] 东洋概念在中日两国的流变不是本篇讨论的问题，在此仅略言其在中日两国所指不同，以便更易理解日本"东洋史"一语的概念。东洋史最初是作为中等教育的科目名称出现的，其首倡者一般认为是那珂通世（1851—1908 年）。[③] 据那珂氏友人三宅米吉氏之说，其经纬如下：

> 明治二十七年（1894 年），时任高等师范学校校长的嘉纳治五郎先生和同校教授，以及大学教授、高等中学教授等会面，开展关于中等学校各学科教授情况的研究调查。其时，那珂氏于历史科会谈中提议分外国历史为东洋历史和西洋历史，出席者皆赞同。此为东洋史科目之发端。[④]

---

① 例如，有学者以中国、印度为中心，使用文化交流的视点来把握东洋的概念，认为东洋是一体化的；再有，有人从宗教发源地多在东方为出发点，认为东洋是宗教、精神性的，而西洋是物质的。但仁井田升否定了上述诸观点，认为东洋是个变化的概念，立场不同，观点各异。见仁井田陞『東洋とは何か』、東京大学出版会、1968 年、第 3—4 頁。

② 关于"东洋"概念的变迁，荒野泰典在《近代日本"东洋"发现》（『近世日本における「東アジア」の発見』、貴志俊彦、荒野泰典、小風秀雅『「東アジア」の時代性』、溪水社、2005 年）一文中有详细论述，请参考。

③ 关于东洋史在日本的成立，有如下主要的研究成果：中山久四郎『東洋史学発達の回顧と展望』、歴史教育研究会編『明治以後の史学発達史』、四海書房、1933 年；小倉芳彦『日本における東洋史学の発達』、『岩波講座・世界歴史』別巻、岩波書店、1971 年；杉本直治郎『本邦における東洋史学の成立について』、『歴史と地理』第 21 巻第 4 号、1928 年 4 月；五井直弘『近代日本と東洋史学』、青木書店、1976 年；濱寺紘一『東洋学事始―那珂通世とその時代―』、平凡社、2009 年；藤田高夫『日本における「東洋史」の成立』、『東アジア文化交流と経典詮釋』、2009 年。

④ 三宅米吉『文学博士那珂通世君傳』、『那珂通世遺書』、大日本図書、1915 年、第 32 頁。

那珂氏建言将世界史分东洋史和西洋史,其背景一方面与甲午中日战争的爆发使日本民众的视线转向亚洲大陆相关①;另一方面,亦与明治二十年代随着日本近代化进程加深,日本民族主义高涨,作为亚洲民族的身份认同强烈,国内形成了强调东洋文化相对于西洋文化的独特性之思潮密切相关②。

根据那珂氏建言,同年日本文部省发布中等历史教育的要领,要点如下所示③:

> 世界史分东洋史、西洋史。东洋史则特以支那史④为详。
> 东洋历史以中国为中心论东洋诸国之治乱兴亡之大势,与西洋历史相对成世界史之一半。
> 教授东洋历史,需注意我国与东洋诸国自古以来之相互影响,又特要注意东洋诸国与西洋诸国之相互关系。
> 此前之中国历史,以论历代兴亡为主,人种之盛衰则语焉不详。而东洋历史则应论东洋诸国之兴亡事自不待言。

据此可知,诞生之初的东洋史构想具有以下几个侧面的要素:第一,世界史由东洋史和西洋史构成,二者均是世界史的组成部分,要等而视之。第二,从研究对象和内容上来说,从以中国为中心的中国史研究转移到东洋各国以及他们之间的相互关系,但仍以中国为研究重点;另外,单从中国本土讲,则注重对汉民族与周边少数民族的交流史的研究。第三,从研究方法上来说,特别注意采用交流史的研究视点。也就是说,东洋史最大特质或者说核心目标在于将中国相对化,即去中国中心化,但是中国作为东洋范围内的巨大客观存在,又不得不在论述东洋史时必须以中国为详,但各个主体之间是对等关系。如此,东洋史研究的重心便偏向塞外史和东西交流史。⑤ 另外,不言自明,东洋史的研究范围亦包含日本。⑥ 而那珂在此特别强调种族的兴衰是以明治二十年代以后人种论在日本的盛行为时代背景的。⑦

从前述东洋史学诞生的背景来看,一方面甲午战后日本的民族认同感空前强烈,另一方面,日本出现中国、日本等地区的文化与西方文化不同质的独特性的思潮,这就意味着强调东方相对于西方的主体性,并且重新定位日本在亚洲的地位是东洋史诞生之初的内

---

① 窪寺紘一『東洋学事始―那珂通世とその時代―』、平凡社、2009 年、第 197 頁。
② 江上波夫編『東洋学の系譜』、大修館書店、1992 年、第 3 頁。
③ 转引自藤田高夫『日本における「東洋史」の成立』、『東アジア文化交流と経典詮釈』、第 23 頁。
④ 原文为"支那史",现代日语中"支那"一词早已废弃不用。但此处及下文的引文中"支那"一词有特定的时间和背景,故保留后文。
⑤ 藤田高夫『日本における「東洋史」の成立』、『東アジア文化交流と経典詮釈』、第 28 頁。
⑥ 亦有学者认为东洋史中不包括日本史,见高明士《战后日本的中国史研究》(『戰後日本の中国史研究』、明文书局、1986 年、第 1 頁)。
⑦ 五井直弘『近代日本と東洋史学』、青木書店、1976 年、第 52 頁。

在要求。同时,当时传统的汉学在日本已经颇受冷落和排斥①,即使是有志于史学的学生受西方思潮的影响,更倾向用新方法和新视角来研究历史。所以,东洋史尚在孕育阶段时就具有脱离一国史观的内在诉求,同时亦要求突出东洋史相对于"万国史"②的对等地位。

东洋史这门学科是首先在教育层面设立,而后在大学内出现的学问领域。而在大学这样的学术机构确立,京都帝国大学文科大学执其先鞭于 1907 年设东洋史讲座,延聘内藤湖南为讲师;两年后的 1909 年聘桑原骘藏担任东洋史第二讲座教授,内藤湖南升任教授。而开设较早的东京帝国大学文科大学史学科则在 1910 年方才设东洋史讲座,白鸟库吉③出任教授,将东洋史的研究范围扩大到朝鲜以及北亚和中亚地区。④ 东洋史这一学科也在大学这种学术机关中得以正式确立并发展起来,而两所帝国大学东洋史的学风自创立之初就迥然相异。

二、宫崎的"东洋史"认识——兼论内藤湖南和桑原骘藏之东洋史观

宫崎市定主张日本东洋史的成立可追溯到其师桑原氏所著《中等东洋史》(1898年)⑤的出版。宫崎作为东洋史领域的巨擘,自然十分清楚最早倡导东洋史的是那珂氏,他所以这样说的原因有两方面:一是东洋史作为一门学问在日本确立上来说,桑原氏的影响更为广大而深远。在桑原氏著《中等东洋史》前,虽多有东洋史教科书问世,但持续时间不长即被弃用,唯桑原氏之书被采用为教科书持续时间长,从而其影响颇大,深刻地促进了东洋史这个词汇以及这门学科的广泛普及。二是桑原将科学的、客观的西方史学研究法引入东洋史的研究中来。而宫崎最早接触东洋史是在其中学阶段,使用的就是桑原氏的《中等东洋史》,所以,宫崎对东洋史的最初印象即源于此。

在《中等东洋史》开头部分的"总论"的"东洋史的定义及范围"一项中桑原如下定义"东洋史":

> 所谓东洋史者,主论东亚之民族盛衰、国家兴亡之历史,与西洋史并立构成世界史之一半。今依山川之形势分亚洲大陆为四部。⑥

桑原将亚洲全域分为东亚、南亚、中亚、西亚 4 个区域,并称"东洋史以明东亚古来之

---

① 如藤田丰八在东京帝国大学时期要求换掉秉承日本传统汉学研究方法的林泰辅教授。
② 明治时期的日本学校教育中并没有"世界史"教学,而是进行"万国史"教育,也就是西方历史。
③ 1887 年东京帝国大学文科大学设史学科,延聘德国客观主义史学派大家兰克的弟子李斯授课。李斯在日本讲授 15 年史学,将西方重史料批判的实证主义史学方法带到日本,白鸟是其首位日本弟子。
④ 永原慶二『20 世紀日本の歷史学』、吉川弘文館、2003 年、第 43 頁。
⑤ 宫崎市定『自跋集—東洋史学七十年—』、岩波書店、1996 年、第 22 頁。
⑥ 桑原骘藏『中等東洋史』、大日本図書株式会社、1898 年;收入『桑原骘藏全集』第四卷、岩波書店、1968 年、第17 頁。

沿革为要,亦应略述与此相关之南亚及中亚之沿革"①。桑原之规定与上述东洋史教育要领合而观之,似可将东洋史分为两个层次:一为现代地理学概念上的"中国",但东洋史的视角从汉民族为中心的王朝更替史转到汉民族与周边民族的交流史;一为现代地理概念中的东亚,即东亚各国之间的交流。东洋史之成立不仅有超越中国史一国框架的目的,更是含有在"民族—国家"的范式下将中国分为若干"国家"的意图。桑原虽由此规定,但其整部著作的论述并未跳出中国框架,仍以中国为主轴展开。

宫崎对东洋史认识进一步深化是在其入京大东洋史科学习之后。宫崎入京大学习是在1922年,此时内藤、桑原、矢野仁一分别担任第一、二、三讲座的教授,而羽田亨也于1924年升任教授②。可见,宫崎入学不久便迎来京都大学东洋史学的全盛期,其受各位老师的熏染,具有自己特色的东洋史思想开始形成。而宫崎入学之初除师承传统的东洋史以外,"尚未有对亚洲史和世界史构想的思考"。③ 那么此时宫崎对东洋史的理解无疑来自桑原骘藏的《中等东洋史》。他在1991年为自己全集书写的自跋中说:"这本书才是最早使东洋史这门学问得以确立,其内容就完全可以代表这门学问。④"那么分析宫崎如何理解桑原这本《中等东洋史》便可窥知其最初期的东洋史观,摘其大要为:

第一,东洋史绝非中国史。虽以中国为论述重点,但东洋史之目的在于论东洋各民族之命运,因此各民族是平等的。

第二,虽言东洋史为诸民族之历史,但绝非各自孤立存在,而以中国为中心,各民族间有共通的色彩。

第三,日本是东洋史的一员。

但是,这是超过90岁高龄的宫崎回忆其最初对东洋史的理解,所以只能得其初期东洋史观之大概。据此可知,宫崎认为东洋是由某种纽带连接为一体的,中国客观上存在着巨大的物理存在,但各民族地位是对等的,此时宫崎对东洋史的理解具有很强的民族史、交流史的色彩。此后宫崎的东洋史观几经变化,最初即接受桑原、内藤对东洋史的界定,后又因抗日战争、大东亚战争的爆发,宫崎对东洋史范围的言说均使东洋史本身解体,与亚洲史趋同。以下将详细论述宫崎东洋史观的转变。

1940年,宫崎出版专著《东洋朴素主义的民族与文明主义的社会》(『東洋に於ける素

---

① 『桑原騭藏全集』第四卷、第18頁。
② 东大出身的羽田亨出任京大教授,自然将东大的学风带到关西地区。宫崎曾直言:"年轻的羽田亨学士来到京都,后又主宰京大东洋史,其学亦对我们颇具影响。"『白鳥史学の批判精神』、『白鳥庫吉全集』、岩波書店、1969年;收入『宫崎市定全集』第24卷、第578頁。
③ 宫崎市定『自跋集—東洋史学七十年—』、第39頁。
④ 宫崎市定『自跋集—東洋史学七十年—』、第22頁。

朴主義の民族と文明主義の社会』,这也是宫崎学术生涯中的首部著作。宫崎其实是将这本书当作东洋史的概说书来撰写的。① 换句话说,这本著作最直接明了、集中系统地体现了宫崎市定最初的东洋史观的样态。另外,在该著作中,宫崎参考了伊本·赫尔顿《历史序说》以及内藤湖南等先贤的观点,提出用"文明社会"和"朴素民族"这种二元对立的文明观来分析东洋史上。我们首先着重解明宫崎对东洋史研究范围的理解,同时结合前述所介绍的时代特点、社会思潮等因素,来分析宫崎的东洋史观是如何受到这些外在因素影响的。

该书开篇以一个王子因没有受到"不满的祝福"而最后沦为碌碌无为的庸才总领全篇,为该书奠定了基调,即人类历史的进步来自对现状的不满,而长期处于一个安定的环境,人类会陷入一种"不感症",进而失去对现状不满的感受,致使社会停滞不前,自此堕落。而这时就需要外来的刺激使社会重新焕发生机。具体地说,历史上文明程度较高的汉族就患有这种"不感症",而且文明高度发达给汉族社会带来很多问题,即"文明的中毒"现象。与之相对的,汉族周边的少数民族较好地保持了少数民族特有的"朴素性",在这种周边民族的刺激下,汉民族文化得以重新获得生机,保持长久不衰。以上就是宫崎二元民族对立的基本框架,其受内藤湖南"文化波动论"影响的痕迹非常明显。通览全书可以发现,宫崎所谓"东洋史"指涉的范围,不出中国汉民族与周边少数民族的交流史。显而易见,宫崎此时东洋史的认识主要与内藤湖南一致。内藤在其对后世影响颇深远的《中国上古史》的绪言中开宗明义地如下定义东洋史:

> 余之所谓东洋史者,中国文化发展之历史者也。(中略)然以中国文化为中心之国,远非中国一国而已,其文化远播种族不同、语言各异之多国。且中国文化之发展,虽于种族语言各异之国,然切实成一系统、连续的历史。以此观之,谓东洋史乃中国文化发展史者,偏差丝毫未有。②

内藤在绪言中详细论述了"文化波动"理论,即中国文化影响不断向周边扩散,而在传播的过程中使得周边少数民族觉醒,进而有民族自觉,最后反过来刺激中国文化,使腐朽老去的中国文化再生。回头再看内藤所谓"东洋史者,中国文化发展之历史者"之句的含义就明了得多,即东洋史就是中国文化所光被的民族、国家与中国(汉民族)的文化交流史。内藤进一步根据这种理论衍生出自己的时代分期论。《中国上古史》最早由弘文堂于1944 年出版,该书是根据内藤在1921、1922 年的"东洋史概说"课程的讲义及学生笔记整理而成的。宫崎入京大是在1922 年,入学时仅听到内藤授课内容的后半部分内容,而他

---

① 宫崎市定『自跋集—東洋史学七十年—』、第31 页。
② 内藤湖南『支那上古史』緒言,收入『内藤湖南全集』第十卷、筑摩書房、1969 年、第9—10 页。

因欲知前半部讲课内容，便借来前辈的笔记誊抄。① 可见宫崎在大学时期就深受内藤的"文化波动论"影响，并以此为框架，发展出自己的中国文明理论。也就是说此时宫崎对东洋史研究范围和内容的界定基本源自内藤湖南的主张，即焦点集中于中国本土范围内汉民族与周边民族之间的交流关系，亦即内藤所谓"中国文化发展史"。

比此书成书时间略早的发表于 1938 年《东洋史研究》杂志（第四卷第二号，1938 年 12 月）宫崎的论文《东洋史上孔子的地位》（「東洋史上に於ける孔子の位置」）虽冠之以"东洋史"的名称，但全篇单论儒家起源和孔子开创学问之功，论述重点皆在中国本土。可见宫崎此时对东洋的界定是为以中国为研究侧重点的。宫崎另外于 1941 年前后分两次连载在《史林》（第 25 卷第 4 号，1940 年 11 月；第 26 卷第 1 号，1941 年 1 月）的《东洋的文艺复兴与西洋的文艺复兴》（「東洋のルネサンスと西洋のルネサンス」）一篇长论文，从西洋画中的东方元素切入，着力论证西亚、中国和西方前后相隔几百年的时间依次发生了文艺复兴的现象，认为彼此绝非孤立，文艺复兴后发生的地区一定通过某种途径受到先行地区的影响。通览此文，所谓"东洋"主要还是指中国本土。可见，宫崎此一阶段的研究侧重点在中国本土，但是这并不能说明这一时期的宫崎尚未将西域史、东西交流史划入东洋史的研究范围。因为他早在 1934 年在三高史学同好会会志《史》发表文章《东洋史学界的流行》（「東洋史学界の流行」，1934 年 1 月），将前辈开创的塞外史、东西交流史等都归为东洋史研究，同时宫崎也指出东洋史研究范围紧随日本侵略脚步而扩大。而这一时期宫崎对东洋史的论述仍集中于中国本土，说明其还是遵循东洋史学诞生之初以中国本土研究为中心的基本原则，同时又兼用民族史、交流史的视角，结合了内藤湖南文化史学的思想和研究方法。

如前所述，随着中日之间战事日趋激烈，政府和军部对日本国内言论的控制亦逐步加强。日本史学界基本是在"皇国史观"的笼罩下，而东洋史学界亦在政府的组织和支持下进行与时局联系颇为密切的研究。如 1938 年，首相近卫文磨任总裁直属企画院的国策咨询、调查机构东亚研究所成立，翌年，宫崎受该所委托从事为期 2 年的"清朝官制与官吏铨选制度"研究，其本质是吸取少数民族统治中国的经验与教训为将来统治中国做准备。而宫崎深受时局的影响在《东洋朴素主义的民族与文明主义的社会》一书显露无遗。该书首先通过分析历史上汉民族与周边少数民族之间的交流情况来论证少数民族的优越性在于其具有"朴素性"，而文明程度较高的汉民族却因"文明中毒"而陷入停滞不前的状态。少数民族每次对汉民族的入侵和袭扰都为汉民族注入朴素性的良药，从而使汉民族文化得以焕发生机，文明得以延续和发展。同时，他将文明的发展过程比作人类的人生阶段，而中国文明已处于垂垂老矣的老年阶段，文明中毒已经极深。我们知道，西方早已有将民族

---

① 宫崎市定「〈批評・介紹〉清朝史通論・支那上古史　内藤虎二郎著」，『東洋史研究』第 9 卷第 3 号、1945 年、第 189 頁。

文明的发展过程比作人类的先例,而内藤湖南在其被广泛阅读、影响颇大的著作《新支那论》中就有类似的论述:

> 不管是蒙古人还是满洲人,支配支那人的同时,虽说亦有感染支那人恶劣品行而行贿赂或者继承了其他政治上的弊端之现象,但是朴素、正直的态度注入了老奸巨猾的支那人体内,支那人也因此在不知不觉中使其生命能够重返年轻。[1]

我们可以看到,宫崎论述的整体构思跟内藤非常接近,其并不是第一个提出此种主张的学者。其实,当时史学界很多研究中国的学者都在试图证明中国文明是停滞不前的,从而为日本侵略行径的正当化寻找理论依据。如前所述,自1931年九一八事变爆发以来,很多学者在自己的研究中力图证明东北地区和日本历史上的联系,通过实证的方法,用学术的外衣来包藏时政的内里。

三、"世界史"的视野——宫崎市定东洋史认识的转变

1952年,京都大学策划出版了一套东洋史教材,名曰《京大东洋史》,该套教材共5册,分别为《古代帝国的成立》[2]《贵族社会》[3]《独裁政治的时代》[4]《东亚的近代化》[5]《西亚·印度史》[6]。从书的名称我们可以看出:第一,该套教材所涉范围涵盖包括西亚、南亚在内的亚洲全境,也就是说东洋史的范围被扩大了;第二,5册书中前4册论中国、东亚,说明该套丛书仍以中国为东洋史之核心。但是必须指出,该书在编纂之时采取了世界史的视角,在宫崎市定为该书撰写的总论中即开宗明义地表明"世界史必须是全人类的历史"[7],而且必须改变西洋为主、东洋为从的格局,将东洋和西洋等同视之。此时宫崎市定对东洋史的看法已经发生转变,若世界史由西洋史和东洋史构成,则东洋的范围即指西洋以外的区域无疑,宫崎对此如是认为:

> 日本学者因不满于仅以欧洲史对象或者以欧洲为中心的世界史而将世界史一分为二,将欧洲史命名为西洋史,另将亚洲史命名为东洋史并使之独立。[8]

---

① 内藤湖南「新支那論」、博文堂、1924年。收入『内藤湖南全集』第五卷、筑摩書房、1972年、第512—513頁。
② 宮崎市定、大島利一、宇都宮清吉、羽田明『京大東洋史1 古代帝国的成立』、創元社、1952年。
③ 外山軍治、内田吟味風、村上嘉実、羽田明『京大東洋史2 貴族社会』、創元社、1952年。
④ 鴛渊一、田村実造、三田泰之助、羽田明『京大東洋史3 独裁政治的时代』、創元社、1952年。
⑤ 小竹文夫、宮崎市定、佐伯『京大東洋史4 東亜的近代化』、創元社、1952年。
⑥ 著者为中原与茂九郎、羽田明、田村実造、佐藤圭四郎『京大東洋史5 西アジア・インド史』、創元社、1952年。
⑦ 『京大東洋史1 古代帝国的成立』、第2頁。
⑧ 『京大東洋史1 古代帝国的成立』、第2頁。

对此，宫崎市定进一步地解释道：

> 日本学者虽在东洋史独立上着力颇多，但实际上，所谓东洋史最初几可谓是中国史而已。其后虽将满洲、蒙古等北方民族，以及蒙古民族活跃之时的西亚和佛教兴起时的印度的历史纳入东洋史的范围，当总体来看东洋史依然是以中国为中心的历史。
>
> 但是，将东洋史与西洋史对立的情况下，若西洋史是欧洲史的话，则东洋史必然地便是亚洲全体的历史。而且亚洲全体的历史亦未必是以中国为中心发展而来的。[①]

以上可窥知 20 世纪 50 年代初宫崎东洋史观的明显转变。前述东洋史创立之初，虽已有将中国相对化的倾向，但其时的东洋史在事实上还是以中国为中心的。此时宫崎更进一步，不仅将东洋史与亚洲史等同视之，而且依据地形将之分为北亚、西亚、南亚、东亚 4 个区域，并且其主张亚洲史上有西亚、东亚和南亚三个中心。由此可知，宫崎所谓三个中心其实依据的是三个区域实属不同的文化、宗教体系，各自发展和孕育了不同的文化。另外，日本史学界一直以来有重视欧洲史和本国史的"强国中心主义"和"本国中心主义"史观，对拉美地区、西亚以及南亚等地方素来缺乏关注。宫崎清醒地认识到东洋史诞生之初伴生的局限，即忽略了东亚以外的亚洲的各个地区，在此宫崎有意识地加以强调并纠正。众所周知，"二战"结束初期，"作为亚洲一员的日本""作为世界一员的日本"成为日本史学研究者们共识，即流行强调在亚洲史和世界史的框架下重新检视本国史和中国史的研究方法，宫崎的主张亦与此相契合。当时西亚与印度的研究在日本方兴未艾，起步较晚，尚未有很大的成绩，这对于一向重视西亚地区的宫崎来说也是迫切想打破的现状。

1953 年，宫崎发表《新世界史—序说·古代东方世界》(《新しい世界史—序说·古代東方世界—》)一文，其中明确主张历史就应该是全人类的历史，也就是世界史。而这种思想并非形成于此时，而是在这个时点趋于成熟。早在 1947 年出版的《亚洲史概说》(《アジヤ史概说》)中，宫崎的世界史构想就首次相对完整地展现出来。1942 年 7 月左右，文部省主持编纂《大东亚史概说》，分别委托东京帝国大学的池内宏和京都帝国大学的羽田亨为总负责人，东京帝大又任铃木俊、杉本达郎为责任编辑，京都帝大的负责人则由宫崎市定和安部健夫两人担任。

文部省编撰的所谓"大东亚史"，是为将来"统治"整个亚洲后让殖民地区的人民也来读的历史，所以从编纂目的来看这个计划的初始就带有殖民地思想统摄的目的，他们要求编纂者以日本的历史最为古老，所谓"大东亚共荣圈"的其他地区皆受日本文化的光被。这种明显违背史实、具有鲜明"皇国史观"的编纂方针遭到了当时负责编纂的学者们的反

[①] 『京大東洋史 1 古代帝国の成立』，第 3 頁。

对。后来经过与文部省的协商,双方做出妥协,决定以西亚为最古老文明,其中心渐向东移,最后归于日本。宫崎市定负责的书稿部分大抵在 1944 年完成,但随着翌年日本的战败,所谓"大东亚共荣圈"的幻影随之破灭。"二战"结束后两年,宫崎将在战争期间完成的书稿交予人文书林出版,书名为《亚洲史概说正编》(《アジヤ史概説　正編》)。而约定撰写续篇的学者安部健夫因病无法履约,宫崎只好执笔撰写《亚洲史概说续编》(《アジヤ史概説　続編》),亦由人文书林出版。[1] 在该书中,宫崎贯彻了他交流史的史学立场,而且在序言中就开宗明义地强调历史本应该就是世界史。

> 如果世界史之外不存在真正的历史,如果我们只有在眺望人类整体时才能发现真正的历史,那么亚洲史确实是局部的、不完整的。但是,这并不意味着亚洲史没有存在的必要。(中略)由于欧洲的历史已经得到各方面的探讨,且看上去可以直接作为世界史的一部分,而亚洲史的相关探讨却明显滞后,亚洲尚未找到自身在世界史上应有的位置,处于一种低迷无措的状态。[2]

宫崎这种历史观是一种整体史观,主张从世界史的全局来研究历史。换言之,宫崎此言即主张将亚洲史置于世界史的历程中进行考察,从而发现亚洲在世界史中的位置。另外,当时日本史学界也非常排斥世界史中重欧轻亚的欧洲中心主义的历史观,因此,日本学者弃用含义暧昧不明的"东洋",而取用在直观上来看即可与欧洲史共同构成世界史的"亚洲"一词成为共识。宫崎此书命名为《亚洲史概说》而非遵循传统的命名习惯为《东洋史概说》亦可见宫崎的用心所在,即其意图改变前引文中宫崎所说的以往东洋史仍以中国为研究中心内容的现状,如此宫崎也就将东洋史的范围涵盖整个亚洲,欲与欧洲史分庭抗礼。

宫崎认为历史就应该是世界史,或许说宫崎对世界史框架的结构似可追溯至 1942年。其实不然,如前所述,宫崎赴法留学期间独自一人游历西亚,其时应是其世界史构想的发端。宫崎本人亦言"我所构思世界史体系绝非自此开始"[3]亦可佐证。而这种构思趋于成熟并明确地提出则是在 1940 年以后,但其时宫崎并未明确主张东洋史就应该是亚洲史,而且从宫崎当时的论文来看,他仍然延续了早年对东洋史的理解。而在 20 世纪 40 年代末至 50 年代初,宫崎则明确地提出东洋史就是亚洲史,这也就在客观上解构了东洋史。

这种转变从当时的出版物也能窥知一二。1937 年日本平凡社策划出版了《东洋历史大辞典》,全书共 9 卷。在战事趋紧的背景下出版的这套丛书之目的带有明显的政治色彩,即该套丛书虽有条目说明印度和西亚地区,但是数量极少,全书的重点在中国。以此

---

① 砺波護『アジア史概説　解説』、收入『アジア史概説』、中央公論社、1987 年、第 507 頁。
② 宫崎市定著:《亚洲史概说》,谢辰译,民主与建设出版社,2017 年,第 9—10 页。
③ 宫崎市定著:《亚洲史概说》,谢辰译,第 3 页。文中"自此开始"是指受文部省之托编纂亚洲史,即 1942 年。

观之,该套丛书迎合当时政府和社会需求的意图显而易见。而战后的 1959 年,平凡社在此套丛书基础上重新进行修订和编撰,出版了一套《亚洲史辞典》(《アジア史事典》),宫崎市定是这套丛书的编委之一①。该套丛书从 1959 年开始刊行,至 1961 年共出版 12 卷。该书序言称:

> 本辞典的编纂基于以下几个基本构想:特别注重与亚洲紧密相关的非洲;增加之前内容较少的东南亚、西亚所占的比重;充分重视东西交流史、文化史的研究视角。②

如前述,宫崎是该书编委之一,这种编辑体系的思路当然是编委共同商讨的结果,也在一定程度上体现了宫崎东洋史观的变迁,即将东洋史的研究范围扩大到印度和西亚在内的亚洲全域,也就是说要脱离中国中心化的史观。有关于此,在该套辞典于 1984 年修订再版的序言中直截了当地表明了。

> 继战后历史学界出版《世界历史辞典》全 25 卷(1951—1955 年刊行)这一壮举之后出版的本辞典,超越了一直以来以中国为中心的"东洋史型"的历史观,北亚、东南亚、西亚自不待言,远至非洲等地都纳入视野当中,确如字面所说之亚洲历史辞典。本辞典自出版以来颇获好评,特此再版。③

"东洋史型"的,即中国为中心的东洋史观。该套辞典将北亚、东南亚、西亚甚至非洲都纳入"亚洲"范围来看,其编纂立场明显未改变 1959 年版的编纂构想,站在一种交流史的立场。这样,在事实上将亚洲的范围扩大至除"西洋(欧洲)"及美洲以外的地域范围中。而实质上,学术上的这种转变,暗含"去中国中心化"之目的。

四、结语

通过上述梳理,可以知道宫崎在早期接受了东洋史学开创者桑原骘藏、内藤湖南等人对东洋史学研究范围的界定,接受了以中国为研究重点的东洋史学;而后,随着中日战争的爆发、战局不断扩大,学界以及民众的关注点从中国逐渐转向全亚洲;加之,战时"皇国史观"统摄学术界、思想界,这种种外因都使得宫崎重新思索东洋史的定义。而从早期即对西亚抱有强烈关心的宫崎从西亚旅行归来后从交流史的角度撰写了很多关于西亚、东

---

① 其他编委还有贝塚茂树、鈴木俊、仁井田陞、森鹿三以及山本達郎。
② 『アジア歴史事典』序言、平凡社、1959 年。
③ 『アジア歴史事典』、平凡社、1984 年重版、序言。

亚文化交流的文章,可以推断宫崎其时便开始了世界史构想,并且意识到所谓"东洋史"并未突破中国史之框架;加之,宫崎基于欧洲主导的世界秩序之历史现实,意图突破"西方中心主义"的历史观。因此,宫崎试图将东洋史构建为与世界史具同质性的亚洲史,一面可在"世界史"的宏大视野下涵盖中国,打破东洋史既有框架的"中国中心化";一面可将欧洲史相对化,超越欧洲中心主义的历史观。

文学·艺术

东亚学（第三辑）

近代日本学者关于东亚地区石窟寺的调查

——兼论近代中日佛教美术研究的互动

张　希

（中山大学历史学系）

　　明治维新后的日本，一方面接受西方科学技术的刺激，一方面沿袭考据之风和汉籍研究的传统，是东亚地区最早构建"东洋学"并系统地审视东方文化传统、梳理东亚历史脉络的国家。古建等图像资源是历史文化的载体，因此，日本学者纷纷来到中国，通过踏查历史建筑等文化史迹，来解析宗教、艺术、民俗等传播轨迹，试图追溯日本文化的源流。其中，石窟寺作为佛教艺术的重要代表，因其悠久的历史、厚重的政治文化底蕴、丰富的艺术元素，受到日本佛教、建筑、文学、历史等领域学者的广泛关注。

　　近代日本学者对中国、朝鲜的石窟寺进行了细致的考察，为了分析石窟寺艺术源流，还远至中亚、南亚，对相关石窟进行了研究，最终形成报告、拓本、测绘图、照片等资料，弥足珍贵。这些资料既能反映近代日本对东亚佛教美术史的学术构建过程，又能为当今文保事业提供参考，还能通过其研究成果探析日本学界对中国佛教美术史学建立的影响。

一、近代日本学者对东亚地区石窟寺的考察情况概述

　　19 世纪末至 20 世纪初，西欧各国掀起了世界范围内的"边境探险"风潮，涉足"西域"及中国边疆，并吹动了日本学界。1890 年，内藤湖南在《亚细亚大陆的探险》一文中指出，进行亚洲大陆考察及探险活动，对于弘扬日本民族精神有着十分重要的作用。[①] 1902 年，东京帝国大学建筑史学家伊东忠太在山西大同考察辽金遗迹时偶然邂逅云冈石窟，其调查结果被誉为"佛教美术史上的大发现"[②]。同年，京都西本愿寺法主大谷光瑞开启 3 次中亚探险之旅，揭开了"日本敦煌学"序幕。1906—1929 年，关野贞、常盘大定对中国建筑进行了多次考察，形成了《中国文化史迹》，其中记录石窟及石刻照片 923 幅，比例达 40％[③]。

---

　　① 　内藤湖南「亜細亜大陸の探検」，『明治文学全集』37、筑摩書房、1980 年。

　　② 　伊东忠太的云冈石窟调查结果刊载在《北清建筑调查报告》中。伊東忠太「北清建築調査報告」，『建築雑誌』、1902 年。

　　③ 　徐苏斌、贺美芳：《解读关野贞的中国建筑图像记录》，《中国文化遗产》2014 年第 2 期，第 46—57 页。

也是在此期间的 1918 年,关野贞"发现"天龙山石窟,引起世界的轰动①。20 世纪初至 40 年代期间,"日本考古学之父"滨田耕作多次在中国及朝鲜进行考古活动,著有《东亚文化的黎明》(『東亜文化の黎明』)、《朝鲜宝物古迹图录》(『朝鮮宝物古蹟図録』)等,介绍了中国石窟及庆州佛国寺石窟庵②。1936 年,水野清一、长广敏雄带领调查班开始对响堂山石窟、龙门石窟的摸底考察③。1938—1944 年,该团队在云冈石窟进行了长达 7 年的考古挖掘调查。水野清一和长广敏雄完成了严格意义上的、真正以"石窟"为调查对象的考古调查,出版了规模巨大的考古报告《云冈石窟》④。

可以说,近代日本学者的足迹基本遍及东亚地区的大型石窟,还远至印度考察了石窟源流,其中不乏被称为"重大发现"的调查。另有一些不为时人注意的小型石窟,也在他们的考察沿途中受到关注(图 1)。据笔者不完全统计,1945 年之前,日本学者在东亚地区的石窟寺调查活动中完成的论文、游记、报告、写真集、测绘图等资料达千件以上或更多。如仅笔者寓目的关于云冈石窟的文献就有 300 件以上。这些资料卷帙浩繁,包含图像记录、测绘数据、保存状态等十分重要的历史数据,构成了庞大的东亚地区石窟寺资料库(表 1)。

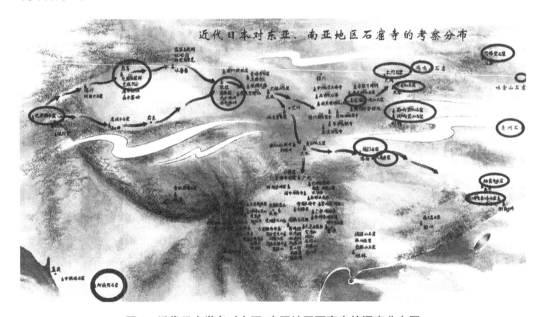

图 1　近代日本学者对东亚、南亚地区石窟寺的调查分布图

(画圈处为日本学者调查过的石窟,未画圈处为东亚、南亚地区的其他石窟)

---

① 関野博士紀念事業会『関野博士論文集 第 4 卷 支那の建築と芸術』,岩波書店、1939 年、第 503—520 頁。
② 朝鮮総督府『朝鮮宝物古蹟図録　第 1～第 2』、桑名文星堂、1938 年。
③ 水野清一、长広敏雄『河北磁縣・河南武安:響堂山石窟:河北河南省境における北齊時代の石窟寺院』、東方文化学院京都研究所、1937 年。
④ 水野清一、长広敏雄等『雲岡石窟:西暦五世紀における中国北部佛教窟院の考古学的調査報告』、京都大学人文科学研究所曇冈刊行会、1951—1956 年。

表 1 近代日本学者对东亚、印度地区的石窟寺考察的代表人物及成果

地 区	石窟名称	代表学者	代表性研究成果	涉及领域
印度马哈拉施特拉邦奥兰加巴德县	阿旃陀石窟	泷精一	关于印度阿旃陀石窟寺（1914 年）	佛教美术
		松本文三郎	印度石窟寺开凿原因及与中国石窟之异同（1920 年）	佛教美术
阿富汗巴米扬省	巴米扬石窟	福山敏男	法隆寺金堂建筑及壁画纹样研究（1953 年）	建筑
		坂崎坦 仲田胜之助	朝日常识讲座（1929 年）	佛教美术
中国新疆库车	龟兹石窟	小野玄妙	佛教美术与历史：龟兹摩崖石窟寺之壁画与艺术思想（1937 年）	佛教史
		熊谷宣夫	美术研究 14(1)(140) 克孜尔洗足窟将来之壁画（1947 年）	佛教美术
中国甘肃敦煌	敦煌石窟	小村俊夫	法隆寺及敦煌石窟寺遗物的二三种类似（1927 年）	佛教美术
		福山敏男	敦煌石窟编年试论（1952 年）	佛教美术
中国陕西延安	石泓寺石窟	常盘大定 关野贞	中国文化史迹·解说（1938 年）	佛教考古
中国山西大同	云冈石窟	水野清一 长广敏雄	云冈石窟：西历五世纪中国北部佛教窟院的考古学调查报告（1951 年）	考古
		木下杢太郎 木村庄八	大同石佛寺（1922 年）	佛教美术
中国山西太原	天龙山石窟	小野玄妙	天龙山石窟诸像的制作年代（1923 年）	佛教美术
		外村太治郎	天龙山石窟（1922 年）	佛教美术
中国河北张家口	鸡鸣山石窟	鸟居龙藏	北魏时代的下花园石窟寺（1940 年）	考古
中国河北邯郸	响堂山石窟	水野清一 长广敏雄	河北磁县、河南武安：响堂山石窟：河北河南省境的北齐时代石窟寺院（1937 年）	考古
中国河南巩义	巩县石窟	大口理夫	关于巩县石窟（1938 年）	佛教美术
中国河南安阳	宝山石窟	常盘大定	中国佛教史迹踏查记（1942 年）	佛教考古

地　区	石窟名称	代表学者	代表性研究成果	涉及领域
中国河南洛阳	龙门石窟	水野清一 长广敏雄 塚本善隆 春日礼智	河南洛阳龙门石窟研究(1941 年)	考古
		大屋德城	鲜中巡礼行(1930 年)	佛教美术
中国山东青州	云门山石窟	常盘大定	作为隋代佛教资料的山东省石窟(1943 年)	考古
	驼山石窟			
中国山东济南	玉函山石窟	鸟山喜一	山东省黄石崖及玉函山石窟(1939 年)	佛教美术
中国浙江杭州	飞来峰石窟	常盘大定	中国佛教史迹踏查记(1942 年)	佛教美术
中国江苏南京	栖霞山石窟	常盘大定	古贤的踪迹:中国佛教踏查(1921 年)	佛教美术
中国辽宁锦州	万佛堂石窟	浜田耕作	辽西义县的石窟寺(1933)	考古
韩国庆州	吐含山石窟庵	浜田耕作	朝鲜宝物古迹图录(1938)	考古
		小野玄妙	极东的三大艺术(1924 年)	佛教史
		田中重久	兴福寺西金堂与庆州石窟庵的造像(1941 年)	佛教美术
日本奈良县	春日山石窟、地狱谷石窟	史迹名胜天然纪念物保存协会	奈良县之指定史迹:内务省藏版(1927 年)	考古
		川胜政太郎	大和的石造美术(1942 年)	佛教美术

　　通过分析这些图像和文献资料,我们发现近代日本学者对东亚地区石窟寺的调查内容主要围绕以下几个方面进行:

　　一是洞窟编号和测绘图绘制。在考察石窟时,日本学者首先对洞窟进行编号。如云冈石窟、龙门石窟、南北响堂山石窟等,或由日本学者首创编号,或在欧美学者的基础上日本学者进行了细化。

　　伊东忠太"发现"云冈石窟时,即对中部窟群进行编号,将现第 5 窟至第 13 窟及 13—4 窟编为 1 至 10 窟。之后,关野贞、常盘大定在法国考古学家沙畹的编号基础上进行修改,将石窟分为东部、中部、西部三区,其中第 1 至 20 窟的编号一直沿用至今。他们还将大型洞窟命名为东塔洞(第 1 窟)、西塔洞(第 2 窟)、隋大佛洞(第 3 窟)、佛籁洞(第 8 窟)、大佛三洞(第 19 窟)等,体现了洞窟各自的特点。随后,长广敏雄、水野清一在考察中将石窟进行全面编号,包括 46 个主要洞窟和 153 个附属窟龛,编排更为详细。20 世纪后半叶,云冈石窟文物研究所在此基础上增编洞窟编号为主要洞窟 45 个、附属洞窟 209 个。

常盘大定和关野贞于 1922 年对南北响堂山石窟进行了调查,是近代最早来到响堂山石窟进行考察的外国学者。他们命名了北响堂山石窟,并进行初步的年代断定:大业洞(隋)、刻经洞(北齐),释迦洞(北齐,二小龛 A[唐]、B[明?]),大佛洞(北齐,二小龛 C[宋]、D[明])、倚像洞(唐)、二佛洞(隋?)、嘉靖洞(明),同时指出了各自洞窟的主要内容,将响堂山石窟介绍至国内外。[①] 1936 年,长广敏雄和水野清一调查响堂山石窟,发表了《河南武安、河北磁县响堂山石窟——河北、河南境内北齐时代的石窟寺院》调查报告,将石窟编号进一步细化并制作了测绘图。

日本学者的石窟编号是石窟寺研究的基础性工作。虽然当时近代石窟寺研究刚刚起步,受到个人局限性和客观条件的制约,编号不够全面系统,但其勘察工作为之后的学者奠定了重要基础,使得石窟研究在编号逐渐完善的过程中进一步推进。而编号完成后,日本学者还进行了另一项重要的基础工作——测绘图制作。

测绘是文物理论研究、建筑遗产保护的重要基础。这一时期,日本学者对石窟寺进行的多为普查或专题调查,他们开创性地引入了西方测量方法,并在东亚地区石窟寺的研究中充分发挥其作用和优势。所完成的测绘大多以总平面图和平面图为主,较现代方法略显简略。不过,他们将实证方法与文献研究结合,相较西方学者成果更丰。

如考古学家滨田耕作主要在东北亚地区进行考古学实践,以考古学田野活动为主,结合地层学、类型学进行研究,影响了关野贞等学者的调查方法。在考察朝鲜吐含山石窟庵时,他对石窟进行标准的考古形式绘图记录,包括图名、比例尺、平面图和剖面图等,形成记录完善、流程完整的调查报告。(图 2)此种方法贯穿近代日本学者石窟寺研究的始终。云冈石窟、龙门石窟、响堂山石窟、天龙山石窟、敦煌石窟等均留有详细的测绘图,为中国学者学习近代考古技术、研究古代建筑提供了参考和有利条件。

二是分期断代。洞窟编号、测绘、拍摄等基础工作完成后,日本学者并未止步于单纯的数据记录,而是在考察基础上结合历史文献进行深入研究。对于洞窟的开凿时间,他们通过查阅史籍,结合造像记和同期金铜佛及建筑遗产,用图像学和类型学方法判定其年代,将洞窟分为北魏窟、北齐窟、隋窟、唐窟、新罗时代窟等,并概括了各时期的造像风格特点。同时,他们通过走访调查、挖掘甄别,厘清造像的修缮经历。如木村庄八和木下杢太郎考察云冈石窟时,发现部分造像有后世修理的痕迹,于是产生了"毁坏了再仔细看看"的念头。他们用小刀、三脚架等剥去、敲打佛像外部的泥层,看到了佛像的本来面目,并由此

---

① 常盤大定、関野貞『支那仏教史蹟 第 3 評解』、仏教史蹟研究会、1927 年。

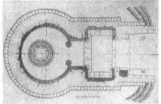

图 2　测绘图——滨田耕作绘制的朝鲜吐含山石窟庵平面图、剖面图
（《朝鲜宝物古迹图录》）①

梳理出洞窟开凿的最早年代和后世的修缮过程及技法②。当然，因考察仓促，日本学者的编年分期并非完全准确。他们的调查报告公布时，世界范围内的讨论随之展开，激起石窟寺研究的热潮。

三是图像辨识、题材分析。考察期间，日本学者对洞窟中主像的尊格做出相应的判定，如云冈石窟昙曜五窟的尊格③、龙门石窟西山崖壁和东山崖壁大型窟龛的造像内容④等。对于图像体现的信仰及佛经，也结合历史背景做出考证，如在龙门石窟，水野清一、长广敏雄指出古阳洞造像内容与《法华经》的对应联系，同时他们分析，从云冈至龙门的造像题材变迁可看出北魏佛教由释迦信仰到弥勒信仰的转变，而从龙门唐窟雕刻佛像的类型可知北魏至唐期间佛教信仰又演变为弥陀信仰⑤。目前，关于石窟造像题材还有很多问题有待进一步探讨，日本学者的研究基础和图像记录对于石窟寺研究是必要的参考。

四是艺术源流探析。对于石窟寺的装饰纹样、建筑要素（如柱式、天井、龛楣等）、造像风格（佛像、菩萨像、八部神众、金刚力士像）、风格流变等，日本学者十分关注。他们从中找到了与日本佛教装饰纹样的相似之处，注重研究这些艺术之间的相互影响，尤其是对日本的影响。从印度阿旃陀石窟开始，沿着丝绸之路，直到朝鲜、日本，他们处处追寻日本艺术的起源。如冈仓天心在华考察时指出，龙门石窟宾阳洞本尊为日本法隆寺金堂释迦三

---

① 朝鲜总督府『朝鲜宝物古蹟図録』1—2、桑名文星堂、1938 年。
② 木下杢太郎：《云冈日录》，赵晖译，中国画报出版社，2017 年。
③ 常盤大定、关野贞『支那文化史蹟』第一卷『解說』、法蔵館、1939 年。
④ 水野清一、长広敏雄「河南洛陽竜門石窟の研究」、『東方文化研究所研究報告』第 16 冊、座右宝刊行会、1941 年。
⑤ 水野清一、长広敏雄「河南洛陽竜門石窟の研究」、『東方文化研究所研究報告』第 16 冊、座右宝刊行会、1941 年。

尊的祖形。伊东忠太发现云冈石窟时，称其为日本推古式佛像止利佛的源头。小野玄妙将印度及西域石窟造像与玉虫厨子的纹样金子进行对比。滨田耕作在其《考古游记》①中不断强调法隆寺与六朝建筑的关系，并分析天平雕刻与新罗雕刻、奈良三月堂与庆州石窟庵的联系。

五是石窟题记书法研究、供养人研究、开凿情况、相关历史人物及事件、建筑形制等其他方面。考察龙门石窟时，水野等人翻刻了 1 047 例造像题记，收录在考察报告中。另外几部大型图像记录《中国文化史迹》《云冈石窟》《考古游记》等中，均收录了大量造像题记的拓本和照片，用作石窟开凿研究和书法研究。米田美代治在《朝鲜上代建筑的研究》中推演了庆州石窟庵的营造计划。通过研究《魏书》与考察昙曜五窟，常盘大定、关野贞指出云冈石窟开凿的动机与北魏政权灭佛、复兴佛法的关系。

近代日本学者对东亚地区石窟寺的考察几乎是全面的。他们的调查成果详细真实，形成了石窟寺研究的基础图像和数据信息，所涉及的领域基本涵盖了现代石窟寺研究的各个方面，并已经将考古、美术史、历史文献等方法结合使用，较早地建立了近代东亚石窟寺研究体系，确立了自己的研究框架、视角和方法。随着研究不断深入，石窟的分散性、断裂性的研究发展为整体性研究，为之后的东亚佛教美术史等学科研究发展打下了基础。

二、近代日本学者考察东亚地区石窟寺的研究特点

在近代东亚石窟研究上，日本学者展现出东西方传统与近代结合的研究特点，既发挥了近代科技的优势，又保留了注重汉籍的传统，从东方文明的角度审视东亚石窟，较西方学者在细节上把握更为细腻，在宏观上构建更贴近历史现实，在数量和深度上均有所超越。

首先，在研究思路上，日本学者相较西方学者更具"东亚视角"。在石窟寺考察过程中，他们逐渐厘清东亚佛教艺术的发展脉络，沿着丝绸之路，将印度、中亚、西域、中原、朝鲜、日本的大小石窟进行大范围考察，常将各个石窟寺在空间、时间两个维度上进行对比分析，注重东亚石窟艺术的内部传承，基本搭建起佛教美术图像流布沿着"印度→中亚→中国→朝鲜→日本"的脉络。同时，他们也重视各区域社会历史对当地石窟艺术的影响，如草原民族的信仰、汉族传统建筑要素对石窟风格的影响，从整体性和差异性两方面考量东亚石窟寺的发展。关野贞在《朝鲜美术史》一书中，便将希腊、罗马、印度、犍陀罗、中国、朝鲜、日本等佛教艺术串联起来，分析了各地域各时期的佛教联系，从事实上加深了日本与东亚的联系（图 3）。

其次，在研究方法上，体现了"和魂洋才""西学东渐"的特征。鸟居龙藏提出文献记载

---

① 浜田青陵『考古游記』、刀江書院、1929 年。

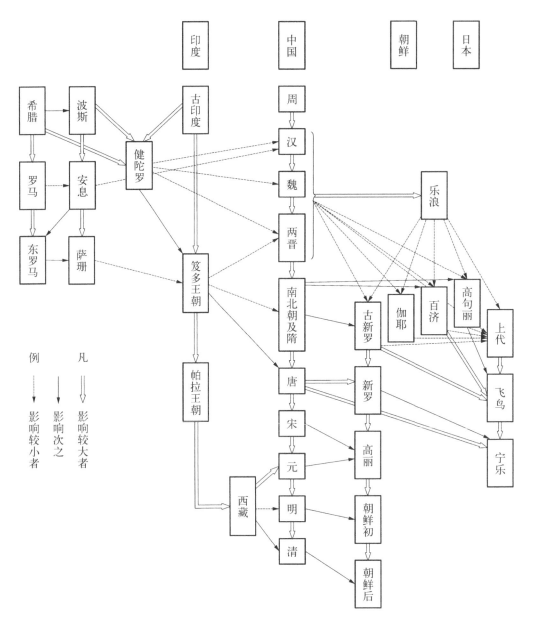

图3　关野贞《朝鲜美术史》①

与田野调查相结合的研究方法,跳出了西方学者只重田野、不重文献的窠臼后,日本学者形成了田野与文献相结合、注重文化风俗研究的风格。在"东洋学"的框架下,他们将东西方传统与近代结合,在石窟寺研究中,运用测绘、拓本、摄影、考察、文献考证、图像对比等方法,崇尚实证;同时,通过东方人的史观解析历史。他们于很多领域尝试建设性的探索,自成一体。在与西方争胜的过程中,日本学者的研究结论更为严谨细致。

---

① 関野貞『朝鮮美術史』、朝鮮史学会、1932 年。

再次,在研究成果形式上,题材丰富,信息完整,涉及面广,可研究价值高。石窟寺研究的成果,文字类有考察报告、考察日记、论文专著、游记、诗集、报道、书信等,图像类包括测绘图、拓本、手绘、照片、纪录片等,保留了丰富全面的近代东亚地区石窟寺样貌。在长途旅行中,大多日本学者坚持撰写日记,回顾每天走过的路程,描述沿途经过的驿站、城镇或村落,记录所经之处的地质特征、风景、民俗、往来行商、文物古迹、碑刻、族群关系等,并写下自己的感受和思考。近代中国内忧外患的历史镜头在他们的记录中一一展现。他拍摄的大量的珍贵照片,成为解百余年前中国社会及民族状况极其珍贵的影像资料。如水野、长广带领的云冈石窟调查班,考察期间留下照片 5 000 余幅,珍藏于京都大学人文科学研究所资料库,目前正在重新整理中,是我们了解近代中国历史应该关注的材料。

不可否认,通过实地考察,日本学者将东亚地区的石窟寺由点及线、从线及面进行联系研究,为东亚石窟寺研究以及东亚美术史构建积累了材料和经验。但是,由于其普查性质和服务国家政策的需求,很多考察工作尚未成熟完整,属于初步研究。搭建整体框架后,对于题材考察、图像辨识、乐舞研究、营造计划还原等,日本学者的研究成果尚有许多可商榷处和未顾及的地方,留下了当今石窟寺研究可以拓展的空间。

三、近代日本学者的东亚石窟寺研究对日本及中国学界产生的影响

近代日本对东亚地区石窟寺的考察研究,不仅建立了石窟寺本身的研究体系,还推动了日本的东亚佛教美术、东亚历史研究等其他学科的发展。更为重要的是,中国学界在建筑、美术史等学科的近代化转换过程中,毫无例外地借鉴了"日本模式",在研究对象、研究方法等诸多方面均受到日本学者的影响。

(一) 近代东亚石窟寺研究与日本的"东亚美术史"学科发展

近代以前,日本对东亚美术的关注主要集中在中国、朝鲜的金铜佛、卷轴画、器具三个方面,而当他们意识到石窟寺是集建筑、佛教、服饰、民俗等为一体的综合艺术形式后,日本的美术史学科才真正建立完整。大村西崖的《中国美术史·雕塑篇》[①],首次将"南北朝—北方之石窟"纳入美术史,肯定了石窟研究在中国美术史上意义。大村被认为是"最早全面而系统地用近代观念和考古材料来研究中国美术,成为全世界最早在大学中开设中国美术史课程的教授"。其理念的转变是具有现代意义的开拓性研究。随后,他访问中国,进行田野调查,完成了地域上涉及中、印、日三国,门类上涉及绘画、雕塑、建筑、篆刻、画论、工艺等的《东洋美术史》。从大村西崖的美术史理论形成来看,石窟寺研究毫无疑问地完善了日本学界对"美术"概念的理解,开启了近代美术史的研究体系构建历程。

---

① 大村西崖『支那美術史　彫塑篇』、仏書刊行会図像部、1915 年。

（二）中国美术考古与日本的关系

在近代日本学者的影响下，西方考古技术、田野调查方法进入中国，为中国建筑史、美术史发展提供了契机。部分日本学者与中国学者保持着频繁的交流，协助中国学者成立了重要的研究机构，如东亚考古学会等，并提供了技术和资料上便利。① 近代中国知识分子的自觉意识加上日本学者的影响，近代中国边疆学、历史学、考古学、美术史学研究产生了新的思路。

首先，中国学者开始关注边疆、西域研究。日本学者对中国边疆地区文物史迹的调查研究，促生了敦煌学、吐鲁番学、藏学和西夏学等内亚史、民族学、宗教学和艺术史等新学科，并在中国传统史学之外，揭示了广泛散布在城市、乡镇、山林中的各种历史遗迹在还原和重构历史方面的重要性，开启中国历史文化研究的新视野和新方法。中国学者开始沿着日本学者的足迹，进入腹地进行考察。在恶劣的条件下，他们开始亲自去往蒙古、新疆等边远地区，进行石窟寺、木构建筑调查等学术活动，通过这些研究划明中国"疆域"，形成现代的"国家"观念。

其次，中国学界开始田野调查和考古发掘，运用当时的先进技术研究中国文物古迹。在石窟寺调查上，水野清一、长广敏雄等人的调查成为中国学者学习和赶超的对象。陈垣、梁思成、刘敦桢、汤用彤、宿白、丁明夷等开始关注石窟寺发掘与保护，各石窟研究所开始有组织地进行考古发掘整理，填补了中国石窟研究的空白。其他领域如建筑方面，梁思成、林徽因的研究与伊东忠太的关系十分密切。在伊东忠太《中国建筑史》的框架上，梁思成等人开展了全中国范围内的踏查，弥补了伊东忠太的不足，对其忽略的建筑技术进行了探讨和超越。②

再次，中国美术史的构建离不开日本学者的影响。20世纪上半叶，中国正处于剧烈变革期，哲学、历史、文学、艺术等走上现代化进程。中国现代美术史学开始成长，以日本为中转站的西学东渐和近代美术考古学勃兴。与日本一样，中国美术史虽然开始把雕塑、建筑、工艺美术等写进美术史，但重点关注的是以卷轴画为主要脉络的中国美术史，换言之即是一部以绘画史为核心的美术史。在日本学者长期的石窟寺研究中体现的新历史考证学的影响下，中国美术考古活动开始发展田野调查为主的近代考古学，注重地下出土材料与地上旧材料相互补证。石窟寺等这些不太被关注的美术类型，借助美术考古的发掘，

---

① 1922年，北京大学国学门主任沈兼士等学者通过中国留学生，拟请滨田耕作教授对北京大学考古学专业发展提出建议，并提出与京都帝国大学建立考古学合作关系。在原田淑人的建议下，滨田耕作于1926年正式邀请马衡等中国考古学者共同创立"东亚考古学会"。1927年，"东亚考古学会"在东京正式成立，滨田耕作担任会长，成员包括马衡、沈兼士、朱希祖在内的中日学者。此后，东亚考古学会为中日双方互派的留学生设立奖学金机制，日本外务省每年选派一名留学生前往中国学习，先后有驹井和爱、水野清一、江上波夫、田村实造、三上次男等人在东亚考古学会的资助下成长起来，成为日后在中国考古学领域卓有成就的学者。
② 朱永春：《梁思成〈中国建筑史〉对伊东忠太的超越——兼评〈梁思成与他的时代〉》，《建筑学报》2016年第6期，第100—107页。

进入中国美术史框架构建,延伸了美术史关注的对象,促成美术史研究新方法的生成。

由于日本学者常来华考察,中日学者间交流比较频繁。在日本学者的带动下,中国学者的石窟寺研究因文化和文献优势,不断追赶,建立了自己的体系,拓展了石窟寺研究的内涵。如中国"敦煌学""云冈学"的发展,即是中日、中外学者交流下中国奋发超越的体现。中日之间的交流因形势变化时断时续,日本学者未能再进行大规模的考察,他们开始转入个例研究;而中国考古学继续发展,出土文物和文献不断增加,中日围绕石窟寺的美术史、佛教史研究在曲折中进行。

四、近代日本的东亚石窟寺研究与"东亚佛教美术史"的构建

日本学者在近代的东亚石窟寺调查为"东亚佛教美术史"的构建奠定了基础。然而回顾目前学界对东亚石窟寺的研究,笔者发现,东亚石窟寺研究未能如近代那般继续以整体形式深入,而"东亚佛教美术史"这一理念也未在"二战"后得到大举发展。日本学界由石窟寺研究逐渐转为魏晋南北朝史研究,对历史和社会领域更为关注;佛教研究与艺术研究相分离,国别史继续占据主流;石窟寺艺术研究转为个例研究者多,在某个石窟研究上建树深厚,但似乎不再重视"东亚石窟"的整体联动性。中国学者在"一带一路"的大背景,一方面在丝绸之路沿线的石窟寺调查工作中不断取得进展,尤其关注中亚、草原地区的佛教石窟及佛教艺术,从多民族、多文化、多领域研究石窟艺术源流成为趋势。但另一方面,中国学者在将石窟寺研究置于"东亚"视域的观念也不是很强,重视西方美术史者和以国别为基础研究者居多,无例外地将中国佛教史、韩国佛教史和日本佛教史视为不同的学术领域,妨碍了对东亚佛教艺术传播整体研究的思路构建。即使是上述对于近代日本学者详细的考察,也只有几部大型的报告和少部分书籍被引介国内。

我们应当加强东亚地区石窟艺术之间的比较研究。不同地域石窟艺术之间既有共性,又有个性。共性主要体现在时代风格等方面,即同一时代的造像总会呈现出相同的艺术风格面貌,这是通过不同地区艺术文化之间的相关交流而实现的。但是,我们还应当看到,受地方传统文化、审美情趣等诸多因素的影响,石窟艺术还有较为强烈的地域风格。由此,勾勒出东亚石窟寺发展的整体脉络,以石窟寺为主线,将东亚佛教艺术连接起来,才能将"东亚佛教美术"解析完整。

我们知道"佛教"是构成"东亚文化圈"的四大要素之一,囊括了人物、书籍、器物、图像、乐舞多层面的交流。佛教乃是中韩日三国文化交流的"黄金纽带",佛教上的合作与交流是中韩日三国文化交流史上最重要、最核心的内容。[①] 通过研究东亚地区石窟寺发展

---

① 赵朴初:《中国韩国日本佛教友好交流会议北京大会开幕词》,中国佛教协会编:《黄金纽带:中、韩、日三国佛教友好交流会议文献汇编》,华文出版社,1999年。

脉络,可以明晰佛教艺术在东亚地区的流传和创新,更能说明佛教在不同历史语境和国家地域的变化发展。先建立东亚石窟寺学术史,然后构建出一个更为宏观的"东亚佛教美术史",意味着我们可以告别或超越分裂与对立的东亚近代的历史,搭建一个为东亚各国所共享的、能够真实地反映历史上佛教美术交流情况的、广域的美术史。

五、结语——从东亚石窟寺研究到"东亚佛教美术史"的可能

发掘史料是为了更好地进行当代研究,利用好近代日本的考察资料,能够帮助我们构建完整的石窟寺学术史和东亚佛教美术交流史。本文从近代日本学者的东亚石窟寺研究出发,分析了近代日本石窟寺研究的特点和影响,着重解读其对日本和中国美术史学科构建的积极作用。在此基础上,本文提出立足近代日本的东亚石窟寺研究学术史,继续发展东亚石窟寺研究,进一步搭建现代意义的"东亚佛教美术史"研究。佛教美术史作为历史学的一个分支,也应与历史学发展同步,打破区域和国别,从更为广阔的视野叙述东亚佛教美术的发展。

新罗妖怪、铁人侵入日本的传说

［韩］鲁成焕　著

（蔚山大学日本语日本学科）

黄婷婷　翁冰冰　张安迪　刘　琪　译

（浙江工商大学东方语言与哲学学院）

引言

说起日本最古老的典籍，大家都会想到 8 世纪的《古事记》和《日本书纪》。这两本书中记载了中国史书所没有记载的神功皇后征伐新罗的事：神功皇后身怀六甲，仍然率领士兵攻入新罗，使新罗王屈服，受到震慑的百济和高句丽也前来投降。这就是所谓的"神功征伐三韩"。

过去曾有人相信这是历史事实，但现在几乎没有人再相信了。不过，要说"神功征伐三韩"与过去的历史完全无关，估计也不会有人同意。日本历史学家水野祐认为，神功皇后征伐新罗并取得胜利的故事是天智、天武天皇时期，女帝齐明天皇为了掩盖日军在白村江之战中近乎全军覆没的败绩而创作出来的。为了给战败方带来一些精神补偿，与历史完全相反的故事有时也会被编造出来。

与"神功征伐三韩"相反，新罗战胜日本的传说也很多，其中之一就是新罗军队侵入日本播磨明石浦。传说当时新罗军队攻入日本本土，威胁王权，这与神功皇后战胜新罗的故事恰好相反。这样的传说在兵库、爱媛等地也能看到，甚至有些地方还提议以此作为阐释历史事件的基础。但是，这样的传说在韩国历史书中没有记载，日本的《古事记》和《日本书纪》中也没有记载。因此，将其视为历史事实还是有些问题的。尽管如此，这并不意味着这样的传说完全没有价值，因为它反映了当时民众的心声。

以上这些传说，对于研究日本人的韩国观非常重要。然而迄今为止，在韩国很少有人对其进行正式研究，在日本研究的人也不多。旅居日本的史学家金光哲解释说，这样的传说之所以流行于镰仓时期和室町时期，是出于白村江战役失败后日本对新罗的恐惧，反映了日本人敌视新罗的观念。① 也就是说，它不是历史事实，而是日本人基于对新罗的负面

---

① 金光哲『中近世における朝鮮観の創出』、校倉書房、1999 年、第 402 頁。

情绪创作出来的。

事实上,大多数研究者持有这样的观点。历史学家网野善彦认为这反映了日本渔民和朝鲜半岛的关系;佐伯真一也认为这反映了日本与韩国的关系。[①] 另外,金光哲在平安时代神功皇后的新罗征伐中寻找起源,佐佐木纪一则将铁人驱除传说作为中世纪武家始祖诞生的一种润色,认为是受到了《日本书纪》中记载的播磨大臣传说的影响,其源头就存在于中世纪文献《奉相记》后记所记载的藤原贞国故事中。[②]

这一系列研究成果颇有道理,但他们把掌握的资料中的新罗妖怪尘轮和铁人混在一起,不够严谨。两者同为侵入日本的妖怪,但攻击地点不同。尘轮是在山口地区,而铁人是在明石,所以要分开来看。

本文将新罗铁人的入侵视为历史的加工。本文将通过这些传说的共同特征,考察使其诞生的历史模式和背景,并在此基础上探讨朝鲜时代的韩国人对于这些传说的反应。

一、日本有关新罗侵入的记录和传说

13 世纪的文献《类聚大补任》和《一代要记》最初提到该传说。《类聚大补任》记载,敏达天皇时期,"四年辛巳新罗起兵,从太宰府到播磨的明石浦,全部纵火焚烧"。《一代要记》记载,推古天皇的奏章中提到"异国军队侵入,从太宰府至播磨国的明石浦被烧毁"[③]。虽然两种文献记载该事件发生的时间(敏达时期或推古时期)有所不同,但新罗或异国势力侵入日本播磨明石浦却是一致的。

14 世纪以后,新罗侵入日本的记录较多地出现在日本文献中。如 1313 年宇佐弥勒寺的学头僧神吽所称赞的《八幡宇佐宫御托宣集》说道,敏达天皇宇治十四年"新罗攻占了播磨的明石浦"[④]。1348 年参拜播磨峰相山鸡足寺的老僧所写的《峰相记》记载,在"天平宝字七年淳仁天皇"时期,新罗率领两万多艘战船,侵占了播磨滩的家岛。[⑤] 此外,镰仓初期所写的《二中历》和《年代历》也有"镜当四年新罗人从筑紫到播磨放火"的记录[⑥]。

另外,镰仓末期的《八番愚童训》中也提到异国入侵,从第九代开化天皇开始,直到文永、弘安时代,其中"在敏达天皇时代,日本曾被入侵过 11 次,甚至播磨国明石浦也被攻占

① 佐伯真一「河野氏の歴史と日本の歴史 —から考える—」,『中世文学』第 62 号、中世文学会、2017 年、第 37—38 頁。
② 佐佐木紀一「日本中世鉄人退治譚補綴」,『山形県立米沢女子短期大学紀要』第 50 号、山形県立米沢女子短期大学、2014 年、第 11—12 頁。
③ 金光哲,『앞의 책』,1999,392—393 쪽.
④ 佐佐木紀一,『앞의 논문』,2014,2 쪽.
⑤ 『峰相記』:大炊ノ天皇ノ御宇、天平宝字七年ニ、当国揖保郡布施郷ニ五足ノ犢子ヲ生ス、子細ヲ奏ス、異賊責来テ大兵乱ノ由占申ス、翼年新羅ノ軍舩二万余艘、当国迄テ責入 テ、家嶋高嶋ニ陣ヲ取ル(斑鳩寺本)。
⑥ 佐佐木紀一,『앞의 논문』,2014,2 쪽.

了"①。江户时代初期编纂的《胜山记》也记载了敏达天皇金光三年"新罗侵入播磨明石浦"②。

这一连串的记录使我们感到惊讶,因为当时新罗侵入的明石浦就是今天的兵库县明石市。这个地方不仅离神户很近,而且离大阪也很近。如果当时新罗军队真的威胁到那里,就相当于日本几乎被征服了。如果新罗军队在没有受到日本方面任何抵抗的情况下就到达了明石浦,那肯定是韩日历史上的一件大事,理应被记录在韩日两国的正史中。但是,我们在正史中找不到相关记载。

二、新罗入侵与地方英雄

日本各地有一批因外国势力的入侵而出现的英雄。以下就介绍几个英雄传说:

(一) 藤原贞国

有关藤原贞国的记录只在地方文献《峰相记》中出现过。关于藤原国贞的介绍,简要整理如下:

天平七年(763年),播磨揖西出生了五条腿的小牛。算卦后发现这可是不祥之兆,之后就真的出现了"异贼入侵,引发大乱的预兆"。次年,20 000 艘战船向播磨滩家岛和高岛发起攻击。对此感到吃惊的朝廷赐给藤原国贞一个姓氏,并任命他为将军以抵抗异敌。在出征前,他参拜了太田寺、池上寺等6座佛教寺庙和松原、鱼吹等4座八幡宫神社,祈愿大获全胜。藤原国贞带领播磨士兵出发后,台风突至,732 艘敌船沉没。最后,他用箭射倒披着铁甲的敌将,取得了最后的胜利。为奖励这一战功,藤原国贞被任命为播磨西侧 5 个郡(赤冈、佐用、宍粟保、饰磨)的统领,住在太田乡,死后作为黑冈明神被供奉在黑冈神社内。③

这个故事始于天皇命藤原贞国抗击外敌。外敌入侵不仅塑造出藤原贞国这一地方英雄,还创建了黑冈神社。另外,从天皇赐予藤原贞国的姓氏可以看出,这也属于始祖诞生神话。

击退新罗军队的故事也被地方性神社所传承,其中一个就是姬路市鱼吹八幡神社的武神祭。据说"这是每年3月追傩活动的一部分,就是因为藤原贞国为了打败新罗军队而参拜鱼吹八幡神社,结果就出现了 5 名鬼神使新罗军队乘坐的船只沉没。至今该神社还保存着 5 名鬼神留下的面具"④。

---

① 桜井徳太郎、萩原龍夫、宮田登校注『日本思想大系 20　寺社縁起』,岩波書店、第 170 頁。
② 佐佐木紀一,『앞의 논문』,2014,8 쪽.
③ 佐佐木紀一,『앞의 논문』,2014,11—12 쪽.
④ https://www.himeji-kanko.jp/event/22(검색일：2020.08.13).

另外,位于姬路城东南的播磨总社也有相关的活动。这里每年农历七月都会上演"修罗舞蹈""修罗神事""修罗念佛""丰年舞"等多种舞蹈。据说这些舞蹈的特点是拔刀舞动,是模仿藤原贞国击退新罗军归来后高兴的样子。对日本来说,藤原贞国是拯救国家的英雄。但是,如果没有《峰相记》这种地方文献的记载,他不会被人们所熟知。

(二)越智益躬

越智益躬是古代豪族越智的始祖,也是河野的始祖,本部位于伊予国越智乡。有关其始祖神话的记载很多,广为人知的是《豫章记》。这是15世纪后期整理出来的河野教通时代的河野家史书,其中有他们的祖先越智益躬在兵库县明石市击退外敌的故事。

推古天皇时期,朝廷得知百济以铁人为大将率领8 000戎人到达九州肥后,便命越智益躬进行围剿。他率领士兵到达九州,发现铁人部队正准备向都城进攻。他没办法,只能先装作向铁人投降,成为向导,用船引导他们到达播磨明石。之后他说"陆地的景色太美了",并让铁人骑上马,观赏须磨、明石等地的风景。铁人沉醉在美景中,甚至唱起了歌。于是,他认为机会已到,就在蟹坂偷偷地掏出平时隐藏的金箭头朝铁人的脚射去。箭穿透了铁人的脚后跟,血溅到头顶,于是铁人便从马背上掉下来。这时,越智益躬的2名部将抓住铁人,将其杀死,并用刀将铁人高高地架起来。数千名异敌看到头领死亡后,有的吓得魂飞魄散,逃回自己的国家,有的则散居在周边地区,还有的自杀了(上藏院本)。[1]

这样的故事在家族史文献中还有很多。例如,《礼将记》记载,有铁人部队从百济出发;在《长福寺本》中,他们被称为三韩的8 000戎人;江户中期的史书《后太平记》中有三韩敌军80万的记载。另外,《予阳河野家谱》中提到了戎人,东禅寺的历史由来中记载了夷敌,今治市三岛神社的由来中记载了靺鞨;《越智系图》中还记载,推古天皇时期,越智益躬在播州蟹坂击退以铁人为大将的戎敌。[2]但这些记载对于铁人部队的国籍并没有统一的说法。

再来看与此相关的神社和古寺。今治市东禅寺是为击退夷敌阵亡士兵所建的寺庙,明石市稻爪神社、今治市神户神社以及大三岛神社中的若宫神社也都把他们奉为神明。

特别是稻爪神社,每年10月都会举行骑牛的祭神仪式,被选中的"童子"手持指向鬼的箭,骑着牛在村里巡游,高喊"祝千年万年村里好事连连"。这是很重要的活动。传说外敌头目骑着牛打仗,但牛的主人被益躬杀死后,人们可怜牛,便将它养在位于人丸山后面的太寺村。此后,每次活动都会邀请牛来参加。

(三)朝山次郎

朝山次郎的故事只出现在14世纪的文献《三之四》中,其他文献没有记载。

---

① 大林太良『北の神々南の英雄—列島のフォークロア12章』、小学館、1995年、第175—176頁。
② 佐佐木紀一、『앞의 논문』、2014，4쪽.

弘安年间,蒙古军队攻入播磨明石。蒙古首领叫"蟹",其身体是铁制的。出云国的朝山次郎有一天梦到一位身着白衣的老人告诉他,要用弓射蒙古大将"蟹"的脚。朝山次郎问应该怎么射,老人回答说,向天空高高地射就可以了。又问你是谁?老人说,我是你们供奉的新罗神。次日,朝山次郎与蒙古军作战时,便用弓箭射中"蟹"的脚,杀死了"蟹"。于是,此地就被称为"蟹坂"。[①]

这里所说的侵略者被认为是蒙古军队。但蒙古军队从未入侵过明石,应该是把曾入侵明石的新罗军队说成了蒙古军队。为了配合这种说法,将侵入明石的时期也改为元蒙军队远征日本的弘安年间(1278—1288年)。这样的外来敌人被出身于出云国的朝山次郎击退,带有氏族传说的色彩。也就是说,朝山氏以蒙古远征日本为契机,利用新罗侵入明石的传说,将自己的始祖英雄化了。

(四)小野大树

小野大树即《日本书纪》中的春日小野大树。据《日本书纪》记载,雄略天皇时期,文石小麻吕就生活在播磨国国御井驹,他力大无人可敌。文石小麻吕蒙着面具和兽皮,袭击路人,抢夺商船,并逃税。于是,天皇命令小野大树讨伐他。小野大树率领一百多名勇敢的士兵包围并焚烧了小麻吕的住处,用刀砍死了从熊熊烈火中跑出来的白狗,白狗其实正是文石小麻吕[②]。

这个故事在明石地区和击退铁人的传说融合在一起,演变为以下的故事:

在坂上寺的高坡上,有一个叫"赤浦铁人"的团伙,他们在这里安营扎寨。文石小麻吕就是其中一员。他用蟹壳做成面具,披着牛皮和狗皮袭击路人,并和其他铁人一起袭击海上船只,抢夺货物,横行霸道。雄略天皇十三年,小野大树奉雄略天皇之命,率领一百多名军人进攻文石小麻吕所在的铁人根据地,并放火焚烧了该地。这时,小野大树看到火焰中跑出一条大如马的白狗,于是就拔剑砍死了它。那条白狗就是文石小麻吕,其他铁人也在这场战斗中丧生了。[③]

该故事收录在桥本海关(1852—1935年)的《明石名胜古事谈》中,内容与《日本书纪》大同小异,说明袭击路人和船只的"赤浦铁人集团势力"确实是在播磨明石地区流传的故事。

总而言之,新罗侵入播磨明石的传说使日本诞生出藤原贞国、越智益躬、朝山次郎、小野大树等多位地方英雄。

---

① 『園城寺伝記』:近曽弘安年中、蒙古播磨摩〔赤石/大友氏〕責来、蒙大将蟹〔遍身鉄也〕出雲国住人朝山次郎、次郎夢、素翁現云、可射大将蟹之足裏、問云、可如何射乎、答、揚空可射文、問云、為誰人乎、答云、汝氏新羅神也、翌朝之合戦蟹被射足裏滅亡、其所云蟹坂云々、此事記家日記朝山家録有之。佐佐木紀一,『앞의 논문』,2014,5 쪽.
② 井上光貞監訳『日本書紀』(上)、中央公論社、1993 年、第 423 頁。
③ https://www.nozawayu.com/jinjyasanmon/hyougo/inadume.html(검색일:2020.08.13)에서 재인용.

三、地方英雄信仰与击退铁人传说

以上的传说由于地域和主人公的不同,内容也多少有些差异,但共同点是驱逐入侵日本的外国势力。如果从这一视角进一步分析的话,便可以总结出以下三个特征:

一是有帮助主角的神。藤原贞国有八幡神帮助。他在出征前参拜松原、鱼吹等4个八幡宫神社祈求胜利,而且在他死后成为黑冈神社的祭神。神功皇后征伐新罗回来时,曾来到这里集结兵士并进行评议,以此供奉八幡神。

在越智益躬的传说中则由三岛明神担任这一角色。当越智益躬找不到铁人的弱点时,三岛明神告诉了他。《后太平记》说:"当时三岛大明神出现,告诉我们无论多么强大的铁人,嘴、眼睛、手和脚都有弱点。"①在今治地区的传说中,益躬来到三岛明神面前,连续停留七昼夜进行祈祷,结果得到了"把矛做成箭镞藏起来,攻击铁人弱点"的启示。② 当时使用的箭镞被奉送给大藏谷西侧为侍奉三岛明神而建立的神社。总之,在三岛明神的鼎力相助下,越智益躬才化解了铁人的绝对优势。

朝山次郎得到了新罗神,即作为日本天台宗发源地园寺城文宗守护神的新罗大明神的帮助。这位神灵以老人的样子出现,除了告诉他"蟹"的弱点外,还教给朝山次郎向蒙古大将"蟹"的脚射箭的方法。可见神的帮助是消灭铁人的关键。

但是帮助抵御外敌英雄的神都有一个共同特点,即他们都和朝鲜半岛有关。八幡神很可能是伽倻后裔,他的故乡在宇佐。据《宇佐八幡宫弥勒寺建立缘记》(844年)记载,宇佐八幡宫万神来自"宇佐郡辛国宇豆高岛",而"辛国"即"伽耶国"。另外,"宇豆"指牛头,"高岛"指高山。八幡神从天上降临宇佐伽倻人聚居的高山牛头山,可见他是伽倻移民所供奉的神。

相比之下,三岛明神在《伊豫国风土记》中有明确的出处。三岛明神的名字叫小山津美信,另一个名字叫和田真大臣。此神出现在仁德天皇统治时期的高须宫,从百济迁居而来,坐镇濑津三岛,所以原本就是百济的神。③

新罗大明神是高岛新罗人供奉的神。该神前往日本是为了和天台宗僧侣智证大师圆珍(814—891年)相遇。圆珍结束唐朝留学回国时,他突然以老人的身份出现在船上,说自己就是新罗国明神,为圆珍守护佛法,待慈尊(弥勒)出现后消失了。④ 平安回国的圆珍建造了圆圣寺的堂塔,并建造了新罗明神像及神殿,供奉其为寺庙的守护神。这些传说恰好印证了借助古代朝鲜半岛诸神的力量,将朝鲜半岛的势力赶出日本的说法。

---

① 大林太良,『앞의 책』,1995,177—178쪽.
② 大林太良,『앞의 책』,1995,178쪽.
③ 秋本吉郎校注『風土記』、岩波書店、1982年、第497頁。
④ 노성환,『조선 피로인이 일본에 시코쿠에 전승한 한국문화』민속원,2019,38쪽.

二是消灭铁人。藤原贞国传说中出现了穿着铁盔的敌将,越智益躬和朝山次郎的传说中也出现了全身是铁的铁人,小野大树的传说中也出现了"赤浦铁人"。当然,这是为了凸显地方英雄的英勇事迹而编造的。

铁人很难被杀死。据《后太平记》记载:"大将叫铁人,非人形。浑身是铁,用弓刀也无法劈开。而且他还吃人。"即使是这样的铁人,也有弱点。只要攻打他的弱点,就能杀死他。《礼藏记》中提到,益躬看到铁人脚底有眼睛,就认为这是神明的教诲,便用藏在袖里的箭镞攻击他的脚。

"铁人难以战胜"的想法在中国也有。例如,在《三国志》中,曹操为了杀死董卓而向王允借七星宝刀。曹操说:"董卓总穿着内衣铁甲,用普通的刀剑不能伤害他。"我们虽然不知道董卓穿的内衣铁甲是什么样的,但用铁甲包裹全身的铁人形象已经出现。

这样的例子在中国神话中也可以见到,代表性的例子是蚩尤和孙悟空。《史记·五帝本纪》正义中,蚩尤被称为"兽身人语,铜头铁额,食沙石子"。在《大唐三藏取经诗话》中,孙悟空被描述为"铜头猴王"。不过,蚩尤和孙悟空并非全身是铁,金属仅限于头部和额头,所以和攻打赤浦的铁人不同。

因此,《太平广记》的《补江总白猿传》中的铁人故事更能引起我们的注意。梁朝大同年间(535—545年),怪兽白猿常常拐走良家妇女,征伐南方的部队队长欧阳屹在妻子被白猿拐走后,找到白猿巢穴,将其杀死。在杀死白猿时有这样的描写:"目光如电,竞兵之,如中铁石,刺其脐下,即饮刀,血射如注。"白猿浑身如铁,很难用刀杀他,最后攻击他唯一的弱点肚脐,才终于杀死了他。

西方也有铁人传说,日耳曼神话中的西格弗里德就是一例。在《伯尼龙根之歌》中,西格弗里德击退了龙,但被龙身上喷出的血沾染,全身变得坚硬,而因后背上粘着一片树叶,那里没有沾到龙血,成为唯一的软弱点,最后被刺中那里而死。西格弗里德的弱点是后背,这一点与日本有一定的差异。但是,希腊神话中的阿喀琉斯的故事与日本非常接近。阿喀琉斯的母亲泰蒂斯为了将阿喀琉斯变成不死之神,把阿喀琉斯放入流经黄泉的河水中浸泡。但是,泰蒂斯抓住的脚部没有被河水浸没,所以脚后跟就成为他唯一的弱点。结果,阿喀琉斯在特洛伊战争中,被敌将射中脚踝而死,后世称之为"阿喀琉斯之踵"。这一点和脚底有弱点的日本铁人非常相似。

继续查看日本的文献,在12、13世纪的文献中也可以看到不死铁人的传说。日本铁人的始祖是平将门(?—940年),他的身体由铁制成的记录出现在11世纪编纂的《将门记》中。据说他的身体由铁构成,在战场上所向无敌。后世的《太平记》这样描述:无论怎么向他射箭,扔石头,用刀砍,都不能给他造成丝毫的损伤。[①] 但是,他也有弱点。根据文

①『太平記』卷第十六「日本朝敵事」:官軍擧テ是ヲ討タントセシカドモ、其身皆鐵身ニテ、矢石ニモ傷ラレズ剱戟ニモ、痛ザリシカバ。

献记载,他的弱点在"右目""眉间""太阳穴"或头顶等位置。平将门的母亲是一条大蛇,生他时,母亲用舌头舔他的全身,使他变得强壮,但脑后、脑顶却忘了舔,所以那些地方就成了他的弱点。

要想击退具有这种身体特征的平将门,就必须攻击他的弱点。《太平记》写道,将"匆忙用铁制作的四天王安放在比叡山,实行了四天王合行法。其结果,从天上射下一支白翅箭,正中平将门的眉间。于是,俵藤太秀乡(藤原秀乡)跑去砍他的头"①。

与此内容大致相同,镰仓前期的《平治物语》也记有"平将门因俵藤太的计谋,太阳穴遭受打击而死亡"的内容。因此可以说,日本从 12、13 世纪起就有铁人传说了。特别是《礼藏记》中记录的越智益躬刺中骑着马的铁人的脚底,与《扶桑略记》等中平将门被贞盛用弓射下马的内容非常相似。② 从这一点来看,攻占明石的朝鲜半岛的妖怪铁人的原型很可能就是平将门。

值得注意的是,平将门的弱点是右眼或眉间,还有铁人的弱点在脚底的眼睛。这些弱点可能与古代炼铁技术有关。炼铁者长期关注火情,导致一只眼睛失明的情况很多。因此,当时制铁从业者信仰的神也是"天目一个神",是只有左眼的独目神。日语中一只眼睛出现异常的症状叫"目锻冶",即"大将的眼睛"。也就是说,古代制铁者具有制造盔甲和枪刀的技术,但自身的弱点就在眼睛,所以被敌人攻击眼睛而死的铁人很可能是古代制铁者的象征。

三是入侵明石地区的势力拥有多种国籍。在藤原贞国的传说中,入侵势力只说是异敌,但在越智益躬的传说中却为百济,到了《礼藏记》的《藏福抄本》中又记为三韩,在《予阳河野家谱》中则记为戎人,在金治市传说中记为鞑靼③;另外,在朝山次郎的传说中则以蒙古出现。

像这样,随着时间的流逝,新罗逐渐转换为异敌、戎人、三韩、百济、鞑靼,甚至是蒙古。因此,我们根本无法了解戎人的具体指代。另外,与日本比较友好的百济,以及以中国东北地区为根据地的鞑靼攻击明石的说法,也难以令人信服。

但是,新罗和蒙古则不同,它们不仅与日本直接发生过战争,其中新罗人在日本定居的现象也很常见。因此,将侵入播磨的外国称为新罗或蒙古,应该有其历史背景。具体包括以下四种可能性:

(1)土著势力对定居在该地区的新罗势力的反感。播磨地区有新罗王子所建的山峰相山的鸡足寺和明田的新罗神社。另外,该地区有新罗人居住地"新罗训"④,还有供奉新罗牛头天王的"新罗训神社"和供奉新罗大明神的"广峰神社"。另外,盐郡白国神社也与

① 『太平記』卷第十六「日本朝敵事」:諸卿僉議有テ、俄ニ鐵ノ四天ヲ鑄奉テ、比叡山ニ安置シ、四天合行の法ヲ行セラル。故天ヨリ白羽ノ矢一筋降テ、將門ガ眉間ニ立ケレバ、遂ニ俵藤太秀郷ニ首ヲ捕ラレテケリ。
② 福田豊彦『平将門の乱』、岩波書店、1981 年、第 179 頁。
③ 谷川健一『鍛冶屋の母』、講談社、1985 年、第 122 頁。
④ 吉野裕『風土記』、平凡社、1982 年、第 57 頁。

新罗有关。在姬路,还有相当于韩国"皮鞋匠"的新罗皮革技术传承人。不仅如此,《播磨国风土记》中记载,新罗王子天日枪与代表土著势力的苇原志举乎命和伊和大神展开激烈战斗,最后定居在播磨地区。① 还有一种说法,新罗人在挖走神岛石神的眼睛时,因神的怒火,导致船遇风暴沉没。② 这些传说可能都反映了因新罗人定居而引起的土著民的反感。

(2)"神功征韩论"与其他传说相混合。据《日本书记》记载,推古十一年七月,为了征讨新罗,泷皇子从难波率领军船到达明石,但因妻子去世而返回难波。当然,这也很难能看作是历史事实。因为海外征伐时带着妻子是不可信的,而且也不可能因为妻子去世就停止征讨。从前文提到的黑冈神社可知,明石地区与神功皇后征讨新罗的传说有关,很可能就是该传说与大野真澄的故事结合在一起,便产生了打败新罗等外部势力的英雄传说。

(3)对新罗海盗持否定态度。前文曾提到,8世纪开始(实际上是在9世纪前后),新罗海盗经常出没于日本海岸,他们掠夺居民财产,造成死伤的事件时有发生。因此,这些地区的很多文人便创作了各种故事。兵库县朝吾市流传的表米宿弥命就是一个典型例证。表米宿弥命是古代豪族日下部氏的始祖,其内容如下:

645年,新罗战船袭击丹后国与佐郡白系海岸,表米宿弥命带领军队与之作战。突然刮起台风,他乘坐的船将要沉没。这时,海上突然出现无数鲍鱼,并立即靠船进行救援。表米宿弥命在击败新罗军队返回时,又遭遇逆风,但又得到大鲍鱼的相助,得以平安归来。看到这一幕,他知道海神为其保驾护航,便将大鲍鱼带回,建立了赤渊神社,供奉大鲍鱼为神明。据说他的后代都不吃鲍鱼。③

新罗出现在丹后国与佐郡。这个地方属于京都北部地区,和朝鲜半岛隔海相望。在海神的帮助下,播磨地区的英雄表米宿弥命打败了入侵的新罗军队。由此可知,新罗入侵事件其实可以理解为该地区的英雄及始祖神话。

综上所述,对新罗海盗持否定态度,击退海盗的人成为英雄的传说流传下来。这些传说又进一步增强了人们对新罗的负面情感,并由此产生了消灭新罗铁人的故事。

(4)对高丽和蒙古的恐惧。丽蒙联军的日本远征发生在镰仓幕府更迭为室町幕府时期。1274年、1281年元朝两次远征日本,都因台风而失败。日本人将那场台风命名为"神风",于是产生了由神来守护自己国家的神国思想。特别是藤原贞国的故事写道:"突然刮起台风,导致732艘敌船沉没。而且藤原贞国用弓箭射倒了披着铁甲的敌将,取得大胜。"这自然让人联想到丽蒙联军入侵时刮起的台风。

这一连串的历史事件给日本人带来了巨大的损失和恐惧。因此,日本想通过消灭侵入铁人来获得某种精神上的补偿。也就是说,想通过歪曲事实来取代战争失败所带来的

---

① 吉野裕『風土記』、第77—80页。
② 吉野裕『風土記』、第69—70页。
③ https://tanshin-kikin.jp/tajima/4320（검색일：2020.08.13）.

消极情感。

四、朝鲜记录的新罗侵略日本事件

韩国也有关于新罗侵入日本的记载。例如,1442 年作为书史以通信使行身份访问日本的申叔舟(1417—1475 年),在其《海东诸国记》中有"改元镜当三年癸卯时新罗侵入西部地区"的记录。[①] 也就是说,新罗在镜当三年(583 年)攻占了日本西部边境。"镜当"是日本敏达天皇的年号,但这里所说的西部边境具体何指,尚不清楚。

壬辰倭乱以后,日朝两国由于关系正常化而开始通信使外交,很多朝鲜使节团有机会访问日本。他们来到日本,了解相关信息。1617 年,与答复使吴允谦(1559—1636 年)一起作为宗史官访问日本的李景稷(1577—1640 年)在《扶桑录》中也提到了新罗侵入日本的事。[②] 日本远在天东,且四面环海,别国不能入侵。但《年代记》中却记载"应神二十二年(222 年),新罗动兵进入明石浦"。明石浦距离大阪仅有一百里。赤间关东侧有一座大坟墓,倭人说这是白马坟,当时由于新罗起兵深入。日本人求和,解散军队,斩白马起誓,并将白马埋葬于此。[③] 就是说,新罗军队攻占位于关西地区的明石浦,并威胁日本朝廷,对此产生危机感的日本用白马求和,新罗也接受了这一要求。虽说是求和,但实际上是日本向新罗献白马投降。对日方来说,这是一个屈辱性的传说。

1636 年从日本回来的金世濂(1593—1646 年)在《海事录》中也有记录,而且他与李景稷写的完全相同,甚至可以说原封不动地照搬了李景稷写的内容。

这种写法从《东槎日记》开始发生了变化。1711 年,任守干(1665—1721 年)作为通信副使访问日本,之后便写了《东槎日记》。任守干在介绍前人遗留下来的内容时表示:"百济一度以水军袭击,进入赤间关后,倭人捉白马,盟约求和。"[④]也就是说,他认为侵入日本的势力不是新罗而是百济,而且入侵的地方也不是明石浦,而是赤间关。赤间关指现在的山口县下关地区。如果以此为准,新罗的侵入范围则被大幅缩小。

尽管如此,此后的通信使似乎并未对此多加注意。例如,申维翰(1681—1752 年)在《海游录》中写道:"民间传说,新罗王派将帅攻打倭国后,倭人请求议和,到了赤间关,抓白马起誓,埋下因故死马,建坟立碑。"[⑤]从这里可以看出,申维翰虽然将侵入日本的势力改成新罗,但对于新罗攻占了日本多少土地,却描写得十分模糊。

曹命采的记录也存在这种模糊性。例如,他在使行录《奉使日本时闻见录》中记载:

---

① 신숙주,「해동제국기」,『국역 해행총재』(1),민족문화추진회,1989,71 쪽.
② 李景稷,「扶桑錄」,『국역 해행총재』(8),민족문화추진회,1989,155 쪽.
③ 김세렴,「해사록」『국역 해행총재』(4),민족문화추진회,1989,182—183 쪽.
④ 任守幹,「동사일기」『국역 해행총재』(9),민족문화추진회,1989,284 쪽.
⑤ 신유한,「해유록」『국역 해행총재』(1),민족문화추진회,1989 년,454 쪽.

"高丽在攻打倭国时乘胜追击到这里,倭人砍下白马的脖子求和,议和后停止战斗。"①也就是说,他认为进攻日本的势力不是新罗,也不是百济,而是高丽。但是,高丽进攻的地方具体是在日本何处,仍然模糊不清。

与此相比,赵俨(1719—1777 年)在《海槎日记》中写道:"丘陵上有所谓的白马冢。传说新罗时期派将帅攻打倭人,倭人求和,杀马起誓,埋马此地。此地属长门洲,自此为内洋,实为海门关防,故称下关。距此三百五十里处有上关,为两航线的要冲之地。"②他与申维翰一样,认为入侵日本的势力是新罗,但新罗入侵的地区却是赤间关。

从朝鲜通信使的使行录中可见,初期侵入日本的势力是新罗,他们进军到赤间关,后来这一势力变成百济、高丽,而且战线被大幅缩短,逐渐从明石浦变成下关的赤间关。

关于新罗攻打日本,日本杀白马求和以及白马冢的相关记载,朝鲜与日本大不相同,相关内容也并未出现在日方史料中。因此,目前还无法证明这是日方向朝方传递的错误信息,还是朝方故意编造的。但可以肯定的是,新罗攻占日本应该没有失败,而是取得了胜利。从民间传说来看,应该没有新罗铁人被驱逐的事件。

申维翰甚至好像看到了白马冢一样评价道:"倭人的风俗中没有立坟墓的习惯,现在看这个坟墓的样子,一定是新罗人建造的。守护千年有余,一如昨日,已成习惯,倭人似乎也喜欢无聊之事呀!"③

其实下关没有白马冢。尽管如此,申维翰仍然像看到了一样叙述,以证明这是历史事实。曹命采也有这样的想法,他亲自向日本人询问此事,得到的回答是没有这样的传说。④尽管如此,他仍相信有白马冢,认为日本人可能是为了隐瞒事实才故意回答说没有的。总而言之,朝方想用史实证明新罗军队确实侵入了日本。

这些信息直接通过通信使传回朝鲜。对此,朝鲜半岛的历史学家们将其记述为实际发生的历史事件,而不是民间传说。他们不接受缩小战争区域的下关论,他们接受了李景稷和金世濂记述的初期记录——明石浦说。也就是说,他们不希望战线被缩短。

例如,朝鲜后期的历史学家安鼎福(1712—1791 年)在《顺庵集》中引用金世濂的《海事录》称,"从日本的年代来看,'倭皇应神二十二年新罗军队进入明石浦'"⑤。他还说:"今东莱大海绝影岛有一古迹,据世传,新罗太宗在征伐倭国时修建,因此称为太宗台。"而且他还指出,这些都不会被记录在朝鲜的历史上。⑥

他还把这一故事写在他的著作《东史纲目》中,称"新罗曾有过两次讨伐之事",其中之一就是东莱绝影岛上的太宗台。在续传中他进一步指出,那里是"新罗太宗在讨伐对马岛

---

① 조명채,『앞의 책』,1989,81 쪽.
② 조엄,「해사일기」『국역 해행총재』(7),민족문화추진회,1989,123 쪽.
③ 신유한,『앞의 책』,1989,454 쪽.
④ 조명채,『앞의 책』,1989,81—82 쪽.
⑤ 한국고전종합DB『순암선생문집』(제 1 권)(http://db.itkc.or.kr;검색일:2020.08.13).
⑥ 한국고전종합DB『순암선생문집』(제 1 권)(http://db.itkc.or.kr;검색일:2020.08.13).

时驻扎的地方"①。

但是,该地区的《东莱府志》(1740 年)对于太宗台的由来给出了两种说法:一个说法是新罗第 29 代太宗武烈王完成三国统一大业后暂时停留并射箭的地方,另一个说法是朝鲜太宗在 1419 年大旱之后向天求雨的地方②。

也就是说,太宗台的由来与入侵日本没有任何关系。但安鼎福无视这些事实,以日方制造的新罗侵入日本的传闻为根据,将太宗台夸大为新罗太宗征伐倭国时修建。而且他自己似乎深为这样的传闻所感动,留下如下诗篇:

> 白马冢,在日域,倭人世世勤封筑。
>
> 谓昔罗王愤侵轶,精兵数万浮海伐。
>
> 冯夷沦易海若奔,大海以东无涯藩。
>
> 扬龙旆,击鼍鼓,前茅直捣明石浦。
>
> 倭王失色事和亲,刑牲载书告明神。
>
> 从此鲸波久不涌,千古胜迹留遗冢。
>
> 绝影又有古垒寨,后人说是太宗台。
>
> 弹丸罗地在一隅,猗欤兵力何壮哉。
>
> 归来后世事反古,大东全地受侵侮。
>
> 至今海上多虚喝,谷帛年年充其欲。
>
> 静思其故岂无因,书生谩有安边策。

由"弹丸罗地在一隅,猗欤兵力何壮哉"这一句我们可以看出,他把新罗侵入日本明石浦的事件与壬辰倭乱联系起来,并赋予重要意涵。③

这样的历史观在他的著作《东史纲目》中也如实地表现出来。他写道:"新罗虽是弹丸之地,但在陆地上能与高句丽和百济抗衡,以海路征伐倭国,由此可以想见其兵力的强盛,足可以统一三国。但后世整个海东的土地都被岛国夷为平地,这必然是有原因的。执政者应该考虑防御对策。"④他认为,这是一个应该吸取教训的重要历史事件,可以恢复因壬辰、丁酉倭乱而遭受日本伤害的民族自尊心,提高民族自豪感。

之后,在申景濬(1712—1781 年)的著作中也可以看到同样的记载。申景濬在《旅庵遗稿》中写道:"日本应神天皇二十二年,新罗军队进入明石浦后,与大阪的距离只有百里之遥,日本求和,遣散军队,杀白马起誓。虽然元朝大兵鼎立,但仅仅到达一岐岛,最终大

---

① 한국고전종합 DB『동사강목』(제 3 상)(http://db.itkc.or.kr:검색일:2020.08.13).

② https://www.busan.go.kr/bhpplace0401(검색일:2020.08.15).

③ 한국고전종합 DB『순암선생문집』(제 1 권)(http://db.itkc.or.kr:검색일:2020.08.13).

④ 한국고전종합 DB『동사강목』(제 3 상)(http://db.itkc.or.kr:검색일:2020.08.13).

败,史上只有新罗攻入敌国腹地,打败倭人。"①他认为,新罗攻入日本本土腹地,使其投降,这是连征服了世界的蒙古都做不到的事,唯有新罗做到了。

这样的记录在李肯翊(1736—1806年)的《练藜室记述》中和李德懋(1741—1793年)的《青庄馆全书》中也能看到。此后,在朝鲜末期韩致渊(1765—1814年)和他的侄子韩镇书编纂的《海东历史》中,仍然可以看到相同的记录:"应神天皇二十年(291年,新罗儒礼王8年),新罗军队攻打日本,深入明石浦内,与大阪相距一百里。日本人请和,抓白马在赤关东边盟誓,至今还留有白马冢。"②

五、结语

综上所述,日本击退侵入日本本土乃至明石浦的新罗军队并不是历史事实,这反映了新罗人迁徙并定居日本所引发的日本土著势力的反感。在白村江被罗唐联军打败后的日本人的挫败感,8—9世纪新罗海盗的频繁掠夺带给日本人的被害意识,以及丽蒙联合军远征日本所带来的社会动荡和精神动荡,这一切都是产生上述日本击退新罗传说的基础。

这样的传说以兵库、爱媛地区为中心,孕育出许多地方英雄和神灵。越是强调他们的勇猛和神通,侵入日本的新罗人对于他们来说就越恐怖,最终被描绘成"铁人"。但是,这肯定不是真实的新罗人。

这些传说是朝鲜通信使访问日本时从日方听到的。李景稷首次记录以后,金世濂、任守干、申维翰、曹命采、赵俨等人依此记录下来。在这些记录中,有人称新罗为百济、高丽,也有人将新罗的侵入地区从明石浦改为下关。但是,他们都删除了铁人撤退的传说,反而添加了白马冢传说,并将其历史化,视为日本屈服的象征。其中,安鼎福称该事件是能够克服壬辰倭乱所带来的屈辱感的历史,并留下赞美诗篇。申景濬也高度评价,连蒙古军队都没能做到的事,新罗做到了。对于朝鲜历史学家来说,这是可以提振民族自尊心的重要历史事件,因壬辰、丁酉倭乱而遭受巨大痛苦和饱尝挫败感的国民,可以通过这些传说获得精神补偿。

总而言之,击退侵入日本本土的新罗军队,是日本方面为了补偿入侵朝鲜半岛时所经历的失败而编造出来的传说。但是,朝鲜通信使访问下关时,除了新罗铁人传说之外,还附加了白马冢传说,并将对日本具有屈辱性的新罗入侵加工美化为历史事实。然后,朝鲜的历史学家又将这些记录视为具有自豪感的民族史。这就是日韩两国国民创造出来并传承至今的历史记忆。

---

① 한국고전종합 DB『旅菴遺稿』(卷之三) (http://db.itkc.or.kr; 검색일: 2020.08.13).
② 한국고전종합 DB『해동역사』(제41권) (http://db.itkc.or.kr; 검색일: 2020.08.13).

全罗南道钱茶对东亚茶文化交流的意义

李幸哲

（浙江工商大学东亚研究院）

引言

中、韩、日是东亚地区的三个主要国家，相互之间共享着许多文化和价值。在历史上，这三个国家交往频繁，相互之间有着非常紧密的联系。茶文化是贯穿东亚区域历史的重要文化符码之一，也是上述三国都拥有的共同文化之一。在这三国的历史中，茶都经历了药用、食用及饮料的发展历程。

2007 年，在韩国全罗南道长兴郡宝林寺及其周边地区传承下来的似古铜钱模样的钱茶以"青苔钱"的名字注册商标，并被开发为地方特产。2008 年，在日本静冈举行的世界绿茶比赛中，青苔钱茶获得金奖，并于 2013 年 10 月获得国际 Slow Food 生命多样性财团颁发的"味道的方舟（맛의 방주）"的认证。相关研究发现①，青苔钱作为传统微生物发酵茶，具有与中国的普洱茶、日本的阿波番茶不同的特性。此前韩国的传统茶通常被认为包括"雀舌茶（即炒青绿茶）"和"黄茶（即发酵茶的统称）"两种。近年来，属于蒸青团茶的"青苔钱"也被列入韩国传统茶类，这为韩国茶界注入了新的活力。

韩国的茶文化可追溯至韩国的三国时代（也称四国时代，公元前 1 世纪—668 年）。茶文化从中国传入朝鲜半岛后，逐渐融入当地独特的民族文化并向前发展。据《三国史记》记载，"茶自善德王（公元 632—647 年在位）时有之"②，表明最晚在 7 世纪新罗的茶文化已经形成。另外，虽然百济（公元前 18 年—公元 660 年）几乎没有茶文化的相关记录，但许多研究人员认为，百济的茶文化应该比新罗（公元前 57—公元 935 年）形成得更早。其理由如下：第一，在地理位置上，百济位于半岛西南部，渡海便可到达中国，在对外文物交流方面具备很好的区位优势；第二，历史上朝鲜半岛的主要茶产地集中分布在百济地区（现全罗南道和北道），现在该地区的山野中仍生长有很多野生茶树；第三，钱茶的制造和

---

① D. G. Moon, 'The Characteristics of Korean Traditional Post-Fermented Tea（Chungtaejeon）', *Health Benefits of Tea*, 2020, pp.3 - 8；김병혁, 장종옥, 강시온 등, 한국 전통, 미생물발효차(청태전)의 미생물 군집분석, 미생물학회지, 2017, 53(3), 176—177 쪽；박용서, 이미경, 유현희 등, 장흥지역, 청태전과 녹차의 성분 분석, 한국지역사회생활과학회지, 제 19 호, 2008, 55—61 쪽.

② 金富軾,『三國史記』卷十「新羅羅本紀第十　興德王三年冬十二月」, 국사편찬위원회 DB.

饮用习惯在全罗南道各地得到广泛传承。

历史上,韩国的茶文化与中国的茶文化发展历程基本同步。中国唐、宋、元时期流行的团饼茶文化,在同一时期的三国、高丽时代一样流行,团饼茶也是于该时期逐渐发展成为韩国的主流茶类。但是,在中国明朝后期开始流行的炒青绿茶和冲泡法,由于 16 世纪末到 17 世纪前半期在朝鲜半岛上发生两次战争(韩国史称壬辰倭乱和丙子之役)的影响,直到 19 世纪左右才传入朝鲜半岛并流行起来。也就是说,韩国的炒青绿茶和冲泡法,是从草衣禅师(1786—1866 年)写出《茶神传》(1830 年)之后开始普及的。草衣禅师原来是传承蒸青茶制作工艺的制茶高手,由于写作《茶神传》的原因,涉猎了盛行于中国的炒青茶文化。此后,《茶神传》一书以朝鲜半岛南部的寺庙为中心,逐渐向四周扩散,朝鲜半岛随之出现了蒸青茶和炒青茶两种茶类并存的局面。

在 20 世纪 60 年代,一些韩国茶人开始推动传统茶文化的恢复和复兴,他们以炒青绿茶为主要复原的对象。由于这个原因,具有 1 500 多年传承历史的蒸青团茶逐渐脱离了人们的视线。进入 21 世纪后,韩国茶界才开始再关注蒸青团茶文化。他们以青苔钱茶为主要对象,对蒸青团茶展开了广泛的研究,研究的状况很活跃,也获得了很多研究成果。韩国全罗南道的钱茶不仅历史悠久,而且还蕴藏着丰富的历史和文化意义。本文以探究钱茶的内涵为基础,同时探讨钱茶在东亚文化交流史中所具有的独特意义。

一、钱茶(돈차,Don-Cha)是什么茶

钱茶,以形似古币铜钱而得名,历史上在全罗南道的康津郡、求礼郡、罗州市、长兴郡、海南郡、灵光郡、宝城郡、长城郡等地广泛流行。就茶叶品类而言,钱茶属于蒸青团茶,蒸青团茶是中国三国时期的《广雅》及唐代陆羽的《茶经》中都提到的古老茶类。明代初期,随着以散茶代替团茶,原有的团茶逐渐消失,加上明代后期散茶文化大规模普及,蒸青团茶便逐步退出中国茶文化的历史舞台。与此同时,随着在唐宋时期流行一时的蒸青制法逐步被炒青制法取代,传承近千年的蒸青制法就此衰落了[1]。钱茶的加工流程一般是这样的:先把茶叶放入蒸笼里蒸熟,再把茶叶拿出来放入臼里捣碎,然后把茶叶弄成小球,放入模具中压成小饼,再将小饼放至室外晒干,在小饼上穿孔,最后用绳子穿过茶饼做成串,最终干燥、保存。

钱茶在韩国有很多别称,如宝林茶(보림차)[2],饼茶(병차)、串茶(천차)、团茶(단차)、茶(차)、青苔钱(청태전)[3]、Goduri-茶(고두리차)、Dongguri-茶(동구리차)、茶-Dduk

---

① 이행철,맹주방,「명대(明代)후기 산차(散茶)문화 성립과정에 대한 고찰」,『韓國茶學會誌』제 26 권제 2 호,1—10 쪽.

② 李勇基,『增補朝鮮無雙新式料理製法』,라이스트리,2019,227 쪽.

③ 諸冈存、家入一雄『朝鮮の茶の禅』、日本の茶道社、1940 年。

(차떡)和冬茶(동차)等①。这是因茶饼圆形铜钱的形状,或者用串子或绳子把茶饼成串,或者茶饼的独特色泽而得名的。在韩国当地最常用的名称是 Dduk-茶、冬茶和 Dongguri-茶,也因与圆形糕点或铜钱形状相似而得到的名字。"青苔钱"是由于钱茶色泽呈青色,表面似青苔而得名。青苔钱茶主要在长兴地区使用,近年来由于韩国长兴郡为大力宣传当地特产,其名才逐渐流行起来。但这个名称在韩国历代文献和当地其他钱茶产地调查中几乎没有出现过。本文为了论述的方便,统一使用"钱茶"这一说法。

据许北九(허북구)等调查②,韩国钱茶的大小各地区有所不同,大的直径约 10 厘米,小的约 2.5 厘米。这个幅度范围主要见于长兴郡,长兴北部宝林寺附近的钱茶直径为4.8—6 厘米,南部天冠山周边的,直径为 7—10 厘米,中间地区钱茶直径有大有小。保管钱茶时,先在钱茶中间打孔,然后用木条、铁丝或绳子串成串,挂在屋檐下,或者用纸包裹后,存放在瓮中或木桶里。韩国古代钱茶主要生产于全罗南道茶产地的民间和寺庙,其用途广泛,可用作日常饮用、待客饮料、家庭常备药(用来治疗感冒或腹泻)、私塾饮料、寺庙饮料及供养品、祭品,也可用于销售,等等。对全罗南道茶区人民来说,钱茶是一种不可或缺的生活必需品。

二、钱茶的复现和日本学者的关系

近现代钱茶的问世始于李勇基(1870—1933 年?)编写的《朝鲜无双信使料理制法》(1924 年)。在此书中他这样记述:钱茶又叫宝林茶,盛产于长兴,外形扁圆,模样像中国的"普洱茶";烧开后喝,味道好,助消化;煮茶时也可以放入生姜和白糖③。

日本学者对钱茶进行过系统性的研究,并将研究公之于众。按许北九介绍④,中尾万三(1882—1936 年)博士是中国陶瓷的研究权威,也是茶文化研究专家,曾经研究过《茶经》。1925 年,他访问全罗南道康津郡的高丽青瓷窑,偶然看到当地人端来的茶叶,形状酷似《茶经》中的团茶,非常吃惊。他随后调查周边的钱茶产地,回到日本后发表了《朝鲜钱茶考察》一文,韩国钱茶从此为人所知。当时砖茶研究的权威人物日本的细谷清曾说过:"在茶叶的故乡中国,这种钱茶早已消失,现在只剩下朝鲜半岛南部的一个地方。据说不喜欢喝茶的朝鲜竟然出现这种影子,真是很有意思。"稻尾岩吉(1876—1940 年)曾说:"我相信,这种韩半岛上残存的固体钱茶,才是古时候唐朝的茶的一种类型,是历史上最珍贵的东西。"韩国茶文化专家日本的诸冈存(1879—1946 年)曾说,由于钱茶的发现,才得

---

① 허북구,박용서,이미경,임명희,조자용,「전남 지역에서 1930—1940 년대에 이용되었던 돈차의 이름, 형태 및 용도 조사」,『한국인간식물학회지』,제 49(별호Ⅰ), 2008, 200—202 쪽.
② 허북구,『근대 전남의 돈차문화와 청태전』,세오와 이재, 2014, 132 쪽.
③ 李勇基,『增補朝鮮無雙新式料理製法』,227 쪽.
④ 허북구,『근대 전남의 돈차문화와 청태전』, 45—50 쪽.

以了解《茶经》中记载团茶的制法、煮法和饮法。茶叶在日本普及是 12 世纪后半期,始于南宋的蒸青散茶和末茶点茶法传入日本之时。此时唐代的团茶只能在书上接触到。此次在韩国农村发现钱茶,对日本学者来说是一件非常惊奇的事情。诸冈存与家入一雄(1900—1982 年)一起,从 1938 年下半年到 1939 年上半年,对散布在全罗南道的钱茶生产地进行调查。调查地点包括罗州的佛会寺和长兴、海南、灵岩、康津、海南等地。此调查结果在《日本茶道》一书中有集中介绍。他们于 1940 年出版了《朝鲜的茶和禅》一书,这本书至今仍是研究钱茶的重要资料。

1972 年时任光州民俗博物馆馆长的崔启元对《朝鲜的茶和禅》中记载的钱茶产地长兴宝林寺进行调查。他找到了 1924 年 17 岁时嫁到宝林寺附近的金凤金女士(1908—1983 年)。金凤金女士嫁过来去后一直从事青苔钱茶的制作,特别是她作为宝林寺的信徒,经常帮助寺庙制作供寺庙使用的钱茶。1972 年,在金凤金女士的帮助下,青苔钱得以完全复原。当时复原的青苔钱目前收藏于光州民俗博物馆①。近年来,随着人们对钱茶的关注度不断增加,许多学者对其开展调查研究。相关研究结果显示,长兴宝林寺周边和罗州等地从 20 世纪 40 年代到现在一直在制作和销售钱茶,即使在日本殖民时期和战争年代中,钱茶的生产和利用都没有中断,长兴和罗州等地一直延续着钱茶的命脉②。

三、钱茶提供百济茶文化的线索

茶类大体上可分为从中国汉代流行至元代的团饼茶和明代后期流行到现在的散茶。团饼茶是历史最悠久的茶类,张揖的《广雅》(227—232 年)一书记载有"荆巴间采茶作饼,叶老者饼成以米膏出之"③的情形。唐朝时期,团茶制作进一步发展,《茶经》记载了团茶的制作方法:"采之,蒸之,捣之,焙之,穿之,封之。"④即先采茶叶,然后蒸,再将茶叶放在石臼里捣碎,放在模子里压型,放在火上烘干,最后用线串起来保存。这种团饼茶文化后来传播到朝鲜、日本等东亚国家。韩国是目前为止唯一还有团饼茶工艺和文化传承的地方,而日本则几乎找不到任何关于团饼茶的记录。目前,日本仍以镰仓时代(1185—1333 年)从南宋传来的蒸青散茶为主流。

正如前文所述,许多学者认为百济的茶文化比新罗形成得更早。百济第十三代王近肖古王二十七年(372 年)与东晋正式开展文物交易。第十五代王枕流王元年(384 年),东晋胡僧摩罗难陀赴百济,佛教自此在百济正式被接受。《宋书》《梁书》《南史》等多部中国

---

① 정서경,「전남 해안지역 떡차의 해로유입에 관한 역사성」,「동북아문화연구」제 42 집 1 호, 2015, 106—110 쪽.
② 허북구,『근대 전남의 돈차문화와 청태전』, 52 쪽.
③ 陆羽:《茶经》"七之事",郑培凯、朱自振:《中国历代茶书汇汇编注本》,商务印书馆,2007 年.
④ 陆羽:《茶经》"三之造",《中国历代茶书汇汇编注本》.

史书中,都记有4世纪中国北方的辽西和镇平有百济人的居住区①。据尹明哲(윤명철)教授的研究②,4世纪百济有从山东半岛、浙江前往朝鲜半岛两条海上交易路线,因此当时的蒸青团茶很可能从茶文化发达的江南地区传入百济。再者,公元384年百济朝廷接受佛教之后,陆续修建了很多寺庙,很多寺庙自创建时便一直栽种和制作茶叶,如大兴寺(426年)、仙岩寺(约527年)、华严寺(544年)、禅云寺(581年)、无为寺(597年)、金山寺、修德寺(599年)、白羊寺(632年)等。日本的《东大寺要录》记载,僧人行基(668—749年)在寺院周围种了茶树,这位行基和尚同时也是百济博士王仁的后裔③。通过这些内容可推测,在4—6世纪,中国的茶文化很可能传入百济。

四、钱茶是继承和发展《茶经》的茶文化

虽然无法确定全罗南道的钱茶始于何时,但钱茶与《茶经》有密切的关系,这一点是毋庸置疑的。《茶经》所记之茶即为蒸青团茶,加工流程有摘茶叶—蒸青—捣碎—成型—烘焙—成穿—干燥—封茶。④ 全罗南道钱茶的加工流程大概有摘茶叶—蒸青—捣碎—成型—晒干—成穿—干燥—存放。大多数加工环节与《茶经》记载的流程基本一致,只部分有异,如成型后干燥时全罗南道地区一般采用晒干;成串后边干燥边保管,即干燥和保管不分开。这种方式显示出民间加工的特点,是为了方便制茶而简化的。成品钱茶的保管,可用绳子串起茶饼后,挂在屋檐下或柱子上,也可以用纸包裹后放在抽屉或坛子里。

虽然韩国钱茶的加工方法与《茶经》记载的基本相同,但其饮用方法差异较大。《茶经》所记的饮用方法是先把茶饼放在火上烤好,然后用茶磨磨成粉,等茶锅里的水烧开后,加盐调味,再把茶粉放入茶锅里煮一会儿,最后分茶汤品尝⑤。全罗南道钱茶的饮用方法主要有三种:一是先烤好茶饼,然后把茶饼和水一起放入铁壶或茶锅里煮,然后品尝;二是先烤好茶饼,用铁壶或茶锅烧开水,把茶饼放入铁壶或茶锅里再煮一会后品尝;三是先烤好茶饼、烧好水,然后把茶饼放在茶碗里,再倒入开水把茶饼泡一会,然后再品饮。日常饮用时一次放1—2个茶饼烹煮,但药用时一次放2~3个茶饼,使得茶汤更浓,并且煮茶时可加蜂蜜、生姜、大枣、五加皮、柚子皮等药材。

值得注意的是,在全罗南道地区几乎没有把茶饼磨碎成粉末后煮饮的方式。⑥ 像这样不经过磨碎直接煮饮的方法,是新罗时代以来普及的方式。新罗时代的饮茶方式在真

---

① 王志高、沈宏敏:《汉城时代百济与中国东晋、南朝交流的三个问题》,《南京晓庄学院学报》2019年第2期,第12—13页。
② 윤명철,『한민족의 해양활동과 동아지중해』,학연문화사,2002,240 쪽.
③ 류건집,『韓國茶文化史』上 3 쇄,이른 아침, 2017, 64 쪽.
④ 吴觉农:《茶经书评》(第二版),中国农业出版社,2005年,第69—81页。
⑤ 吴觉农:《茶经书评》(第二版)第139—163页。
⑥ 허북구,『근대 전남의 돈차문화와 청태전』, 51 쪽.

鉴禅师慧昭(774—850年)的碑文中可看到:

> 或有以胡香为赠者,则以瓦载煻灰,不为丸而焫之。曰吾不识是何臭,虔心而已。复有以汉茗为供者,则以薪爨石釜,不为屑而煮之。曰吾不识是何味,濡腹而已。守真忤俗皆此类也。[1]

上述内容表示,在9世纪,新罗有两种饮茶方法,一是把饼茶磨成粉末后煮饮;二是不把饼茶磨成粉末,直接煮饮。前者是从唐朝引进的,后者则是新罗当地的。全罗南道的钱茶在饮用时,基本不把钱茶磨成粉,而是直接煮饮,这可能传承了新罗时代流传下来的地方文化。

通过以上分析,可知全罗南道钱茶的制法基本上遵循《茶经》的方式,但在制造、品饮方法上更为多样化。出现这些差异的原因是《茶经》和当地茶文化相结合,或者是《茶经》传入朝鲜半岛后,经过长时间的本土化后,逐渐形成了新的文化样态。

五、延续千年禅茶命脉的长兴宝林寺钱茶

说起韩国的钱茶,就不得不提到长兴宝林寺。宝林寺不仅是钱茶的主要产地,它在韩国佛教历史上也占据着非常重要的地位。《大韩佛教曹溪宗宗宪宗法》第1条和第6条明示,道义禅师开创的迦智禅门是韩国佛教禅宗的始源,道义禅师是韩国禅宗的宗祖[2],宝林寺也就成为韩国禅宗的宗刹。据《祖堂集》(952年)记载,道义禅师于784年入唐,受西堂智藏的法统,再从百丈怀海(749—814年)处得到心印。道义于821年回国后,在新罗首次引进南禅宗。西堂智藏(735—814年)对道义说:"诚可以传法,非斯人而谁!"百丈怀海也说过:"江西禅脉,总属东国之僧矣!"[3]可知道义禅师法力出色。道义禅师得到洪州宗的正脉回国,开创迦智禅门一派。后来他的法孙普照体澄(804—880年)在新罗宪安王(857—861年在位)的支持下,入迦智山,于860年创建宝林寺。

在道义禅师生活的8世纪后期,在新罗的佛教寺庙里,喝茶已经很普遍。他去唐之时的784年,距离《茶经》问世不久,正是唐朝饮茶盛行的时期,可推测他也有饮茶习惯。《封氏闻见记》(785—805年)记载:"开元(713—741年)中,泰山灵岩寺有降魔师大兴禅教,学禅务于不寐,又不夕食,皆许其饮茶,人自怀挟,到处煮饮。从此转相仿效,遂成风俗。自

---

① 崔致远,『双磎寺眞鉴禅师大空塔碑』,국립문화재연구소 문화유산 연구지식포털.https://portal. nrich.go. kr/kor/index.do.

② 대한불교조계종종헌 제1조, 제6조. 대한불교조계종 홈페이지. http://www.buddhism.or.kr/jongdan/main/index.php.

③ 『祖堂集』第17卷「江西下 曹溪 第四代 法孙」,동국대학교 역경원 불교기록문화유산 아카이브 통합대장경. https://kabc.dongguk.edu/content/list? itemId=ABC_IT.

邹、齐、沧、棣,渐至京邑城市,多开店铺,煎茶卖之,不问道俗,投钱取饮。"①由此可知,在 8 世纪,中国的饮茶习惯已经在山东地区普及,并以泰山灵岩寺为中心,形成并流行北方禅茶风。当时山东半岛有很多新罗人的居住地,这些地方都是以出色的航海技术为基础开展商业活动的交通要地。许多从新罗赴唐朝的求法僧、留学生、使臣以及日本商人等,都会经过这些地方。因此,山东的禅茶文化也随之流入朝鲜半岛是理所当然的事情。对 9 世纪活跃于山东半岛周边和长安的新罗人,日本僧侣圆仁(794—864 年)所著的《入唐求法巡礼行记》有比较详细的介绍。书中所记有姓有名字的新罗人约 50 人②。新罗人与唐人杂居,逐渐熟悉唐代茶及饮茶习俗。新罗人李元佐于 843—845 年与圆仁多有往来,他曾送圆仁"路绢二匹、蒙顶茶二斤、团茶一串、钱两贯文,付前路书状两封"③。团茶一串表明,当时在唐和新罗,《茶经》所记的团茶或与全罗南道钱茶类似的钱茶,曾广泛流行。

随着禅茶风流行,在唐朝 37 年的道义也应该学会禅茶文化。道义禅师的师父西堂智藏和百丈怀海都是马祖的高足,都在丛林中习得栽培茶树,加工茶叶,得茶农禅。此外,百丈怀海立《清规》为寺庙中茶礼的规范,此后所有禅院在各种仪式和活动中都使用茶。可推定,道义禅师不仅喝茶,而且涉猎了禅宗丛林的经营、茶农禅和《清规》等。韩国真鉴国师慧昭(774—850 年)在唐朝与道义禅师邂逅并同行几年。据赵永禄的研究,慧昭像推崇师父神鉴大师一样推崇道义,并向道义学习正统的洪州宗禅法④,通过道义接触和学到《清规》和禅茶文化。慧昭是创建韩国双溪寺的大禅师,双溪寺是韩国茶文化圣地之一。

道义禅师的法孙体澄于公元 860 年在迦智山创建宝林寺,大展禅法,他圆寂时有徒弟 800 人。修建于 884 年的体澄塔的碑文记载,国王命"副守金彦卿赍茶药迎之师",表明体澄禅师有饮茶习惯⑤。宝林寺一直为韩国禅宗和禅茶文化的中心之一,是洪州宗的代表伽蓝,著名禅师辈出。韩国禅宗的中祖、韩国临济宗宗祖太古普愚(1301—1382 年)是承继临济禅师的第 18 代法孙石屋清珙公(1272—1352 年)的法脉,他在 19 岁时在宝林寺参禅修行。普愚禅师在宝林寺修禅喝茶,延续禅茶传统,并留下《尚须弥庵》《太古庵》等多首茶诗。

朝鲜时代是韩国茶文化衰落的时期,而宝林寺的禅茶传统却没有中断。韩国的茶圣草衣禅师(1786—1866 年)曾经给洪贤珠(1793—1865 年)送过 4 个在宝林寺制作的普林白茅茶,"而遗以四茶饼,即其手制,所谓宝林白茅也"⑥。朝鲜后期文臣李裕元(1814—1888 年)在其著作中收录了一些与宝林寺茶事相关的内容,如《嘉梧稿略》中的《玉磬觚剩

---

① 封演:《封氏闻见记校注》,赵贞信校注,中华书局,2005 年,第 51—52 页。
② 牛致功:《圆仁目睹的新罗人》,《唐文化研究论文集》,上海人民出版社,1994 年,第 544—545 页。
③ 圆仁:《入唐求法巡礼行记》,上海古籍出版社,1986,第 186 页。
④ 조영록,「慧昭의 入唐求法과 道義와의 同行巡歷考—『宋高僧傳』『唐州 神鑒傳』과 관련하여—」,『한국불교학』제 59 집, 2011, 5—46 쪽.
⑤ 『長興宝林寺普照禪師塔碑』,국립문화재연구소 문화유산 연구지식포털.https://portal.nrich. go. kr / kor / index.do.
⑥ 정민,『새로 쓰는 조선의 차 문화』,김영사, 2018, 285—287 쪽.

记》《嘉谷茶屋记》《竹露茶》[32]和《林下笔记》中的《三如塔》等:

> 康津普林寺竹田茶,丁洌水若镛得之,教寺僧以九蒸九曝之法,而谷雨前所采尤贵,谓之以雨前茶可也。(《玉磬觚剩记》)
> 煮湖南之普林茶。(《嘉谷茶屋记》)
> 圆非蔗糖饼非茜,贯之以索,叠而叠……海左普林寺。(《竹露茶》)
> 啜宝林茶……宝林茶产康津竹田为东国一品。(《三如塔》)①

由上可知,在 19 世纪,宝林寺的寺僧仍在生产茶叶,并称之为"雨前茶""宝林茶""普林茶""竹露茶"。宝林寺所产茶叶的品质被评为东国第一,其形状为圆形,用绳子串成串,与近现代的钱茶一模一样。

就韩国禅茶的发展来说,寺庙的茶园是禅茶发展最核心的物质基础。《庆尚道地理志》和《世宗实录地理志》记载,高丽时期(918—1392 年)有为专门生产茶叶而设置的茶所,分布在庆尚道地区的有 8 处,在全罗道地区有 27 处,共计 35 处②。其中,仅在全罗南道长兴地区就分布有 13 处,如饶良、守太、七百乳、井山、加乙坪、云高、丁火、昌居、香余、熊岾、加佐、居开、安则谷。据推测,香余可能位于迦智山宝林寺一带。③ 这表明在高丽时代,宝林寺就有茶园;而且可以进一步推测,宝林寺自 860 年创建以来,就一直经营着茶园,直到现在。根据笔者的考察,目前宝林寺周边有大片茶园,茶树在榧子林和竹子之间,环绕着寺庙。

到此,我们围绕韩国禅宗的宗刹——宝林寺,探讨了宝林寺禅茶和钱茶之间的关系。虽然相关记录不多,探讨有局限,但可以总结一些有意义的内容。一是道义禅师继承了马祖洪州宗和西堂智藏的禅茶以及百丈怀海的《清规》;二是道义早已掌握唐朝团茶和土产茶的制法;三是高丽、朝鲜时期宝林寺一直经营着茶园,并生产和制作茶叶,禅茶传统代代不息;四是在 19 世纪,宝林寺仍然保留着钱茶的生产,此钱茶的品质也很好。

六、结语

虽然与钱茶相关的古代文献不多,探讨范围焦有较大局限,但谈及全罗南道钱茶在东亚茶文化交流中所具有的历史和文化意义,仍可总结出如下几条:

第一,钱茶是古代东亚茶文化交流的实物证据。钱茶和《茶经》所记之茶很相似,团茶

---

① 李裕元,『嘉梧藳略』,한국문집총간,한국고전종합 DB,https://db.itkc.or.kr;李裕元,『林下笔记』,고전번역서,한국고전종합 DB,https://db.itkc.or.kr.
② 박영식,「고려시대 차산지와 공납차(貢納茶) 생산에 관한 一考」,『한국차학회지』,제 23 권 1 호,2017,15—18 쪽.
③ 박형상,「장흥府 茶所 13 위치와 현황」(4),『장흥신문 예강칼럼』,2020.

在 3 世纪左右已经在中国饮用，高句丽至少也在 7 世纪之前流行。新罗的王宫和寺庙在 7 世纪初时已普遍饮茶。钱茶是探究百济的茶文化的实物证据之一。

第二，钱茶是《茶经》在东亚地区传播的实物证据。《茶经》问世之后传入朝鲜、日本及其他东亚地区，对茶文化的传播起到很大的作用。全罗南道钱茶的制造方法几乎与《茶经》一致，可以看出受到《茶经》影响很大。但在钱茶的制造流程、饮茶方法等方面，全罗南道不少地区与《茶经》所记有所差异。这表明，全罗南道的钱茶起初受到《茶经》的影响，但经各地区长时间的发展演变后，逐渐发展出多种多样的品饮方式。

第三，长兴宝林寺钱茶是东亚禅茶文化交流的主要实物证据。钱茶在全罗南道许多地区得到广泛的传承，其中包括韩国禅宗的始源——九山禅门中三四个禅门。长兴宝林寺是道义禅师开创的迦智禅门宗刹，也是韩国佛教曹溪宗宗刹。道义是得到禅脉的开创洪州宗的马祖的弟子西堂智藏和百丈怀海的嫡统。他在唐朝停留 37 年，先后学习过马祖的农禅和百丈的《清规》以及江湖地区的茶事和禅茶文化。以此为基础，他回新罗后，在迦智禅门中开展禅茶文化。他的法孙体澄于 860 年创建宝林寺，之后宝林寺一直都是韩国禅茶文化的中心。韩国临济宗宗祖太古普愚禅师也曾在宝林寺参禅修行，延续禅茶文化。宝林寺位于高丽和朝鲜时代的主要茶产地长兴，长兴也是钱茶的主要产地。据记载，19 世纪宝林寺僧侣们仍然制作和现在相同的钱茶。长兴宝林寺的钱茶是道义禅师开创迦智禅门引进禅茶文化以后出现的。作为禅茶的主角之一，宝林寺钱茶与众多的禅师一起共生下来。

浅谈汉唐间中日图像交流的"时间差"现象

周正律

（江苏海洋大学外国语学院）

引言

近年来，图像在中国历史学研究领域中愈发受到重视，对于图像分析方法的讨论也时常有之。因先行的西方图像学的影响，其中大多数都属于艺术史的领域。当然，图像的应用不仅仅局限于艺术史研究。如蒋英炬、信立祥、邢义田、巫鸿、李清泉、杨爱国等多位先生都对图像在中国古代文化史领域中的应用做出过分析、探讨和实践；也有蓝勇等先生进行过专门的图像史学研究。但在过去很长一段时间中，我国史学领域对于图像的分析大部分仍立足于平面化观测视角，即以文献记录为主要线索，对图像所表达的内容进行分析、类比来考察其所表现的历史事物。这种方法，相比起图像素材本身，更加注重的自然是图像的内容，或者说是图像的叙事性，在一定程度上受技术手段所限，开展研究时只得放弃一些因破损或被移动而丧失叙事能力的图像。如今科技手段的发展，对于图像的分析已能够做到不仅仅停留在平面内容之上。除前述诸位先生外，近来亦不断有学者以考古学与美术史结合的分析方法，尝试探寻作为历史遗存的图像的研究价值。[①]

可以说因之前研究的选题之故，笔者在探索过程中积累了些许图像分析的经验，也对西方图像学（iconology）方法在中国古代史领域的应用做出了一些反思，彼时想法虽十分不成熟，所幸仍一定程度上勉强完成了对于汉代龙的形象（image）[②]的地域特征及时代变化的综合考察。按照我研究的整体规划，两汉时期只不过是最初阶段，之后将进入对汉唐间龙形象的变化及其内涵的研究阶段。

后续研究时代的转换，必须面对图像的载体、影响图像主体含义的因素、图像的制作技法、图像应用范围等更为复杂化的现实情况，同时龙图像的传播与影响的空间范围亦不断扩大，最终导致在对图像进行分析时，需要应对的问题也将发生变化。着手后一个阶段

---

① 近期较有代表性有耿朔：《层累的图像 拼砌砖画与南朝艺术》，人民美术出版社，2020 年。
② 本文中做抽象概念理解，以区别于图像（picture）。具体可参考 W.J.T.米歇尔：《图像何求？》，陈永、高焓译，北京大学出版社，2018 年。

的研究前,需要对前一个阶段的研究进行总结和反思,其中一个比较值得关注的问题就是"时间差"现象。

所谓"时间差"现象,多指彼得·伯克(Peter Burke)在其著作《图像证史》①中强调的,以"以图证史"为目标及方法的研究者必须十分留意的,图像创作年代与图像内容背景年代上存在差距的现象。事实上,在之前的研究中笔者已应对过"时间差"现象,而对于图像学方法,甚至是整体研究的反思,也很大程度上是基于此展开的。一切源自笔者在研究过程中发现的一个问题,即图像学中的"时间差"现象与墓葬装饰研究中的"时间差"现象,两者的内涵并不完全相同,进而意识到图像学的方法或无法完全匹配中国墓葬装饰研究的需求。具体则需要先从笔者对于图像学与中国墓葬装饰研究的不同之处,或者说对墓葬装饰作为图像素材的特殊性的认识开始。

一、图像学与墓葬装饰

笔者目前为止的研究领域为文化交流学(历史与动态)②,主题为汉代龙文化史,使用的主要素材除文献资料外,还有画像石、画像砖、壁画等墓葬装饰图像③。在研究初期整理秦汉及以前的文献资料中与龙相关的描述时,笔者就注意到,秦汉乃至之前的文献中关于龙的记载数量与内容均称不上丰富,且其中对于龙的外形的描述可说是十分不详尽,若以文献分析为中心,研究将无法开展。我因此确定,对于龙的考察应以图像为主。而在之后我对龙的图像进行整理时又发现,大多数图像都无法与文献中所描述的龙相关联,几乎无法构成完整的叙事体系。若因循西方图像学的分析方法,则在图像考察的完整性上有所欠缺,或与后世记载关联而成牵强附会,两者均不可取。而汉画像石等墓葬装饰相对其他图像资料来说比较特殊,本身即为历史遗存,在对汉画像石等的研究中,除图像学领域外,仍有相当一部分考古学的成果可供参考。如蒋英炬、杨爱国、罗二虎、邢义田等先生的研究皆以此类为多。当然,考古学方法有其侧重,亦有其自身局限性。因此,笔者在对三个领域中龙的相关素材的分析成果进行考察后,初步明确了龙文化的研究应是一个以图像分析为主线、跨多学科的课题,故而将研究整体划分为两大块,一块以文献资料的分析为主,另一块则以图像分析为主。在对图像进行处理时,除依照图像学方法对内容进行考察之外,还加上对载体、排列形式、摆放位置以及一些刻画细节等的考古学视角的分析。从结果来看,上述整合了多种方法的思路,使笔者对龙文化的考察在一定程度摆脱了对图像与文献的关联,或者说对图像内容叙事性的绝对依赖。正是这个最终选择的整合方法,

① 彼得·伯克:《图像证史》,杨豫译,北京大学出版社,2008年。
② 该学科最早成立于日本关西大学,距今时间不长,可参考日本关西大学东亚文化研究科网站的介绍。
③ 关于之前的研究,可参考笔者的关西大学博士学问论文《汉代龙文化的构造和展开》『漢代における龍文化の構造と展開』(2017年2月提交并通过答辩),其中收录了笔者大部分已发表论文内容,并附录笔者收集整理的汉画像石与汉墓壁画中的龙图像。

让笔者得以重审墓葬装饰研究相对于图像学的特殊之处。

事实上，植根于西方艺术史领域的图像学与中国古代史领域中的墓葬装饰研究，两者之间存在很多显而易见的差异。但就"时间差"问题而言，笔者主要关注的最根本的差异在于，两者所应对的主要图像素材的性质并不相同。图像学主要的研究对象为照片、宗教艺术品、肖像、绘画等艺术作品，而墓葬装饰研究则主要是墓室内的壁画、石刻、画像石、画像砖等历史遗存。用今人欣赏的眼光来看，两者似乎都可以称为艺术品，但在本研究的角度上看，两者间存在着作者身份、功能性、制作思路、留存方式等的诸多不同。

艺术作品多为艺术家独自创作，哪怕以团队形式，若想要完成某件具有完整性的作品，其思路也源于并在整个制作过程中都符合某个主要艺术家的创意，个人因素影响相对显著。墓葬装饰的作者则多为工匠，相比起对表达自己艺术理念的追求，他们更加在乎的应是按照图纸施工。即便是能够进行一定创作的匠人，在对墓葬装饰内容和排布等进行设计时，亦需要顺应墓主人的喜好或其家属的要求，并应一定程度上遵循墓葬所在地的传统、风俗或流行时尚，相比起艺术作品，社会整体背景环境的影响远大于作者个人因素①。同时，艺术作品最主要的功能仍是供他人欣赏。也就是说，作者大多以如何向他人展示自己的艺术理念为前提，一定程度上从欣赏者的角度出发设计作品。也正因此种主要功能，艺术作品多保存于人们的生活空间中。相对地，封存于墓葬中的图像装饰的主要功能，从多处墓葬铭文中出现的"千岁不发"②等字样来看，显然并非供他人欣赏。即便是墓葬地面建筑的装饰，其功能也并非仅供后人祭祀时欣赏，或当如蒋英炬先生所言，很大程度上是满足墓主人或其遗族在传统、习俗、信仰等方面的心理需求③。

综合上述两者间的诸多不同，可以将导致两个领域的"时间差"问题产生的主要原因总结为：以艺术作品为主要素材的图像学，每一个图像都需要，也值得单独对其进行详尽的分析，即图像学研究中存在大量个案分析；而墓葬装饰研究还需要处理大量内容相近、格式相近的图像，即墓葬装饰研究中存在大量范式④分析。图像学中，每个个案之间的联系其实相对薄弱⑤，个案的传播对其他个案的影响也属于个案，因此研究时基本无须考虑每个个案间存在的范式，重点反而在其中个人因素上。彼得·伯克所指出的图像内容与创作年代间的"时间差"，自然也是指每个个案自身存在的"时间差"问题。而墓葬装饰研究中，不同地区或不同制作时间的图像有一个共同的范式，如多地多个时代墓中可见的龙

---

① 邢义田：《画为心声 画像石、画像砖与壁画》，中华书局，2011年，第47—68页。
② 黄运甫、闪修山：《唐河汉郁平大尹冯君孺人画像石墓》，《考古学报》1980年第2期，第239—162页。其他仍有数例，此处篇幅有限，不一一列举。
③ 蒋英炬、杨爱国：《汉代画像石与画像砖》，文物出版社，2001年，第162—165页。
④ 对于格式化内容的图像，汉画像石研究中多以"格套"称之。但考虑到笔者研究涉及的素材不只限于汉画，此处借用哲学中的"范式"一词，以表现具有一定程度上的、公认的、系统的、有指导作用的、相似性的画像。
⑤ 《图像证史》也有提出过绘画作品描绘的或照片拍摄的可能是同一个时空的内容，应将其放回"背景"中去看（第269页）。但受到艺术独创性追求及创作者个人因素等的影响，大多数艺术作品的具体内容并不存在如墓葬装饰一般的范式。除非是机械印刷等量产物，而这类工业化产品已很大程度上脱离了艺术作品的范畴，与墓葬装饰更是相去甚远，当作他论。

虎图像组合出现的范式。这类范式的存在意味着墓葬装饰研究中的个案之间存在着大部分图像学个案间不存在的联系,这使得墓葬装饰研究不得不面对一些图像学方法无法应对的问题,其中之一便是墓葬装饰研究中的"时间差"现象的内涵与图像学的不完全相同。或者更确切地说,墓葬装饰研究中的"时间差"现象更为复杂。

二、双重"时间差"现象

彼得·伯克所指出的"时间差"现象广泛存在于所有图像研究的领域中,当然在墓葬装饰研究中也是有的。如"孔子见老子""泗水升鼎""荆轲刺秦"这类描述传说故事的画像石,虽制作年代大多为东汉,但显然其描绘的故事的年代更加久远。而墓葬装饰研究中还有前述范式的存在。因此除了与图像学个案相同的"时间差",还存在图像范式在传承、传播过程中产生的另一种"时间差"。

关于此"时间差"现象,其实也早已有前人提出过,即是柳田国男在其著作《蜗牛考》中着力想要说明的方言传播中可见的周边地区与中心地区之间的差异。[①] 虽其后已有人对作为该研究证据的实地调查内容的准确性提出质疑,但并不妨碍其理论内核仍有参考价值。换个视角来看,在文化传播的过程中,文化信息接收地与文化信息发出地之间必定是存在时间差的。毕竟一个事物从其发生出现的地方流传至其他地方,路途上总是要花费时间的。同时,发生地的文化信息在传承的过程中,也可能会发生改变。如此,这个两地同时进行文化传承、传播过程所涉及的时间跨度越大,其"时间差"现象的具体情况自然更多变、复杂。

再回到图像分析中来,若将前述过程放至汉唐时期的中国,其所需时间会因当时的交通、通信等技术水平而表现得相对漫长,若再将地区扩大至当时与中国均有客观联系的东亚甚至欧亚大陆,这势必导致图像传承、传播中的"时间差"现象的表现及其影响进一步凸显。再加上广泛存在的图像内容与制作年代的"时间差",因此在墓葬装饰研究的,应是两相叠加复合后的双重"时间差"现象。

然而也许是因为图像学的影响颇为深远或研究的旨趣不同,笔者在梳理利用了图像关于龙文化的先行研究时曾发现,其中大多数都存在一定程度不够重视甚至无视上述两种"时间差"现象的问题。如很多研究者都会将宋明文人画中的龙与汉画像石中的甚至更早期的龙放在同一语境中阐述。其理论基础或可概括为,中国历史文化乃自古一脉相承。理论本身并未有错,但这在特殊条件之下才能够成立,并非能够适用于所有具体事例。事实上,龙的形象随时间的变化,不停地发生改变。[②] 举一个略显极端的,但较容易理解的

---

① 柳田国男『蜗牛考』、岩波書店、1980 年。
② 据笔者在博士毕业论文中的考察,仅两汉之间,龙的图像就有随时间发生的变化和随地点不同而显现的诸多差异。

例子：战国时期的所谓龙纹玉器，姑且不论大多器物上的动物图像是否真能以今日之理解而称为龙①，但若将其与明清龙袍上的龙纹刺绣摆放在一起观察，也许二者间依稀有几分相似，但谁都不得不承认它们有着天壤之别。这种区别，或有来自载体不同、作者不同而产生的刻画技法等的不同，但更主要的是因时代差异而产生的对龙形象的认知差异，即所谓文化传承、传播的"时间差"。加之自秦汉便有的"复古"做法的影响②，龙图像中表现出的双重"时间差"现象的影响不容忽视。

反思先行研究的上述问题，笔者认为根本原因还在于对于图像分析和利用的方式的理解。首先是《图像证史》中提及的"以图证史"，恐怕也是许多涉及图像分析的龙文化的先行研究的目标和追求。但若细观其研究过程，与其说是"以图证史"，不如说更符合"以图入史"。在笔者看来，先行研究多取有特定叙事性的图像中有代表性的例子为线索③，在分析图像内容时，最终还会以图像内容的相关文献记载等为真正核心展开论述。而"以图证史"，应是一种基于对图像相关的各个方面的分析之上的综合性史学考察。前文提及，墓葬装饰研究中所涉及的图像素材，或者说中国古代史领域的大多数图像素材均是历史遗存。这意味着其内容具有图像学意义，而其自身更具有历史学意义。从这个角度上来看，龙文化也确实是一个跨多个领域的研究。因为即便只是考察龙形象历史变迁的部分，亦是一个至少关联了图像学与历史学两大领域的课题。单方面以历史学方法分析文献，或以图像学方法分析龙图像，或以考古学方法分析墓葬装饰，显然都不足以解读其全部内涵。这一点，在双重"时间差"现象的应对方法上来说亦是如此。

三、"时间差"的应对思路与方法

就彼得·伯克在其著作中谈及的事例来看，在将图像用作历史研究素材时，图像学对"时间差"现象的处理方式是准确认识并合理规避可能造成的一些理解上的误区。或许正是基于这个应对思路，作者在其著作开篇才会将包括"时间差"在内的一些现象称为"陷阱"④。受此影响，加上前述整合式分析方法对图像数量上的需求，以及博士论文完成时间上的限制，笔者虽初步认识到前述双重"时间差"现象的存在和影响，但为保证在有限时间内顺利完成一定程度的阶段性研究，笔者之前主要仍以图像学的方式应对"时间差"现象，选择控制和回避其影响的措施，将对于龙图像的考察时代限定在两汉。同时，考虑到前述范式的问题，为保证有限时间内的考察结果相对细致严谨，对主要素材也做了一定限

---

① 关于动物图像的辨析，在拙文《关于动物图像的识别——以汉画像石的龙图像为中心》（「動物図像の識別について——漢画像石における龍の図像を中心に」，『東アジア文化交渉研究』第 9 号、2016 年、第 357—381 頁）中已有详细探讨，此处不再赘述。
② 李零：《铄古铸今——考古发现和复古艺术》，香港中文大学出版社，2005 年。
③ 如前文提及《泗水升鼎图》中的龙，或马王堆 T 型帛中的龙等。
④ 彼得·伯克：《图像证史》，杨豫译，第 3 页。

制,基本以汉画像石为主,少量涉及图像主题或范式上相似程度较大的画像砖、壁画等素材。

关于图像分析的方法前文已有提及,这里简单整理一条线索。首先需要大量收集龙的图像,探索并确立辨别图像主题的一些基准点,同步进行筛选。将收集并筛选完成的图像按照汉画像石分区划分,在此基础上按时间排列,整合成每个分区的龙图像集。依据图像集,先纵向考察各个分区龙图像的变化,其中包括龙的外形特征、图像在墓室内摆放位置、各种范式等。在完成所有分区内部的纵向比较之后,再将这些分析结果进行分区间的横向对比。最终以时间、分区动态变化的图像考察结果,结合文献考察内容,得出关于汉代龙文化的地域特征及时代特征的综合分析结果。虽然因各方面的限制,课题整体完成度有所欠缺,但可以说是综合了图像学与考古学的分析方法,控制了双重"时间差"的影响,最终在一定程度上完成了对汉代龙文化的历史学视角的考察。

上述图像分析的过程中,笔者已隐约意识到,在墓葬装饰研究的领域中,"时间差"现象不仅是"陷阱",在对其正确认识的基础上,对这种现象存在本身进行的考察应该也是有一定历史学意义的。也就是说,图像学应对"时间差"现象的方法,并不足以应对墓葬装饰研究中的双重"时间差"现象。在将研究时代整体推进至汉唐,地理范围亦扩大后,笔者做了一些资料收集与基础调查工作,其中包括收集和整理一些两晋至唐代的龙图像①。在这个过程中,前述对于双重"时间差"现象的历史学意义的思考也逐步积累起来。

四、中日图像交流中的"时间差"现象

前文提及,先行研究者受领域、方法等所限,即便模糊意识到墓葬装饰中的图像存在的两种"时间差"现象,也鲜有人足够重视,更遑论思索其相互关联及其本身的研究意义。而在笔者看来,在即将进行的对汉唐间龙形象的总体情况的考察中,因前文提及的几点客观情况,对于"时间差"现象的分析确是个无法绕开的工作。本文以一个例子为线索,将日本纳入考察范围后可见的双重"时间差"现象的表现,以及对其进行分析的思路和方法做一些简要说明。

如图 1 为日本奈良县高市郡明日香村高松冢古坟的龙图像②,绘制年代大致为公元 8世纪初,应不晚于 710 年③。根据墓室内整体情况,可知此图应为"四神"组合中的青龙。

---

① 中国部分参考的图像集主要有《中国出土壁画全集》(徐光冀主编,科学出版社,2011 年)、《中国敦煌壁画全集》(天津美术出版社、辽宁美术出版社,2001—2006 年)、《中国美术全集 绘画编》(人民美术出版社,2006 年)和《中国美术全集 雕塑编》(人民美术出版社,2006 年)等。日本部分的材料收集由于笔者起步较晚,时间所限,参考大型汇编类图像集较少,仅一部《龙百态》(文人画研究所编『龍百態』、日贸出版社、1987 年),其余大多为笔者在日留学时通过各种途径的零散收集。
② 除高松冢古坟外,吉托拉(キトラ)古坟三壁亦有"四神"图像其三,但未见龙图像,或遗失。
③ 王仲殊:《再论日本高松冢古坟的年代及所葬何人的问题》,《考古》2009 年第 3 期,第 73—80 页。

图1　高松冢古坟墓室东壁青龙（局部）①

　　根据笔者初步的考察，与上图同时期的中国的龙图像情况已比较复杂，为便于展开说明，先以同为墓葬壁画的龙图像为比较对象。图2即为其中较清晰的、有代表性的一例。

图2　山西省太原市焦化厂唐墓墓室东壁青龙（局部）②

　　就图像内容和整体布局而言，两者同为"四神"中青龙星象，均设置在墓室东壁，且色彩偏青。从外形来看，两者均可归入"马形龙"。身体细部八处：① 图1双角似鹿，直，有单叉；图2角似牛，弯曲无分叉。② 两者耳均似牛马，在角下，且前端尖，耳后有腮毛。③ 两者眼部均圆睁且突出。图1口鼻部长且前段较圆，图2口鼻部短且前段较尖。两者

<hr>

① 『高松塚古墳壁画フォトマップ資料』、奈良文化財研究所、2009 年、図版第 19 頁。2020 年 7 月，壁画修复完成并公开展出。
② 徐光冀主编：《中国出土壁画全集　山西》，科学出版社，2011 年，第 103 页。

均张口吐舌,舌无分叉,颔下有须。④ 两者均全身覆鳞,腹部似蛇。图 1 颈部有特殊纹路刻画,图 2 背部有特殊形状的鳞片刻画。⑤ 两者均三爪,胫部似鹰,掌似虎掌。图 1 四掌撑地;图 2 左前后掌上抬内翻,掌心可见。⑥ 图 1 尾部同身,覆鳞有棘,状似蛇尾;图 2 尾部与其对侧白虎图像刻画相同,环纹有毛。⑦ 两者背部均有倒棘,前段尖,似蜥蜴(非背鳍、非鬣鬃)。⑧ 两者四足均有肘毛,肩部均有翼状刻画,长且倒掠。[①]

　　总的来说,两者相似之处远多于相异之处。而大部分不同之处,亦多见于汉画像石的龙图像,应有传承。如图 2 的虎尾,只是个别案例,并非主流,且历代如此。相较于前代,可说两者均并无过多"超纲"细节。据笔者考察,有四点值得注意:

　　其一,或因受到前代的影响,中国在墓葬装饰中"马形龙"较多,"蛇""马"二形龙图像并存时间较长,随后可见主流图像逐步转为"蛇形龙"的过程。日本则不同,唐时期中日文化交流进入一个高峰,然图 1"马形龙"尚未在日本普及。其后中日文化交流频次明显减少,龙文化的传播恐亦中断。直至宋元以降,在中国"蛇形龙"的传播遍及各处,而"马形龙"成为一种"复古"现象。但日本并无这种现象,龙图像几乎均为"蛇形龙"。

　　其二,图 2 龙图像中短且前端较尖的口鼻部刻画,于两晋至唐时期(甚至之后很长一段时间)十分常见,应为其时主流范式。而与图 1 同形的案例目前仅见于敦煌(图 3)。换言之,如此刻画方式,在几乎同一时期均见于文化周缘地区。且敦煌龙的口鼻部在其后也

图 3　敦煌第四三一窟西魏《乘象入胎》(局部)(6 世纪 30 年代左右)[②]

---

　　① 关于"马形龙"与"蛇形龙"的区分、身体细部的划分方式等,请参考笔者的博士毕业论文。
　　② 吴健:《中国敦煌壁画全集　西魏卷》,天津美术出版社,2002 年,第 20 页。

均转为图 2 形式,唐至辽时还在此基础上出现了带有自嘴角处直戳向前的"象牙"的龙图像。而另一方面,日本虽有从中国舶来的个例,但未见普及,更未出现"象牙"龙。至宋元,口鼻部刻画形式又普遍转回长且前端较圆,而该形式亦随蛇形龙一同传至日本,最终造成日本的龙图像几乎不存在短且前端较尖的口鼻部刻画的断层现象。

其三,图 1 颈部的特殊纹样仅于两晋至唐时期的龙图像中多见,若结合前一项来看,则知这种刻画方式的传播影响彼时已较为深远,或可将其看作时代标志性特征之一。而后,该纹样在前述"蛇形龙"的普及过程中莫名消失。其出现及消失的背景仍有待详细考证。

其四,图 1 四掌撑地的刻画方式在汉画像石中亦有;图 2 左前后足上抬的刻画方式在两晋至唐的案例中十分常见,或亦为当时主流范式之一。同时期四脚撑地的龙图像还多见于高句丽,或可为壁画装饰墓传播途径增添一个佐证。

综上所述,就目前笔者已考察的同时期龙图像的整体情况来看,此时的墓葬装饰在受汉末简葬之风影响后,明显出现一些断层再续后文化流失的情况。先不论南北朝时期的画像砖墓,唐墓壁画中的龙图像亦多类似前代,说明颇为明显地借鉴和应用了数百年前的汉画像石范式,而创新之处较少。且相比起汉画像石,龙图像的绝对数量锐减,形制种类亦大量缩水,仅"四神"与"龙虎"两种组合还算多见。另有《仙人(羽人)骑(戏)龙》作为局部装饰的案例。而汉画中较为常见的"双结龙"仅在高句丽有一例。总而言之,图像学所谓"时间差"现象,在龙图像中确实存在。同时,从文化传播的角度看,在文化中心地区,龙图像在墓葬装饰中的影响力呈下降趋势。

另一方面,距文化中心相对较远的周缘地区,可见数个传播案例,但整体情况与中心有所不同,这或可理解为文化传承、传播的"时间差"现象。如敦煌莫高窟壁画中,可以看到文化中心墓葬装饰中未见的龙图像范式出现于并逐步融入佛教壁画的现象。日本的情况则稍显复杂,虽有 7 世纪末至 8 世纪初流行的图像刻画细节的传播案例,但对比下仍有诸多不同于中心地区之处,且之后也未见中心地区墓葬装饰常用的"马形龙"的普及。或者说,"马形龙"与"蛇形龙"之间,并不像中心地区一样从并存到逐步演变至有所偏重,而是存在断层跳跃的现象,特别是日本也未见中心才有的"象牙"龙的普及现象。

目前相关时代素材收集和分析工作距完成相差甚远,上述论证过程还有许多不备之处,仅以此一简单的例子,向读者展现笔者对双重"时间差"现象的初步探索。

五、结语

关于对双重"时间差"现象所包含的历史学意义,以及对其进行正面分析的可能性的探索,以目前的研究进度,远不足以给出一个答案。即便是目前的研究方法,也还存在许多需要进一步明确的地方。要建立一个合理的、有效的图像对比分析方法体系,仍有许多工作尚待完成，例如其中一个基本点，即范式的含义。

因笔者之后考察涉及的无论是时间还是空间的范围跨度相对比较大，也必将涉及不同载体之间的同类图像的比较，这就需要找到它们之间一些可进行比较之处，或者说需要一个相对比较广义的范式，以其中相同的为基准点，确立比较对象，再分析不同之处，进而才能探寻异同之处背后的意义。举例来说，不同的图像载体有不同的制作方式，以铜镜或画像砖来说，在制作时会利用模具。这时所说的范式，指的是几乎完全同样大小、同样重量、同样形制的一些图像，但这样的范式能够适用的情况极其有限。如画像石或壁画，即便载体相同，由于完全由人工刻画，大部分同类图像并不完全一致，若再涉及不同载体的图像之间的对比，则同模的范式就完全没有"用武之地"了。因此，笔者认为，在确定图像表达相同事物的基础上，除"同模"外，范式还可包括"近似内容""近似排版、全图中位置""近似组合""近似用途"，甚至是"某个近似刻画细节"等多种情况。如此设定，方可使跨时间跨地区的图像对比成为可能。

若要在现阶段勉强谈谈双重"时间差"现象所包含的历史学意义，笔者从文化交流学的视角上，能够想到的便是"回望"一词，其含义包含两个相互联系、相互影响的动态观测行为。其一为"时人看古"，可以理解为确定观测的时间范围，探寻当时的情况及其由来；另一个则是"周缘看中心"，可以理解为确定观测的空间区域，探寻当地情况与其他地方之间的异同、联系。最终结合两者，或能管窥一系列现象背后的意义。

而包含上述研究方法的确立在内，笔者目前的以及之后的研究工作，或者说，为了更全面、更详细地解读龙的形象而做的大量的思考和实践，其实都是为了回答一个问题：中国龙形象为何能够如此广泛地被世界各地的人们所接受。关于龙形象的普及，时人早已习惯，以至于很多龙文化的先行研究，都会忘记其实中国龙的形象在历史上经历过诸多改变，而默认所谓"一脉相承"之论。看似无须解释的事实，有时却正是问题所在。在历史学领域中，有很多研究脉络的连续性都曾因各种原因中断，不少早期的假设、暂定的称呼长久以来未再被提起，以至于再次出现在人们的视野中时，常常会被误以为已成定论，而用的人多了，最终导致更多人"将错就错"，把误解当作无须解释的事实。一个最好的例子便是"饕餮纹"的命名问题。宋人研究青铜器时的附会之举，却导致近人不假思索地认为真的是特定怪兽饕餮的纹样。又如明代"龙生九子"的附会，加上之前饕餮纹的误解，导致不少人还将青铜器上的兽纹当作"龙纹"。如此"冤假错案"在龙文化的先行研究中并不鲜见，不少探寻龙的历史原型的研究多如此类。

笔者认为，在传承、传播的过程中，龙的形象很大程度上应已脱离了其想象的原型，成为一种复合型的文化。因此相比起对龙的原型的探索，文化史研究的关注点更多应放在龙文化的形成、发展和应用之上。前述笔者研究的出发点便是如此。

要一种文化背景下生活的人们对另一种文化背景下的事物产生"共鸣"甚至达到认同，这意味着异文化间的相互理解，这是数千年来人们一直持续探索的重大课题。而依笔者之见,这就要回答三个比较基本的问题:将什么传承给了后人,传达给了他人;是如何传达、传承的;为什么能够传达、传承。当这个"什么"是龙文化时,就有了笔者的研究。而龙文化中,涉及大量龙的图像,也就是说,"什么"也包含了龙的图像。图像作为历史文化的载体,十分直观,所包含的信息量巨大。而正是因为直观与包含信息量的巨大,在没有任何附加说明的情况下,不同文化背景的人对同样图像的理解会很大出入①。图像的传承、传播意味着图像所关联的文化的传承、传播,想让一个群体真正理解并接受来自不同文化背景的图像,所需满足的文化认同的要求并不比让他们理解任何一种思想要少。尤其是一些想象中的事物,因现实中原型的不确定,这类图像的传承、传播是基于两个不同文化的群体对图像的想象与艺术创作理念等文化内涵的共同认可。中国的龙作为一种想象中的动物,其图像能够长期传承、广泛传播,对这个现象的深层原因的考察,对于我们继承和发扬传统文化是有参考意义的。而要进行原因的考察,首先要做的便是梳理、考察龙的图像的传承、传播的历史,因此也就有了笔者对于龙图像考察的执着以及一直以来的工作。

---

① 这一点在图像学研究方法论相关的诸多论述中可见。如欧文·潘诺夫斯基(Erwin Panofsky)在《图像学研究 (*Study in Iconology*)(上海三联书店,2011 年)中归纳的图像意义三层的解释理论时,举出的澳大利亚土著居民看达·芬奇名作《最后的晚餐》的例子。前述《图像证史》的作者也引用过该例。

语言·文化

东亚学（第三辑）

"形容词"的诞生

——词汇学与语法学之间

周 菁

（浙江工商大学东方语言与哲学学院）

引言

形容词①从概念上说，是语法学中词类的一种。在中日语言学界的主流观点②中，两国的形容词均为仅次于名词与动词的重要词类，主要用来描述人或事物的性质与状态。广义上，汉语形容词包括状态词与属性词③两个附类，日语形容词还包括学校语法中④的形容动词。从词源上看，"形容词"这一术语是中、西、日三方文化互动的产物，它在西方语言学的影响下诞生于日本，近代中日词汇的交流推动了两国共享这一术语。本文站在语言接触与知识迁移的角度，在简要介绍形容词在日本发展演变的基础上，重点梳理该术语及其概念在中国的形成与发展，同时考察贯穿其中的中—西—日文化交流情况。

一、日语中的形容词

（一）"形容词"的出现

日语中最早关于西方形容词概念的记述来自兰学。江户时代日本政府闭关锁国，仅允许学习中国及荷兰的学问，通过荷兰语书籍吸收西方新知识的兰学因此于18世纪兴起。语言学作为兰学的一大分支，其相关知识逐渐传入日本，而形容词的概念与名称也随之为日本人所认识。

中野柳圃是日本荷兰语研究的先驱人物，他撰写的《助词考》⑤分析了荷兰语的词类，以"虚""实""死""活""静""动"等汉字作为相应术语进行说明，其中"静虚词"与形容词的

---

① 本文中加引号的"形容词"表示此处为译词或术语，不加引号则表示相应的语法概念。
② 中日两国对"形容词"词类的划分标准、划分范围等存在诸多争论，本文暂不涉及。
③ "属性词"也称"非谓形容词"或"区别词"，一般只能作定语，不能作谓语，《现代汉语词典（第7版）》将属性词作为形容词的附类。
④ 学校语法是指以语言学家桥本进吉的语法观为主干内容，在日本中小学讲授的语法体系。
⑤ 中野柳圃『助詞考』、早稲田蔵本、年代不明。

内涵接近。此外,书中还出现了"形容词"的说法,其所指与形容词的范围有所重合,但未做详细说明。中野弟子西正典所编写的《兰语九品集》(1810)①继承了他的思想,成为早期兰学词类研究的重要作品②。该书把荷兰语的词类分为"静词"等九大类,"静词"下再细分为"实静词"与"虚静词"两类,其中"实静词"相当于现代语法中的名词,而"虚静词"用以描述"诸实静词的诸形诸性③",对应荷兰语 bijvoeglijk naamwoord,即形容词。另一位兰学大家藤林普山编纂的《和兰语法解》(1812)④则采用了与前书迥然不同的词类命名,将荷兰语分为"名言"等九类,"名言"的下位分类"附属名言"基本相当于形容词,定义为"附属于自立名言且用以形容该类词之用言。与中国所谓虚字相当,属'寒热燥湿轻重强弱香臭'等字之类"⑤。两年后,吉雄俊藏编写的《六格前编》(1814)⑥出版。吉雄俊藏承袭了中野柳圃的兰学流派,但他对荷兰语的词类命名有自己独特的见解。书中名为"副词"的一类词涵盖了现代词类概念中的形容词、形容动词与副词。此外,该书中也出现了对"形容词"的描述,表示对名词进行补充说明的词汇。同一时期日本最早的英和辞典《谙厄利亚语林大成》(1814)⑦问世,这部辞典依托兰学研究成果编成,所采用的词类划分及其名称与前文提及的《兰语九品集》基本一致,表示形容词的术语还是"虚静词"。

进入 19 世纪后半叶,饭泉士让编纂的《和兰文典字类前编》(1856)⑧将荷兰语分为 10 类词,分别命名为"实名词、冠词、形容词、数词、代名词、动词、副词、前置词、接续词、叹息词"。此时的术语命名已经较为接近现代日语词类名称,其中"形容词"用来对译荷兰语 bijvoeglijk naamwoord,与现代日语术语名完全一致,而且作为独立词类得以单列。

此后,日本英学兴起,逐渐替代兰学的地位,辞典编纂的重点也开始转向英和辞典。《英和对译袖珍辞书》(1862)⑨是日本首部作为刊本发行的真正意义上的英和字典,但字典中日译词的选择仍然深受兰学的影响。其中词条 adjective 的日译为"形容词 文法家之词"⑩,继承了兰学文献中"形容词"这一术语。表 1 汇总了日本兰学及英学文献中表示形容词概念的日语译词的变迁,可以看到《和兰文典字类前编》(1856)及之后出版的主要辞典基本采用了译词"形容词"。例外的有《英华和译字典乾》(1879—1881)⑪,第一译词为"势字",第二才是用假名写的"形容词"。该辞典是来华传教士罗存德编纂的《英华字典》

① 西正典『蘭語九品集』、1810 年。
② 一说认为《兰语九品集》的作者为中野柳圃,本文参考杉本つとむ『江戸時代蘭語学の成立とその展開Ⅰ長崎通詞による蘭語の学習とその研究』、早稲田大学出版部、1976 年、第 502 頁。
③ 笔者译,后同。
④ 藤林晋山『和蘭語法解上』、五条橋通堺町丁子屋定七、年代不明。
⑤ 藤林晋山『和蘭語法解上』、五条橋通堺町丁子屋定七、年代不明、第 18 頁ウ—第 19 頁オ。
⑥ 吉雄俊蔵『六格前篇』、ゆまに書房、2000 年。
⑦ 本木正栄『譜厄利亜語林大成』、1814 年。
⑧ 飯泉士讓『和蘭文典字類前編』、日本橋通山城屋佐兵衛、1856 年。
⑨ 堀達之助『英和対訳袖珍辞書』、洋書調所、1862 年。
⑩ 堀達之助『英和対訳袖珍辞書』、洋書調所、1862 年、第 43 頁。
⑪ 罗存德原著、中村敬宇等校正『英華和譯字典乾』、山内鞢、1879—1881 年。

(1866—1868)的和译本,罗的字典给出的译词为"势字"。《英华和译字典乾》在原有汉字译词后加上了日语假名"ケイヨウシ"以及对应的罗马表音符号"keiyōshi",这也从侧面证明了当时日本已经广泛认可表达这一概念的日译"形容词"。另外需要注意的是,表中所有的"形容词"仅为荷兰语或英文术语的对译,所指的并非日语中的形容词。

表 1　兰学、英学文献中形容词的日语译词演变

年　份	书籍名(编者或译者)	形容词的日语译词
不明	助词考(中野柳圃)	虚静词
1810	兰语九品集(西正典)	虚静词
1812	和兰语法解(藤林普山)	附属名言
1814	六格前编(吉雄俊藏)	副词
1814	谙厄利亚语林大成(本木正荣)	虚静词
1856	和兰文典字类前编(饭泉士让)	形容词
1862	英和对译袖珍辞书(堀达之助)	形容词
1873	附音插图英和字汇(柴田昌吉、子安峻)	形容词
1879—1881	英华和译字典乾(中村敬宇等)	势字、形容词
1885	英和对译辞典(早见纯一)	形容词
1887	附音插图和译英字汇(岛田丰)	形容词
1888	韦伯斯特氏新刊大辞书和译字汇(棚桥一郎等)	形容词
1892	双解英和大辞典(岛田丰)	形容词
1902	新译英和辞典(神田乃武)	形容词

综上可知,19 世纪早期,兰学把西方语法中的词类概念带入日本,日本在对这一学问进行理解消化及兰日语言转换的过程中,通过汉字创制了多种术语词,译名选择上参考了中国古典用词,但未能得到统一。进入 19 世纪后半叶,"形容词"成为表示西方形容词概念的术语,其中"形容"二字可见于中国典籍。"形容"最初表示"形象、容貌",后引申出"描摹、描述"的意义①。在兰学及后来英语类书籍的翻译中,词类术语"形容词"逐渐普及、定型。

---

① 参见商务印书馆编辑部:《辞源》(第三版·优盘版)"形容"词条,商务印书馆,2016 年。

（二）日语中形容词的确立

一般认为，首次将形容词作为日语独立词类的是富士谷成章的《脚结抄》(1773)①。富士谷将"用言"②分为"状"与"事"两类，其中"状"的主要内涵便是现在所说的"形容词/形容动词"③。可见早在兰学传入日本之前，日本人已经认识到日语中存在形容词类，并将其用"状"④命名。约半个世纪后，铃木朖的《言语四种论》(1824)⑤将日语词汇分为四类，其中一类名为"形状之词"，包含词尾为"i（い）"的形容词类及动词"ari（あり）"。该分类在当时颇受好评，形容词被列为四大词类之一，但内涵和名称与现代日语仍有较大差别。

进入明治时期，日本的词类划分基本可以分为沿袭传统的古典分类法与参考西方文法的分类法两种⑥。前者的代表性著作有堀秀成的《日本语学阶梯》(1877)⑦，该著作把词分为"言""词""辞"三大类，形容词被列入"词"一类。后者的代表性著作有中根淑的《日本文典》(1876)⑧，把词分为"名词、形容词、代名词、动词、副词、后词、接续词、感叹词"八类，"形容词"属于其中一个独立词类。与后者的词类划分相类似的还有《大倭语学手引草》(1871)⑨。该书是笔者所见最早使用"形容词"为日语独立词类的语法论著，只是该书的形容词包括了现代词类中的形容词、形容动词、连体词以及名词加"の"构成的连体修饰成分，对西方语法的模仿痕迹较重。总之，无论哪一种词类划分方式，形容词显然得到了明治时期语言学者的普遍关注，被视为重要的一类词，但其下位分类尚不同于今日。

在词类划分上获得广泛认可的是大槻文彦撰写的《语法指南》(1889)⑩，该著作将日本传统词类划分法与西方分类相结合，既考虑日语的特点，又合理吸收西方语法学的研究成果，将日语词汇分为"名词、动词、形容词、助动词、副词、接续词、天尔远波、感动词"八类。学界普遍认为该书是首部在日语中采用术语"形容词"且所指与现代日语基本一致的语法著作⑪。

需要指出的是，日本在明治时期出版了大量的日语语法书，词汇分类五花八门，也有

---

① 富士谷成章『あゆひ抄』、寺町五条上ル町葛西嘉兵衛、1773 年。
② 指日语中带有词尾变化的一类词，包括动词、形容词与形容动词，与"体言"相对。
③ "状"还包括部分动词的活用形，与现代日语"形容词"的内涵仍存在一定差别。
④ 中国传统汉语研究著作如《经传释词》等已经出现"状物之词""状事之词"等用法，因此日语中的这一命名很可能取自中国典籍。参见海晓芳：《文法草创期中国人的汉语研究》，商务印书馆，2014 年，第 348—349 页。
⑤ 鈴木朖『言語四種論』、玉華堂、1824 年。
⑥ 参见服部隆『明治期における日本語文法研究史』、ひつじ書房、2017 年、第 48—76 頁。
⑦ 堀秀成『日本語学階梯』、永井尚服、1877 年。
⑧ 中根淑『日本文典』、森屋治兵衛、1876 年。
⑨ 中金正衡『大倭語学手引草』、明石忠七ほか、1871 年。
⑩ 《语法指南》原本是大槻文彦所编辞典《言海》的一部分，因为该部分特别受欢迎，1890 年出版了《语法指南》单行本。参见大槻文彦『言海』、筑摩書房、2004 年。
⑪ 参见北原保雄『日本語の形容詞』、大修館書店、2010 年、第 7 頁。

不少学者如松下第三郎等否定形容词为独立词类①。但是从整体上看,术语"形容词"得到了广泛认可,很快被日本学校的语法教学所采用并沿用至今。

二、汉语中的形容词

(一) 形容词词类的确立

1. 20 世纪以前中国汉语研究中的形容词

在对汉语词汇进行系统分类之前,古人已经认识到字在句子中的不同功用,一些文献中出现了描述形容词作用的文字②。比如元代王充耘在《读书管见》中提道:"'徽柔懿恭'与'严恭寅畏''宽裕温柔''聪明齐圣'相类,皆是以一字为义。'严恭寅畏'是以四字形容谨畏之心,'徽柔懿恭'是以四字形容其和易之态。"③可见早在元代,"形容"二字已经用来描述"形容词"的功能了。清代沿用了"形容"这一表达,如王筠的《说文释例》"凡重言皆形容字词",王鸣昌的《辨字诀》"然,又有作形容想象之辞者,如'俨然'词'油然'之类是也"等,把一部分词归纳为"形容之词""形容想象之辞"。虽然分类缺乏系统性,但是该类词在语法上用来描绘事物的共同点已经得到关注。

毕华珍撰写的《衍绪草堂笔记》(写作时间早于 1853 年),是中国学者研究汉语语法问题的先驱性著作。该书将汉语词类划分为"实字"与"虚字"两类,"虚字"又被划分为"呆虚字"等四种。"呆虚字"基本相当于形容词,定义为"如工拙、高低、多少、大小等类,其数十字以写事物之情状,今因论文举一'工'字概之,有两字拆不开者,如双声、叠韵、叠字等类,皆以描写情状并作呆虚字用。"④但是,书中一部分动词,如"花开花落"中的"开"与"落"也被列入"呆虚字"的范围。对词类进行虚实划分,显然是沿用中国古典的语法研究成果。该书将表示形容词的"呆虚字"单列出来,有一定的独创性。

进入晚清,我国第一部系统研究汉语语法的专著《马氏文通》(1898)⑤问世,作者马建忠将字分为"实字"与"虚字",其中"凡实字以肖事物之形者,曰静字"⑥,即把形容词分类于"实字"中的"静字"。该著作对词类的划分逻辑及命名方式既参考了西方文法,也传承了中国的传统研究。比如书中"实字""虚字""动字"与"静字"等术语便是继承了中国古代的语法研究成果,虚实词类二分法自不必赘言,"动"与"静"在元代刘鉴《经史动静之

---

① 参见北原保雄『日本語の形容詞』、大修館書店、2010 年、第 9 頁。
② 参见张发明:《汉语语法学术语溯源》,《吉林师范大学学报》1986 年第 4 期,第 66—69 页。
③ 标点为笔者所加,以下同。
④ 参见内田庆市『《马氏文通》以前中国人的语法研究——关于毕华珍《衍绪草堂笔记》的品词分类法』、『中国文学会紀要』第 26 号、2005 年、第 23—34 页。
⑤ 马建忠:《马氏文通》,商务印书馆,2010 年。
⑥ 马建忠:《马氏文通》,商务印书馆,2010 年,第 15 页。

音》、宋代黄震《黄氏日钞》、清代朱骏声《说文通训定声》等文献中就已经出现了①。不同之处在于,《马氏文通》中的"静字"指形容词及数词,而古代文献中的"静字"包括"名词"及"形容词"。

2. 20 世纪早期中国汉语语法论著中的"形容词"

《马氏文通》之后影响力较大的语法专著有章士钊撰写的《中等国文典》(商务印书馆,1907)②。该书主要模仿英语语法,继承了《马氏文通》"词本位"的思路,虽然研究对象是文言语法,但明确区分了"字"与"词"的关系,使用了"名词、代名词、动词、形容词、副词、介词、接续词、助词、感叹词"这一套新式的词类术语体系。其中"形容词"这一术语是首次在汉语中使用,定义为"形容词者,所以状一切事物之词也,故形容词必以附丽于名词,非名词而形容词无著,非形容词而事物之状无由显"③。该书成为教育部审定的文法教科书 20 余年,再版 20 多次,在汉语语法史上具有重要价值④。特别需要指出的是,该书是作者在日本完成的,彼时日本已经普遍使用"形容词",有学者调查认为该术语源自日语,且以"某某词"而非传统的"某某字"命名词类的方式也受到了日语的影响⑤。

1919 年五四运动前后,中国语言革命取得决定性胜利,白话文作为正式书面语代替了文言文。此后出版的各种汉语语法书基本都以"某某词"来表示具体词类,"形容词"作为语法学术语得到普遍使用。比如王应伟《实用国语文法上》(商务印书馆,1920)、杨树达《中国语法纲要》(商务印书馆,1920)、马继祯《国语典》(泰东图书局,1920)、吴庚莘《国语文典》(商务印书馆,1920)、李直《语体文法》(中华书局,1920)、孙俍工《中国语法讲义》(上海亚东图书馆,1921)、许地山《语体文法大纲》(中华书局,1921)等都认可了术语"形容词",并通过不同的角度进行描写与分类。

不久以后,黎锦熙所著的《新著国语文法》(商务印书馆,1924)出版,该书以白话文作为分析材料,被誉为现代汉语语法学奠基之作。书中提出了"句本位"的思想原则,将词分为"名词、代名词、动词、形容词、副词、介词、连词、助词、叹词"九种,合并为五大类,其中"形容词"与"副词"被划分为"区别词"的下位分类,对"形容词"的描述为"用来区别事物之形态、性质、数量、地位的,所以必附加于名词之上"⑥。虽然书中的词类划分与如今的分类尚有差异,但是它对语言理论发展、语言教学及语法知识普及等诸方面均产生了巨大影响,再版多达 24 次。

---

① 参见海晓芳:《文法草创期中国人的汉语研究》,商务印书馆,2014 年,第 42 页。张发明:《汉语语法学术语溯源》,《吉林师范大学学报》1986 年第 4 期,第 66—69 页。
② 该书最初名为《初等国文典》,1907 年由多文社出版,后更名为《中等国文典》。章士钊:《中等国文典》,商务印书馆,1922 年,第 10 版。
③ 章士钊:《中等国文典》,商务印书馆,1922 年,第 10 版,第 6 页。
④ 参见李日、郭春香:《试论章士钊〈中等国文典〉对汉语语法学的贡献》,《古汉语研究》2002 年第 2 期,第 52—57 页。
⑤ 参见海晓芳:《文法草创期中国人的汉语研究》,商务印书馆,2014 年,第 344 页。
⑥ 黎锦熙:《新著国语文法》,湖南教育出版社,2007 年,第 22 页。

整体来看,古人虽然早就意识到形容词这一词类的存在,但系统研究它却晚至《马氏文通》(1898)。术语"形容词"首见于章士钊的《中等国文典》(1907),基本实现了该词类名称与内涵的统一,而该术语来自对日语的借用。当白话文代替文言文成为正式书面语后,绝大多数语法书均采用"形容词"来表述该类词,这一名词沿用至今①。

(二) 西方视角下的汉语形容词

1. 西方语法研究中的形容词

在中国学者系统研究汉语语法之前,来自西方的传教士率先进行了这一探索。由于西方很早就开始了语言学、语法学的研究,因此明末以来的传教士出于记录、学习、教授汉语等原因,留下了不少汉语研究著作。17—19世纪西方主要相关著作包括意大利传教士卫匡国的《中国文法》(拉丁文,1653年成稿,1696年出版)、西班牙传教士万济国的《华语官话语法》(西班牙文,1682年成稿,1703年出版)、法国传教士马若瑟的《汉语札记》(拉丁文,1728年成稿,1831年出版)、英国传教士马礼逊的《通用汉言之法》(英文,1811年成稿,1815年出版)、葡萄牙传教士江沙维的《汉字文法》(葡萄牙文,1829出版)、俄国传教士比丘林的《汉文启蒙》(俄文,1830年出版)、英国传教士艾约瑟的《中国官话语法》(英文,1857年出版)、英国外交官威妥玛的《语言自迩集》(英文,1867年出版)、美国传教士高第丕与中国学者张儒珍合著的《文学书官话》(中文,1869出版)、美国传教士狄考文的《官话类编》(英文,1892年出版)等②。

他们的书籍体现了如下特点:① 承袭了西方语法学研究的思想并受此限制。我们知道拉丁语系将词类分为8种,不包含形容词;而英语将词类分为9种,包含形容词。受此影响,《中国文法》《华语官话语法》《汉语札记》等未单列形容词词类,而是将其置于名词的下位分类。但在英语语法影响下写成的《通用汉言之法》《语言自迩集》《中国官话语法》等则把形容词列为独立的词类。② 参考了中国传统的语言研究成果,如普遍将汉字分为"实字"与"虚字",将"形容词"列为"实字"范畴等。③ 认识到汉语与西方语言的不同之处,如指出汉语词无定类,一个字可在不同的句子中做名词、形容词、动词等。④ 著作基本用西文写成,仅用例为汉语,相关术语的汉语译词尚未出现。当然也有例外,1869出版的《文学书官话》由传教士与中国学者合作完成,全书用汉语白话文写成,对汉语语法的描写非常独到。该书将词类划分为15种并分别配以"形容言"等汉语术语译词,"形容言"相当于今天的"形容词",可谓 "开辟了'形容词'术语使用和分类的先河"③。

---

① "形容词""区别词""属性词""非谓形容词"等诸多术语所表示的内涵因学者而异,本节仅从广义上对形容词词类及对应的术语进行梳理,内中差别及分歧等不做赘述。此外,也有一些语法著作采用其他的术语,如陈浚介《白话文文法纲要》(商务印书馆,1920年)采用"区别词"来指代形容词类。

② 近代西方汉语研究著作甚居,本文仅列举影响力较大的一部分,详细书目可参考叶锋:《17—19世纪欧美汉语官话语法著作研究》,中国社会科学出版社,2019年,第243—246页。

③ 参见李海英:《清代来华汉学家的汉语语法研究》,中国社会科学出版社,2019年,第175页。

此外,著名传教士狄考文的夫人文爱德编纂了一部名为《新词语新概念》①的汉语教科书,于 1913 年出版。文爱德非常敏感地观察到进入 20 世纪之后汉语发生的新变化,正如书名一样,教科书中加入了大量汉语新词,其中 adjective 的汉语译词有两个,分别为"定名目字"与"区别字"。

我们还需要认识到,这些西方著作对中国学者的汉语研究也许起到了一定的启迪作用,但其影响力主要还是集中于欧洲。此外,部分书籍如《语言自迩集》《文学书官话》等对日本的汉语学习与研究产生了较大影响。

2. 术语 adjective 的汉译

虽然 20 世纪之前西方汉语研究论著中基本没有出现语法术语的汉译,但在英华字典里,我们还是可以找到它们对应的中文译词。表 2 对 19—20 世纪早期主要英华字典中 adjective 对应的汉译进行了汇总。

表 2　19—20 世纪早期英华字典中 adjective 的汉译

年　份	字典(编者)	adjective 的汉译
1815	字典(马礼逊)	无
1847—1848	英华字典(麦都思)	无
1868—1869	英华字典(罗存德)	势字
1868	字典集成(邝其照)	无
1872	英华萃林韵府(卢公明)	无
1875	字典集成(邝其照)	无
1897	华英字典汇集(谭达轩)	形容之别,英国文法书用以别形容之字眼,如高低、大小、长短等字,英语叫作 adjective
1898	达辞(莫若濂)	形容字
1899	华英字典集成(邝其照)	形容字、势字
1899	新增华英字典(冯镜如)	势字
1904	*Technical Terms*(狄考文)	形容言
1904	商务书馆袖珍华英字典(Z.T.Woo, T.M.Woo)	形容字
1908	英华大辞典(颜惠庆)	势字、形容字、区别字

---

① Ada Haven Mateer, *New Terms and New Idea*, Shanghai: The Presbyterian Mission Press, 1913.

年　份	字典（编者）	adjective 的汉译
1911	德英华文科学字典（卫礼贤）	静字、系名、体名
1916	官话（赫美玲）	势字(新)、形容字(新)、静字(新)、指实字(新) 系名、体名、定名目字、区别字、形容语
1919	增广英华新字典（商务印书馆编译所）	形容字、区别字
1923	英汉双解韦氏大学字典（郭秉文、张世鎏）	区别字
1925	增订英华合解辞汇（翁良等）	形容词、区别字
1928	综合英汉大辞典（黄士复、江铁）	形容词、区别字

我们发现，19 世纪前半叶的字典中尚未收录 adjective，因此并无对应译词。最早收录 adjective 的是罗存德的《英华字典》(1868—1869)，对应的只有一个汉译词"势字"。《辞源》(第 3 版)中"势"有 6 个义项，与"势字"对应的义项为"态势、姿态"①，该意思体现了形容词的一部分功用，以此字来对译西方概念下的形容词类，可以说是一个较为准确且巧妙的创造。第二部收录 adjective 的是谭达轩的《华英字典汇集》(1897)，该字典并未给出对应的汉语译词，只是进行了词义解释，其中出现了"形容之别"的短语。到了《达辞》(1897)，adjective 有了新的译词"形容字"，与现代通用的"形容词"仅一字之差。由于当时的文言语法还未能明确区分"字"与"词"，因此用"字"来表示词类是很自然的结果。此后邝其照的《华英字典集成》(1899)沿用了"形容字"，冯镜如的《新增华英字典》(1899)则同时给出了"形容字"与"势字"两个译词，也是对前人译词的承袭。

进入 20 世纪，adjective 得到普遍收录，其译词也在延续传统的基础上呈现新的变化。狄考文的 *Technical Terms*(1904)使用了"形容言"的说法，与《文学书官话》(1869)中的用词一致。同一年出版的《商务书馆袖珍华英字典》(1904)则选择了"形容字"。在颜惠庆的《英华大辞典》(1908)里，除了此前出现过的"势字"与"形容字"，还多了"区别字"的说法。据笔者调查，"区别字"最早出现于严复翻译的《穆勒名学》(1905)②，而《英华大辞典》的"例言"中明确提到参考书籍中"有为严氏所著本者"③，可见"区别字"确实来自严复。卫礼贤的《德英华文科学字典》(1911)使用了"静字、系名、体名"三个译词，其中"静字"与《马氏文通》的用词一致。赫美玲的《官话》(1916)④提供的译词最为丰富，字典正文有"势字、

① 参见商务印书馆编辑部：《辞源》(第三版·优盘版)"势"条目，商务印书馆，2016 年。
② 约翰·斯图亚特·穆勒：《穆勒名学》，严复译，北京时代华文书局，2014 年，第 21—22 页。
③ 颜惠庆：《英华大辞典》"例言"，商务印书馆，1908 年。
④ Hemeling K.., *English-Chinese Dictionary of the Standrd Chinese Spoken Language*（官話）*and Handbook for Translators*, Shanghai：Statistical Department of the Inspectorate General of Customs, 1916, pp.31 - 35.

形容字、静字、指实字",每个译词后都加了"新"的字样,表示该词为"现代新词—主要来自古汉语和日语—"①;在字典正文后的"附录"里,又加入了"系名、体名、定名目字、区别字、形容语"。该辞典提供的译词几乎包揽了当时常见的各种汉译。此后的几部主要辞典延续了之前的译词,但术语选择趋向集中。《增广英华新字典》(1919)采用的是"形容字、区别字",《英汉双解韦氏大学字典》(1920)仅选取"区别字",并对该词做了简单说明。

到了《增订英华合解辞汇》(1925),20 世纪 20 年代语法书中普遍采用的"形容词"终于出现,且在 adjective 的译词中排在首位。但是它不是唯一的译词,"区别字"仍然被保留了下来,列于其后。同样的情况也出现在《综合英汉大辞典》(1928)中,可见在"形容词"获得普遍认可的同时,原有译词"区别字"并未被淘汰。

除了英华字典,英文学习书籍中也出现了对应 adjective 的汉语译词。曹骧编写的供国人学习的英语入门书《英字入门》(1874)②将其译为"加实字",曾纪泽所编纂的《英文举隅》(1887)③则译为"系静字",其中的"实"与"静"都是对中国传统语法研究用字的传承。这两个译词是早期中国学者对西方语法概念汉译的有益尝试,但影响力似乎不大。

(三) 日本视角下的汉语形容词

日本对汉语语法的研究著作极为丰富,本文仅选取 19 世纪晚期至 20 世纪初部分代表性作品,梳理其中与形容词相关的内容。

1. 汉语口语研究

前文提到,西方汉语研究著作《文学书官话》(1869)等在日本掀起了强烈反响,此后日本陆续出现了研究中国语法的专著,其中最为著名的当数被称为"日本汉语口语语法研究的先声"④的《中国文典》(1877)⑤,在原书词类的"形容言"处,大槻文彦加上了"形容词"三个字,并做作如下注释:"国语称为形状言,洋语称为词"⑥。由本文第一章可知,19 世纪晚期,日本普遍以"形容词"来对译西洋语法的相应概念,但对日语的词类命名尚未形成统一的认识。这里大槻文彦对汉语相应词类使用的是与西洋语法一致的译词"形容词",而对本国该类词的命名则选择了"形状言"。约 10 年后,他本人撰写的《语法指南》(1889)中,对本国形容词的命名改用为"形容词"。

中日甲午战争之后,日本人编写的北京官话教科书不断出现,其中对语法着墨较多的

---

① Hemeling K.., *English-Chinese Dictionary of the Standrd Chinese Spoken Language*(官話) *and Handbook for Translators*, Shanghai: Statistical Department of the Inspectorate General of Customs, 1916, preface.
② 曹骧:《英字入门》,申报馆,1874 年。
③ 曾纪泽:《英文举隅》,蜚英书馆,1887 年。
④ 参见李无未:《日本近现代汉语语法学史》,商务印书馆,2018 年,第 3 页。
⑤ 大槻文彦解『支那文典』、大槻氏藏版、1877 年。
⑥ 大槻文彦解『支那文典』、大槻氏藏版、1877 年、第 20 页ウ。

有信原继雄的《清语文典》(1905)①。该书第五章对形容词词类进行了专门介绍并加以分类，同样以"形容词"作为相应的术语。与《中国文典》(1877)一样，该书仍然以西洋语法为主要参考，但也融入对汉语特殊性的理解，并列举日语用例进行比较，比如指出汉语形容词不似日语般有词尾活用，与名词搭配为形容词，与动词搭配则变为副词，词性可以转变等。

2. 汉语文言研究

冈三庆的《冈氏之中国文典》(1887)②被誉为日本首次构建汉语文言语法体系的著作，早于我国的《马氏文通》11 年③。该书将重点置于"词类划分"，将词分为八种词性并加以详细分类。此书探讨形容词时除了术语"形容词"外，还列了"形容语辞"的说法。书中通过丰富的用例解释了各种不同类型的形容词，但一些指示代词、数词与名词等也被划分于同一类。

宏池千九郎的《中国文典》(1905)④是 20 世纪初极具影响力的汉语文言理论著作，多次再版，内容也远比《冈氏之中国文典》丰富。在词类理论方面，参考英语词类八分法，也将汉语分为八类，形容词单列一类。该书对词类的讲解注重进行中日、中英比较，其中对日语相应语法的解释尤为详细。与同样以文言文为探讨对象的《马氏文通》相比，两者成书时间较为接近，均自成体系，在词类划分上差异较大，但都体现了当时汉语语法研究的极高水平，成为后来研究的重要参考。

日本的这些近代汉语研究著作提示我们，早在 19 世纪末，在汉语词类中使用术语"形容词"已是日本学界的普遍做法。他们对汉语形容词的描写建立在西方语法学理论的基础上，同时注重与日语进行比较。

三、结语

近代中日两国在西方知识体系的影响下，语法学、词汇学研究逐渐成形，词类划分也愈加成熟。伴随语法概念而来的还有相关术语的创制问题，以形容词为例，日本学者或从中国传统语法研究用字中借鉴，或利用本国原有表述，或创制新的词汇，最终新词"形容词"获得广泛认可，成为专用术语；中国学者在利用本国传统语法研究用字，参考西方或日本词语，以及自创术语的各种尝试中，最后同样选择了"形容词"。

两国形容词概念和术语的确立是东西方知识迁移以及中日词汇交流的结果，也是近代中日语法学与词汇学发展的一个缩影。本文仅对形容词进行了考察，今后有必要对其

---

① 信原継雄『清語文典』、青木嵩山堂、1905 年。
② 岡三慶『岡氏之支那文典』、晩成堂ほか、1887 年。
③ 参见李无未：《日本近现代汉语语法学史》，商务印书馆，2018 年，第 165 页。
④ 広池千九郎『支那文典』、早稲田出版部、1905 年。

他词类概念及其术语加以梳理,从而更系统地掌握近代中日语法体系及术语演变问题。此外,近代也是中日语体急剧变化的时代,"言文一致"对术语创制的影响不容忽视,有待进一步研究。

[本文为 2022 年度浙江省哲学社会科学重点研究基地(浙江工商大学东亚研究院)课题"近代中日形容词交流史研究"(项目号:22ZDDYZS04)的阶段性成果]

"性向词汇"的跨文化比较研究

——以"能言善辩的人"为中心

施　晖

（苏州大学外国语学院）

引言

　　"性向词汇"又称为对人评价词汇，它存在于所有的语言文化中，是对他人的性格、日常行为及人品等加以评价时使用的词汇群体，如"智障""幽默大王""威尼斯商人"等。用科学的方法进行"性向词汇"比较研究，可以促进和加深了解各民族文化的共性与个性，有益于各民族间的交流与对话，并对多元文化共存共荣产生深远的影响。因此，应该大力推进多国语言间"性向词汇"的比较研究。[①] 但遗憾的是，"性向词汇"尽管在日本已经取得了丰硕的研究成果，但主要局限于方言领域，并未开展与其他语言的比较研究。同样，中国学术界对"性向词汇"还比较陌生，关注甚少。究其原因，一是汉语中没有对应于"性向词汇"的专用术语，尚未形成一个独立的语言体系；二是大规模的社会调查具有经费需求量大、同质性数据收集难等诸多问题，从而导致人们对其认知不足。对人评价行为因地域、文化的不同而不同，即使在同一文化中也有动态的变化，其差异必然会反映到人们的语言行为、价值观等方面。因此，有必要借鉴日本"性向词汇"研究的既有成果，积极开展汉日比较研究就显得急迫而重要。

一、调查概况与计量方法

　　调查对象涉及中日两国合计 460 名对象（中国人：社会群体 130 名［男女各 65 名］、大学生 100 名［男女各 50 名］，合计 230 名。日本人同），时间从 2003 年 7 月到 2014 年 12 月，主要采用被试填空方式，要求被调查者将所有形式的"性向词汇"全都列举出来，统计时利用 excel 软件，只对词汇形式（独立的词、词组、短句）进行各类统计和定量分析。调查过程包括 1 次预备调查、3 次正式调查。另外，为确定语义、书写形式以及评价分类等，又

---

① 室山敏昭「方言性向語彙の研究—回顧と展望」、広島大学国語国文学秋季研究集会における発表資料、1998年、第 27 頁。

对中日两国各 20 名,合计 40 名对象进行个别问询等补充调查。① 调查内容和方法参考了室山敏昭对日本各地方言调查时使用的调查表,按照"词义"和"评价"将性向词汇分为三大类,再细分成 106 个语义小项。② 本调查在此基础上,增加了能够显示中日两国文化特性的 5 个小项,总计 111 个语义项。③

在定量统计与分析时,我们运用了重复计数和不重复计数这两种方法。重复计数是指使用一次计数 1 次;不重复计数是指同一个词,无论使用多少次,只按 1 次计数。运用这两种方法,可以求得总词汇量以及不同词的使用量,揭示各个语义项中词汇量的差异与特征。具体而言,首先对通过问卷调查所获得的数据进行计量式分析与比较,描述总量以及各个语义项量的结构;然后从"性向词汇"的比率、价值取向、造词联想等方面探究中日两国在文化深层面的行为原理、社会规范、对人评价意识的不同,并对"性向词汇"的结构模式与文化的内在联系加以剖析。

二、具体小项的比较——第 69 小项"能言善辩的人"

中国传统的儒家文化崇尚"讷言"和"慎言"。《论语》记载:"子曰,君子欲讷于言,而敏于行";"子曰,古者,言之不出,耻躬之不逮也"。不过,中国人对于"能言善辩"的人也是赞赏有加。比如,苏秦的游说堪称中国历史上最为巧辩的言论,他被视为辞令之精彩者而被后人所推崇;诸葛亮临危受命,游说东吴,取得了赤壁大捷,诸葛亮因此也被认为是"能言善辩"的化身。

有关日本人的语言观,金田一春彦认为:"饶有兴趣的是,历史上没有一个'能言善辩'的人得到高度评价。较之于能言善辩,日本人更加推崇和喜爱寡言少语的人④"多田道太郎(1979)也指出:"在我们的社会,雄辩、辩论、演说这类语言行为至少在 50 年或 100 年前,对日本人来讲是无缘的。即便是当今,不是以说话演讲为职业的人,在众人面前讲话也是难得少见的。"⑤日本自古以来就有"言灵"之说,《日本书纪》和《万叶集》中均有描述,以此告诫人们要慎言谨口,以防触犯"言灵"而招致不幸。

不仅如此,日本人对辩解,尤其是为自己辩解的巧言善辩更是厌恶至极。日本名作《金色夜叉》中,在热海的海岸,阿宫虽然被恋人贯一误解而遭受无端的斥责,她却不做任何辩解,只是一个劲儿地说"太过分了"。日语小说中类似于这种场面可谓是信手拈来、举不胜举。金田一春彦对此进行了如下分析:"日本人尚无言,贬能辩。特别是自我辩解更

---

① 施晖、栾竹民:《论汉日性向词汇中的负性原理》,《日语学习与研究》2015 年第 1 期,第 38—47 页。
② 室山敏昭『「ヨコ」社会の構造と意味—方言性向語彙に見る—』,和泉書院,2001 年、第 50—52 页。
③ 施晖、李凌飞:《"性向词汇"中"动物比喻"的汉日对比研究》,《日语学习与研究》2021 年第 1 期,第 1—11 页。
④ 金田一春彦『日本人の言語表現』,講談社、1982 年、第 15 页。
⑤ 多田道太郎『日本語の作法』,潮出版社、1979 年、第 10 页。

加令人讨厌。也许是由于这个原因，当人们遇到能说会道、口齿伶俐的人，一般会觉得这是'天桥的把式'，即只会说不会干，甚至出现了仰慕讷言和寡言少语的人。"①由此可见，日本人的语言观与日本人独特的行为心理、思维模式等因素紧密相关。日本传统的语言观和审美价值，推崇"不言唯美""以心传心"等，而对于能说会道的人往往持有否定的态度。

下面主要从态度取向的＋（正面评价）、－（负面评价）、△（中性评价）这三个角度，对"能言善辩的人"进行实证性的分析与比较，验证和充实以内省为主的既有研究的观点，同时具体解析中日两国在语言观方面的价值取向及其"能言善辩"的形象特征。

（一）汉语（不重复词汇量 86 个、重复词汇量 226 个）

表 1　＋（正）50 个不重复词汇量

能言善辩 21	能说会道的人 15	能说会道 15	好口才 11	会说话的人 8	能言善辩的人 7	口才好的人 5
口才好 5	伶牙俐齿 5	铁嘴 5	辩才 4	唇枪舌剑 3	雄辩 3	外向 3
鬼才 3	铁齿铜牙 2	高手 2	外交家 2	有才的人 2	谈判专家 2	才子 2
有口才 2	善于言辞者 2	口齿伶俐 2	会说 2	能人 1	聪明人 1	能说 1
头脑灵活 1	聪明 1	诸葛亮 1	演讲天才 1	侃侃而谈 1	能言会说 1	名嘴 1
口才流利 1	善人 1	会讲话 1	雄辩家 1	嘴巧的人 1	外交官	机灵
有才能的人 1	21 世纪最贵的人才 1	辩手 1	思维敏捷 1	人才 1	善辩 1	战略家 1
语言表达能力强的人 1						

表 2　△（中性）20 个不重复词汇量

律师 10	口若悬河 5	辩论家 4	演讲家 3	苏秦 3
巧八哥 2	讲演家 2	政治家 1	滔滔不绝 1	演说家 1
能把死人说活了 1	嘴皮子利索 1	三寸不烂之舌 1	巧舌头 1	嘴皮子厉害的人 1
怪才 1	大律师 1	寇仲 1	嘴利 1	韦小宝 1

① 金田一春彦『日本人の言語表現』，第 21 頁。

表 3 一（负）16 个不重复词汇量

夸夸其谈的人 6	夸夸其谈 3	狡辩 3	巧舌如簧 2	油头滑脑 1	油嘴滑舌 1
无礼也能说三分 1	爱狡辩的人 1	装蛋 1	刀子嘴 1	强词夺理 1	业余律师 1
见毛变色	多变 1	狡猾家 1	烂嘴巴 1		

　　汉语共有 86 个不重复评价词汇，其中，正面评价词汇有 50 个，占不重复使用总量的 58.1％，远远高于第 67 小项"话多的人"（5.3％）。这一结果表明该语义小项具有显著的正面评价倾向。相反，负面评价词汇仅有 16 个，占不重复使用总量的 18.6％。这反映了中国人赞赏和好评"妙语连珠""能言善辩"的人。

　　中国有关正面评价词汇的特点，可以进行如下概括。

　　（1）能说（的人）：能言善辩、能说会道的人、能说会道、能言善辩的人、铁嘴、唇枪舌剑、雄辩、外向、外交家、谈判专家、铁齿铜牙、能说、侃侃而谈、能言会说、名嘴、诸葛亮、善人、雄辩家、外交官、辩手。

　　（2）会说巧说（的人）：会说话的人、伶牙俐齿、善于言辞者、口齿伶俐、会说、口才流利、会讲话、嘴巧的人、善辩。

　　（3）有说话才能（的人）：好口才、口才好的人、口才好、辩才、有口才、语言表达能力强的人、演讲天才。

　　（4）智商高（的人）：鬼才、才子、有才的人、高手、能人、聪明人、头脑灵活、21 世纪最贵的人才、聪明、有才能的人、机灵、思维敏捷、人才、战略家等。

　　根据上述分类可以判断，中国人眼中"能言善辩的人"，不仅仅表现在语言行为方面的"能说""会说""巧说"，而且还要具备"才能和天赋"，属于"智商高、思维敏捷、聪明"的一种性向行为。在中国"嘴笨不善说"被看作是"低智商""愚笨"等行为，反映了中国语言文化的特点。如果再仔细观察，不难发现，"能言善辩"在汉语中呈现出语义程度多重性，即由弱至强、由轻变重的评价趋势。如"能说→能说会道→雄辩→唇枪舌剑"，"能说会道的人→辩手→辩才→雄辩家→铁嘴→铁齿铜牙"，"会说→善辩→口才流利→伶牙俐齿"，"能人→人才→高手→鬼才→演讲天才→21 世纪最贵的人才"等。原因在于，中国人注重和关心"能言善辩"的人或行为，才会产生如此之多的性向词汇，也才使得评价程度具有纷呈多样的使用特点。

　　由于中国人在对待说话这一行为方面，具有正、负两面性，导致出现了 20 个中性评价词汇。中性评价的突出特点便是"拟人化的比喻"手法，即充分运用历史人物、小说人物以及职业、身份等加以比喻和评价"能言善辩的人"。比如妇孺皆知的"苏秦"以及一度走红的电视剧人物"寇仲""韦小宝"等。寇仲是《大唐双龙传》的主角，天性豁达乐观，他不畏挫折，永不言弃，言谈机智幽默，行事举重若轻、玩世不恭。造词者正是注意到"寇仲"这种谈笑风生、侃侃而谈的特点,才会用其比喻"能言善辩的人"。韦小宝是新派武侠小说家金庸《鹿鼎记》中的主人公,虽算不上是一位正面人物,但他身上具有许多中国人普遍存在的优点和缺点。他说话圆滑,成为评价和比喻"能言善辩的人"的基点。另外,表示职业、身份的"律师""大律师""辩论家""演讲家""讲演家"以及"政治家"等"拟人喻"评价手法,能够起到既生动形象又诙谐幽默的语用效果。

有关负面评价特点,我们可以从表3中窥视出两个主要特征:一是"爱狡辩""无礼也能说三分""狡猾地强辩";二是"不诚实""不可信",如"油头滑脑""见毛变色""狡猾家"等,以此告诫和警示人们不要夸夸其谈。

有趣的是,中国人注意到河流滔滔流淌、毫不间断等特点,将"能言善辩的人"比喻成"口若悬河""滔滔不绝""口才流利"等,具有既生动又形象的评价效果,体现出中国"水文化"的特征。为了形容辩论激烈,将"舌"与"唇"分别比喻为"剑"和"枪",像枪剑交锋一样,创造出"唇枪舌剑"一词,形象地表现出言辞锋利的特点。不仅如此,中国人还关注到金属坚硬等特征,把口才好、嘴上功夫厉害的人比喻为"铁嘴""铁齿铜牙""刀子嘴",通过这种方式将"能言善辩的人"形容得活灵活现、栩栩如生。

(二) 日语(不重复词汇量 92 个、重复词汇量 164 个)

表 4　＋(正)14 个不重复词汇量

話上手 口才好 4	能弁家 能言善辩家 3	弁舌家 口才好 3	話し上手 会说话 1	流暢な 口齿流利 1	能弁 能言善辩 1	トークの神 话神 1
面白い人 有趣的人 1	しゃべりが 上手 会说巧说 1	頭の回転の いい人 思维敏捷的 人 1	ユーモア表 現など上手 い人 说话幽默 1	話し方の上 手な人 会说话的 人 1	表現力が豊 かな人 语言表达丰 富的人 1	楽しい人 快乐的人 1

表 5　△(中性)21 个不重复词汇量

口がうまい 会说 9	雄弁家 雄辩家 8	おしゃべり 话多 7	雄弁 雄辩 7	口がたつ 嘴巧 3	口が達つ 巧嘴 3	口が立つ 嘴巧 3
弁が立つ 有口才 2	話の上手 な人 会说话的人 2	口の(が)た つ人 巧嘴的人 2	口のたつ人 能说的人 1	口のたつ 人間 能说的人 1	理論派 理论家 1	雄弁者 雄辩者 1
得な人 得利的人 1	話家 爱说的人 1	理屈理論に たけてい る人 擅长理论的 人 1	立て板に水 滔滔不绝 1	立て板に水 の人 说话滔滔不 绝的人 1	立板に水 滔滔不绝 1	雄弁な人 辩才 1

表 6　一（负）57 个不重复词汇量

口達者 嘴厉害的人 7	口八丁 嘴皮子利索 5	口が上手い人 能说会道的人 4	政治家 政治家 4	口上手 能言会说 3	口が上手い 巧言会说 3
多弁 能言会道 2	口巧者 嘴巧的人 2	話し家 爱说的人 2	演説家 演讲家 2	饒舌な人 饶舌的人 2	口まめ 嘴碎 2
口の達者な人 会说的人 2	口から先に生まれた人 多嘴多舌的人 2	しゃべり 话多 2	信用出来ない人 不可信的人 1	よく口がまわる 油嘴滑舌 1	出任せなことをいう人 信口开河的人 1
調子がいい 夸夸其谈 1	口賢い 口齿伶俐 1	拡声器 扩音器 1	饒舌 饶舌 1	饒舌な舌 多嘴的人 1	おおものたれ 装相 1
よく口が回る人 油嘴滑舌的人 1	上手いことを言う人 甜言蜜语的人 1	親の威光の借りる 仗势、狐假虎威 1	口から先に生まれたような人 话篓子 1	警戒を要する人 要警惕的人 1	口から先に生まれた 太能说 1
宣伝家 宣传家 1	うまい人 会说圆滑的人 1	べんちゃら 说好听话 1	卑怯者 卑鄙的人 1	結婚詐欺 结婚诈骗 1	詐欺師 骗子 1
口から先にうまれたような人 太爱说的人 1	口から先に生まれてきたような人 太爱说的人 1	立て板に水を流すように放す人 口若悬河的人 1	立板に水のごとくゆでる人 滔滔不绝说个不停的人 1	多すぎる言葉で一つのことを話そうとする人 说话啰唆的人 1	口先から生まれた人 话篓子 1
口八丁な人 巧舌如簧的人 1	口先が上手 花言巧语 1	狸 狸、狡猾的人 1	アナウンサー 广播员 1	出しゃばり 显摆 1	達者 说得好的人 1
詭弁者 狡辩人 1	口が悪い 嘴损 1	口が上手 说得好 1	舌先三寸 巧言令色 1	お調子者 得意忘形的人 1	でしゃばり 出风头 1
理屈屋 强词夺理 1	三枚舌 说谎的人 1	丸め込むのがうまい 花言巧语笼络人 1			

　　从上表 4、表 5、表 6 中可以看出，日语的正面评价词汇仅有 14 个，占不重复词汇总量的 15.2%，稍高于第 67 小项"话多的人"（10.6%），远远低于汉语的 58.1%。而负面评价词汇高达 57 个，占不重复词汇总量的 61.9%，虽不及第 67 小项"话多的人"（75.5%），却远远高出汉语的 18.6%。由此可见，对于日本人而言，"话多"的人或行为以及"能言善辩"

的人或行为,并没有明显的正负褒贬之差,二者的负面评价倾向都十分显著。换言之,在日本人的眼里,无论是"话多"还是"能说会道",充其量不过是形式不同的语言行为而已,并没有本质上的区别,都不属于肯定与赞许的性向行为。该结果从另一个侧面折射出日本人的语言观及其语言文化的特点,即崇尚"慎言寡言",贬低"话多""能言善辩"的人。同时,也进一步佐证了上述金田一春彦等有关日本人"轻蔑多言善辩,看重寡言少语"的论述。日本人这种语言观与中国人的语言观大相径庭,不可同日而语。总体而言,中国人在语言行为评价方面,存在着明显的正、负两面性,中国人轻贬"话多",却褒赞"能言善辩",即消极无益的"话多"受到贬评,而积极有益的"能说善辩"能够得到赞许。

日本人"沉默是金、不言唯美"(沈黙は金)的语言观与日本人"不穷理据"的心理意识有着紧密的关系。日本著名心理学家南博就此进行了精辟地论述:"司马江汉哀叹日本人的非合理主义。具体表现为'我们日本人不穷理据''国人不好穷究万物之理'以及'人是无法用理据说清的''世间理据行不通'等。而这些生活中的非合理主义已经深深地植根于日本人的心中。"①至于日本人崇尚"寡言"的原因,新渡户稻造在《武士道》中也有如下论述:"通过振振有词的善辩来表达内心世界的思想感情,特别是宗教性的感情,这对日本人来讲,其行为本身并非那么重要。不仅如此,还会被视为欠缺诚意的表现。"②

日本有关正面评价词汇,可以分类如下:

(1) 能说(的人):能弁家(能言善辩家)、表現力が豊かな人(语言表达丰富的人)、能弁(能言善辩)、トークの神(话神)。

(2) 会说巧说(的人):話上手(口才好)、弁舌家(口才好的人)、流暢な(口齿流利)、話し上手(会说话)、話し方の上手な人(会说话的人)、しゃべりが上手(会说)。

(3) 说话幽默风趣(的人):ユーモア表現など上手い人(说话幽默的人)、面白い人(有趣的人)、楽しい人(快乐的人)。

(4) 智商高(的人):頭の回転のいい人(思维敏捷的人)等。

汉语的正面评价特点着眼于"说话能力""善辩技巧",而日语侧重于"说话幽默风趣"等。尽管日语也有1例将"能言善辩"看作是头脑灵活的行为,但较之汉语,可谓是小巫见大巫,两者相差悬殊。

日本有关负面评价词汇特点,可以概括如下:

(1) 嘴巧话多、说个不停(的人):口達者(嘴厉害的人)、口八丁(嘴皮子利索)、口が上手い人(能说会道的人)、口上手(能言会说)、口が上手い(巧言会说)、多弁(能言会道)、話し家(爱说的人)、口の達者な人(会说的人)、饒舌な人(饶舌的人)、口まめ(嘴碎)、口から先に生まれた人(话篓子)、演説家(演讲家)、しゃべり(话多)、口から先に生まれたよう

---

① 南博『日本人の心理』第 46 版、岩波書店、1989 年、第 144 頁。
② 新渡戸稲造著、奈良本辰也訳『武士道』、三笠書店、2006 年、第 111 頁。

な人（太爱说的人）、口賢い（口齿伶俐）、拡声器（扩音器）、饒舌（饶舌）、饒舌な舌（多嘴的人）、口八丁な人（巧舌如簧的人）、立て板に水を流すように放す人（说起话来口若悬河的人）、アナウンサー（广播员）、達者（说得好的人）、多すぎる言葉で一つのことを話そうとする人（说话啰唆的人）、口が上手（说得好）。

（2）说大话、假话空话（的人）：政治家（政治家）、口巧者（嘴巧的人）、よく口がまわる（油嘴滑舌）、出任せなことをいう人（信口开河的人）、調子がいい（夸夸其谈）、上手いことを言う人（甜言蜜语的人）、宣伝家（宣传家）、うまい人（会说、圆滑的人）、べんちゃら（说好听的话）、よく口が回る人（油嘴滑舌的人）、口先が上手（花言巧语）、舌先三寸（巧言令色）。

（3）嘴损、诡辩、讲歪理（的人）：詭弁者（狡辩的人）、口が悪い（嘴损）、理屈屋（强词夺理的人）。

（4）出风头（的人）：—おおものたれ（装相）、親の威光の借りる（仗势、狐假虎威）、出しゃばり（显摆）、お調子者（得意忘形的人）、でしゃばり（出风头）。

（5）欺诈狡猾（的人）—警戒を要する人（要警惕的人）、信用出来ない人（不可信的人）、卑怯者（卑鄙的人）、結婚詐欺（结婚诈骗）、狸（狸、狡猾的人）、詐欺師（骗子）、三枚舌（说谎）、丸め込むのがうまい（花言巧语笼络人）等。

由此可见，日语的负面评价词汇具有"话多""说个不停"等特点，与汉语明显不同。不仅如此，日本人把中国人正面评价的"会说""巧说"视为负面评价并加以贬低和责难，反映了一种"过剩价值"①，以此对他人进行否定与警示。比如，把"能言善辩的人"辛辣地批评为「卑怯者」（卑鄙的人）、「結婚詐欺」（结婚诈骗）、「狸」（狸、狡猾之人）、「詐欺師」（骗子）等。日语的"能言善辩之人"成为「警戒を要する人」（要警惕的人）、「信用出来ない人」（不可信的人）。在这种语言行为价值观的作用与支配下，属于正面或中性评价的"雄辩家""政治家""演讲家"，对于日本人而言，却成了中性词汇的「雄弁家」（雄辩家）以及负面词汇的「政治家」（政治家）、「演説家」（演讲家）等。汉语中的"政治家"与"政客"其词义基本相同，感情色彩却有所不同，"政治家"属于中性词汇，而"政客"属于负面词汇。日语也有「政治家」（政治家）、「政治屋」（政客）之说，但如上述所言，日本人眼里的「政治家」（政治家）与「政治屋」（政客）并没有什么区别，同样属于负面评价词汇。这无疑折射出日本人对现实政治的一种不满，是对只会迎合大众、缺乏坚定信念而"说大话、假话，言行不一"的"政治家"的一种失望与谴责。特别是近几年来日本政治世袭严重，二代三代政治家如小泉纯一郎、安倍晋三、麻生太郎等比比皆是，名人、名角纷纷参政，更是加剧了人们对政治的不信任、不关心和不过问，从而导致投票率急剧下降的结果，加速了年轻人远离政治的趋势。正是由于"政治家"的形象日趋低落，成为人们比喻"说大话、假话的人"的负面评价词汇。

---

① 室山敏昭『文化言語学序説—世界観と環境—』、和泉書院、2004 年、第 174—177 頁。

另外,汉语的"三寸不烂之舌"形容能说会道、善于辞令的人,属于正面评价词汇,而进入日语后被缩短为「舌先三寸、舌三寸」,语义也由正面向负面发生转化,演变成"花言巧语""巧言令色"等义。由此也可看出,日本人对于"能说会说"行为的轻蔑以及抵触的心理意识。不仅如此,日本人还创造出「舌三寸に胸三寸」等惯用语句,告诫人们说话要小心谨慎。

「口八丁」中的「八丁」原为「八挺」,表示能够熟练使用八种工具之义,相当于汉语的"十八般武艺"。汉语的"十八般武艺"意思是指使用十八般兵器的本领,亦泛指多种武艺,比喻多种技能。而日语中作为惯用语的「口八丁手八丁」,表示"既能说又能干",却带有贬义的感情色彩。另外,中国人在"能言善辩的人"这一小项中,通过使用滚滚流淌的河流,比喻说话滔滔不绝的人。日本人尽管不用这种比喻,却具有与中国人相似的想象力,创造出「立て板に水」(滔滔不绝)这一词汇。可以看出,中国人关注的是河水不停地奔流,并以其样态创造出"口若悬河""滔滔不绝"等比喻词汇,而日本人观察到的则是水或雨水从竖立起的木板流下时的样态。尽管比不上滔滔河水的气势磅礴,却具有流速快、永不间断等特点。正是出于这种造词联想力,日语的「立て板に水(滔滔不绝)」一词应运而生。

三、结语

综上所述,日本人对于"能言善辩的人"其负面评价词汇量远远超过中国人,而且与中国人贬低"话多",褒扬"能言善辩"的正、负并存的价值观迥然有异,充分反映和验证了日本人更加赞许和肯定"寡言少语"这种语言意识。日本人的语言观也可从第 68 小项"不喜欢交谈""寡言少语的人"中,中日两国的不重复正面评价比率的差异中得以佐证。汉语的正面评价比率仅有 8%,凸显出中国人对"不善言辞的人"所持的否定态度以及贬低意识。而日语的正面评价比率远远超过汉语,约占不重复使用总量的 38%,反映了日本人对"寡言少语"的肯定,同时也说明日本人对"话多""能言善辩的人"持有否定和贬低的语言文化观念。[①] 该结果是对"不善言表"的日本民族以及"暧昧的语言"等既有定论的最好佐证。

[本文系国家社科基金项目"日中韩语中的'表人比喻'词汇对比研究"(项目号:17BYY219)以及苏州大学校委托项目"中日性向词汇中的词缀对比研究"(项目号:BV10400116)的阶段性成果]

---

① 施晖、栾竹民:《中日韩三国"性向词汇"及文化比较研究》,外语教学与研究出版社,2017 年,第 65—66 页。

硕博论坛

东亚学（第三辑）

东亚视域下的地理铁道唱歌

王静波

（浙江工业大学外国语学院　浙江工商大学东方语言与哲学学院博士研究生）

引言

提起"铁道唱歌"，现在可能知道者寥寥，但在视铁道为"文明之利器"的 20 世纪初，其无疑是传播新文明的媒介，它已不仅仅是一首歌曲名、一本歌集名，更成为一系列相关歌曲的总称；"铁道唱歌"以日本多梅稚作曲、大和田建树作词的《地理教育铁道唱歌》（1900年，以下简称《铁道唱歌》）为嚆矢，随着近代日本国势的日渐强盛，或自主或被动地被包括中国在内的东亚其他国家地区所接纳。

目前学界对日本学校唱歌或中国学堂乐歌的研究虽已渐趋深入，但专门论述地理唱歌、铁道唱歌的论著却相对较少。日本方面的研究往往只偏重本国，如有山口幸男对日本明治时期地理教育唱歌的研究等，而对于其传播及影响则向来论者极少，以笔者管见仅有大竹圣美对殖民地时期铁道唱歌在朝鲜的传播问题有所论述，而国内更是未见相关研究。本文拟就地理铁道唱歌在东亚的发生与传播问题做一个初步考察，以期为东亚的音乐文化交流研究提供一个新的视角。

一、大和田建树的《地理教育铁道唱歌》

明治维新前夕的日本在西方坚船利炮的冲击下，放弃了两个多世纪以来的锁国政策。当时叩关日本的美国东印度舰队司令佩里曾将一辆蒸汽火车模型赠送给幕府，模型为实物的四分之一大小，并在横滨举行了试运行仪式，由美国工程师驾驶。许多人专程从江户赶来参观，当时参与接待工作的幕府官员河田八之助甚至试乘了该车，相关情形在佩里、卫三畏、河田的日记以及幕府的记录中均有记载。图 1 这幅瓦版印刷品描绘的就是佩里带来的蒸汽火车模型。蒸汽火车模型试运行后不久，震慑于美国的武力与技术，幕府与佩里签下《日美和亲条约》，日本被迫开国。

进入明治以后，日本更加积极地吸收西方文明，在政府富国强兵、殖产兴业政策的推动下，全国大兴铁路建设。明治五年（1872 年），第一条铁路在新桥站和横滨站之间开通，

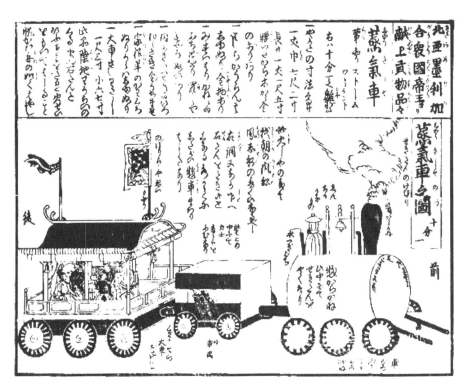

图1　佩里赠送给幕府的蒸汽火车模型（横滨开港资料馆收藏）

此后明治二十二年（1889年）东海道线、二十四年（1891年）东北本线、三十四年（1901年）山阳本线均全线开通。到明治末期，日本已基本建成全国性的铁道交通网络，而铁道作为人员、物资和文明的传播通道，成为表征日本时代气象之新文明。

明治日本对西方的学习并不仅限于器物方面，制度上、文化上的变革同样引人注目。1872年日本仿照欧美颁布学制，在确立近代学制的同时，参照西方开设了唱歌科目，但初期由于一无教师，二无教材，并未得到落实。1879年文部省设立专门的音乐调查部门（后来发展成东京音乐学校，现为东京艺术大学的一部分），东京师范学校校长伊泽修二任所长，其宗旨在于"折中东西二洋之音乐，制作新曲""培养将来振兴国乐之人物"以及"在各学校实施音乐教育"①，主要从事音乐人才的培养和唱歌教材的编写。1881—1884年，该部门编纂的《小学唱歌集》（全三卷）问世，唱歌教育才正式在日本确立，并逐渐成为国民教育的重要一环。

大和田建树作词并发行的《铁道唱歌》正是在上述铁路交通和唱歌教育日渐普及的历史情境下应运而生（图2）。《铁道唱歌》共有五集，在1900年5月至10月的半年之间发行完毕，共计334段。歌曲从第一集"东海道"开始，历经"山阳、九州"，再到"东北地区""北陆地区"，并以"畿内及邻邦"结束，每一集都由六七十段歌词组成，歌唱了铁道的沿线车站、沿途风景以及历史掌故，因其轻松的旋律、明快的节奏、通俗的歌词而广受欢迎。除第四集72段

---

① 伊沢修二『洋楽事始 音楽取調成績申報書房』、平凡社、1987年、第5—8頁。

曲调有变之外,其他各集均为同一旋律。同一曲调竟能连唱 262 首,这在现在看来几乎是不可思议的事情,由此可想见《铁道唱歌》在当时风靡一时的情景。直到如今,日本的卡拉 OK 中,还保留了百廿年前《铁道唱歌》第一集完整的 66 段歌曲,可见其确已深入日本国民之心。

图 2　1900 年 5 月发行的《地理教育铁道唱歌》(录自日本国文学研究资料馆近代文献情报数据库)

明治时代的日本唱歌具有强烈的教化色彩,或出于涵养德性,或出于传授知识,前者通常与修身教育相提携,而后者往往与地理教育、历史教育等相结合。正如歌集名称中"地理教育"四字所提示的那样,《铁道唱歌》原是为了孩子的地理学习而创作的歌曲。因为在歌词中一五一十地编入了日本各条铁道沿线的名胜、名产、地理、历史、民间传说等,所以在一般国民中也流传甚广。铁道作为近代日本文明开化之象征,不仅使日本的交通、产业等出现了飞跃性的发展,同时对于新社会、新文化的形成也产生了巨大的影响。

除大和田的五集《铁道唱歌》之外,其他版本的铁道唱歌也是层出不穷。据山口幸男的统计,明治时期共出现了 43 种铁道唱歌,其中的 28 种又集中出现于 1900 年。[①] 一方面,大和田在此后的十年间,又连续出版了十数种地理唱歌;而继大和田版《铁道唱歌》之后,日本各地争相发行乡土唱歌,将当地的地理、历史、特产及民间故事等编入歌曲来传唱、铺衍;又有各种电车唱歌、散步唱歌、风景唱歌、旅行唱歌等,不胜枚举,竟形成一时之

①　山口幸男「明治期における地理教育唱歌について」、『新地理』4、1994 年、第 27 頁。

风潮。另一方面,铁道唱歌、地理唱歌的浪潮也波及东亚其他国家和地区,如中国、朝鲜等,其中既有自主的摄取,又有日本殖民主义的强加,形式并不单一。

二、中国的地理唱歌:《扬子江》(1904 年)和《十八省地理历史》(1906 年)

王引才作曲的《扬子江》,初见于由我国近代音乐教育家、学堂乐歌作者沈心工所编的《学校唱歌初集》(图 3,1904 年 5 月),其曲调取自日本《铁道唱歌》。

沈心工留学日本的 1902 年,正是铁道唱歌初出不久、最风行于世的年代。虽然沈在日本只停留了短短的 10 个月,但他后来回忆说"回国后创作的音乐种子埋在了那个时候"①。沈心工留日期间曾在留学生会馆开设"音乐讲习会",邀请东京音乐学校讲师铃木米次郎讲授乐理和唱歌。另一位学堂乐歌的重要作者曾志忞就是这个讲习会中积极的一员。可惜仅仅两月之后沈心工便因故回国,但当时中国对日本音乐教育的学习热情与实践行动却并未因此中断,反而形成了东京和上海两个传播中心。一方面,曾志忞于 1903 年进入东京音乐学校继续学习,1904 年 5 月以沈氏"音乐讲习会"为基础,重新发起并组织了"亚雅音乐会",且进一步扩大规模。该会以"发达学校、社会音乐,鼓舞国民精神"为宗旨,梁启超在 1904 年 8 月 25 日的《新民丛报》中对此进行了专门报道。另一方面,沈心工回国不久便在上海南洋公学附属小学开设唱歌课,并受邀在老同学吴怀疢创立的务本女塾乐歌讲习会教授乐歌。而《扬子江》的词作者、时任王氏育材学堂(后来的南洋中学)教员的王引才正是该讲习会的学员。② 所以可以推断王引才正是在沈心工主持的讲习会上学到了日本的《铁道唱歌》,并依律填词创作了《扬子江》。(图 4)

图 3 1904 年 5 月发行的沈心工主编《学校唱歌初集》　　图 4 王引才作曲的中国地理唱歌《扬子江》
　　　(录自中国艺术研究院音乐研究所)

① 沈洽:《沈心工传》,《音乐研究》1983 年第 4 期,第 56 页。
② 据当时同为乐歌讲习会学员的蒋维乔所记,1904 年 3 月到 5 月,沈心工在务本女塾共开课 13 次,每周一次,每次 2—4 小时。蒋维乔:《蒋维乔日记(1896—1914)》,商务印书馆,2019 年,第 144—155 页。

《扬子江》采用了日本《铁道唱歌》的曲调，13 段歌词层次分明，首段气势恢宏，概观长江全貌，抒写历史荣光；而后溯江而上，自东向西经江苏、安徽、江西、湖北、湖南，继续沿四川、重庆、云南，最终到达青海和西藏，一路高歌，咏唱了长江沿岸各地的风情、历史与现状，也不时流露出家国忧思，时而慷慨激昂，时而又不胜怆然；末段则收以祝福与展望，描绘了"转瞬十年国自强"的美好愿景。

与日本版不同的是，这曲《扬子江》并不是坐火车，而是乘船，首句"长长长，亚洲第一，大水扬子江"，开篇气势磅礴，"亚洲第一"的称谓更是让人明显感受到近代国人放眼世界之风气。而第二段首句"呜呜呜，汽笛一声，飞出黄歇浦"，更是与《铁道唱歌》首段首句"汽笛一声新橋を"如出一辙，仅仅更改了地名，并由于日语假名音节多于汉字音节而补了几个象声词。同时，歌中唱及的 11 个省市及自治区，与长江干流途经地区完全吻合。这首乐歌虽不以"地理唱歌"为题，却明确反映了作者寓地理教育、历史教育于歌曲的意图。

有趣的是，虽然作者大部分时间是乘船旅行，但在第九段通过三峡时，却唱出了"漫夸天堑，行看宜万铁轨代风帆"的景象，这里提到的"宜万铁轨"是指川汉铁路湖北宜昌到四川万县（现重庆万州区）段的铁路。清政府虽于 1904 年 1 月设立了川汉铁路总公司，但由于当时各方的利益纠葛，再加上技术方面困难重重，所以实际并未开建，更没有通车，因此"宜万铁轨代风帆"的景象完全出自作者的想象，或许可以说是日本铁道唱歌中所描绘意象的一种情景代入。

另一人气歌曲《十八省地理历史》（图 6）也是一首以地理和历史教育为目的的乐歌，堪称日本地理唱歌在中国传播之余绪。此曲首见于 1907 年叶玉森所编《小学唱歌初集》（图 5），沈心工作词，旋律来自日本唱歌《日本海军》（大和田建树作词，小山作之助作曲，1904 年）。这首歌用 18 段歌词介绍了长城以南的十八行省，各段均从山川地理切入，转而叙述历史人文，可谓紧扣歌题。于往昔繁华之遗痕中，时时穿插当下之光景，描绘了"铁道纵横行"的河南、"轮帆如蚁聚"的广东，也发出了"胶州威海租借同，后患何时穷"的谴问，这种时空的穿梭与交错，诗意地抒写了作者的爱国情怀。其实，该曲出版发行的 1907

图 5　1907 年 5 月发行的叶玉森主编《小学唱歌初集》（录自中国艺术研究院音乐研究所）

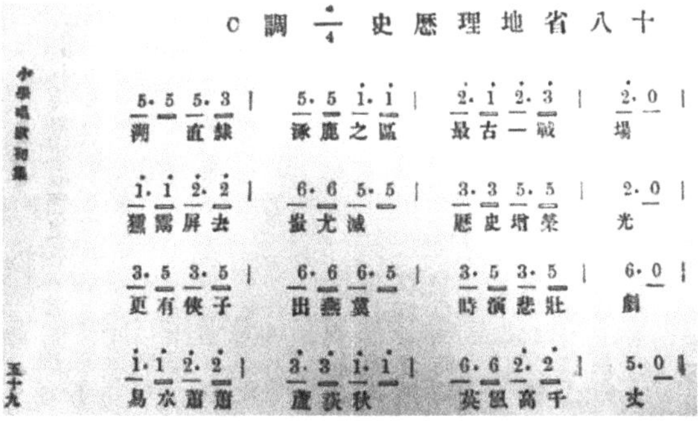

图 6　歌曲《十八省地理历史》

年,也正是奉天、吉林、黑龙江建省之时,因此在其后出版的学校唱歌教材,如1913年的《民国唱歌集》(二)和《中小学唱歌教科书》(下)中,又由张来堂补写了奉天、吉林和黑龙江的三段歌词。

三、大和田建树的《满韩铁道唱歌》(1906年)

如前所述,铁道唱歌在20世纪初人气极盛,所以大和田建树又在1906年推出了作为其第六集的《北海道唱歌》,以及作为其延长线的《满韩铁道唱歌》(图7)。

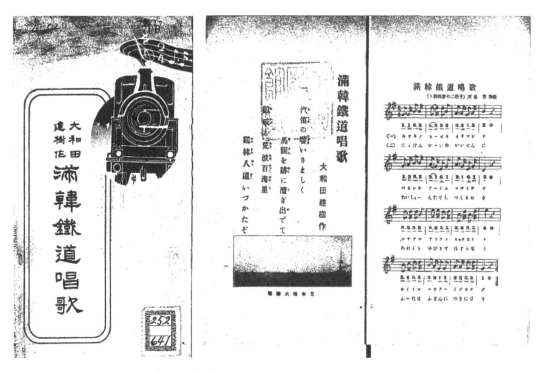

图7　1906年8月发行的《满韩铁道唱歌》(录自日本国立国会图书馆)

日本在日俄战争胜利后,攫取了中国东北从长春到旅顺的铁路及附属权益。1905年1月1日,朝鲜半岛上从京城到釜山的京釜线全线开通,次年南满洲铁道株式会社(通称"满铁")成立,日本进一步加强了对东亚邻近地区的控制,掠夺以铁路为首的诸多利益。《满韩铁道唱歌》的创作正是这一历史阶段的产物。这本歌集由明治日本的教科书出版社金港堂出版,封面上写有"高等小学校①唱歌科儿童用 文部省审定完毕"等字样,编者在卷首直言:"日俄战争开创了日本帝国的新纪元,满韩经营成为新日本的第一国是,使今日之年少子弟通晓满韩地理,已成为当下之急务。"

---

① 按照日本近代学制,高等小学校相当于现在的初中一、二年级。

这首歌曲由东京音乐院学监天谷秀作曲,共 60 段歌词。歌集在每页上登载三四段歌词,并夹以照片来介绍当地的风景、民俗,如庄严的梵鱼寺、秀美的锦江、肃穆的景福宫等,在欢乐的旋律下咏唱着铁路沿线的名胜古迹,粗看上去就像一本铁路旅行指南。歌曲前三段描述从日本马关出发渡海进入韩国釜山,自第 4 段开始沿京釜线一路北上,至第 24 段到达首都京城(即现在的首尔),再沿京义线于第 27 段到达中朝边境的新义州,在第 28 段描述日俄战争时黑木为桢部队抢渡鸭绿江的故事中结束了朝鲜半岛之旅。

歌曲从第 29 段起进入中国东北部的安东(即现在的丹东),途经安奉线、连长线、营口线、旅顺线,并最终由大连坐船出港回到日本。

如果说上篇的朝鲜半岛之旅还充满了悠闲的观光气氛,那下篇的中国东北之旅就大异其趣,给人以行军愈急、炮声愈隆、战场愈近的恐怖感。在第 1 至 28 段的朝鲜篇中,共有 9 段歌词描述了战争历史,而在第 29 到 58 段的中国篇中,描绘战争之处竟达 17 段之多,说它是战场环游也并不为过。《满韩铁道唱歌》中对战争的描述见表 1(序号为歌词段数):

表 1 《满韩铁道唱歌》所描述的地理和战争

朝 鲜 篇	中国东北篇
1. 对马海峡:日本海海战大捷	30. 血战名所蛤蟆塘:收缴数十"敌军"炮台
5. 釜山镇:展示小西行长千载雄图的最好纪念	32. 摩天岭:竖起甲午战争纪念碑
7. 勿禁驿甄城:鬼将之称的(加藤)清正御敌之所	33. 连山关、下马塔、榆树林、本溪湖:到处都流下过"我军"的鲜血
10. 倭馆驿:丰臣秀吉征韩时的暂驻之地	38. 沙河:大败俄军的古战场
16. 稷山:黑田长政打败明朝军队	39. 烟台①煤矿:给"敌人"以炮击的三块石山和万宝山
17. 牙山:甲午战争苦战之地	40. 冈崎山②:冈崎旅团苦战之地,今存其名冈崎山
20. 仁川:日俄战争初期击沉敌舰	41. 辽阳:奥(保巩)、野津(道贯)、黑木(为桢)三军合力攻取辽阳
26. 平壤牡丹台:明治二十七年之役	42. 首山堡:关谷(铭次郎)、橘(周太)二勇士战死之所

① 这里并不是指山东烟台,而是位于今辽宁灯塔市东南铧子镇北山,民国《奉天通志》卷一一六载:"西南距辽阳县六十五里,西距南满铁路烟台站二十五里,有支线通矿区。"日俄战争后曾为日本所占。

② 今辽阳西南的馒头山,日俄战争辽阳会战中,冈崎生三郎所率的第 15 旅团从俄军手中抢占,因此被日本命名为"冈崎山",此名在日本的地图中沿用至"二战"日本战败。

朝　鲜　篇	中国东北篇
27. 鸭绿江：黑木为桢部队渡江	43. 大石桥：奥军苦战之地
	48. 得利寺：收缴十六门速射炮
	49. 貔子窝、普兰店：将"我军"的炮弹赠送给"敌军"
	50. 南山、金州湾：铁条网激战之处
	53. 203 高地：松树山、二龙山炮台
	54. 淋浴朝阳的"日丸旗"，插遍一山又一山；遥想"我军"当时高唱凯歌的心情
	55. 旅顺口：这里就是乃木（希典）将军苦战的陆地、广濑（武夫）中佐战死的海洋
	56. 老铁山：封锁港口的死士，不朽名誉传千代
	57. 旅顺：见过旅顺的苦战，也见过旅顺的和平，回去把旅途见闻告诉未见之人

一方面，通过对歌词的具体分析，我们明显感受到作者的政治意图。正如首页"日本海大海战"①之图所昭示的那样，全歌处处弥漫着硝烟。一旦来到甲午、日俄战争的交战地，便画风突变：牙山之役的苦战、蛤蟆塘的激战、九连城和得利寺的战利品、"冈崎山"的命名等都成为骄傲的资本。我们从第 32 段歌词中还发现，辽阳的摩天岭上甚至还建过一座"日清战争纪念碑"；同时，从丰臣秀吉时代的征韩急先锋到日俄战争期间的侵略军首领都成为缅怀的对象。因此可以说《满韩铁道唱歌》就是一部战争史、侵略史的教科书。

另一方面，歌中还着力描写了韩国最大的贸易港釜山、商人一万余的大邱、商业繁华的金泉、大米交易市场乌山、水利资源丰富的汉江以及中国日产百万斤的抚顺煤矿、生丝市场盖平、贸易繁盛的大连湾等，俨然一副开疆辟土后以主人自居想要招商引资的派头，这又反映了殖民者的经济企图。因此可以说，《满韩铁道唱歌》是日本推进帝国主义的一种教化工具。

四、韩国与中国台湾等地的铁道唱歌

上述的《满韩铁道唱歌》，虽然唱的是朝鲜半岛和中国东北的情形，但毕竟是日本人创

---

① 史称"对马海战"，日俄战争中日本海军在此大败俄国海军，从而奠定胜局。

作、在日本发行的歌集。其实,在朝鲜半岛和台湾岛逐渐沦为日本殖民地的过程中,也出现过一些铁道唱歌。

韩国最早的铁道唱歌是崔南善作词的《京釜铁道歌》,歌词为韩文,完成于《满韩铁道唱歌》问世两年后的 1908 年。崔南善曾于 1904 年留学日本,当时日本盛行的铁道唱歌给他留下了深刻的印象。该曲旋律取自苏格兰民谣《当我行过麦堆》(*Coming Through the Rye*),在 1888 年日本出版的《明治唱歌》第一集中,由大和田建树填词为《故乡的天空》[①]而流传于日本。

《京釜铁道歌》与《满韩铁道唱歌》上篇朝鲜半岛部分同样是以京釜线为舞台,这种时空的交汇必然表现出日韩两国不同的视角,因此具有很大的比较价值。《满韩铁道唱歌》以釜山为起点北上到京城,共 23 段歌词(除去开头马关出航及最后转入京义线部分),而《京釜铁道歌》则从京城出发南下到釜山,共 67 段歌曲,似乎后者唱得更为详细,相关内容可参看大竹圣美的一些论著[②]。继《京釜铁道歌》之后,还有《京仁铁道歌》《湖南铁道歌》等留世,这些都是由韩国人以韩文创作的。此外由朝鲜总督府编撰的如《朝鲜铁道唱歌》等日文歌曲,则充斥了皇国思想。

再来看一下台湾的情况。甲午战争后台湾割让给日本,1895 年日本设立"台湾总督府"对台湾开始殖民统治。该总督府于 1899 年开设铁路部,积极开展铁路建设。1908 年4 月,从基隆到高雄之间的纵贯铁道全线贯通。《台湾周游唱歌》便是其后两年创作的,作曲者是总督府旗下学校的音乐教师高桥二三四,作词者是总督府编修书记宇井英。全曲共 90 段日文歌词,采用和歌的七五调,主要以铁道逆时针环游台湾,未通铁道之处也以船代步,沿途介绍地名、风景、物产、名胜与历史。我们今天读来,必须明确其中高歌日本称霸东亚、将日本称作"母国"、把台湾当作"帝国宝藏"等是日本殖民侵略时代的历史符号,需要予以批判;另一方面也需了解其中涉及的许多地名在 1920 年后都有所更改,与现行的台湾地名并不完全一致。

另外,以日本《铁道唱歌》填词的作品,除了 1904 年中国的《扬子江》外,朝鲜半岛上还有 1905 年出现的学生启蒙歌《学徒歌》,同一曲调还有《圣经目录歌》的版本,甚至曾被改编成为一首抗日革命歌曲;在蒙古也有一首题为《人类》的歌曲,歌词主要讴歌女性解放。这些歌曲,除《扬子江》仍属地理唱歌的范畴,其他都已与地理、铁道毫无关系。

2013 年起,日本的网络平台出现了虚拟偶像初音未来版的《台湾周游唱歌》(图8),用 23 分钟唱完 90 段歌词,尽管袭用旧歌词而不可避免地带有帝国主义色彩,但因其对台湾特色介绍详尽,伴随着台湾旅游、台湾美食在日本的流行,此曲在网络上居然颇受欢迎。无独有偶,2018 年,中国的虚拟偶像洛天依版的铁道唱歌也在中国的网络平台

---

① 大和田建树、奥好義『明治唱歌』第一集、中央堂、1888 年、第 32—33 頁。

② 大竹聖美「日本と韓国の『鉄道唱歌』——大和田建樹『満韓鉄道唱歌』(一九〇六)と崔南善『京釜鉄道歌』(一九〇八)」、『東京純心女子大学紀要』12、2008 年、第 1—12 頁。

传布(图9),采用日本《铁道唱歌》曲调,唱的却是北京地铁的各线站点相关情况,现已推出18条线路的铁道唱歌,基本覆盖北京地铁各线,堪称北京旅游导览。对于这些新铁道唱歌,评论区互动活跃,有探讨曲中所涉地名的,有呼吁推出其他城市乃至全国版的,甚至有网友表示已经试写了上海版、武汉版的歌词,沉寂了一个世纪的铁道唱歌正以全新的形象再次走入大众的视界。

图8　初音未来的《台湾周游唱歌》　　　　　图9　洛天依的《铁道唱歌 北京地铁系列》

五、结语

综上所述,铁路唱歌曾是近代日本的一大潮流,一方面,其浪潮随着日本殖民主义及铁道网络的拓展,经朝鲜半岛向中国袭来,《满韩铁道唱歌》《台湾周游唱歌》等由日本人创作的唱歌作品都属于这一系列;而另一方面,其传播也直接促成了中韩两国自主填词的《扬子江》和《京釜铁道歌》等的诞生。笔者总结这些地理唱歌、铁道唱歌的共同点如下:第一,旋律简单明快,歌词通俗易懂,往往反复咏唱,段数极多。中国的地理歌《扬子江》《十八省地理历史》因为无关铁道,13段和18段的规模尚属精悍,其余如《铁道唱歌》334段、《满韩铁道唱歌》60段、《京釜铁道歌》67段、《台湾周游唱歌》90段,都是非常庞大的体系。第二,均以地理教育为主要目的,同时兼及风景、物产和历史,这也是到了21世纪的今天,铁道唱歌仍能在网络上继续传播的主要原因。第三,铁道唱歌反映了日本从崛起走向扩张的近代化道路。初期的铁道歌虽有炫耀之念,却并无扩张之想,但随着日本帝国主义的侵略的加深,尤其是日本占领时期创作的那些铁道唱歌,往往有着明显的领土意识和经济企图。因而,以自主立场吸收铁道唱歌的沈心工和崔南善们就显得尤为可贵,因为他们在文化摄取的过程中始终保持了主体性。

进入大正时代以后,铁路唱歌的热潮渐渐平息。其原因可推测为沿线状况的变化与歌词渐生出入,以及过于庞大的歌曲难以融入广播等新媒体,更主要的恐怕还是以智育为目的的音乐教育本身并不具有生命力吧。日本在昭和时期,新创作了国民歌谣《新铁路唱歌》(共 10 册),并未引起很大反响。近几年虚拟偶像版铁道唱歌的出现,的确让人感受到了一丝怀古趣味,但像初音未来那样毫无反省地沿用具有强烈侵略烙印的原歌词是不可取的,期待将来能有符合现代精神的铁道歌曲出现。

"鬼子"词源考察及其形象指涉研究

朱冰清

（浙江工商大学东方语言与哲学学院硕士研究生）

  一个专称是随着人类观念和时间的演变而表现、保持和变迁的历史。"鬼子"自南北朝时期首次出现以来，从骂人的词汇到鸦片战争时期转变为对外国侵略者的代名词，至抗日战争时期成为对日本侵略者的专称，发展到现代成为中国人对日本人的蔑称。"鬼子"一词在整体贬义不变的情况下，各个时期使用对象侧重不同，同时在当今全球一体化背景下，谋求东亚合作的进程中，理解中国人对日本人的固有蔑称观念形成的背后逻辑。

  自者和他者是相互依存的，对于"鬼子"这一异国形象的考察离不开这一对概念，在叙述他者形象的过程中必然也对自我形象有一定的展现。借助自者与他者的双重视角，通过"我看人""人看我""我看我"的视角转换与审视，发现内在自我的向度，提出对他者与自者问题的分析，此为"自他视野"的方法论意义。

一 "鬼子"的发展渊源

（一）"鬼子"古有之

  《世说新语》中陆机痛斥卢志为"鬼子"，这是"鬼子"一词首次出现在文字记载中。《辞海》中对"鬼子"的解释言简意赅，就是"骂人的话"。不过"鬼子"一词不同于普通骂人的话，而是在当事人认为自己以及先祖受到极大的侮辱和挑衅时才会使用。

  《世说新语·方正》中记述："卢志于众坐问陆士衡：'陆逊、陆抗，是糟何物？'……士衡正色曰：'我父、祖名播海内，宁有不知？鬼子敢尔！'"

  陆机出身吴郡陆氏，孙吴时任牙门将，其祖乃三国孙吴丞相陆逊，父为大司马陆抗。魏晋时期，世家望族重家讳，卢志冒犯陆氏长辈，陆机怒不可遏，以"鬼子敢尔"斥骂卢志竟敢如此大胆。由此可见，"鬼子"一词在当时已是习用的一个词语。

  先于作为语词的"鬼子"，作为单字的"鬼"有更早的源头和更广泛的应用。《说文解字》："人所归为鬼。从人，象鬼头。鬼阴气贼害，从厶。"《诗经·小雅·何人斯》："为鬼为蜮，则不可得。"《逸周书·命训》："极祸则民鬼，民鬼则祭淫。"可以说，在中国古人观念中，"鬼"或形体怪异或性奸邪，多为贬义。而"鬼子"最初的意涵当指"鬼的儿子"。

陆机为何怒斥卢志为"鬼子"呢？卢志出身范阳卢氏，时任晋成都王司马颖谘议参军。出身名门望族，饱读诗书却口出狂言，直呼他人先人之名讳，称陆机父祖为"物"，实在狂妄自大。受到如此奇耻大辱的陆机自然不肯忍气吞声，痛斥卢志为"鬼子"，以彼之道还之彼身，将卢志的先人也捎带着一起骂了——鬼的儿子的祖宗自然就是鬼。因而"鬼子"一词出现之初即为轻蔑辱骂之词。

（二）"洋鬼子"形象

"鬼子"一词虽早已产生，而发展为对西方人的蔑称是在清朝。清代陈康祺在其《燕下乡脞录》卷九中记载："若鬼使，则出使外洋之员；以西人初入中国，人皆呼为'鬼子'也。"[1]清朝时大量西方人来华，他们的外貌特征与中国人相距甚远，肤白、发黄而卷、眼珠发蓝、眼窝深、高鼻梁，面对与中国人迥异的这些外貌特征，人们自然将他们的形象与想象中的"鬼"联系到一起。加之，西方人的生活方式以及行为处事的态度与儒家思想教化下守"礼"的中国人大相径庭，极有可能被中国人认为行为无端、不守礼节，于是用"鬼子"来形容西方人就更加合情合理了。这种借由生理差异来命名外来者的情况，也在一定程度上体现了中国自诩"天朝上国"的优越姿态和根深蒂固的华夷思想带来的对于异族的歧视心理。

1840年鸦片战争爆发后，西方列强用炮舰打开了中国的国门，一系列割地赔款、开放通商口岸、丧失领事裁判权的不平等条约，逐渐击碎了中国人自以为是的优越感，给沉睡在"天朝上国"美梦中的中国人的精神带来了致命冲击。面对西方侵略者带来的蹂躏，中国人对固有印象中的"鬼子"形象从轻视逐步转变为敌视。由于近代西方人大量来华以及他们用武力打开中国国门后施行的一系列侵略暴行，使得原本由外貌特征的迥异而产生的"鬼子"这一带有心理歧视意义的词语，演变成对外来侵略者的泛称。

"鬼子"一词的传播范围也随着西方侵略者对中国侵略的深入而扩大，成为外来侵略者的泛称，其负面意义在传播中不断被强化的同时，使用时的心理更加复杂化。语言文学构建了人们意识中的世界，在语言文学中也可以呈现一个民族深层的思维和意识结构。[2]自清朝的闭关锁国政策被打破以后，中国人普遍用"鬼子""洋鬼子"来称呼西方人，这种称谓也表现了在民族危亡之际，中国人自觉通过构建话语模式抵制外来文化，以此缓解对于外来思想、文化、语言入侵的焦虑。

（三）日本人及日本侵略者的专称"鬼子"

在现代中国人的印象中，"鬼子"就跟日本人画上了等号。明朝以降，我国虽然严格实

---

[1] 陈康祺：《燕下乡脞录》中，进步书印校局，清光绪十一年(1885年)，第42页。
[2] 葛兆光：《中国思想史》第一卷，复旦大学出版社，1998年，第114页。

行闭关锁国政策,但沿海一带常受到日本海盗侵扰。"倭"字作为东汉中日两国首次进行官方外交活动时中国朝廷对日本的称谓一直被沿用,加上古代中国人大多用"蛮""夷""匪""贼""寇"等字眼形容"来犯者"①,于是"倭寇"也就自然成为对日本海盗的称呼。

甲午战争的失败,导致中外之间的主要矛盾从中国与西方转移到了中日。一个外围蛮夷小国竟然打败了稳定的东亚封贡体系②的中心——强大的中国,并且捞取了巨大的经济和政治利益,这一事实不仅严重打击了中国高傲的民族自尊心,也使分崩离析的封贡体系中的其余小国和虎视眈眈的西方各国蠢蠢欲动。内心惶恐不安的中国人在语言中表现出对这一事实的反击就是将日本人称为"东洋鬼"。称侵略者为"鬼子"的行为不仅是敌视,将两方对立起来强调"我为人,彼为鬼",更像是一种心理防御机制的体现。

甲午战争前夕,清廷派使节出使日本。在文化上企图占上风的日本人提出对对子,亮出上联:"骑奇马,张长弓,琴瑟琵琶,八大王,并肩居头上,单戈独战!"其狂妄的侵略气焰,好不嚣张。清廷使臣写出下联:"倭委人,袭龙衣,魑魅魍魉,四小鬼,屈膝跪身旁,合手擒拿!"③可以说,"日本人等于'鬼子'"这个固有印象在中国人头脑中的萌生、演变和发展与社会、历史、文化、政治、民族等方面的因素息息相关。

抗日战争爆发以后,"鬼子"一词便专门用来指日本人。20世纪三四十年代,大批爱国作家通过自己的笔墨淋漓尽致地揭露了侵华日军的暴行。此时,在中国人自我意识中,"鬼子"一词几乎已经与外在先天特征割裂,如鬼魅一般的不再是与外在形象上的,而是侵略和剥夺他们的日本侵略者,即使他们与中国人在外在面容特征上无异,暴戾且毫无人性的行为也给他们披上了恶鬼的外衣。

(四)当代中国人眼中的日本人形象

以中华人民共和国成立、改革开放和进入新世纪为限,当代中国人眼中的日本人形象渐次经历了不同的发展变迁过程。

1. 中华人民共和国成立至改革开放前(1949—1978 年)

1949—1966 年,文学史称之为"十七年文学"时期,是中国文学、电影快速发展时期,这一期间的艺术作品及其所塑造的日本人形象也成为中国艺术史上的经典。新生的中国,犹如襁褓中的婴儿一般稚嫩又充满希望。在这个刚刚经历战争洗礼重获新生国家,用艺术来展现战争成为铭记历史的最佳手段。绘画、雕塑、陶瓷等艺术手段都被艺术家运用于对战争的表现。为了强调文化艺术的宣传教育作用,这时期艺术作品里的日本人形象几乎都是外强中干,丑恶却又愚钝的,邪恶阴暗的一面总是易于暴露的,人民的前途总是

---

① 本刊编辑部:《鬼子一词最早何意如何变成指代侵略者》,《人生与伴侣(共同关注)》2017 年第 6 期,第 66 页。
② 东亚封贡体系是以中国为核心,与周边国家建立起朝贡与册封关系的国际关系体系。这种稳态结构到 1840 年开始有所松动,而它的彻底崩溃是在中日甲午战争之后。
③ 颜东岳:《日本侵略者为什么被称为"鬼子"》,《铁军》2015 年第 1 期,第 10 页。

光明的。这都是中国人民经过长年斗争获得民族独立的安慰剂,也体现了人民对新生中国的美好憧憬。

另一方面,1972年以前中日两国并未有官方联系,但是或出于经济利益考虑,或是冷战的国际形势迫使,或两国人民本就怀有特殊情感,中日之间的民间交流蓬勃发展。1972年中日邦交正常化之后,中日迎来"蜜月期"。在现实交流中,中国人接受的日本人形象不仅局限于各种文学艺术作品里,现实中出现了一些崭新的对中国文化抱有倾慕态度、友善对待中国和中国人的日本人形象。

2. 改革开放至20世纪末(1978—1999年)

这一时期距离抗日战争结束已经20余年,伴随改革开放而来的是外部世界的各种思潮,人们开始思考战争伤害的远远不止这一代中国人。中日邦交正常化以来,中日两国各界一直在努力进行各种交流以促进双方友好。《一盘没有下完的棋》作为一部中日合拍电影,将日本军国主义和普通日本民众划清界限,同时也刻画了普通日本民众对战争的忏悔之意。

1992年,实现了中国最高领导人对日本的访问和日本天皇对中国的首次访问,使中日关系又达到了一个新的高潮。可以说在这一时期,日本人在中国人心中真正从"鬼子"变成了活生生的立体的人。

3. 21世纪以来(2000年—)

进入21世纪,随着中国改革开放的不断深入,中国在国际政治、经济、军事各方面都大放异彩,为了跟上全球化的步伐和东亚各国谋求经济发展的共同需求,中日两国之间的政治、经济、文化交流不断。随着整体国力的提升、国民受教育水平的提高以及科技发展带来的政治、经济、文化生活水平的提高,中国人的心态也逐渐趋于成熟与理性。

随着文化产业的大发展,人们的消费意识不断膨胀,对电影、文学的欣赏大多是为了娱乐,为过去严肃电影、文学作品中的"鬼子"形象增添了很多娱乐元素。前几年的抗日神剧更是让"鬼子"二字在原来的基础上增添了些许戏谑的意味。严肃意义上的"鬼子"这一蔑称逐渐在社会生活中淡出人们的视野,历史中的民族仇恨逐渐被时间掩盖。通过各种官方、民间渠道的交流往来,在年轻一代中国人眼中,日本人更多变成普通友善的人,日本人的年轻一代也确实与"鬼子"二字的形象相去甚远。

尤其是新兴自媒体的出现使网络环境日益严峻,其私人化、平民化、普泛化、自主化的特点,使得本就庞大的网络信息世界更加复杂化。网民可以自创微博号、公众号进行自己的宣传创作。虽然这些文章、消息更加接近人们的生活,但也带来信息泛滥、虚假、断章取义的问题,也极容易被钻空子,误导不明真相的民众。

国内的媒体对于日本的报道大多倾向于积极方面,潜移默化间美化了中国人眼中的日本人形象。这里个中缘由非常复杂,不在此讨论。我们指出这一点并不是要强调对立,制造矛盾,而是说应该居安思危。诚然我们已经远离战争几十年了,但日本侵华战争给中国人民带来的痛苦是深埋在民族记忆中的,是无法忘怀的,我们不能草率地替先代扭转"鬼子"的深意。[①]

二、"鬼子"的使用及传播原因

(一)塑造他者形象时的自我美化倾向

古代中国人将他人称作"鬼子",无疑是一种通过贬低对方达到放大自我价值的做法,越是将"鬼子"的形象负面化,越是体现出极力美化自我的倾向。

魏晋时期的陆机斥卢志为"鬼子",以驳卢志称其父祖为"物",塑造了卢志是"鬼"的子孙的负面形象,一并贬低了卢志的先祖,同时强调其先祖乃名扬四海之人,自然也顺便在众人面前宣扬了自己名门之后、钟鼎之家的优越形象,提升了自我价值。之后的不论"洋鬼子"或是"日本鬼子",都是为了衬托自身的"天朝""英雄"的"伟大"形象,将"自""他"对立起来,强调"我是人,他是鬼"。

在塑造形象的过程中,一般都对包含着对他者的情感态度,这个情感态度主要分为三种,分别是亲善、迷恋和憎恶。其中,"亲善"是把对方看成正面的形象并纳入塑造者一方的范畴中,成为对自我的一种补充;"迷恋"则是将对方看成绝对优于自身的一种存在,会导致对自身的否认和贬低;"憎恶"反映了他者远远落后于塑造者本身,产生自我优越性的幻象。[②] 不管从中国人的印象中,还是从中国影视文学作品中"鬼子"的形象来看,基本都是持一种憎恶态度。"鬼子"形象的扭曲和丑化,显然是受"憎恶"的影响。在自他的对立中,将"鬼子"负面化,就是自我价值的无限正向化。

而这种自我美化的倾向,或者说是自我价值的无限正向化与古代东亚世界的华夷思想有着密不可分的关系。强大浓厚的中国文化促使了华夏民族华夷思想的巩固,这种传统上对自我文化的认同与继承的思维模式,最终成为东亚文化中的普遍要素。同一地区或国家拥有不同文化的民族都视本民族的文化为最优秀、最先进的文化,试图以本民族的文化价值来影响和改变其他民族的文化价值。[③]

(二)根深蒂固的华夷思想

"华夷"说滥觞于上古时黄河中下游的华夏族,由于地理优势等因素,华夏族率先进入农耕社会,不论语言文字还是礼仪文化的发展程度都高于周边游牧民族,因而产生了一种优越感,认为自己生息繁衍的地区是世界的中心,自称"中国"。

清末是华夷思想的桎梏积累到最深重之时,崇尚"华尊夷卑"并未给清朝带来综合实

---

① 倪骏、张超:《历史的印痕——中国电影中的日本人形象》,《世界知识》2005年第20期,第3页。
② 孟华编:《比较文学形象学》,北京大学出版社,2001年,第175页。
③ 张心言:《华夷思想对东亚文化的影响》,《市家教·上半月》2011年第5期,第1页。

力的长足进步,逐渐失势的"首善之地"体会到空前的心理落差。英国工业革命正值清朝末年,实力强劲的英国"不承认中国再有以华夏自居的资格"。鸦片战争失败后,清政府仍以天朝上国自居,"徒知侈张中华,未睹寰瀛之大",称英国为"英夷"。西方人初来时,不论是中国人还是西方人,都以为中国仍旧是大唐盛世,是世界繁荣的顶峰,这种集体默认的"事实"使得当时中国人的心理更加膨胀,认为异族皆是蛮夷。又恰巧西方人的外貌特征与东方人差异较大,便轻视他们是"洋鬼子"。以"天朝大国"自居的统治者,在这种自负心态的影响下错失了与世界共同发展的机会。"鬼子"在中国人的眼里被视为"异类",在多种语境中被反复使用,表达了跨文化交流中,中国人以确立"我族"的主体身份为前提,从类别上划定自我与他者的等级秩序的心理意识。[①]

虽然,曾经是古代世界历史上规模最大、水平最高、生命力最强的"华夷秩序",在延续了近两千年后最终因以"天朝大国"自居的中国封建统治者背离世界历史发展的潮流而崩溃,但华夷思想已根深蒂固地植于"华夷秩序"的体系,形成了以仁、义、礼、仪为价值标准,把世界分为华夷两极,以"内华外夷""贵华贱夷""华夷之辨""以华变夷"为价值取向的传统对外意识[②]。

即使在今天,华夷思想也仿佛刻入我们骨髓一般。当今在实现中华民族伟大复兴的道路上,我们的国力确实有了显著提升,增强文化自信、制度自信是必要的,但是要牢记"自信"与"自负"仅有一字之差,仅在一念之间。处在顶峰尚且会因为自视甚高而落后挨打,何况本就仍处于攀登的过程中,我们要警惕的不只是巅峰,还有更多虎视眈眈的后来者

(三) 通过媒介深化的集体记忆

所谓集体记忆并不是由个人的回忆或记忆组合堆积起来的,而是在与其他各种人、群体、空间和物质的相互关系的作用下构建的。可以说记忆是受调节的,再夸张一点说,个人的记忆依赖于有限的群体或空间中的集体记忆。

14 年的抗日战争,其时间跨度之久、影响范围之大、给中国人民带来的创伤之深可以说是前无古人后无来者的。日本军国主义者在中国犯下的罪行是不可否认的事实。在抗日战争以后中国人的记忆中,"鬼子"就等于残酷的日本侵略者加上愚蠢的失败者形象。尽管在现在"鬼子"这个词语在中国人口中出现的频率已经大幅降低了,但是中国人心中"鬼子"与日本人的关联度几乎达到百分之百。

冷战时期,两极对立,社会主义阵营以苏联为首,称苏联为"老大哥"。苏联援华 156工程,帮助一穷二白的新中国,建立了完善的工业体系,这对中国的工业化有着极其重要

---

① 雷国宏:《"自我"视野中的他者形象——中国当代文学中的"鬼子"形象》,西南大学博士论文,2012 年,第18 页。

② 张心言:《华夷思想对东亚文化的影响》,《市家教·上半月》2011 年第 5 期,第 1 页。

的意义。七八十年代苏联对中国当然是威胁,但是也正是因为苏联中国才有了一个相对好的战略机遇期,苏联的解体让人遗憾,对中国也是一个警示。冷战已经过去几十年,而中国人记忆中的强大的社会主义领头人苏联的形象是不变的,甚至对解体后的资本主义国家俄罗斯都带有特殊的亲近感。理性来看,谁不知道,日本人不是当年的"鬼子",俄罗斯也不是当年的"老大哥"了,但谁能将记忆抹干净呢?

在各种新兴媒介层出不穷的时代背景下,"鬼子"形象的传播媒介和途径方式是越来越多样化,网络、电影、电视、教材、纪念馆等,这些媒介对"鬼子"一词的印象的传播是无法估量的,是覆盖全年龄段的,不会断代的。抗日战争是中国历史上极为重要的事件,是影视和文学作品的创作资源,传播历史记忆,也是对中国人曾经遭受精神奴役和心灵创伤的一种补偿。

三、结语

通过上文对"鬼子"一词的渊源及其指涉形象为对象的梳理与分析,"鬼子"一词古来就有,随着社会时代背景的变化,它从浅显的对他人的歧视辱骂的蔑称,转变为对侵略者的泛称,到最终定型并与日本人画上等号。但是在当前时代背景与国际形势之下,中国人眼中的日本人形象已经变得相当复杂,不是简单的"鬼子"二字可以涵括的。

"鬼子"一词的形象指涉的变化与中国人的观念心态有着密不可分的关系。鸦片战争之前,中国人可谓是世界上自尊心最强、最自命不凡的民族,几千年深厚优秀的文化让中国人坚信,华夏民族与别族是有天壤之别的。西方国家和东亚封贡体系内部的挑战使华夷秩序最终崩溃。19世纪末20世纪初"洋鬼子"便成为对入侵的资本主义列强的代名词。到20世纪30年代以来,日本帝国主义的侵略与中华民族的独立成为首要矛盾,"鬼子"一词逐渐从侵略者的泛称转为对日本军队乃至所有日本人的专称。即便到了现在,抗日战争已经过去七十余年,虽然"鬼子"一词在中国人口中的出现频率已经大大下降,但是一提到"鬼子",几乎还是直接与日本人对应。

关于对"鬼子"一词长时间、全年龄段的广泛认同感与使用率,大致可以归结为三个方面的原因:首先是自我美化的意识。由于构建他者形象的过程中的自我美化意识,将"美好强大的自我"与"罪恶愚钝的他者"对立区分开来。其次与根深蒂固的华夷思想紧密相连。正是强烈的民族优越感以及文化自信,造成了在对非我族类的其他民族进行刻画时习惯于采用贬低的方式,以与我族产生更为强烈的对比,彰显优势。最后是以口耳相传、书籍和网络媒介来反复强调、不断深化集体记忆的作用。

"鬼子"一词给代代中国人带来的深刻的心理影响是不断延续的,人们在不知不觉中认同了传播者们对"鬼子"一词的态度,人们转述、传递的是民族情绪、自我意识,更有对于国家的归属感。正如巴柔所言:"这里确实是要把文学的思考纳入一种总体分析中,是对特定社会中的一种或多种文化的总体分析。"①在对"鬼子"形象研究中,都存在着"鬼子"形象和从"鬼子"形象上折射出的自我意识的相互依存、相互作用。考察异国形象背后所隐含的文化交流的信息和规律,对正确认知他者、认知自我、认知历史以及认知现在都有帮助,对促进国际交流有着重要的现实作用。

---

① 孟华主编:《比较文学形象学》,第 154 页。

日僧友山示偳在华参学行迹考

王　悦

（浙江工商大学东方语言与哲学学院硕士研究生）

友山士偳（1301—1370 年），日本临济宗圣一派僧。生于山城国（今日本京都），俗姓藤原。自幼出家。日本嘉历三年（1328 年）与同门法兄正堂士显一同来华，遍参月江正印、南楚师说、樵隐悟逸、古智庆哲、平石如砥、无见先睹、了庵清欲、梦堂昙噩等元朝宿德。归国后，历任山城临川寺、安国寺、慧日山东福寺，任东福寺第三十三世住持。应安三年（1370 年），于东福寺万年庵留下一句"生是何物。死是何物。打破虚空。风生八极"①便溘然长逝。友山示偳系五山禅僧之一，汉诗文水平颇高，辞藻优美，有《友山录》三卷存世。

友山在华停留时间较长，且行迹中有不少可考之处，涉及元日历史、外交、法律等方面，是反映元朝，尤其是元朝末期中日文化交流的极好典例。其作品集《友山录》收录了多位元朝禅僧赠予的法语、颂偈，可用来考察其在华参学状态，此外《补续高僧传》《东福寺志》等文献中的传记材料亦可用来与之相互印证。特别是梳理史料时发现，关于南楚师说为友山作送别偈的时间，后世所编《友山录》中的记载有误。

另外，关于友山士偳入元时携带伪度牒一事，日本学者榎本涉、中国学者赵莹波先后在《中国史料所见中世日本的度牒》（『中国史料に見える中世日本の度牒』）、《从日本入元僧度牒看两国交往中伪造公检文书的现象》②中进行过讨论，但并未探讨友山携伪文书入元的原因。对此，本文拟从中日外交关系、唐宋元度牒管理制度的变迁等方面进行分析。

本文以与友山相关的语录、塔铭、偈颂等作为基础文献，梳理出这一时期友山士偳在华求学之足迹，描绘其在华参学的样态，亦试图从侧面挖掘出元日交流中的某些现象及特点。

一、携伪文书来华

友山士偳入元时携有一份作为通关文书的度牒，其上记载了友山的籍贯、年龄、俗名、

---

① 玉村竹二『五山文学新集』第二册、東京大学出版会、1967—1981 年、第 7 頁。
② 榎本涉「中国史料に見える中世日本の度牒」、『禅学研究』第 82 号、2004 年；赵莹波：《从日本入元僧度牒看两国交往中伪造公检文书的现象》，《元史及民族与边疆研究集刊》第 26 辑，2013 年。

归属寺院、师承关系等,末尾有五位日本官员的花押①,背景上亦有官印(图1)。度牒,指官方发给公度僧尼的合法身份证明,持有度牒的僧人便可以得到国家的保障,还可以免除徭役。《佛祖历代通载》中可见,"度牒"的使用最早时间为唐天宝五载(746年),由尚书省祠部颁发。日本于奈良时代引入度牒制度。关于友山士偲的度牒,其中饶有趣味的是,日本学者荻野三七彦和榎本涉曾先后指出这份度牒确为伪造文书,赵莹波《从日本入元僧度牒看两国交往中伪造公检文书的现象》对友山士偲度牒中的疑点再做补充,兹总结如下:

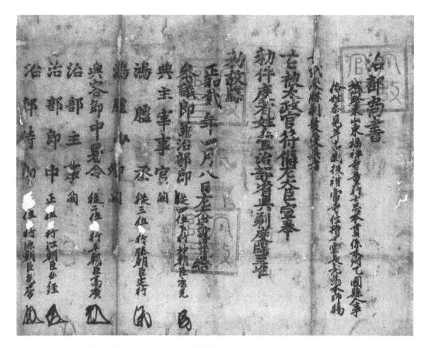

图1　友山士偲度牒(现藏于日本早稻田大学荻野研究室,图片源自早稻田大学图书馆网站)

其一,度牒上的签署时间为日本正和二年(1313年),而友山是于日本嘉历三年(1328年)入元,二者相去甚远;其二,度牒中的官名皆是模仿唐朝的官职名称,甚至连度牒上的官员姓氏都改为单字姓;其三,细看度牒中各个官员的花押,按书写习惯判断,似乎均出自同一人之手;其四,度牒的尺寸、材质、版式等均与同时期日本派发的官方文书有异,是明显的中国样式。

这种现象并非只存在于友山一人身上,同一时期的天岸慧广(1273—1335年)入元时所携的度牒文书也存在上述疑点,应当同属于伪文书。那么,他们入元时为何要携带一份伪造文书呢?

首先,这种现象可以看作是中日外交关系变化下的产物。日本于894年停派遣唐使后,紧接着在延喜间(901—923年)颁布了一系列禁止日本人出海的禁令,因而整个宋

---

① 花押,旧时在公文、契约或供状上画花押或写"押"字、"十"字,表示认可。

元时期,中日两国都未正式通交。在此种条件下,日僧想要来华便只能"私渡",更谈不上能够得到官方发给的通关公文了。

其次,宋元年间的早期来华日僧登陆后发现,不论是过通关港口还是在境内周游,宋元政府并没有对来华日僧设定严格的文书审核手续。宋代的法令汇编《宋会要》《庆元条法事类》中虽明确提到禁止外国贡使船驶入中国港口,禁止外国人在国内自由移动,但如北宋时期的来华日僧成寻(1101—1081 年),并无日本官方发给的文书,还是得到了宋朝官方的诸多优渥待遇;平安末期天台宗僧人戒觉(794—1184 年)也是私自渡海,同样受到宋廷的厚待,衣食住行,皆有供应。日本学者榎本涉判断,法令中的"外国"应当是指辽、金、西夏、大越、蒙古等敌国,日本僧即便没有度牒,也被默认可以在国内进行活动,甚至在经济、法律上都享有特权。[①] 总的来说,宋朝,特别是早期的北宋年间,来华日僧虽然没有官方认证的通关文书,但仍能顺利来华,甚至被宋朝廷作为外交使节来接待,因而对于这一时期的来华僧来说,以度牒充作通关文书的需求并不高。

但上述情况至元朝发生转变。元朝皇帝忽必烈(1215—1294 年)于元至十一年(1274 年)、元至十八年(1281 年)两次攻打日本失败后,元日关系一度急转直下,两国间猜忌不断。大德三年(1299 年),元朝派普陀高僧一山一宁(1247—1317 年)出使日本,却被镰仓幕府当作"敌国间谍",被软禁在偏远的伊豆修善寺(位于今日本静冈县内)。以此为背景,日本僧人在入元之际,为澄清自己确为"求法"而来,便将能够证明自己僧侣身份的度牒作为通关文书上呈,以期能够成功入境。根据日本学者榎本涉的考察,一般样式的日本度牒的尺寸为 23×45 厘米,仅仅只有入宋僧、入元僧所携的中国样式度牒的一半大小;虽是采用版刻技术制作,但印刷极为粗糙。[②] 由此可见,若是将此类度牒递给中国官方,难以显示其作为官方文书的权威。因而日本僧决定携带中国样式的伪造度牒来华,一方面期待着这份气派的度牒能够在通关时获得更高的认可,另一方面或许也期待着度牒内容中所采用的中国式样能够为他们在华活动带来一些便利吧。

二、首参月江正印

友山入元后的具体行迹虽难以复原,但可凭借现有诸方史料相互对比、印证,试对其在华活动的大致轨迹加以推测、考察、判断。

友山示偲入元后,首先参谒了时住松江(今上海一带)真净寺的月江正印[③]禅师(1266—?),并拜呈一偈以表青云之志,月江在其后添笔唱和。此幅唱和偈的墨迹现藏于

---

① 榎本涉『中国史料に见える中世日本の度牒』,『禅学研究』第 82 号,2004 年,第 70 页。
② 榎本涉『中国史料に见える中世日本の度牒』,『禅学研究』第 82 号,2004 年,第 60 页。
③ 月江正印(1266—?),元朝禅僧,福州连江人,历住各地名刹,声誉远播海外,先后有无梦一清、古先印元、此山妙在、大朴玄素、铁牛景印、平田慈均、不闻契闻、一峰通玄、铁舟德济、愚中周及等十余位日本僧入元参谒。

日本镰仓常盘山文库,属日本重要文化财(图2)。一唱一和之间,是35岁的青年僧人友山与62岁老禅家月江围绕参禅的文字"对决",也是来华日僧与元朝高僧间忘却国别、一见如故的默契。如此友好轻松的场面,其实是众多元代高僧接纳来华参拜日僧时的常态。

图 2 《友山示偈、月江正印唱和偈颂》

《友山和尚传》有记载云:"其尤所蜜迹月江、南楚二师也。"①正是因为仰慕月江的禅风及学识,友山在华的18年间,曾多次前去拜谒月江禅师。至正四年(1343年),时在苏州承天寺南楚师说门下参禅的友山再访月江禅师,此时的月江移住至宁波阿育王寺广利禅院,念友山即将东归,月江挥笔作一偈为其壮行,笔墨之间,留存的是中日文化交流的珍贵见证。此幅墨迹现藏于日本东京,1981年被指定为日本重要文化财(图3)。

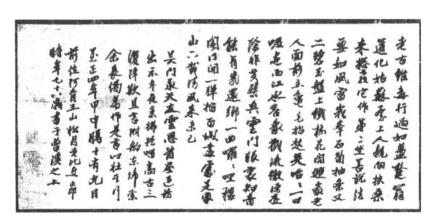

图 3 《友山示偈、月江正印唱和偈颂》
(图片源自东京大学版藏《大日本史料》第六编之三十二,第102页)

---

① 玉村竹二『五山文学新集』第二册、第5頁。

三、继访东林、雪峰

拜见月江禅师后,友山辗转来到江西庐山,投东林寺古智庆哲(生卒不详)禅师门下习禅。元至顺二年(1331年)初春,友山欲别东林寺之际,前来参拜师古智庆哲,并"出纸求语"。古智挥笔写下"一大藏教是佛说,一大藏教是魔说,单单提取扣诸方,草里骷髅惊吐舌"①,用以警示友山参禅时切不可执着于经律论中文字之相,唯有一切无执,离一切相,以亲身去感受,方可达到佛的境界。

禅宗为中国化的佛教宗派,强调"不立文字",但若想要参其思想,抒己见解,修禅的日僧不得不苦学汉诗文,有时难免出现用力过猛、拘泥于纸上文字的情况。此时的友山入元仅二三年,身处异国,语言不通,自叹"十八年在唐土,不会唐言"②,再加之禅意晦涩难解,友山很有可能也曾为参透禅机而纠结于书中字句。见到日本弟子此景,古智庆哲默记在心,在临别前写下上述法语,教友山切不可"单单提取扣诸方",以助其参禅。

辞行古智庆哲禅师后,友山至福州雪峰寺樵隐悟逸(1261年—?)会下参禅。元统三年(1335年),友山请师为其作法语,师时年七十有四,为其书下:"上堂。住山自觉老衰残,况值征徭事艰难。折脚铛儿穷活计,大家出手挈提看。也不易也不难,依前北斗面南看。"樵隐悟逸通过"西南看北斗"公案,指点友山修禅应有心灵的超越,回归本心便是禅;面对纷扰的俗世,要努力追求一种转身的观照。

此法语的前两句虽是为引入公案而营造背景,但描写的也确为元末艰难动荡之社会景象。元朝末期,农民起义的飓风已在酝酿之中,风势难免波及江浙,动荡的局势加速了入元僧的归国,似乎也催促着友山示偘加快求法各地高僧的脚步。从记载中可见,自至元五年(1339年)起,友山与元代江浙禅林的互动明显频繁起来。

四、寓居松江,任职承天

至元五年,此年大水甚猛,"吴中所有禅刹,钟鼓为之寂尔"③。冬十月,友山欲前往宁波阿育王寺广利禅院参谒月江正印禅师,途经淀山(今上海青浦区境内)时为水灾所困,借住于滋果禅师(生卒不详)主持的松江本一禅院。滋果,字空林,友山士偘按日本人的姓名组合习惯,称他为空林果山主。④ 归国后的友山深念"平生之遇"之恩,在《祭果山主》一文中,回忆道:

---

① 玉村竹二『五山文学新集』第二册、第101页。
② 玉村竹二『五山文学新集』第二册、第6页。
③ 玉村竹二『五山文学新集』第二册、第6页。
④ 谯枢铭:《古代上海与日本交往》,《史林》1990年第2号,第37页。

衲子游方,亦无放包之地。维师怜我为远方之士,苦留过冬,温顾过义。自尔以来,出入师门,前后七年。其爱之厚,犹如父之视子。

天灾之下,空林和尚抛开本国异国之别,接纳友山示偲一同度过这灾荒岁月,并且将其视同骨肉般体贴照料。此段佳话即便置于千百年后,犹让人为之深深感动。此外,友山"衲子游方,亦无放包之地"的一句自叹,其实反映出在元日僧行脚四方的普遍状态。唐朝的来华留学僧,不仅有国家公文护身,且有日本朝廷陆续出资供应其在华活动,如《圆仁入唐求法巡礼行记》"开成四年二月二十七日条"记载:"本国使者赐留学僧东絁卅五匹,帖绵十叠,长绵六十五屯,砂金廿五大两,宛学问料。"[1]对圆珍,此前日本朝廷还保证留学僧圆珍(814—891 年)"五年之内,宜终给食粮者"。[2]

宋代的中日关系具有平等性和多样性的特点。[3] 郭万平在《日本僧戒觉及其入宋日记——〈渡宋记〉》一文中指出,宋朝存在"作为以个人身份来华的日僧,入宋后却被视为外交使节来看待"。[4]平安末期天台宗僧人戒觉(794—1184 年)虽是私自渡海,却受到宋廷的厚待,衣食住行,皆有供应。而入元僧较之此前的入唐、入宋僧,在华求法的"装备"要简陋得多:随身带的东西只有头上的编笠、肩上的背包和手提的锡杖。饿了就向民户或寺院乞求点心,傍晚找个地方投宿,靠随处乞得一些草鞋作旅费来继续行脚。[5]

友山所遇恩师滋果和尚,系杭州径山南楚师说的门下高徒。后由滋果和尚介绍,友山于至正四年(1344 年)投苏州承天寺南楚师说会下参学。《友山录 祭无梦一清和尚》中,友山曰:"师典大藏于新吴百丈,余居后版于承天。"[6]此处"后版"指后堂首座,系禅寺僧职之一。禅堂分前堂后堂,负责后堂总责的即为后堂首座。考《敕修百丈清规》对"后版"一职的规定:"后堂首座,位居后板,辅赞宗风,轨则庄端,为众模范。"[7]即"后版"必须具有较高的德业才能作众僧之模范,以辅助"首座"[8],宣扬宗风、引领僧众为职责。由此可见,日本僧人友山示偲能在江南禅林任"后版"之位,不仅说明他的禅学修养已经达到较高的程度,亦反映了元朝高僧南楚师说秉持佛教"众生平等"之念、抛开本国异国之分的包容情怀。

在此需要指出的是,《友山录》中所载南楚师说为友山作送别偈的时间为"至元五年开炉节(十一月初一)"[9],此处应当有误。首先,至元五年与友山实际归国的至正五年(1345

① 小野胜年著,白话文等校注:《入唐求法巡礼行记校注》,花山文艺出版社,1991 年,第 123 页。
② 《入唐求法巡礼行记校注》,第 121 页。
③ 黄宽重:《宋日僧侣往来与文物交流——由南宋文献所作的观察》,河北教育出版社,1997 年,第 248 页。
④ 郭万平:《日本僧戒觉及其入宋日记——〈渡宋记〉》,《佛学研究》2004 年,第 288 页。
⑤ 木宫泰彦:《日华文化交流史》,胡锡年译,商务印书馆,1980 年,第 472 页。
⑥ 玉村竹二『五山文学新集』第二冊、第 67 頁。
⑦ 東陽德輝『敕修百丈清規』、『大正新修大藏經』第 48 冊、大藏出版株式会社、1934 年、第 1160 頁。
⑧ 首座,僧职之一,是东、西两序的首领,地位仅次于方丈,常由丛林中德业兼修者充任,其职掌是代住持统领全寺僧众。
⑨ 玉村竹二『五山文学新集』第二冊、第 104 頁。

年)相差较多,此时便作送别偈语难免令人心生疑问。其次,开炉节值十一月,友山于至正五年五月归国,即便是将"至正五年"笔误成"至元五年",在归国时间上也无法吻合。最后,考《东福友山和尚传》记载"至正四年甲申,师在始苏承天说南楚会下"①,南楚师说为友山作送别偈的时间应当确为至正四年。

五、且登天台、普陀

《友山录》中还载有元僧梦堂昙噩所赠的一则偈颂:

> 华顶山高高入天,西风八月兴飘然。
> 手中拄杖谁云短,藏里神珠政自圆。
> 五百应真无伎俩,三千世界但因缘。
> 日轮晓见迸出海,矫首家乡海那边。②

上述偈语的书写时间及地点均不明确,但可知此偈语是梦堂禅师为将要巡礼天台山的友山壮行而作。梦堂昙噩(1285—1373 年),元末临济宗杨岐派僧,浙江慈溪人。往灵隐寺参元叟行端(生卒不详)禅师后大悟,嗣其法,历住诸座名刹。

笔者大胆猜测,此首壮行偈可能是在天台国清寺所作,时间大致在至元五年到至正五年间。首先,偈语开首"华顶山高高入天"一句已经暗示了梦堂昙噩禅师此时很有可能就住于天台山。其次,考《补续高僧传》"至元五年,浙东帅阃合府公邑令,请师出世庆元之保圣,再迁慈溪之开寿,三转于国清"③,可知,梦堂昙噩至早在至元五年以后,才驻锡于天台山国清寺,即友山登天台得梦堂禅师偈语的时间也应在至元五年之后。此外,句尾"矫首家乡海那边"似乎也暗示着,登上天台的友山不久也即将踏上归国之路了。

关于梦堂昙噩禅师,在《补续高僧传 梦堂噩传》中有这样一则记载:"日本国王虽僻在东夷,亦慕师道行,屡发疏迎致之,师坚不往。王与左右谋,欲劫以归,浙江宣慰使完者都藏之获免。自是厥后,凡遇师手迹,必重购之而去,且诧其能放异光云,其为海外所钦重如此。"④日本朝廷多次迎请梦堂高僧东渡,但都被拒绝,于是便谋划将其劫回日本。此事虽听来有些荒唐,却从侧面体现出当时元日之间僧侣交流之频繁,即便是千里之外的扶桑之地,也已久仰元朝高僧的大名。此外,日本对梦堂之盼切,至"凡遇师手迹,必重购之而去"⑤的地步,或许正是因为日本历来对中国高僧墨迹之重视,今天我们才得以在日本各

---

① 玉村竹二『五山文学新集』第二册,第 6 页。
② 玉村竹二『五山文学新集』第二册,第 104 页。
③ 明河撰:《补续高僧传》卷十四《梦堂噩传》,第 471 页。
④ 明河撰:《补续高僧传》卷十四《梦堂噩传》,第 472 页。
⑤ 明河撰:《补续高僧传》卷十四《梦堂噩传》,第 472 页。

大美术馆、博物馆、研究所等处一览宋元禅僧笔法之风采。

友山示偈还曾参礼普陀山宝陀寺(在今浙江舟山)。据《友山录》记载,至元六年(1340年)秋,普陀山宝陀寺孚中怀信(生卒不详)为友山书偈语,另有一师称"佛陇"也赠友山一则归国送别偈:

> 柴扎抛下兴偏长,一叶扁舟泛渺茫。
> 翻笑普陀岩上客,至今何事不归乡。[①]

不知此时此刻站在东海之畔的友山,望向东边的故国,心中是否也泛起思乡的涟漪。值得注意的是,从至元六年到至正四年,普陀"佛陇"、月江正印、南楚师说先后为其作偈送别,但友山直到至正四年才真正踏上归国的海船,其间发生了何事令友山一再推迟归国时间呢? 或许是不舍师恩,又或许是迟迟未逢日本商船抵元吧。

六、结语

从中日史料中考察友山示偈在华前 10 年的活动,仅有参谒古智庆哲禅师和樵隐悟逸禅师这两处。但从归国前期的至元五年开始,友山在江浙一带的参访活动逐渐活跃起来,考江静、沈忱《元代中日僧人往来年表》[②]也可发现,元朝中后期开始,来华日僧人数激增。究其原因,大致有三: 其一,海外贸易为日本社会带来的巨额利益,加之日本上层社会对"唐物"[③]的持续需求,使得幕府频频遣商船入元,因而日僧有更多机会搭乘商船来华。其二,元初赴日的一批元朝高僧如一山一宁、清拙正澄、竺仙梵仙,他们为日本禅林带来了新气象,催促着众多跃跃欲试想要领略"古宋"禅林风韵的日僧来华。其三,在这一时期五山汉诗文兴起的背景下,评价当时日本文笔僧或学问僧文风是否雅正的标准,正是看其作品与宋元文风能否合辙。日本文笔僧如能获得深孚众望的江南禅师的肯定,必然增重其人在教界的地位。[④] 特别是在元朝中后期,这种风潮更加兴盛了。

友山示偈在华参学的足迹广踏江、浙、闽、吴,与此前周旋于江南各地禅刹的入宋僧相比,他的活动范围明显扩大,这其实也是入元僧群体在华参学的共同特点之一。又巨水为害之时,受到松江空林果禅师接济的友山曾语"衲子游方,亦无放包之地",同样反映出在元日僧行脚四方的普遍状态。

回顾友山示偈禅师的在华行迹,18 年间遍历东林、雪峰、承天、华顶等名刹,其在华行

---

① 玉村竹二『五山文学新集』第二册、第 104 页。
② 王勇主编,江静著:《历代正史日本传考注 宋元卷》,上海交通大学出版社,2016 年,第 259—263 页。
③ 唐物,最初仅指从唐朝输入的物品,但后来从宋、元、明输入的中国舶来品,都被叫做唐物。唐物包括茶道器具、书画作品等。
④ 王新梅:《宋元时期中日文化交流的主要载体及其影响》,《中州学刊》2020 年第 6 期,第 138 页。

迹也是众多来华日僧的缩影。正是入元日僧的不辞艰难、虚心求法,元朝高僧的广阔胸怀、悉心教诲,才使得禅宗得以远播日本,成为日本中世文化的原动力,为中日文化交流史谱写出了一篇不可思议的华美乐章。

[本文系浙江工商大学研究生科研创新基金重点项目(项目号:1080KZN0419003G - 101)资助成果]

书　评

东亚学（第三辑）

文学性解读夏目漱石汉诗的一部力作

——读王广生《读诗札记——夏目漱石的汉诗》

何兰英

（首都师范大学外国语学院）

近几年来，越来越多的学者研究夏目漱石的汉诗，从最初的漱石汉诗诗注，到现今的从漱石汉诗中寻找中国文学之影响，以及跨文化视野下的思想论证研究，但都大同小异，未能从文学性的视角出发，解读漱石汉诗的形式与内容。近期出版的《读诗札记——夏目漱石的汉诗》（王广生著，北京大学出版社，2020 年）一书，既能在形式上，赏析夏目漱石汉诗的审美；又能在内容上，解析夏目漱石汉诗的文本。这种新的解读方法，给予我们很大的学术研究启示。

夏目漱石创作了约 208 首汉诗，根据先行研究，大致分为初期习作时期、松山熊本时期、修缮寺大患时期、画赞时期、《明暗》创作时期[1]等五个时期，其中研究《明暗》创作时期汉诗的学者占大部分。夏目漱石 16 岁起大量阅读汉籍，并开始撰写汉诗文，可见其汉学功底之深。他早期的汉诗大多是应酬之作，与好友正冈子规的汉诗来往最多。修缮寺大患后，夏目漱石经历了起死回生，对自我有了更高的认识。尤其是在《明暗》创作时期，他基本每天下午写一首汉诗。这时期的汉诗中经常出现"幽居""醉乡""无心"等远离世俗的思想。漱石在逝世前一年左右提出了"则天去私"，因此，很多学者认为《明暗》是"则天去私"思想的具体化作品。另外，也有很多学者将"则天去私"与漱石晚年的汉诗联系在一起。国内有关漱石汉诗的研究，大部分是把漱石汉诗与中国文化进行关联，或是把汉诗与小说进行结合。

然而，在《明暗》创作时期汉诗的解读上，王广生所著的《读诗札记——夏目漱石的汉诗》找到了突破点。从内容上讲，该书最大的特色无疑是基于文本本身去解读汉诗，通过文字与作者进行对话，从字里行间去探求夏目漱石的思想变化，以达到还原文本真实之目的。另外，该书也从审美的角度去赏析汉诗，发现和风之美，而不仅仅是把汉诗作为中国文学变异体去理解日本文学。

---

[1]　斉藤順二『夏目漱石漢詩考』、教育出版センター、1984 年、第 26 頁。

一、文本拟真——实质与形式

　　所谓拟真,从其字面意思来说就是模仿得很真实,达到以假乱真的境界。本文中的"拟真"指的是"还原真实性",以作者的身份同作品对话,站在作者的立场和角度,用"明心见性"的悟证去感悟和理解文本。至于如何理解文本,就需要从其实质和形式出发。实质也是内容,指的是语言所表现的情感和思想,形式指的是情感和思想借以流露的语言组织[①],因此,解读汉诗时,需要理解其实质与形式,还原文本的真实性。但是,有的读者在读诗的过程中,偏离了文本本身,做过分的解读。对于该问题,作者一直强调"回归文本本身去思考",正如作者在自序中指出的那样:

> 　　具体到本书,我进入夏目漱石汉诗的路径和方法,多是在跨文化视野中,逐字、逐句、逐篇地考辨分解,对夏目漱石的汉诗进行文学性的解析与审视,强调将之视为日本近代文学的一部分,将之视为文学变异体来解读。[②]

　　中日同属于汉字文化圈,在研究日本的文学作品时,都会从跨文化的视野出发,在日本文学中寻找中国文化的元素。夏目漱石的汉诗中,有陶渊明、杜甫、李白、王维、王昌龄及苏轼等中国诗人的影子,尤其是陶渊明和王维对漱石的影响更深。陶渊明的"桃花源"与漱石的"自然乡""仙乡",王维的诗画风格对漱石的题画诗影响较大,在此不多加阐述。正因为漱石汉诗中有许多中国文学的元素,也导致国内许多研究认为夏目漱石的汉诗就是"中国文学"在日本的自然延伸,过分关注中国文学的影响而忽视了其属于日本文学的现实,以及在关注中国文学影响力的时候,过于简单地加以判断,少有实证与文本解读。

　　与上述问题不同,作者在解读漱石汉诗的时候,从其格律、用词及典故出发,忠实于汉诗本身,从文字背后去分析漱石的心境变化过程。八月二十九日的"不爱帝城车马喧,故山归卧掩柴门",从这首汉诗不难看出有陶渊明的韵味和《饮酒·其五》的意象,但容易简单地解读为这首诗有陶渊明之风。而作者的解读则是以陶渊明的《饮酒·其五》为主要参照来赏析这首汉诗。陶渊明选择的是离开繁华的俗世,归隐山林,寻找自得其乐的内心;而夏目漱石却是身体的退却和内心的逃避,想要寻得片刻安宁。一个"掩"字,向世人揭示了夏目漱石内心的退缩。

　　依据作者的解读,无论是夏目漱石的用词还是思想,并没有达到陶渊明的境界。前者是心理上的归隐,后者是肉体的归隐,二者完全不在同一层面上,不能仅凭相似之词就断

---

① 朱光潜:《诗论》,华东师范大学出版社,2017年,第83页。
② 王广生:《读诗札记——夏目漱石的汉诗》,北京大学出版社,2020年,第3页。

定漱石汉诗有陶渊明之风。对此作者提出了新的问题,单纯地比较两者的汉诗并无太大的意义,而应关注陶渊明、王维代表的中国传统文学和文化的形象与精神如何在夏目漱石的文字中得以吸收和转化。

作者立足于文本,抑或是文字本身来解读漱石汉诗,对其进行文学性的解读与审视,在此就不多加举例。作者能对字句进行解读,透过文字去探究漱石的情思,足以看出作者的文学素养与追求。

二、审美拟真——情趣与意象

诗的境界都必有"情趣"和"意象"两个要素,"情趣"简称"情","意象"即"景"。① 两者融合即"情景交融",也就构成了诗的美学。美不仅在物,亦不仅在心,它在心与物的关系上面。近年来对于夏目漱石汉诗的研究,大多是从漱石的生活背景抑或中国文学之影响出发,而忽略了汉诗本身的审美形态。汉字本身就是一种美,由汉字组成的汉诗,创造了意境之美,由此引发读者对诗的美感。

> 美感起于形象的直觉。形象属物而却不完全属于物,因为无我即无由见出形象;直觉属我却又不完全属于我,因为无物则直觉无从活动。美之中要有人情也要有物理,二者缺一都不能见出美。②

比如漱石汉诗八月十四日中的"花间宿鸟振朝露,柳外归牛带夕阳",这里的景是花、鸟、露、柳、牛、夕阳,这一句描绘出隐居画面,也表达了隐居生活的惬意。作者对此的解读是:早晨宿鸟惊飞,扇动翅膀,震动空气,树叶微颤,抖落晨露;夕阳沉落之际,落日余晖之中,杨柳堤外,牧童在余晖中缓缓走来,又带着一抹夕阳远去。一近一远,一早一晚,充满情趣与活力。③ 读完作者的解读,更能感受到自然之美,体验诗人的心境。

对于夏目漱石汉诗的研究与理解,作者在自序中也指出了两个突出的问题:一是忽视汉诗作为审美本体的本质,二是将之视为中国传统文学之余声抑或中国文学传播与影响的产物。

> 本篇对于夏目漱石汉诗的解读,没有实证与出典,亦无考辨与佐证,基本上是感发性和联想式的赏析。……在笔者看来,真正的关系是内在的,可证明的影响是浅层的,世界万物在流转时空的本质联系非考证、训诂所得,即便科学也无法解答所有奥

---

① 朱光潜:《诗论》,华东师范大学出版社,2017年,第49页。
② 朱光潜:《谈美》,金城出版社,2006年,第88页。
③ 王广生:《读诗札记——夏目漱石的汉诗》,第5页。

秘，而诗性的联系、灵性的顿悟，有时候恰恰可以抵达世界的本心。①

作者解读汉诗，是立足于感受与联想的感性研究。这种感性研究并不是凭空想象，而是在忠实文本的基础上，对其字句做审美性的解读。在文中，作者也多次强调回到诗歌本身，从其语言、格律和内在结构等层面入手。比如作者对夏目漱石最后一首汉诗的解读。

> 真踪寂寞杳难寻，虚怀欲抱步古今。
> 碧水碧山何有我，盖天盖地是无心。
> 依稀暮色月离草，错落秋声风在林。
> 眼耳双忘身亦失，空中独唱白云吟。②

诗中的"真踪""虚怀""无心""眼耳双忘""独唱"，很多研究者对此与漱石晚年的"则天去私"思想联系在一起，或者将其作为实证材料，论述漱石晚年汉诗中的禅思想。而作者从其语言、格律和内在结构以及在此之上的意境和审美出发，做出独特的分析，详细的解读请参阅该书。

除却文本拟真和审美拟真，该书还有很多值得我们借鉴和学习的地方，如作者对跨文化、跨时代视角的自觉运用，以及加入创作角度（引入作者作诗的立场），以便更深刻地理解汉诗，正如作者在自序中强调的"将汉诗的解读放大至古今中外之诗歌的赏析与理解"③，这对于学术研究是一个很大的启示。另外，读者在阅读该书的过程中也留有一些疑问，即书中对于漱石汉诗里的典故和词语解释，大部分来自中国古代文学，这也许就是跨文化视角下的一种解读。总之，读诗就是通过诗文与诗人进行对话，这就需要做到回归诗歌本身，并在跨文化的视野下进行文本的赏析和解读。读王广生的《读诗札记——夏目漱石的汉诗》，不仅能体验文字之乐趣，更能享受审美之情趣。

---

① 王广生：《读诗札记——夏目漱石的汉诗》，第 10 页。
② 夏目漱石：《夏目漱石汉诗文集》，殷旭民编译，华东师范大学出版社，2009 年，第 61 页。
③ 王广生：《读诗札记——夏目漱石的汉诗》，第 2 页。

《东亚学》征稿启事

　　《东亚学》由浙江工商大学东亚研究院主编，上海交通大学出版社出版发行，秉承"立足浙江，放眼东亚，走向世界"的宗旨，坚持以文化传播为核心、以历史脉络梳理为途径，对东亚区域国别展开全方位、深层次的研究。

　　凡有关东亚区域国别语言、文学、历史、宗教、思想、政治、经济的学术论文、研究综述、翻译文章、书籍评论等均所欢迎。稿件篇幅以 1～1.5 万字为宜，特稿字数不限。本书反对剽窃、抄袭，请确定来稿未在其他公开出版物和学术网站上发表。本书有权对来稿做文字表述及其他技术性修改，敬请理解。来稿一经刊用，即付样书与稿酬。

　　投稿请参照本书格式规范：

　　一、来稿请标明题目、作者姓名、工作单位、摘要、关键词、注释、参考文献、英文题目、英文摘要和关键词、通信地址、手机电话、电子邮箱；如果是基金项目，请注明项目来源和批准文号。

　　二、论文题目一般不多于 20 字，必要时可加副标题；摘要以 200～300 字为宜；关键词以 3—5 个为宜。

　　三、正文章节层次清晰，序号一致，格式示例如下：

　　一级标题：一、二、三……

　　二节标题：（一）（二）（三）……

　　三级标题：1、2、3……

　　四、采用当页脚注，以①②③表示，每页重新编号。注释示例例举如下：

　　中文专著类：陈登原：《国史旧闻》，北京：中华书局，2000 年，第 29 页。

　　翻　译　类：沃尔德伦·哈里森：《经济数学与金融数学》，谢远涛译，北京：中国人民大学出版社，2012 年，第 235—236 页。

　　古　籍　类：王夫之：《宋论》，金陵：湘乡曾国荃，1865 年（清同治四年）。

　　日文专著类：秋田雨雀『島崎藤村研究』、東京：楽浪書院、1934 年、第 210—211 頁。

　　韩文专著类：장광군，『한국어』，세계도서출판사，2007, 98 쪽.

　　英文专著类：Jr. Peebles, *Probability, random variable, and random signal principles*, 4th ed., New York：McGraw Hill, 2001.

　　中文论文类：唐千友：《现代日语动名词句的否定形态研究》，《日语学习与研究》2014

年第 2 期,第 16—17 页。

日文论文类：松井利彦「近代日本語における"時"の獲得」、『或問』第 9 号、2005 年、第 1—26 頁。

韩文论文类：장광군,「한국어 발음 연구」,『한국어문학연구』제 3 호, 2008.

英文论文类：B. H. Chamberlain, "Notes on the Dialect Spoken in Ahidzu," in *Transactions of Asiatic Society of Japan*, Vol. IX (1881), pp.31 - 35.

五、引用较长原文、档案等,请单独成段。若需对译,原文与译文隔开,原文在前,译文在后。

六、图表均要拟定标题并注明数据来源。图序为：图 1、图 2、图 3……;表序为：表 1、表 2、表 3……。图片清晰度符合出版要求,所涉版权事项,需作者自行处理。

投稿后 3 个月未收到处理意见可自行对稿件另作处理。请自留底稿,本书不办理退稿业务。

征稿启事长期有效,投稿邮件按照"作者姓名＋文章标题"格式命名,请将稿件发送至电子信箱：ningxue_zhou@163.com。

若有未尽之处,请联系主办机构具体协商。

联系地址：浙江省杭州下沙高教园区学正街 18 号

邮　　编：310018

浙江工商大学东亚研究院

《东亚学》编辑部